"四人帮"兴亡

2

兴风

（增订版）

叶永烈 著

本卷目录

第八章　毛泽东注意起张、姚 // 407

上海的那个"好学生" // 407
毛泽东注意起"姚蓬子的儿子"姚文元 // 409
发表一系列"右派"言论 // 411
突然跃为"新星" // 413
姚文元发迹史上的里程碑 // 414
一抹脸成了"反右英雄" // 419
横扫"右派" // 420
姚文元"双喜临门" // 424
"金棍子"讨伐文坛老将 // 425
姚文元的"诗传单" // 427
一度"失业"的"棍子" // 429
批判巴人的"人性论" // 432
出任《解放日报》编委 // 433
"出气简报"大骂姚文元 // 434
巴金怒斥"姚棍子" // 436
"骆漠"是谁 // 438
《杂家》事件 // 440
持箭找靶闯进音乐王国 // 443
贺绿汀迎战姚文元 // 445
张春桥是一位化名的"反右英雄" // 447
柯庆施差一点取代周恩来 // 449
张春桥引起毛泽东的注意 // 453

张春桥的"成名作"《破除资产阶级的法权思想》// 455

毛泽东嘱张春桥与陈伯达同行 // 457

干掉陈其五 // 462

第九章　江、张联手抓"样板戏" // 466

江青成了上海的"女客人" // 466

柯庆施提出"大写十三年" // 468

柯庆施介绍江青结识张春桥 // 471

在上海发出"有分量"的第一炮 // 473

给《红灯记》打上"江记"戳号 // 478

树《沙家浜》和《智取威虎山》为"样板" // 481

江青发表演说《谈京剧革命》// 484

张春桥成了"两出戏书记" // 487

江青剋了张春桥一顿 // 490

柯庆施之死 // 492

张春桥提携于会泳 // 494

江青伸手抓《海港》// 497

第十章　批《海瑞罢官》一炮打响 // 503

毛泽东称赞过《海瑞罢官》// 503

张春桥介绍江青结识"青年评论家"姚文元 // 505

江青组织批判《海瑞罢官》// 507

看中"民间报纸"《文汇报》// 512

姚文元的"宏文"拉开"文革"序幕 // 515

张春桥成了《文汇报》的"太上皇" // 518

中学生马捷成了批姚先锋 // 521

大学生王复兴奋笔批姚 // 526

张春桥终于"引蛇出洞" // 529

"围城打援"——打北京援军 // 530

"海瑞热"的来历 // 537

毛泽东与批《海瑞罢官》的关系 // 541

邓拓死于姚文元笔下 // 548

田家英为抗争而献身 // 551

文网恢恢，血泪斑斑 // 556

第十一章　江、张、姚进入中央文革 // 562

江青前往苏州请"尊神" // 562

刘志坚奉命前来上海 // 566

江青"一人谈"的座谈会 // 567

陈伯达、张春桥帮助改《纪要》// 569

北京针锋相对起草《二月提纲》// 571

《纪要》是江青上台的"宣言" // 573

毛泽东要"打倒阎王，解放小鬼" // 575

起草《五一六通知》// 578

江青出任中央文革第一副组长 // 583

毛泽东坐镇杭州 // 586

毛泽东在滴水洞里沉思 // 588

毛泽东给江青写了不寻常的长信 // 590

江青点火于北京高校 // 594

"把家庭矛盾搞到政治上来" // 597

毛泽东的《炮打司令部——我的一张大字报》// 602

"旗手"的登基典礼 // 604

第十二章　上海冒出了"造反司令"王洪文 // 608

崔家的新女婿 // 608

王洪文当过五年半的兵 // 610

在崇明打鸟、钓鱼、捉蟹 // 612

科长梦的破灭 // 613

王洪文"造反生涯"的起点 // 614

保卫科事件 // 616

炮轰工作队 // 618

在竞选"文革主任"中败北 // 619

"北京小将"鼓舞了王洪文 // 621

带头批判"资产阶级反动路线" // 624

王洪文第一次见到"红太阳" // 626

成为"永远忠于毛泽东思想战斗队"头头 // 631

王洪文结识王秀珍 // 633

与"首都红三司"挂钩 // 637

王洪文掼出三块响当当牌子 // 639

"工总司"深夜抢红布 // 642

向曹荻秋下达"最后通牒" // 644

喧闹的"工总司"成立大会 // 645

第十三章　张春桥在安亭"发现"了王洪文 // 650

车停安亭 // 650

王洪文拦车卧轨 // 652

切断沪宁线二十小时 // 653

陈伯达发来急电 // 656

张春桥从天而降 // 658

王洪文与张春桥第一次合作 // 662

王洪文昆山历险记 // 664

张春桥答应了五项要求 // 666

毛泽东作了"终审判决" // 671

王洪文在各派纷争中剪除异己 // 675

稳定"后院" // 678

江青从北京调来"大炮"聂元梓 // 679

上海"赤卫队"的崛起 // 684

爆发《解放日报》事件 // 686

张、姚为"工总司"撑腰 // 690

两军对垒争夺上海 // 693

急令耿金章回沪 // 695

从张春桥家传出谣言 // 697

向"赤卫队"发起总攻 // 700

第十四章　张、姚、王发动"一月革命" // 703

一张大字报背后的尖锐斗争 // 703

常溪萍终于发出了致邓小平的信 // 709
张春桥和聂元梓合演"反常"双簧 // 713
策动徐景贤"后院起火" // 714
张春桥秘密约见蒯大富 // 720
"上海不可能属于陈丕显" // 722
张、姚从幕后走到台前 // 724
史无前例的三个通令 // 728
《紧急通告》的诞生 // 732
上海"工总司"成了全国"光辉的榜样" // 734
轻取巧夺"发明专利权" // 737
"二兵团"耿金章宣布上海"夺权" // 741
张春桥软硬兼施 // 743
"上三司"和"红革会"的失败 // 745
迎接上海"最盛大的节日" // 747
"一·二八"炮打张春桥 // 749
上海，落入张春桥手中 // 754
斜桥成了上海的热点 // 757
冒出了"新上海人民公社" // 759
"二兵团司令"耿金章其人 // 761
张春桥降服耿金章 // 764
张、姚成为"上海人民公社"的"勤务员" // 765
《人民日报》对"上海人民公社"保持沉默 // 768
毛泽东严厉批评了张、姚 // 769
王洪文吞并"二兵团" // 773

第八章
毛泽东注意起张、姚

上海的那个"好学生"

上海市中心静安寺，矗立着一幢典雅的西班牙式九层大楼。那是德国人海格在1925年筹资建造的，最初取名为"海格公寓"。上海解放后，这儿成了中共上海市委的办公楼，人称"海格大楼"。大楼里的104套客房，成了中共上海市委各部、组的办公室。直到1977年，这座大楼才改为宾馆，即今日的静安宾馆。

一辆"伏尔加"牌轿车驶入海格大楼院内。从车上下来的，便是柯庆施。与他一起下车的，乃张春桥。

经过一番摸底、筹备，柯庆施终于走马上任。

张春桥紧随柯庆施左右，他的身份是柯庆施的"政治秘书"。

1955年，53岁的柯庆施以"中共中央上海局书记"的身份，出现在《解放日报》的报道上。

上海这个地方，无风三尺浪，有风三丈浪。柯庆施刚刚走马上任，震动全国的"潘（汉年）扬（帆）事件"便发生了；紧接着，"反胡风"运动开始，上海又是运动的重点；1957年的反右派，上海再度成为全国的重点……在一次又一次的政治风浪之中，柯庆施一次又一次得到毛泽东的赞赏。原因只有一个，柯庆施以"紧跟毛泽东"作为他的最高政治原则。

张春桥的升迁，确实借助了柯庆施这把"梯子"。不过，柯庆施毕竟与张春桥有着很大的区别：柯庆施在1965年便去世，没有卷入"文革"，更没有参与"四人帮"那些罪恶活动。正因为这样，如今人们提及柯庆施，虽有微词，诸如称之为"上海的那个好学生"，但并没有视他为张春桥的"帮"中同伙。

柯庆施的玻璃板下，压着毛泽东语录。床头，放着毛泽东著作。笔记本里，写着"学习毛主席著作计划"。他对儿女说的话是："要好好地学习毛主席著作，只有用毛泽东思想武装自己的头脑，才能成为坚强可靠的红色接班人。"

他的座右铭是四句话：坚定的革命意志，顽强的战斗精神，火热的阶级感情，严格的科学态度。

他平日是个神情严肃的人，性格有点急躁。他手下的干部，差不多都曾挨过他的批评。不过，也有例外，那就是他从未批评过张春桥。

虽说柯庆施早在1922年就加入了中国共产党，论革命资历是很深的，但是他与毛泽东的关系一般。柯庆施博得毛泽东好感，那是在1956年，柯庆施主持上海工作不久的时候。

1956年4月25日，毛泽东在中共中央政治局扩大会议上作了长篇讲话。

这次著名讲话，后来被整理成文章，就是那篇收入《毛泽东选集》第5卷的《论十大关系》。柯庆施非常用心地研究了毛泽东的讲话，特别是其中的第二段《沿海工业和内地工业的关系》，注意到毛泽东对沿海工业的新的观点：

> 过去朝鲜还在打仗，国际形势还很紧张，不能不影响我们对沿海工业的看法。现在，新的侵华战争和新的世界大战，估计短时期内打不起来，可能有十年或者更长一点的和平时期。这样，如果还不充分利用沿海工业的设备能力和技术力量，那就不对了。……认为原子弹已经在我们头上，几秒钟就要掉下来，这种形势估计是不合乎事实的，由此而对沿海工业采取消极态度是不对的。

柯庆施领会了毛泽东的意图，在上海加以贯彻。"政治秘书"张春桥又立即领会了柯庆施的意图，在为柯庆施起草中共上海市第一次代表大会的报告时，把毛泽东的那一段话，作为主旋律。

1956年7月11日，中共上海市第一次代表大会开幕。柯庆施步上讲台，作了长长的报告，题为《调动一切力量，积极发挥上海工业的作用，为加速国家的社会主义建设而斗争》，提出了"充分地利用上海工业潜力，合理地发展上海工业生产"作为上海工业的新方针。

柯庆施不客气地批评了"前届市委"："在方针政策方面，……对上海的工业方针，由于对上海具体情况作具体的分析研究不够，把一些暂时的、局部的困难扩大化，因而在实际工作中，对上海工业从发展方面打算少，维持方面考虑多，这显然是不妥当的。"

所谓"前届市委"，当然是指以陈毅为首的原中共上海市委。"这显然是不妥的"，不言而喻在批评陈毅。

毛泽东正在杭州。听到从上海传来的消息，派了秘书田家英前往上海，取来了柯庆施的报告。毛泽东看毕，大加赞赏，说了几句夸奖柯庆施的话。

于是，柯庆施声誉鹊起，从此在上海站稳了脚跟——因为毛泽东表扬他在上海实行了正确的方针。

柯庆施呢？也从中深切领会：紧跟毛泽东，无往而不胜！

■ 1962年柯庆施（中）陪同毛泽东会见蒙哥马利（左一）

从此，柯庆施特别留神毛泽东的言论，特别是毛泽东在各种会议上讲的，没有见诸报纸的"最新指示"，他总是不断往本子上记，揣测着毛泽东那深邃的思想大海中正在翻腾着什么样的波浪。

柯庆施深刻地影响了张春桥。从此，张春桥把来自柯庆施那里的毛泽东的动向，当作自己行动的指针。

1956年9月，在中共第八次全国代表大会上，柯庆施当选为中央委员。

张春桥呢？在1956年中共上海市第一次代表大会上，当选为市委委员。

毛泽东注意起"姚蓬子的儿子"姚文元

1957年2月16日，毛泽东在一次讲话中，谈及文艺界。①

毛泽东先是谈及王蒙："王蒙最近写了一篇《组织部新来的青年人》。这篇小说有缺点，需要帮助他，对待起义将领也要帮助，为什么对青年人不采取帮助的态度呢？"

接着，毛泽东论及李希凡："李希凡这个人开始写的东西是好的，后来写的几篇也没有什么特色了，应该让他生活在实践中，过去当小媳妇时兢兢业业，而当了婆婆后就板起面孔了。"

毛泽东最后提及了姚文元："我们的危险就在革命成功，革命成功了，四方无事，天下太平了。片面性的打不能锻炼出真正好的文学艺术，只允许香花不允许毒草，这种观念是不对的。香花是从和毒草作斗争中出来的，年年都有野草，野草一翻过来就是肥料，只准长粮食不准长野草是不对的，香花与毒草齐放，落霞与孤鹜齐飞。斯大林教条主义不是两

---

① 中共中央文献研究室编：《毛泽东年谱（1949—1976）》（上），中共文献出版社2003年版，第617页。

点论,而是一点论,我们的同志看事物应该是两点论,同时一点里面又有两点;我们连队指导员,讲话时总是讲两点,优点和缺点。最近姚蓬子的儿子叫姚文元,写了一篇文章。我看是不错的。过去我们提倡一家独鸣,那是历史条件决定的,不如此不能打倒国民党二十年一家独鸣的理论……"

在毛泽东提及的三个文艺界年轻人之中,唯有对姚文元的评价最高——王蒙要"帮助",李希凡要"下去",而姚文元是"不错的"。

这是毛泽东第一次谈到姚文元。

不过,毛泽东在第一次谈到姚文元时,前面加了个"定语"——"姚蓬子的儿子"!

对于毛泽东来说,当时对姚文元还很陌生,而对姚蓬子其人却是熟知的。

毛泽东怎么会注意起"姚蓬子的儿子"呢?

那是在1957年2月6日的《文汇报》上,姚文元发表了《教条和原则——与姚雪垠先生讨论》一文。

姚文元做梦也没有想到,他的这篇与姚雪垠"讨论"的文章,会引起毛泽东的注意。

在《教条和原则》一文中,姚文元跟姚雪垠进行了"商榷"。文章一开头便写道:

"百家争鸣以后,许多新问题被提出来了,这是一种好现象。沉默只能掩盖错误,争论才能揭示真理。

"姚雪垠先生在《创作问题杂谈》中尖锐地提出了三大问题和七种偏向,大声疾呼地要求'彻底肃清'他所谓的'歪风',而其锋芒则指向'教条主义和公式主义'。姚雪垠先生所指责的毛病有一部分确是教条主义和公式主义,也是正在纠正中的缺点,再提出来也是很好的,值得大家注意;但其中所指的许多'根本性偏差',我认为并不全是教条主义,而有一些是已经为十多年文艺创作实践证明为正确的根本原则,这就值得我们实事求是地加以研究和讨论。……"

姚文元在"讨论"中,如此说:

"文艺批评过去有许多缺点,主要是教条主义和粗暴的态度,这一年来揭露并批判了不少。现在是很少——几乎没有什么批评中提到什么'小资产阶级的思想感情'之类的词汇了。姚雪垠先生文章中很大部分指责了批评的'求全责备''禁忌太多''话扣帽子''粗暴'……等等,当然,批评这些缺点没有人敢说不对,但如果以粗暴还粗暴,以扣帽子还扣帽子……那就很可能在肃清这种'歪风'之后引来了另一种'歪风'。……"

毛泽东是一位博览群书的人。不久前,他在翻阅1956年第17期《新观察》时,很有兴味地读了散文《惠泉吃茶记》,他第一次注意到作者的名字——姚雪垠。毛泽东称赞这篇散文"很讲求艺术技巧",并在一次会议上向周扬、茅盾问及姚雪垠何许人也。

《惠泉吃茶记》是姚雪垠1956年秋在太湖养病时写的散文,近三千字。毛泽东对周扬、茅盾说:"看来,姚雪垠很会写文章。但他的文章也有毛病,阅后给人一种'众人皆醉我独醒'的感觉。恐怕作者有知识分子的清高吧!"[①]

---

① 转引自杨建业:《姚雪垠传》,北岳文艺出版社1990年版。

也许是历史的巧遇,正在这时,上海《文汇报》刊出"两姚"相争的文章。毛泽东便由此"姚"(姚雪垠)注意到彼"姚"(姚文元)。

"姚文元是何许人也?"毛泽东向柯庆施打听。

柯庆施也弄不清楚姚文元是何等人物。调来上海不过一年多的柯庆施,并不知道姚文元为何许人。

准确而详细地答复了毛泽东的问题的,是柯庆施的政治秘书张春桥。姚文元是张春桥"培养"的文学青年。

张春桥向柯庆施介绍说,姚文元乃姚蓬子之子。

"哦,原来是姚蓬子的儿子!"柯庆施对姚蓬子非常熟悉。

柯庆施赶紧向毛泽东汇报:"姚文元是姚蓬子的儿子。"

"哦!"毛泽东知道姚文元是姚蓬子的儿子,却并不介意。

毛泽东的话,飞快地传到中共上海市委。姚文元顿受青睐。这时,中共中央正在筹备召开中共中央全国宣传工作会议,发出通知,要各地选派文化、教育、新闻、出版、电影界代表人物前往北京,出席会议。上海文化界名流辈出,中共上海市委宣传部拟出的代表名单,是一批名家:陈望道、徐平羽、傅雷、周煦良、孔罗荪、周信芳、金仲华、舒新城、赵超构(即林放)、徐铸成、吴永刚、石挥等。

3月4日,当上海代表团上火车赴京之际,人们惊讶地看到,姚文元也上来了!

"大概是作为工作人员去的吧。"人们这么猜想。

3月10日下午,毛泽东在中南海接见上海代表团,提到了姚文元。这下子,上海文化界的名流们才知道,姚文元颇受毛泽东垂青,怪不得成了上海代表团的成员之一。

据当时在场的上海《文汇报》总编徐铸成回忆,毛泽东是这样谈及姚文元的:

> 不要怕片面性,片面性总是难免的嘛!多学一点马列主义。刚学,会学不进去,会吐出来,这叫条件反射嘛,多学了会慢慢学进去,像瓶子里装油,倒出来,总是会留一点。慢慢就学懂了。鲁迅学马列主义,是创造社郭沫若逼出来的嘛,他原是相信进化论的嘛,早期的杂文,很多片面性。后来学习马列主义,片面性就很少了。我看,任何人都难免有片面性,青年人也有,李希凡有片面性,王蒙也有片面性,在青年作家中,我看姚文元的片面性比较少。

此番,姚文元亲耳听见毛泽东对他的褒扬,真是有点受宠若惊了。扳扳手指头,这一个来月,发生了多大的变化:2月6日,他发表《教条和原则》;第十天——2月16日,毛泽东便谈到他;眼下,才一个月零四天,毛泽东又一次谈到他。

发表一系列"右派"言论

从北京回来之后,姚文元自然是"备受鼓舞"。不知是他过分注意了"防止片面性",

还是当时大鸣大放的热烈气氛感染了他,或是刻意于政治投机的他此时转向了"右",他竟发表了一系列近乎"右派"言论的文章。

姚文元挨过整,他对于"挖根"之苦,有了深切的体会。于是,他写文章,抨击那种"挖根"之法:"动不动就用'挖根'来代替一切具体分析,是教条主义的方法。然而我们不少人,是习惯于用几顶帽子来代替具体分析的,这在整风中是应当改一改了。"①

他也反对起"残酷斗争,无情打击"——只是后来他却成了自己批判过的那"一万个人中间只有一个"的人:"有这样的人(也许一万个人中间只有一个),他用把同志当作敌人来打击作为抬高自己'威信'的手段。'残酷斗争,无情打击'就是这种人的口号。但历史证明,这种极个别的冒充'百分之百的布尔什维克'的野心家,是并不能永远维持自己的'威信',他迟早总会被拆穿。"②

他,居然也反对"棍子"。他认为:"批评家应当成为作家的知音!他不是高高在上给作家打分数的教师,他应当成为懂得作家的心的挚友和诤友。……中国有一句古话,叫'惺惺惜惺惺',批评家和作家之间也应当有这种感情。"③

遗憾的是,当他成为"金棍子"之后,早把什么"知音"呀、"诤友"呀,忘得一干二净,变"惺惺惜惺惺"为"惺惺整惺惺"!

他也曾把"矛头"指向党的领导干部,大声叫嚷"放下架子":

"一个领导干部要同群众接近,第一件事是什么?我觉得第一件事就是:放下架子!

"一个党员要同党外人士谈心,第一件事是什么?我觉得第一件事同样是:放下架子!

"拆墙也好,填沟也好,首先还是把那种高人一等的贵族架子摔掉,没有挥架子的勇气,自己高坐在云霄之上,大喊:'大家来拆墙呀,大家来填沟呀!'恐怕墙还是墙,沟还是沟。

"如果把灵魂深处的优越感整掉,把言行上的盛气凌人整掉,那墙就至少倒了一大半,沟也一定填平了一大半。……"

他批评说:"领导干部有许多与众不同的特殊的生活待遇和特殊的权利,造成一种脱离群众的'架子'。"④

他的这番颇为尖锐的言论,在当年反右派时扣上"反对党的领导"之类的帽子,是极为容易的。

姚文元在"鸣放"时最"危险"的言论,莫过于他对王若望⑤的附和和支持。

姚蓬子在会上支持王若望。在中国作家协会上海分会的鸣放会上,王若望发言之后,姚蓬子立即站了起来,显得异常激动,大声地吼道:"我代表中国人民,支持王若望的发言!"

姚蓬子获释回家,满肚子的冤气,满肚子的牢骚。他动不动"我代表中国人民",那么大的口气,倒向来是他的风格。

---

① 《敌友之间》,1957年6月10日《解放日报》。
② 《敌友之间》,1957年6月10日《解放日报》。
③ 《论"知音"》,《文艺月报》1957年第2期。
④ 《放下架子!》,1957年5月13日《解放日报》。
⑤ 1986年8月30日,叶永烈在上海采访作家王若望。

姚氏父子配合默契。姚文元在报上发表文章,支持王若望。

王若望在1957年那"早春天气"中,他接二连三发表了锋芒毕露的杂文《步步设防》、《挖掉宗派主义的老根》、《不对头》、《一板之隔》等等。

1957年4月26日,当姚文元从《文汇报》上读到王若望的《步步设防》,不由得拍案叫好。当即欣然命笔,写了《一点补充》。5月7日、8日的《文汇报》,连续刊出了姚文元对王若望的"补充":"王若望同志写了一篇'步步设防'的文章,尖锐地批判了'前半截表示同意党的方针,但是后半截又预先订出若干保留项目'的思想,我认为是很好的,也是很必要的。现在我们要进行既反对教条主义又反对机会主义的两条路线的斗争,但首先是着重反对教条主义……我们需要更多的批判教条主义的文章。……"

在那个特定的历史时期。姚文元一个劲儿在那里"反对教条主义"、"批判教条主义"。

也就在这篇《一点补充》里,姚文元大大地赞扬了《在桥梁工地上》。他说:"例如《同甘共苦》和《在桥梁工地上》,都相当深刻地刻画了人物在新旧斗争和个人生活中的复杂的精神面貌和思想动态,并且通过人物性格的折光,反映了具有深刻的时代意义的重大问题,也应当算在'重大题材'之内。……"

《在桥梁工地上》的作者,是刘宾雁。《在桥梁工地上》被打成"反党反社会主义的大毒草"。话剧《同甘共苦》后来也遭到了"批判"。

1957年6月8日,反右派斗争在全国展开。这天,毛泽东为中共中央起草了党内指示《组织力量反击右派分子的猖狂进攻》。也就在这一天,《人民日报》发表震动全国的社论《这是为什么?》,拉开了反右派斗争的大幕。

在"打退资产阶级右派的猖狂进攻"的口号声中,王若望和刘宾雁被划为右派分子,姚蓬子也被戴上帽子。

姚文元有那么多公开发表的"右派言论","右派分子"的帽子早已在他的头顶上盘旋,随时可以"光临"他的脑袋。何况,水有源,树有根,要"挖根"的话,那是很便当的——因为父亲受到审查,因为自己挨了批判,他的心中怨气冲天……

完全出人意料,姚文元不仅没有成为"右派",他摇身一变,又成了"英雄"——一名震惊全国的反右"英雄"!

对于姚文元来说,1957年6月14日,是他的历史的转折点。

突然跃为"新星"

6月14日清晨,中央人民广播电台的新闻节目播出了姚文元的一篇"大作",令全国震动,令上海震惊。

6月14日下午,一辆轿车驶往上海静安寺附近的"海格大楼"。车上坐着张春桥和"新星"姚文元。

听说"庆施同志"召见,姚文元搓着双手,兴奋得不知该把手放在什么地方才合适。

"哟，那么年轻呀！"柯庆施一边握着姚文元的手，一边问，"多大啦？"

"26岁。"姚文元赶紧答道。

"年轻有为，年轻有为哪！"柯庆施连声说，"你的文章，很老练，不像二十几岁的人写的。"

姚文元一听，有点紧张，马上说道："我的文章，都是我自己写的。"

"哈哈哈哈，"柯庆施大笑起来，"请坐，请坐。我是说，你的文章、你的思想，超越了你的年龄。"

姚文元的心，放了下来。他赶紧掏出笔记本，飞快地用笔记着。这时，他的双手才找到最合适的位置。

"你的情况，春桥同志都已经跟我说了。"柯庆施收起了笑容，开始了正式的谈话，"你的阶级斗争的嗅觉很灵敏，这一点很不错！"

姚文元的笔，在小本子上飞快地记着。

"阶级斗争的观点，是马克思列宁主义最根本的观点。我们应当用阶级斗争的观点观察一切，分析一切。当前，反右派斗争刚刚打响，这是一场严重的阶级斗争。你要争取成为一名反右尖兵，要不断写出《录以备考》那样的好文章。"柯庆施用作大报告的口气，说了一大通。

姚文元只忙于记录，仿佛在听报告，忘了这是在跟书记谈话。

"以后，你常跟春桥同志保持联系。要随时了解来自党中央的声音。只有消息灵通，才能写出好文章。"柯庆施一边说着，一边指了指坐在一旁的张春桥。

"我们早就认识。春桥同志给过我许多帮助。这一次，多亏他把要开展反右派斗争，要批判《文汇报》的重要消息告诉我，我才会写出《录以备考》。"直到这时，姚文元才想起应当说这样几句必须说的话。

张春桥坐在一侧，只是微微笑着，慢悠悠地抽着香烟。他深谙柯庆施的脾气——不喜欢别人随便插嘴。

等到姚文元说毕，他才讲了一句他必须说的话："庆施同志像毛主席一样，历来是很重视抓阶级斗争、很注意抓报纸的。"

"以后要写什么文章，我让春桥告诉你。在报纸上，由你出面，比我、比春桥都要方便。"柯庆施的这句话，使姚文元受宠若惊。

这是当时一个"大拇指般的小人物"的姚文元，跟上海首脑人物的会见。从此，姚文元在柯庆施的记忆仓库中，留下了好印象。从此，张春桥跟姚文元的联系，日益密切了。

姚文元发迹史上的里程碑

1957年6月14日，究竟发生了什么惊天动地的大事？

原来，那一阵子，毛泽东天天读上海的《文汇报》，关注着《文汇报》的"资产阶级方向"。诚如他后来所批评的那样："严重的是文汇报编辑部，这个编辑部是该报闹资产阶级方向期间挂帅印的，包袱沉重，不易解脱。帅上有帅，攻之者说有，辩之者说无；并且指名道姓,说是章罗同盟中的罗隆基。两帅之间还有一帅,就是文汇报驻京办事处负责人浦熙修,是一位能干的女将。人们说,罗隆基——浦熙修——文汇报编辑部,就是文汇报的这样一个民盟右派系统。"

当毛泽东打开6月10日的《文汇报》,第3版副刊"笔会"右下角一篇并不醒目的千字文,引起了他的注意。此文标题为《录以备考——读报偶感》,作者的名字是"姚文元"。

姚文元的"偶感",是由新华社5月25日一条很短的电讯引起的。电讯报道了毛泽东在5月25日下午于北京接见中国新民主主义青年团第三次全国人民代表大会全体代表。

毛泽东主席在接见青年代表的时候,向他们讲话说:

你们的会议开得很好。希望你们团结起来,作为全国青年的领导核心。

中国共产党是全中国人民的领导核心。没有这样一个核心,社会主义事业就不能胜利。

你们这个会议是一个团结的会议,对全中国青年会有很大的影响。我对你们表示祝贺。

同志们,团结起来,坚决地勇敢地为社会主义的伟大事业而奋斗。一切离开社会主义的言论行动是完全错误的。

尽管新华社的这条电讯很短,但是非常重要。毛泽东的话,一共只有四句。其中最重要的是最后一句:"一切离开社会主义的言论行动是完全错误的。"

这是毛泽东第一次公开发出的准备反击右派分子的讯号——13天后,反右派运动的狂飙便席卷中华大地。

毛泽东这几句话的重要性,还可以从此后20年——1977年出版的《毛泽东选集》第5卷得到印证:这几句话以《中国共产党是全中国人民的领导核心》为题,作为单独的一篇文献,收入《毛泽东选集》第5卷。

当然,不论是13天后发生的事情,还是20年后发生的事情,事后都证明了新华社那条消息的重要性。然而,在当时,这条简短的新华社消息,并没有引起人们多大的注意。姚文元却凭借着他特殊的政治敏感性,立即注意到这条不寻常的新闻。

姚文元比较了《解放日报》、《人民日报》和《文汇报》刊登这一电讯时的不同编排技巧,大发感叹,写成《录以备考》。

鉴于此文是姚文元发迹史上的里程碑,况且文章不长,特全文照录于下——"录以备考"。

录以备考
——读报偶感

同是一条消息,经过不同的编辑同志的编排,其价值竟可以相差十万八千里之遥,这个奇妙的秘诀,是我最近从报纸上得来的。

前几天毛主席在接见共青团代表时发表了讲话。讲话虽短,含意却极深远。解放日报用特别巨大的铅字和醒目的标题放在第一条新闻,人民日报排在当中,标题比解放日报要小些,也突出了"团结起来,坚决地勇敢地为社会主义的伟大事业而奋斗,一切离开社会主义的言论行动都是错误的"。但文汇报呢,却缩小到简直使粗枝大叶的人找不到的地步,或者看了也觉得这是一条无足轻重的新闻。其全部地位,大约只有解放日报标题用的铅字二个铅字那么大。

到底是什么缘故使三个报纸编辑部对一条新闻的估价相差如此之远呢?是因为解放日报认为这条消息特别重要呢,还是因为文汇报编者同志觉得这个谈话是谈谈什么社会主义、党的领导……之类早已"听得烂熟"的老话,没有什么新鲜内容,所以无足轻重呢?还是因为编者以为文汇报的读者是知识分子、同青年们没有什么关系?抑还是编者以为突出这条消息,会影响"争鸣",因为"争鸣"中似乎是不适合多说什么党的领导、社会主义的,我因为说了两句,就很遭到有些人的反对。……

我不想判别是非,也许各有各的道理,"彼亦一是非,此亦一是非"吧,——因为不同的编报方法也是"争鸣"之一种,毛主席就说过,报纸这样办、那样办就是两家。我也不想去分析其中的优劣,因为现在也还是各人顾各人的方法去办。例如对李维汉的谈话,人民日报是突出了"社会主义是长期共存的政治基础"作为标题,并且用"……总的说来,从各方面提出的批评和意见,有很多是正确的,应该认真地加以接受和处理;有相当一部分是错误的,还须要进一步加以研究和分析"作为副标题,而文汇报则以"中共诚恳欢迎监督和帮助"为标题,以"认为很多批评和意见有助于克服三大主义,进一步加强和巩固共产党的核心领导作用"为副标题,明眼人一见就可以看出彼此着眼点是不同的。但我以为,这种不同是比"千篇一律"好得多的一种好现象。我更不想去追究各人着眼点不同的心理状态,因为我并无"未卜先知"之才。所以关于是非、优劣、原因,都待进一步加以考证。

有人要问:你自己就没有见解了吗?答曰:有的。但不想说。不想说的理由呢?答曰:也不想说。这并非如唐弢同志所说的"欲说还休",而是另一种原因。然而这至少驳倒了一种理论:"新闻的编排没有政治性"。编排也有政治性,"各取所需"即是。

我是很欢喜看文汇报的,因为它新鲜、有内容、报道面广。这回确很抱歉,涉及了文汇报。好在文章中并无一个"主义",也没有一顶帽子,也没有"判决"是非,大概不会被人目为"棍子"。如果能引起读报人及编报人一点点思索,我的愿望就达到了。末了,希望这篇涉及文汇报的短文能在文汇报的副刊上登出。

毛泽东以敏感的目光,注意到姚文元的《录以备考——读报偶感》。
毛泽东看完,颇为赞赏,当即亲笔写下一篇重要文章:《文汇报在一个时间内的资产阶级方向》。
然而,毛泽东没有在文章上署"毛泽东"三字,却是写上"本报编辑部"。

"本报"是什么报呢？中共中央机关报——《人民日报》！

毛泽东嘱令《人民日报》以"本报编辑部"的名义，发表《文汇报在一个时间内的资产阶级方向》。

毛泽东还指示，把姚文元的文章与《文汇报在一个时间内的资产阶级方向》一起刊出。

毛泽东的文章，是怎样交到《人民日报》的呢？这件事，恰巧与《人民日报》"换帅"紧紧联系在一起。

那是在1957年6月13日晚上，毛泽东在中南海菊香书屋卧室里召见吴冷西。当吴冷西到达那里时，胡乔木已经在那里了。

毛泽东早已不满于邓拓主持《人民日报》，尖锐地批评邓拓是"死人办报"。所以，在1957年6月7日晚上，毛泽东紧急召见吴冷西，宣布《人民日报》"易帅"，由吴冷西代替邓拓。当时，吴冷西极感突然，脱口而出："我毫无思想准备！"毛泽东说，给他十天考虑的时间。

翌日——1957年6月8日，奉毛泽东指示，《人民日报》发表毛泽东亲自改定的重要社论《这是为什么？》，从此全国掀起了反右派斗争。

还没有到十天，毛泽东便在6月13日晚召见吴冷西，要吴冷西马上到《人民日报》去主持工作。毛泽东随手把自己写的《文汇报在一个时间内的资产阶级方向》一文，当面交给吴冷西，嘱他翌日见报。

吴冷西这么回忆当时的情景：

> 毛主席这时又回过头来就调我去人民日报工作的问题对我说，你先作为乔木同志的助手去试试看。今晚就同乔木一道去上班，拿这篇文章去。
>
> 这时，毛主席递给我一篇打字稿。我看是一篇用人民日报编辑部署名的文章，题目是《文汇报在一个时间内的资产阶级方向》。这样的署名很少用，我一下子就想起了去年（1956年4月和12月）先后发表的论无产阶级专政的历史经验那两篇文章。那两篇文章在我们起草时不是用这个题目，也不是用人民日报编辑部署名，都是在差不多定稿时由毛主席提议修改并经政治局同意的。
>
> 毛主席接着说，上次批评人民日报时，我曾许下诺言，说我辞去国家主席后可以有空闲给人民日报写点文章，现在我还没有辞掉国家主席，就给人民日报写文章了。[①]

吴冷西当即和胡乔木一起赶往人民日报社，根据毛泽东的指示，1957年6月14日《人民日报》在第1版发表《文汇报在一个时间内的资产阶级方向》，同时一起刊出姚文元的《录以备考——读报偶感》。

按照中国新闻界的习惯，凡是重要的文章，必须以新华社电讯发出，这样全国各地报纸都会马上加以转载。为了扩大这两篇文章的影响，毛泽东还指示新华社转发这两篇文章。

---

① 吴冷西：《忆毛主席》，新华出版社1995年版，第44页。

毛泽东甚至为新华社转发这两篇文章，亲自写了电讯的新闻导语。

毛泽东所写的导语全文如下：

[新华社14日北京电]人民日报编辑部就姚文元的文章发表批评文汇报和光明日报的资产阶级政治方向。人民日报编辑部的意见和姚文元的文章如下：①

全国各地报纸转载了这两篇文章，中央人民广播电台在新闻节目中全文播发。

毛泽东以《人民日报》编辑部名义所写的《文汇报在一个时间内的资产阶级方向》，全文如下：

下面转载的这篇文章见于6月10日文汇报，题为"录以备考"。上海文汇报和北京光明日报在过去一个时间内，登了大量的好报道和好文章。但是，这两个报纸的基本政治方向，却在一个短时期内，变成资产阶级报纸的方向。这两个报纸在一个时间内利用"百家争鸣"这个口号和共产党的整风运动，发表了大量表现资产阶级观点而并不准备批判的文章和带煽动性的报道，这是有报可查的。这两个报纸的一部分人对于报纸的观点犯了一个大错误。他们混淆资本主义国家的报纸和社会主义国家的报纸的原则区别。在这一点上，其他有些报纸的一些编辑和记者也有这种情形，一些大学的一些新闻系教师也有这种情形，不只文汇、光明两报如此，不过这两报特别显得突出罢了。错误观点是可以经过研究、考虑和批判加以改变的，我们对他们期待着。从最近几天这两个报纸的情况看来，方针似乎已有所改变。党外报纸当然不应当办得和党报一模一样，应有它们自己的特色。但是，它们的基本方向，应当是和其它报纸一致的。这是因为在社会主义国家，报纸是社会主义经济即在公有制基础上的计划经济通过新闻手段的反映，和资本主义国家报纸是无政府状态的和集团竞争的经济通过新闻手段的反映不相同。在世界上存在着阶级区分的时期，报纸又总是阶级斗争的工具。我们希望在这个问题上展开辩论，以求大家在这个问题上取得一致的认识。新闻记者中，有一部分共产党员和共青团员也有资产阶级新闻观点，也应当考虑、研究、批评这个错误观点。教条主义的新闻观点和八股文风，也是应当批判的。这一方面的东西是很讨厌的。党报，包括本报在内，在这一方面犯有错误。这一方面的错误，在辩论中也必须展开批判。这样一来，在新闻问题上就要作反"左"反右的两条战线上的斗争。姚文元的文章只是含蓄地指出文汇报的资产阶级方向，看到了文汇报的一些人站在资产阶级立场上向无产阶级进行阶级斗争的这个明显的和有害的倾向，是一篇好文章，故转载于此。并且借这个由头，向我们的同业——文汇报和光明日报说出我们的观点，以供考虑。②

---

① 《建国以来毛泽东文稿》第6册，中央文献出版社1992年版，第509页。
② 《建国以来毛泽东文稿》第6册，中央文献出版社1992年版，第508—509页。

《人民日报》编辑部的文章，第一次公开点了《文汇报》和《光明日报》的名，赞扬了姚文元的文章，全国为之震动。

于是，姚文元作为一颗文坛"新星"，在毛泽东强有力的推动下，跃上苍穹，万众瞩目，名噪一时。

1957年6月14日，成为姚文元一生中里程碑式的日子。

从此，姚文元奠定了他的"左派"地位。

他，一跃而为上海作协党组成员、反右派领导小组成员。

一抹脸成了"反右英雄"

令人费解的是，1957年6月10日这一天，姚文元除了在《文汇报》发表《录以备考》之外，还同时在《解放日报》发表《敌我之间》，在《劳动报》上刊出《关于青年的杂感》，那两篇却明显地表现出"右派"观点。同是一个姚文元，怎么会同时既讲"左"话，又讲"右"言？他到底是个"左"派，还是个右派？

其实，其中的奥秘并不费解：《敌我之间》和《关于青年的杂感》是好多天前写的，直到6月10日才得以发表。《录以备考》呢？是姚文元在6月6日开了个夜车，赶写而成。

又是张春桥给姚文元帮了大忙。6月6日上午，张春桥在电话里，把重要消息告诉了姚文元：反右派斗争马上要开始了，头一炮就要轰《文汇报》。

火烧眉毛。姚文元赶紧翻查《文汇报》。花了一个下午的时间，姚文元才算有了"灵感"：他注意起5月25日毛泽东那句警告式的话——"一切离开社会主义的言论行动是完全错误的"，被《文汇报》大大地缩小了！

他连夜写成《录以备考》，第二天一早亲自送往《文汇报》。

张春桥的消息果真灵通而准确：6月8日，毛泽东就以中共中央名义发出他写的党内文件《组织力量反击"右派分子"的猖狂进攻》。同一天，《人民日报》发表社论《这是为什么？》。一场席卷全国的反右派风暴，便从这一天开始。

本来，《文汇报》编辑部收到姚文元的《录以备考》，并不打算刊登——何必在自己的版面上刊登批评自己的文章？

然而，6月8日形势陡变，《文汇报》急于要登点装饰门面、紧跟中央的文章，看中了《录以备考》，当即在6月10日刊出。

连姚文元自己也未曾想到：这篇短文会受到毛泽东又一次的垂青！

姚文元见风转舵，一抹脸就装扮成"反右英雄"——如同他当年乔装打扮成"反胡风英雄"一般。

人们常常骂姚文元是"左"派。不，不，他的准确的形象是政治投机派！他，今天这么写，明天那样讲，出尔反尔，一切都是为了投机。一部姚文元史，便是一部政治投机史。他的入党，他的反胡风，他的反右派，尔后他的一步又一步在政治棋盘上走过的棋，全然以投机为行动指针。

由于《录以备考》交了鸿运，从此姚文元从"右派分子"的帽子下开脱，就连那吹掉了的爱情，也悄然复苏了，因为金英看出来姚文元"有出息"。

毛泽东的赞扬，使姚文元顿时兴奋百倍。哦，风正顺、帆正满，在张春桥的指点下，姚文元日夜赶写反右派文章。短短的半个月里，姚文元炒豆似的在上海报纸上啪啪作响：

《坚定地站在党的立场上》（6月14日《解放日报》）；

《右派野心分子往何处去》（6月15日《文汇报》）；

《从恐吓信中所窥见的》（6月18日《新闻日报》）；

《在剧烈的阶级斗争中考验自己》（6月21日《解放日报》）；

《"过去是有功劳的"》（6月24日《解放日报》）；

《揭露谜底》（6月27日《新闻日报》）；

《对党的领导的态度是辨别右派分子的试金石》（6月28日《文汇报》）；

《这场"戏"的确"好看"》（6月29日《解放日报》）。

空前、空前，一下子爆出这么多文章，姚文元作为一颗"新星"，闪射出炫目的光芒。

7月1日，毛泽东以《人民日报》社论的名义，发表了那篇著名的《文汇报的资产阶级方向应当批判》，又一次提到了《文汇报》"当作向无产阶级进攻的工具的反动编排"。

7月4日，《人民日报》刊登了《文汇报向人民请罪》，其中提及："还有一些更为突出的例子。如5月25日，毛主席在接见青年代表的时候，作了重要的讲话，指出：'一切离开社会主义的言论行动是完全错误的。'毛主席的讲话给六亿人民指示了分清大是大非的一个标准。这个讲话发表在右派分子妄图破坏社会主义基础的时候，具有极其现实的战斗的意义。然而我们把它看成是一般新闻，竟然用极不显著的短栏刊出，贬低了毛主席这一讲话的重要意义。"

显而易见，这段"请罪"，是对姚文元的《录以备考》的"反馈"。

这么一来，姚文元益发得意了。"子系中山狼，得志便猖狂"，姚文元曾引用这句《红楼梦》中刻画"应酬权变"的孙绍祖的诗"评"过别人，其实，这句诗恰恰是他自己的生动写照。

光是写文章表表态，泛泛地批判右派，姚文元已感到不满足了。他，抡起棍子要打人了。

横扫"右派"

两年多以前，当姚文元拿着一大叠退稿，走进《文艺月报》副主编王若望的办公室，对这位"王老师"是毕恭毕敬的；两个多月以前，当姚文元对王若望的《步步设防》来了"一点补充"的时候，对"若望同志"又支持、又赞扬、又补充。①

然而，眼下的政治"行情"变了，王若望"贬值"了，成了上海的"大右派"。姚文元也随之反目，抡起棍子，劈头盖脑朝王若望打去：

---

① 1986年8月30日，叶永烈在上海采访作家王若望。

> 我们党内曾经出现过像高岗、饶漱石这样的反党反社会主义的野心家同阴谋家，他们为了反对党中央和毛主席，推翻工人阶级领导的人民民主专政，曾用尽了一切卑鄙龌龊的手段。他们作为资产阶级代理人的丑恶面目，总是在阶级斗争尖锐的时候暴露得特别明显，也在剧烈的阶级斗争中被揭露出来。王若望就是这类人物之一。他披着共产党的外衣，却充当了资产阶级右派分子进攻的急先锋，并且使用了各种资产阶级政客的手段来达到他的野心。①

> 王若望自从鸣放以来，发表了许多文章，并且多次在党内外的会议上发言。在这些文章和会议的发言中，他向党发动了剧烈的进攻，在人民群众中起了极坏的影响。他的文章和歪曲事实的、带煽动性的言论，已经成了许多资产阶级右派分子向党向社会主义进攻的理论上的武器，并且引起了一部分不了解真相的党外人士对党的不满。彻底批判这些言论，澄清他在思想上散布的毒素，是文艺界的一项重要任务。②

后来，王若望因被划为"右派分子"而开除党籍，在上海作家协会党员大会上宣读开除王若望党籍决定的，便是姚文元。

老作家施蛰存是姚文元父亲的老朋友。见到他，姚文元总是恭恭敬敬喊一声"施伯伯"。然而，施蛰存与张春桥之间旧怨颇深。在20世纪30年代，18岁的张春桥刚到上海，看到施蛰存标点古书，颇为畅销，他也挤了进来。无奈，张春桥不过是个中学生，乱标古书。当时担任主编的施蛰存发现此事，使张春桥丢了饭碗。

不料，22年之后，张春桥已成了上海一霸，施蛰存当然遭殃。在"反右派"的大浪潮中，施蛰存也"贬值"了。张春桥一指点，姚文元跃马上阵。哦，"施伯伯"，对不住了。姚文元一棍子横扫过来：

> 凡是别有用心而不能大白于天下的人，说话常常是吞吞吐吐，或声东击西，或借古讽喻，总是想尽办法来表达他心中最刻毒的思想。施蛰存的《才与德》，就是一支向党向社会主义事业射来的毒箭。读上去似乎弯弯曲曲，像舌头上打了结一样，但内心的仇恨还是非常明显的。③

许杰也是姚文元父亲的朋友。许杰对于"棍子"的反感，对于在"反胡风斗争搞得太过分了"的"青年批评工作者"的反感，使姚文元大为恼怒。对不住了，"前辈作家"、"名教授"，吃我一棍：

> 谁都知道，许杰是一贯反对"棍子"反对得最厉害的，他习惯于把一切对资产阶

---

① 《反党野心家的四个手段——揭露右派分子王若望的阴谋活动》，1957年8月2日《解放日报》。
② 《走哪一条道路——批判王若望几篇文章中的反党反社会主义言论》，《文艺月报》1957年第8期。
③ 《驳施蛰存的谬论》，《文艺月报》1957年第7期。

级思想的批评都叫做"棍子"。在去年7月15日的座谈"百花齐放,百家争鸣"的发言中,他就把过去对资产阶级思想批判中某些缺点夸大地叫做"看潮头,揣摩领导意图,狠狠的打击别人,用来表示自己立场的坚定",以达到用个别的缺点以混淆根本上的是非的目的。后来,他投给《文艺月报》的短篇中,更加露骨地说现在有粗暴是因为思想改造、反胡风斗争搞得太过分了,并且用下流的句子辱骂青年批评工作者是"吃奶的气力"都用光了。①

其实,许杰短短几句话,点穿了姚文元之辈的"秘诀":"看潮头,揣摩领导意图,狠狠的打击别人,用来表示自己立场的坚定。"难怪,这些击中要害的话,使"青年批评工作者"姚文元跳了起来。姚文元的棍子,越打越起劲。

他打流沙河——

> 流沙河的真姓名叫余勋坦,是家有九百多亩地的大地主的少爷……他心怀杀父之仇,念念不忘,组织了右派小集团,辱骂共产党,辱骂新社会的一切干部。他几乎"仇恨一切人"……《草木篇》在本质上是一篇反社会主义的作品。②

他驳徐中玉——

> 从这种谣言中正可以看出徐中玉的本质,可以看出他的心灵是被怎样一种黑暗的思想充塞着。教授造谣,在今天并不算新鲜的事情。③

他骂鲁莽——

> 鲁莽是一个仇恨共产党和进步的民主人士仇恨到不择手段的人,是一个历史悠久的"老右派",他是靠反动起家并且以反动闻名的。④

他与王蒙、邓友梅、刘绍棠"讨论"——

> 最近一年以来,有哪种理论是风靡一时的话,那就是"写真实"。王蒙写《组织部新来的青年人》、邓友梅写《在悬崖上》,其指导的文艺思想都是"写真实"。……刘绍棠提出:"继承现实主义的传统,就必须真正地忠实于生活真实。这种忠实于生活真实,就是忠实于当前生活真实,而不应该在'现实底革命发展'的名义下,粉饰

---

① 《文艺上的修正主义表现在哪几个方面?》,《文艺月报》1958年第4期。
② 《流沙河与〈草木篇〉》,《展望》1957年第27期。
③ 《辟谣三则——答徐中玉"积疑三问"》,1957年7月24日《解放日报》。
④ 《鲁莽被什么人"利用"?》,1957年7月21日《解放日报》。

生活和改变生活的真面目。"……离开了马克思主义的思想，离开了工人阶级的立场去空谈真实性和忠实于生活，只是一种幻想而已。……我觉得，今天我们不应当因为反对教条主义而放松了对文艺领域中资产阶级思想的警惕。①

他揍徐懋庸——
在1957年11月至12月的《文汇报》上，姚文元接连发表了八篇批判徐懋庸的文章：

> 徐懋庸的杂文，曾经一度风行一时，向他约稿的报刊甚多，使他达到了"终日手不停挥"的地步。这说明我们的嗅觉并不是很灵敏的，这当中有值得深刻记取的教训在。然而，这终究只是在一个短时期内，假的总是假的，在我们以马克思列宁主义思想为指导的国家里，一切伪装的敌人决不可能长久地欺骗群众，一到反击右派开始，徐懋庸的面目就被揭露了。改动一个字套用一句古话："固一时之雄也，而今安在哉！？"徐懋庸之类的右派顶多只能做"一时之雄"——而且只能在工人阶级暂时不进行反击的时候；至于做"一世之雄"的幻梦，那是永不可能实现的了。他们那个过去的时代早已被历史的巨潮永远地埋葬了。……

他攻陆文夫——

> "探求者"的启事和章程是一个在文艺领域中的系统的反社会主义的纲领。这个纲领的反动性是露骨的、不加掩盖的，他们也的确把自己这种主张"公之于世"了。这个纲领是这样的荒谬，他们想"探索"一条资本主义的道路的企图又是这样明显……值得注意的是，这个集团的成员都是青年。他们自称是"一群青年的文学工作者"。……青年文学工作者中个人主义的滋长，近一年多来是有了相当发展的。修正主义的文艺思潮同个人主义的思想意识相结合，成为一种政治思想上非常厉害的腐蚀剂。②

他向《新观察》开火——

> 5月16日的《新观察》上，有一篇《一个月来"百花齐放、百家争鸣"情况小记》，题为《蓓蕾满园乍开时》，作者为"本刊记者"，登在第一页。用一句简单的话来概括：这篇文章是向党进攻的一支毒箭。……
> 《新观察》这篇文章在替什么人说话，是够明白的了。《新观察》是作协领导的文艺性刊物之一，报刊是阶级斗争的工具。我写这些文章的用意，就是希望这个武器

---

① 《再谈教条和原则——与刘绍棠等同志讨论》，《文艺报》1957年第18期。
② 《论"探求者"集团的反社会主义纲领》，《文艺月报》1957年12期。

能够掌握在无产阶级手中而不是掌握在资产阶级手中。这一问题现在从《文汇报》和《新观察》两个刊物上看,应当可以明白了。①

他向《文艺报》猛攻——

> 我过去欢喜看《文艺报》,现在也还喜欢看《文艺报》,但那"欢喜"的原因,却有很大的改变。过去喜欢看,是因为它登载很多理论文章,想从《文艺报》中寻找理论上的问题;最近还喜欢看,是因为想从里面找到什么稀奇古怪的事情或耸人听闻的谩骂,如"懒虫们""老爷们""身价十倍""人不如狗"……之类。……②

26岁的姚文元,比两年前"反胡风"的时候神气多了,已成了道道地地的文坛打手。从1957年6月10日发表《录以备考》,到年底,短短半年时间里,姚文元发表了五十多篇"反右派"文章,差不多三天一篇,从《人民日报》《人民文学》《文艺报》到《文汇报》《解放日报》,姚文元大打出手,成为人所共知的"棍子"!

免受这位"棍子"的棍棒之苦的,唯有其父姚蓬子。当他获知要开展反右派斗争的消息,连忙告诉父亲。几天之后,有人看见,一名年轻人趁众人午休之际,迅速地在上海作家协会墙上贴了一张大字报,然后赶紧躲开。那张大字报的标题很醒目,曰《拥护共产党整风!》,署名姚蓬子。贴大字报者是谁?姚文元也!

只是这张大字报未能使姚蓬子成为"左"派。不久,姚蓬子还是给戴上了右派分子的帽子。

不过,这一回姚文元有了《录以备考》那样的"王牌",他也就没有受父亲的牵连——他口口声声在组织生活时表白与父亲"划清"了"界限"。

姚文元"双喜临门"

《录以备考》留在中共上海市委书记柯庆施脑海中的美好印象,终于在1958年化为一纸调令:姚文元不再是从中共卢湾区委宣传部借调到《萌芽》杂志编辑部,而是正式调往中共上海市委。

那是1958年5月下旬,中共中央在北京召开了八届五中全会。会议增选林彪为中共中央副主席、政治局常委,增选柯庆施、李井泉、谭震林为政治局委员。会议决定,中共中央于6月1日创办政治理论刊物《红旗》,任命陈伯达为总编辑。

柯庆施一回到上海,当即决定中共上海市委也创办理论半月刊,取名为《解放》,于7月1日创刊,任命杨西光为总编辑,石西民为副总编,周原冰为编辑部主任。柯庆施点名调

---

① 《〈新观察〉放出的一支毒箭》,1957年7月19日《人民日报》。
② 《读〈文艺报〉上的一篇翻案文章》,1957年7月6日《人民日报》。

来姚文元,任编辑部的文教组组长。

从此,姚文元成为柯庆施"直辖部队"中的一员,消息益发灵通了,跟张春桥的接触也更加频繁了。

柯庆施有一个习惯:刚从毛泽东身边归来,一下飞机或者火车,便立即召集核心人员开小会。他掏出小本本,传达来自毛泽东那里的最新信息。姚文元常有机会出席这样的小会了。他拿出小本本,不断记下柯庆施的话,揣摩这些信息,加以延伸,加以发挥,便变成姚文元的文章。轧苗头,看风向,已成为姚文元的写作秘诀。

政治上的得势,加重了姚文元在爱情天平上的分量。今非昔比,姚文元已不再是在中共上海卢湾区委挨批判时那样窝窝囊囊,再也不用在肃反三人小组成员之一金英面前低三下四了。"英雄",赢得了金英的爱情。

一本又一本散发着油墨清香的新书,不断送到金英手中。每一本书,仿佛一颗砝码,加重了姚文元在爱情天平上的分量:

1957年6月,姚文元平生第一本书——杂文集《细流集》,由上海新文艺出版社出版了。

1958年4月,作家出版社印行了姚文元的第二本杂文集《在革命的烈火中》。

1958年7月,姚文元的第三本书——《论文学上的修正主义思潮》,由上海新文艺出版社出版。

1958年10月,一本小册子——《革命的军队,无敌的战士——谈谈〈保卫延安〉的几个特色》,由上海文艺出版社印出,成为姚文元的第四本书。

离香山路不远的思南路85号,变得热闹起来,贴上了红色的"囍"字。

自从划为右派分子之后难得露面的姚蓬子,也穿上一身新衣裳,和妻子一起前往香山路,步入儿子的新房,表示祝贺。

姚文元经历了一番"苦恋",终于结婚了,新娘便是金英。

为了庆贺与金英的结合,姚文元取了一个笔名"金兆文"。"金"、"文"的来历都很明白,那"兆"则取自"姚"。

姚文元"双喜临门"了。他,"羽翼已就",要"横绝四海"了。

"金棍子"讨伐文坛老将

南征北战,东讨西伐。越是得志,越是疯狂。1958年,姚文元手中拎着棍子,战绩"辉煌"。

过河的卒子吃老将。姚文元所征所伐已是那批颇有建树的老作家。

冯雪峰,当他在上海担任左联的中共党团书记时,姚文元才出生,冯雪峰还抱过姚文元。冯雪峰参加过举世闻名的二万五千里长征,到达陕北后又受中共中央派遣来到上海,成为鲁迅的亲密战友,鲁迅去世时丧事由他主持,解放后任中国作家协会副主席……对于这样的革命前辈、文坛老将,姚文元斥之为"修正主义路线的代表者"。姚文元用从笔尖流出的墨水,往冯雪峰脸上抹黑。那些话语,非常刻毒:"冯雪峰从他早年参加左翼文艺运动开始,指导他的行动的基本思想,就是资产阶级民主主义同个人主义,而不是马克思主义。他始终把中国的新民主主义的文化革命只看作资产阶级民主主义的文化革命,因此,就顽强地要用一套在马克思主义词句下的资产阶级思想来领导文艺运动,顽强地反对党领导下的无产阶级的文艺运动。"①

顺便提及的是,1976年1月31日,冯雪峰病逝。当时姚文元执掌中国文艺界领导大权,冷漠地写下批示:"不见报,不致悼词,一百至二百人的规模。"

艾青,这位中国诗坛的主帅,也不在姚文元的眼中。姚文元写了洋洋万言的《艾青的道路——从民主主义到反社会主义》,发表于1958年5月第5期《学术月刊》。

姚文元用这样的"概括",指责艾青怎样"堕落为人民的敌人":"在民主革命时期,艾青在某些方面比丁玲走得远些。抗日战争初期,他曾经写过一些较好的诗歌,表达了人民抗日的热情。然而由于艾青的基本方向是资产阶级的方向,他的一切诗歌都是围绕着资产阶级的民主自由的轴心而旋转,所以革命越前进,越是接近社会主义,他的进步性积极性就越缩小。到了中国成为社会主义的天下,艾青的积极性就不但等于零,而且转化为彻底的反动性了。分析这样一个'诗人'的思想历程,可以增长我们的社会主义觉悟,知道许多世事。并且从他身上,取得深刻的教训。"

后来,在"文革"中,张春桥、姚文元咒骂老干部们从"民主派"到"走资派"。其实,姚文元论定艾青的道路是"从民主主义到反社会主义",已经"首次"使用从"民主派"到"走资派"这样的"批判"公式了。

就连在读者中享有盛誉的上海老作家巴金,居然也连遭姚文元的棍打。姚文元发表了《巴金小说〈灭亡〉中的无政府主义思想》、《分歧的实质在哪里?》(巴金作品讨论)等文,认为巴金的小说《灭亡》充满"阴暗的虚无主义,极端的个人主义",而且批判了巴金迄今"仍旧是站在资产阶级个人主义的立场上来看问题的,对于作品中暴露得很鲜明的资产阶级思想,主要是无政府主义思想,也作了肯定和歌颂"。

姚文元甚至把攻击的矛头,指向了"丁阿姨"——丁玲。当年,丁玲与姚蓬子共办《北斗》,又一起被关押在南京。姚蓬子叛党,丁玲挣脱了锁链,奔向延安……当丁玲、陈企霞被打成"丁陈反党集团"时,丁玲"贬值"了。管她什么"甲玲"、"丁玲"的,谁"贬值",就打谁。反正"符合"领导意图是最重要的。

在1957年9月第35期《展望》杂志上,姚文元已向丁玲放了一枪——《丁玲的才华何怜之有》。那口气,令人竖起汗毛:"这样的忘恩负义之徒,这样灵魂腐化丑恶的人,我们斗争她,难道还有什么可惜吗?一条黑颜色的毒蛇是毒蛇,一条花纹斑斓的毒蛇仍旧是毒蛇,决不因为表面上好看,就可以放它过关……"

到了1958年,姚文元抛出两篇万言长文,对"丁阿姨"的作品进行了"深入批判":《莎菲女士们的自由王国——丁玲部分早期作品批判,并论丁玲创作思想和创作倾向发展的一个线索》(1958年3月第2期《收获》);《以革命者姿态写的反革命小说——批判丁玲的

---

① 《冯雪峰资产阶级文艺路线的思想基础》,《文艺报》1958年第4期。

〈在医院中〉》(1958年第3期《文艺月报》)。

姚文元这样"评价"丁玲的早期作品：

> 当我读着这些作品的时候,我总感到有一个残忍、冷酷、以追求性的刺激和玩弄男性为目的的资产阶级女性,带着狂热的色情的眼光和蔑视一切的冷笑,在作品中向每一个读者扫射着,煽动着读者去和集体主义的革命队伍对立,同共产主义道德对立。……丁玲所死抱住的形形色色的莎菲们将显出她们全部的无耻、反动、黑暗同渺小,她们以及那个早已被粉碎了的极端个人主义的自由王国,将永远地被社会主义文学的铁扫帚扫进历史的垃圾堆去。

姚文元对丁玲的《在医院中》上线上纲,指斥其为"反革命作品"：

> 丁玲的反革命作品《在医院中》,就是把伟大的、光明的解放区歪曲成漆黑一团,把英勇而勤劳的劳动人民及他们的干部诬蔑成冷酷无情的人。反之,对于敌视革命队伍、内心黑暗、抱着顽强的反党思想的资产阶级知识分子,却把他们粉饰成善良的受屈的羔羊,企图引起人们对他们反革命思想的同情。很明显,作者是站在资产阶级极端个人主义的立场来描写革命队伍和解放区生活的,这个立场是和中国革命的方向相敌对的反动立场,因而作品本身也就带着露骨的反动性。

唯我独"左",唯我独革,唯我先知,唯我先觉。27岁的姚文元如同一颗扫帚星,在中国文坛上"扫荡"着。

姚文元的"诗传单"

姚文元的棍子,居然打到古人欧阳修头上去了!

1958年10月出版的第16期《读书月报》上,姚文元发表了《向"广大群众"推荐什么东西?——简评〈欧阳修词选译〉》。

欧阳修乃唐宋八大家之一。1958年4月,作家出版社出版了黄公渚的《欧阳修词选译》。用白话文翻译欧阳修的名作,这本是向广大群众普及古典文学的好事。然而,姚文元却不。他首先提醒人们,今日所处的是什么样的时代。他说:"全国人民正投身在热火朝天的大跃进中。干劲无穷尽,跃进再跃进,上游再上游,向伟大的共产主义前进! 六亿人民正在共产党领导下,接连不断地创造着'一天等于二十年'的奇迹……"

在如此"热火朝天"的年月,姚文元以为出版《欧阳修词选译》,"会削弱人民革命的积极性"、"大多数是表现着露骨的颓废厌世的倾向","特别是广大青年,尤其有着毒害作用"。

姚文元危言耸听地说,古典文学,"这是资产阶级思想在文学研究中最后一个阵地"。"现在正是跃进高潮接着高潮的伟大时代,思想战线也要大跃进,其内容之一,就是对资产阶级思想展开更广泛更深入的斗争,把毛泽东的红旗插遍文艺领域。"

大抵因为当过《萌芽》杂志的诗歌编辑,大抵因为父亲姚蓬子喜欢写诗,姚文元在1958年6月10日《解放日报》发表《让诗传单飞遍全市》。

姚文元力主诗歌应当"赶任务","通过几万、十几万宣传员的口,广泛地传播到工厂、学校、里弄里去,有力地发挥文艺为政治服务的作用"。

姚文元说,诗歌是"把政治思想化为鲜明的形象,每一句都是战斗的歌声,每一首都是行动的号召"。

他批判道:"在以前,或在修正主义思想影响下,冷眼旁观、鄙视'赶任务',看不起及时创作为政治服务的短诗,或在崇洋观念支配下,形式上机械地摹仿外国,不愿写民歌体的诗。这样,当然就不可能用满腔热情来写诗传单了。"

在"满腔热情"鼓舞之下,为着"赶任务",为着"把政治思想化为鲜明的形象",在那"大跃进的年代",姚文元居然也成了"诗人"!

论"棍"才,姚文元远远胜过他的父亲!可惜,论诗才,姚文元则远远逊于其父。

如今,读者们读着姚文元的"诗传单",会笑问:这是诗?

请看,"诗人"姚文元在1958年6月8日《街头文艺》创刊号上写的诗,题为《我们工人骨头硬》:

我们工人骨头硬,
刺刀底下夺江山,
拔白旗,插红旗,
干劲要叫天地翻!
钢水滚滚火光闪,
定叫英美吓破胆!

1958年7月20日《文汇报》的"诗传单"栏目里,又一次刊出姚文元的"大作",题为《和平出在斗争里》:

美帝英帝,是纸老虎,
外强中干,见风转舵,
你若怕,就欺你,
坚决斗争,一定胜利。
全体同胞,斗争到底,
哪里逞凶,哪里粉碎。
同志们!

奋举宝刀斩毒爪，
掀起怒潮葬狂贼！
从来光明胜黑暗，
和平出在斗争里！

呜呼，一时间，古之词人欧阳修被批判，今之诗人艾青被打倒，剩下只有"棍子诗人"姚文元，剩下只有"诗传单"！

就连曾经出版过诗集《银铃》的姚蓬子，"拜读"了儿子的"大作"，也不由得皱起了眉头，对老伴说："文元写的是诗？"

一度"失业"的"棍子"

林村，姚家三楼，老保姆冯金芸在忙着粉刷墙壁。

冯金芸是姚蓬子的诸暨同乡，在姚家干了那么多年，还是第一次粉刷墙壁。

白墙，绿窗纱，花窗帘，三楼显得格外幽雅、整洁。

那是1959年春，金英要做妈妈了，姚文元就以此为借口，搬到父母那里去住。这时候的他，已是"铁蛋掉在铜碗里——响当当"的"左"派，已经不在乎什么"划清界限"之类忌讳了。父母那里有保姆，母亲又闲在家里，住到那里自然要舒适得多。

金英生了一个女儿，取名小红。

姚蓬子当上了爷爷，扫去了这几年心头的不快，脸上露出了笑容。

可是，他笑了没有多久，脸又拉长了：中共上海卢湾区委的领导考虑到金英是那里的组织部负责人，住在姚蓬子家毕竟诸多不便，要她搬出去。

虽然姚文元拖着不搬，但是卢湾区委已一再提醒金英，姚文元这才不得不与金英迁入机关宿舍。

他们把女儿留给姚蓬子、周修文抚养。直至"文革"中，上海师范学院中文系的那群年轻人来抄姚蓬子的家，小红和她的妹妹还住在姚蓬子家里。

"棍子"是吃"阶级斗争"的"饭"的。姚文元在"反胡风"、反右派中大打出手，到了1959年，"棍子"竟渐渐"失业"了。

他仍在不断地发表文章，只是不大容易捞到整人的机会——因为毕竟要等"上头"有了"阶级斗争"的意图的时候，才可以显示"棍威"。

姚文元写些什么呢？

他称赞"退休工人闲不住"——《发扬"闲不住"的精神》（1959年2月27日《解放日报》）。

他说说"认真读书"——《漫谈读书》（1959年4月8日《文汇报》）。

他对废物利用发生兴趣——《废物中有奇珍异宝》（1959年7月2日《解放日报》）。

他谈业余生活——《需要什么样的业余生活？》（1959年7月第14期《支部生活》）。

他写起了《在前进的道路上——评胡万春短篇小说集〈红光普照大地〉》(1962年2月16日《解放日报》)。

他发表"美学笔记"《论建筑和建筑艺术的美学特征——美学笔记之六》(《新建设》1962年3月第3期)。

他甚至对江河、红绿灯、相片之类产生兴趣,写了《咏物杂感(江河、红绿灯、相片)》(1962年5月28日《解放日报》)之类。

这时的姚文元,像刺猬失去了一身硬刺,成了温和的兔子。

偶然他也发出几句批判之声,不过,那是批判印度总理尼赫鲁(《这是什么"人道主义"?》,1959年5月6日《解放日报》),批判美国副总统尼克松(《尼克松的"拿着吧"》,1959年7月9日《解放日报》)。

笔者读了上海作家协会陈冀德女士的《生逢其时》一书[1],发现内中有一段描述这时候的姚文元很形象,可谓跃然纸上:

给我留下深刻印象的,却是在一次会议组织的联欢活动上。批判会从五九年底开到了六零年初。元旦过后不久,会议即将结束时,作为庆贺会议胜利闭幕的余兴,作协在沧浪亭摆了十几个台面,请与会者们吃一顿。饭后还有舞会。正当大家济济一堂,尽情享用着三年自然灾害期间难得一尝的菜肴时,只见一个穿着灰布军便装、戴一顶奔拉着帽舌的灰布军帽的人,在席间穿来走去。似乎在寻找着什么东西。这就是姚文元。

与我同桌的作协党组秘书郭信和,眼光追随着姚文元,咯咯的笑个不已。姚文元意识到他要找的东西在我们这一桌,就走了过来。他只是瞧着郭信和,不尴不尬地站在那里。也不说话。郭信和笑道:小姚,你走来走去的干吗呀?是不是想早点溜回家去陪金英啊?姚文元嗫嚅着,只见嘴巴在动,不知在说些什么。郭信和这一闹,引起了大家的注意。尤其是在作协机关工作的人,都凑过来了。七嘴八舌地要姚文元拿钱出来请客。这才知道,姚文元又拿到稿费了。再看姚文元,这哪像是个大作家呀?也不见有一点斯文相。最后,还是郭信和出来打了圆场,把被她藏了起来的姚文元的一只黄绿色军用背包,递给了他,说,今天就放你一马啦。看在金英的面子上。客,总该请一请的吧?交给我了。实报实销,如何?姚文元接过背包,依然不吱一声,转过身去,逃之夭夭了。

看着姚文元离去的身影,我忽发奇想。都说文如其人。事实恐怕未必。姚文元写的文章,我读过一些,文笔相当的泼辣。逻辑严密,条理清楚。而眼前的这个姚文元,如果在他背着的背包袋里,戳一杆秤杆子出来,这不就活脱脱一个上门收购旧书报杂志者的形象吗?

陈冀德以为,姚文元是"憨厚中带着窝囊"。

---

[1] 陈翼德:《生逢其时》,香港时代国际出版有限公司2008年版。

1959年盛暑，中共八届八中全会在庐山召开（亦即"庐山会议"）。会议通过了两项决议：《为保卫党的总路线、反对右倾机会主义而斗争》和《关于以彭德怀同志为首的反党集团的错误的决议》。"阶级斗争"的弦，一下子又收紧了。

本来，这对于姚文元来说，正是挥刀跃马、杀上"阶级斗争"战场的大好时机。这一回，他心中一阵紧张。

姚文元紧张点儿啥？外人莫知！

唉，真是天有不测风云。正好在一年之前，他为作家杜鹏程的长篇小说《保卫延安》写了一本评论小册子，列为上海文艺出版社的"读书运动辅导丛书"之一。那时候，他做梦也不会想到，这本书会给他惹了大麻烦！

为什么呢？《保卫延安》中作为英雄人物之一加以塑造的，不是别人，正是彭德怀！

在中共八届八中全会公报发表之后，姚文元重读自己一年前写的那本小册子，脸色都变了。

那本小册子，印行了八万册。白纸黑字，清清楚楚地印着他的评论：

彭总的特点是极其沉着、镇定、冷静。……他对敌我情况了如指掌，能在似乎是最危急的时候掌握战争的主动权，把敌人引向灭亡。……彭总的判断是明晰简单的，只有几句话，但包括了一切最根本的东西。

……敌人的主力被彭总巧妙地引向绥德地区，蟠龙镇这个老巢成了一个孤立的据点。

……他好像掌握了启发人思想的钥匙，很简单的几句话，便会使你思想一下子变得很明朗，事情一下子变得很清楚。

就是在情况最紧急的时候，彭总也没有任何冲动。……在沙家店九里山摆下战场，把敌人全部消灭，取得了在西北战场上有决定意义的伟大胜利。

但彭总不但是一个天才的无产阶级的军事家，而且是一个无产阶级的政治家。……彭总身上那种巨大的精神力量，这是一个共产主义者的精神力量。……我们感到彭总纯洁的党性，在平静的外表下蕴藏着的铁一样的革命毅力，在战略上根本蔑视敌人，有毫不动摇的胜利信心；在具体的战役中又非常周密地一线不苟地检查各项具体的准备工作，置敌人于严密的天罗地网之中……

在小册子的结尾处，姚文元又一次热情洋溢地歌颂彭德怀："现在彭总正屹然站在世界地图旁边，严密地注视着帝国主义的动静；……随时准备把敢于发疯的敌人送进坟墓里去！"

小册子出版才一年，彭总就迅速"贬值"，从中华人民共和国国防部部长一下子"贬值"为"反党集团"的头子！

就在各单位都学习中共八届八中全会公报的那些日子里，姚文元步入上海新华书店，还看见书架上放着他的那本小册子！他，顿时触目惊心，赶紧走开了……

《保卫延安》被停止发行了。

幸亏姚文元已是颇有名气的"左"派,没有人给他"上纲",总算躲过了一道难关。

倘若不是因为在一年前写过那本小册子,姚文元定然会来一篇《〈保卫延安〉为谁唱颂歌?》之类的"批判"文章。

不过,六年之后,他毕竟还是写了——《评新编历史剧〈海瑞罢官〉》。好在那时他写的小册子差不多已经从人们的记忆屏幕上消失了。

批判巴人的"人性论"

就在"棍子""失业"了一年的时候,张春桥告诉姚文元重要消息:庐山会议的"反右倾"浪潮,已经波及首都文艺界。这一回,康生树了一个靶子,那就是巴人的"人性论"。

惯于以"领导"意图为行动指南的姚文元,赶紧跑进图书馆,找寻那"箭靶"……

巴人,不论是革命经历,还是文学经历,都足称老资格。他,本名王任叔,并非四川巴蜀人,而是浙江奉化人。他从"下里巴人"中,取了笔名"巴人"。论年龄,他正好比姚文元大了整整30岁。

早在1924年,巴人已参加中国共产党。蒋介石向来看重同乡。巴人借助同乡之谊,1926年在广州国民革命军总司令部秘书处任机要科科长,暗中为周恩来传递重要情报。大革命失败后,巴人在上海参加发起左翼作家联盟和中国自由大同盟。鲁迅去世后,他曾与鲁迅夫人许广平一起主持《鲁迅全集》编辑工作……1950年,巴人被周恩来任命为中华人民共和国驻印度尼西亚首任全权大使。1953年起,任人民文学出版社副社长……

在1957年1月号天津《新港》杂志上,姚文元查到了巴人的一篇两千来字的《论人情》,大喜过望——这下子可找到"大批判"的好材料了。

在《论人情》中,巴人写道:"如果说,我们当前文艺作品中最缺少的东西,是人情,是出于人类本性的人道主义,那么,其原因,怕还在于我们机械地理解了文艺上的阶级论的原理了吧!"

巴人指出:

什么是人情呢?我认为:人情是人和人之间共同相通的东西。饮食男女,这是人所共同要求的。花香、鸟语,这是人所共同要求的。一要生存,二要温饱,三要发展,这是普通人的共同的希望。

其实,无产阶级主张阶级斗争也为解放全人类。所以阶级斗争也就是人性解放的斗争。文学史上最伟大的作品,总是具有最充分的人道主义的作品。

因之,我想如果说,我们当前文艺作品中缺乏人情味,那就是说,缺乏人人所能共同感应的东西,即缺乏出于人类本性的人道主义。

"棍子"顿时"摇"起来了,挥笔疾书,写出长达万言的《批判巴人的"人性论"》,抢先在全国打响头一炮。姚文元在1960年1月写完,《文艺报》在1960年第2期刊出,上海

《文汇报》于2月10日全文转载。顿时,便在全国范围内,掀起了批判巴人的一股狂澜。

姚文元居然用"老鼠粪"来嘲弄老作家巴人:"资产阶级的人性论好像一颗老鼠粪,掉到什么锅里都要搞臭一锅汤。巴人的'人性论'是成体系的,他几乎把它贯穿到文艺的一切方面去,把很多问题都搅混了。"

姚文元追根刨底:"巴人的资产阶级人性论,这样系统,这样猖獗,并不是偶然的,它有深刻的阶级根源、思想根源和历史根源。……巴人的人性论,同在新文学史上我们曾经与之进行许多次斗争的人性论,特别是胡风、冯雪峰的人性论,是一脉相通的。"

一阵乱棍,打得巴人被撤去党内外一切职务。1961年,巴人被调往中国科学院东南亚研究所。

在"文革"中,巴人被逐回家乡奉化,于1972年7月25日受迫害而死。他在生命的最后岁月,挣扎着写完160万字的《印度尼西亚近代史》。

姚文元在批判巴人的"人性论"之际,顺便捎带着给了上海华东师范大学中文系钱谷融教授一棒——在1960年第5期《上海文学》上,发表了《彻底批判资产阶级人道主义——驳钱谷融的修正主义观点》。

1960年冬,又是那个张春桥,向姚文元透露重要的"信息":柯庆施从毛泽东那里回来,听说,毛泽东几次谈及美学问题。

美学,这对于姚文元来说,是完全陌生的领域。不过,养成赶浪潮"习惯"的他,一知半解地看了一通美学书籍,便在1961年1月17日《文汇报》上,发表一整版的长文《论生活中的美与丑》。

不料,假猴王遇上孙悟空。美学家朱光潜教授读后,写了批评文章,在1961年3月17日《文汇报》上发表。

"冒充金刚钻"的姚文元,虽然口口声声说"对于美学,我是一个初学者;懂得还很少",却在1961年5月2日《文汇报》上,发表整版长文《关于美学讨论的几个问题——答朱光潜先生》。从此,他批判起朱光潜教授来了。虽然他对美学确属外行,而在破口骂街方面却十分内行,他居然给朱光潜教授扣帽子了。

出任《解放日报》编委

1961年底,《解放》半月刊决定停刊了。

姚文元在《解放》半月刊结束工作之后,于1962年春,调往解放日报社工作。

姚文元又搬了一次家。

这一回迁入的新居,对于姚文元来说,那是熟门熟路:香山路9号《解放日报》宿舍!

那儿是姚文元当年常常去吃粽子糖的地方。竟是那样的凑巧:姚文元搬入的房间,正好在当年张春桥家楼下!

当年,姚文元作为《解放日报》的一名通讯员,他走进这幢花园洋房时,不敢咳嗽一声,惟恐不恭;如今,他大摇大摆,迈着八字脚,瞪着金鱼眼,跨进了大门。他,已成了取张春桥而代之的新主人。

姚文元是张春桥建议、柯庆施点名,调往解放日报社的。

"要不要让他当副总编?"柯庆施征询张春桥的意见。

"我看,让姚文元当个编委为好,让他超脱一些。"张春桥富有"战略眼光",说出了自己的意见,"不要让他看稿子、管版面,不要让他陷进具体事务。应当发挥他的特长,多写些文章。作为我们的喉舌。"

"你说得对。"柯庆施很少当面表扬别人,这一回夸奖了张春桥。

"以后开市党代表大会,可以安排他当个市委委员。"

张春桥又补充了一句。

"行,就这么定。"柯庆施说道。

很快,《解放日报》总编魏克明、副总编王维接到了来自上面的通知:姚文元担任《解放日报》编委兼文艺部主任,但文艺部具体工作可由副主任李家健负责。

从此,姚文元成为文坛上的一位"巡察使"。他被视为有"来头"的"文艺批评家",他的文章被视为有"来头"的文章——虽然他的文章未必都是体现"上头"来的意旨,他也乐于狐假虎威,仗势欺人。

他,再不是当年他自己在《论"知音"》中所宣称的:"批评家应当成为作家的知音!他不是高高在上给作家打分数的教师,他应当成为懂得作家的心的挚友和诤友。"

他,已成为高踞于作家头上以鸣鞭为职业的总管!

"姚文元=棍子",不仅许许多多作家如是说,而且千千万万的读者也如是看。

半是讽刺,半是愤懑,人们称姚文元为"摇棍子"!

在报纸上出头露面的是姚文元,在当时很少有人知道幕后指挥是张春桥。

偶然,有一回姚文元泄露了天机。

姚文元到《解放日报》上任之后,在"朝花"副刊版上开辟"文坛漫步"专栏。积极的投稿者之一,便是徐景贤。

徐景贤接连在"文坛漫步"专栏里发表了《冷酷的观众》和《摇头派》两文。石铮则写了《何惧于摇头》,对徐景贤的文章表示了不同的意见。

姚文元见到石铮,用近乎恫吓的口气说道:"'文坛漫步'有个作者座谈会,景贤也参加的。春桥同志经常给我们指示,对我们很有帮助。景贤写的短文,春桥同志是看过的。"

姚文元的话,明明白白地把后台老板说了出来:张春桥不仅给他们"指示",而且还审看文章!

"出气简报"大骂姚文元

1962年,春回大地,和风吹拂。中国的政治气候转暖,变为宽松。

"大跃进"的锣鼓紧敲了四年之后,总算歇一歇了。

1962年初,中共中央在北京召开了扩大的工作会议。参加会议者达七千多人,于是便称"七千人大会"。刘少奇代表中共中央作报告,指出:当前经济困难的原因,除了由于自然灾害造成农业歉收以外,"还有一条,就是从1958年以来,我们工作中的缺点和错误"。在会上,毛泽东就前几年工作中"左"的错误,做了自我批评。

3月,周恩来、陈毅专程前往南方,出席了文化部、中国剧协在广州召开的话剧、歌剧、儿童剧座谈会。这个会议后来被称为"广州会议"。周恩来作了《关于知识分子问题的报告》,指出"十二年来,我国大多数知识分子已有了根本的转变和极大的进步",指出我国绝大多数知识分子是属于劳动人民的知识分子。陈毅快人快语,明确提出了"应该取消'资产阶级知识分子'的帽子","戴上无产阶级知识分子的帽子",亦即"脱帽加冕"。

4月,经党中央批转的文化部党组和全国文联党组提出的《关于当前文学艺术工作若干问题的意见(草案)》(即著名的《文艺八条》)下达了,明确指出要纠正"对一些文学艺术创作所进行的简单粗暴的批评"。

"翻译"成通俗、明白的语言,那"简单粗暴的批评",亦即"棍子"。

4月27日,中共中央发出《关于加速进行党员、干部甄别工作的通知》,指出:"凡是在拔白旗、反右倾、整风整社、民主革命补课运动中批判和处分完全错了和基本错了的党员、干部,应当采取简便的办法,认真地、迅速地加以平反。"

一次次会议,一份份文件,不断地加温。上海,开起"出气会"来了。

什么"出气会"呢?

"白天出气,晚上看戏。"上海的知识分子之中,流行着这么句口头语。

"白天出气"——那就是出席"出气会",吐出积压在心头的闷气、怨气、怒气。

"出气会"规定了"三不",即"不抓辫子,不打棍子,不戴帽子"。为了体现"三不"精神,规定会议不作记录,让大家"敞开出气"。

如此"敞开出气",放出来的是重要的"气"——平常听不见的声音。"上头"很想知道下面出了什么"气"。

为了便于向"上头"汇报"出气"的情况,会场上出现许多"联络员",差不多每个小组都有两个"联络员"。

"联络员"们只带耳朵,不得在会场上作记录。

令人惊奇的是,"联络员"们虽然不大喝茶,却仿佛患了"多尿症",不时在会场和厕所之间穿梭。

原来,"联络员"们在会场上听,躲到厕所里记。因为"联络员"们正以"阶级斗争"的目光审视会场,把那些"气话"当作"反党言论"。他们的脑子的记忆力毕竟有限,于是,不得不常常躲进厕所,飞央地在小本本上记下那些"反党言论"。

凭借着"厕所笔记","联络员"们写出了一份份"出气简报",飞到柯庆施手中,飞到张春桥手中,飞到姚文元手中。

来自文艺界的"出气简报",不约而同地朝姚棍子"出气"——人们对他充满怒气!

看着"出气简报",姚文元按捺不住心头的火气,要披挂出击。

张春桥的话,一下子使姚文元"清醒"了:"你忘了1957年的大鸣大放?不到火候不揭锅！"

姚文元耐着性子、硬着头皮，读着那一份份"出气简报"。

有人在"出气"时质问姚文元：姚文元连篇累牍发表"美学笔记"，其实姚文元对美学一窍不通。姚文元胡说什么"白色是象征恐怖的，红色代表革命"，试问，毛主席的诗《沁园春·雪》如何解释？难道那写的是一片"恐怖"世界？

姚文元气得七窍生烟了！

就在这个时候，上海市第二次文代会自5月9日至16日召开。光是在"出气会"上出气，还不过瘾，这次文代会，成了上海文艺界人士的大规模的"出气会"。

巴金怒斥"姚棍子"

写过"爱情三部曲"——《雾》、《雨》、《电》，写过"激流三部曲"——《家》、《春》、《秋》，巴金的作品使巴金在上海文艺界具有崇高的声望。鲁迅在1936年写的《答徐懋庸并关于抗日统一战线问题》一文中，曾称赞巴金："巴金是一个有热情的有进步思想的作家，在屈指可数的好作家之列的作家。"受鲁迅赞誉时的巴金，不过32岁。

巴金素来埋头于创作，是一个擅长于文笔却不善于言谈的作家，几乎没有见到过他厉色疾言。

在上海第二次文代会的讲坛上，巴金破例作了充满火药味的长篇讲话，题为《作家的勇气和责任心》。他的发言稿，经删改后，载于《上海文学》5月号。24年之后，当《巴金六十年文选（1927—1986）》由上海文艺出版社出版时，巴金根据原稿，把当年被迫删去的文字补齐，成为完璧。

巴金的讲话的主题，便是拿出"作家的勇气和责任心"，批判了姚文元之流的棍子。

按照巴金发言原稿，摘录如下，从中可以窥见一位中国当代卓有成就的作家对于"棍子"们的愠怒：

我有点害怕那些一手拿框框、一手捏棍子到处找毛病的人，固然我不会看见棍子就缩回头，但是棍子挨多了，脑筋会给震坏的。碰上了他们，麻烦就多了。我不是在开玩笑。在我们新社会里也有这样的一种人，人数很少，你平日看不见他们，也不知道他们在什么地方，但是你一开口，一拿笔，他们就出现了。他们喜欢制造简单的框框，也满足于自己制造出来的这些框框，更愿意把人们都套在他们的框框里头。倘使有人不肯钻进他们的框框里去，倘使别人的花园里多开了几种花，窗前树上多有几声不同的鸟叫，倘使他们听见新鲜的歌声，看到没有见惯的文章，他们会怒火上升，高举棍棒，来一个迎头痛击。他们今天说这篇文章歪曲了某一种人的形象，明天又说那一位作者诬蔑了我们新社会的生活，好像我们伟大的祖国只属于他们极少数的人，没有他们的点头，谁也不能为社会主义建设事业服务。……"他们人数虽少"，可是他们声势很大，写稿制造舆论，他们会到处发表意见，到处寄信，到处抓别人的辫子,给别人戴帽子,然后乱打棍子,把有些作者整得提心吊胆,失掉了雄心壮志。

……无论如何,我们要顶住那些大大小小的框框和各种各样的棍子。棍子决不会自己消灭,我们也无法要求那些用棍子推销框框的人高抬贵手,检讨、沉默和懦弱都解决不了问题。做一个作家必须有充分的勇气和责任心。只要作家们有决心对人民负责,有勇气坚持真理,那么一切的框框和棍子都起不了作用,而且会逐渐销声匿迹。本来嘛,在我们的光辉灿烂的新社会里,它们早就应该销声匿迹了。

说到这里,我还应该加一个说明:我在上面提到的并不是批评家。对于批评家我是怀着很大的敬意的。我们的确有不少很优秀的批评家。但是不必讳言,我们也有一些专门看风向、摸"行情"的"批评家",对于他们,我要提出一个小小的要求:希望他们能够以平等的态度对待作家,好的批评家是作家的朋友,并不是作家的上级。我们国家并没有这样一种法律,指定批评家比作家高一等。可是我们有些"批评家"写文章,不管说好说坏,总是把自己放在居高临下的地位,不用道理说服人,单凭一时"行情"或者个人好恶来论断,捧起来可以说得天上有地下无,骂起来什么帽子都给人戴上,好像离了捧和骂就写不成批评文章似的。我只知道真理越辩越明,却未听说真理越骂越显。谩骂决不是批评,盛气凌人更解决不了问题。

痛快!淋漓!痛快淋漓!巴金的不讳直言,赢得响雷一般的掌声。

骨鲠在喉,对于"姚棍子",作家们往日敢怒而不敢言,或者只在私下里数落他,如今巴金在广众大庭,痛斥"姚棍子",个个欢跃,吐出了胸中积愤。

姚文元听着巴金的发言,肺都快要气炸了。

此后,在姚文元棍下,巴金的发言稿成了"大毒草"。

此后,在"文革"中,巴金被打成上海文艺界的"黑老K"。

1980年6月15日,年已古稀的巴金,用笔写下痛楚的回忆:"我写作了几十年,对自己的作品不能作起码的评价,却在姚文元的棍子下面低头,甚至迎合造反派的意思称姚文元做'无产阶级的金棍子',为什么?为什么?今天回想起来,觉得可笑,不可思议。反复思索,我有些省悟了:这难道不是信神的结果?"[①]

1980年10月15日,巴金用锋利似刃的笔,剖析了"姚文元道路"。[②]巴金毕竟经历了"文革"炼狱的磨砺,他的话令人久久思索。那是出自他的肺腑的真话。唯其真,才显得那样的深刻。

……第二年(指1958年——引者注)下半年就开始了以姚文元为主力的"拔白旗"的"巴金作品讨论"。"讨论"在三四种期刊上进行了半年,虽然没有能把我打翻在地,但是我那一点点"独立思考"却给磨得干干净净。你说写十三年也好,他说写技

---

① 巴金:《探索集》之四十五:《灌输和宣传》,《巴金六十年文选》,上海文艺出版社1986年版,第128页。
② 巴金:《探索集》之五十七:《究竟属于谁?》,《巴金六十年文选》,上海文艺出版社1986年版,第148页。

术革新也好,你说文艺必须为当前政治服务也好,他说英雄人物不能有缺点也好,我一律点头。但是更大的运动一来我仍然变成了"牛鬼蛇神",受尽折磨。张春桥恶狠狠地说:"不枪毙巴金就是落实政策。"他又说:"巴金这样的人还能够写文章吗?"

其实不仅是在"文革"期间,五十年代中期张春桥就在上海"领导"文艺、"管"文艺了。姚文元也是那个时候在上海培养出来的。……这些人振振有辞、洋洋得意,经常发号施令,在大小会上点名训人,仿佛真理就在他们手里,文艺便是他们的私产,演员、作家都是他们的奴仆。……尽管我已经丧失独立思考,但是张春桥、姚文元青云直上的道路我看得清清楚楚。路并不曲折,他们也走得很顺利,因为他们是踏着奴仆们的身体上去的。我就是奴仆中的一个,我今天还责备自己。我担心那条青云之路并不曾给堵死,我怀疑会不会再有"姚文元"出现在我们中间。我们的祖国再也经不起那样大的折腾了。

张春桥、姚文元就要给押上法庭受审判了,他们会得到应有的惩罚。但是他们散布的极左思潮和奇谈怪论是不会在特别法庭受到批判的。要澄清混乱的思想,首先要肃清我们自己身上的奴性。大家都肯独立思考,就不会让人踏在自己身上走过去。大家都能明辨是非,就不会让长官随意点名训斥。

文艺究竟属于谁?当然属于人民!

从1962年批判姚文元,到1980年进行再批判,巴金的声音代表着中国正直的作家们的声音。

发人深思的是,挨过姚文元的棍子的作家,从巴金、丁玲、冯雪峰、艾青、姚雪垠、秦兆阳,到王蒙、刘绍棠、流沙河、邓友梅……受尽磨难,没有一个被打倒;而被押上历史审判台的,却是"姚棍子"其人!

"骆漠"是谁

杂文是政治气候的温度计。民主兴,则杂文旺。杂文是"百家言"。在噤若寒蝉的日子里,杂文总是收声敛息。1962年的"回暖",使杂文创作也活跃起来。

春风吹入位于上海南京路上的华侨饭店,文汇报社在那里召开杂文创作座谈会。因为《北京晚报》的杂文专栏"燕山夜话"已经开张,《前线》杂志的杂文专栏"三家村札记"和《人民日报》的"长短录"也很活跃,可是上海的杂文界却还冷冷清清,该鼓一把劲了。

大抵是受"出气会"的影响,会场空前活跃。姚文元也算是杂文作家中的一员,静坐一侧,那凸出的眼珠不时在会场上来回扫描,仿佛猎人在搜索猎物。

"繁荣杂文创作的关键,在于'打倒棍子'!夏衍同志是杂文老作家,几年前在《人民日报》副刊上发了一篇杂文《废名论存疑》,挨了棍子,弄得他这几年一篇杂文也不写——不是不会写,也不是没东西写,是不敢写!"有人开始"出气"了。

"我刚从北京回来。在北京,我见到夏衍,他说在七千人大会之后,他'老病复发',手痒了,又想写杂文了!"有人马上补充道。

"凭一篇杂文,就定为'右派',太过分了。这样做,使杂文作者心寒。上海没有人敢带头写杂文,原因恐怕就在这里。"

"北京的'带头羊'是马南邨。他的《燕山夜话》,老舍很称赞,说是'大手笔写小文章'。你们知道马南邨是谁吗?就是北京市委文教书记邓拓呀!"会议的主持者一听,赶紧趁机鼓动说:"我看,上海只要有人带头写杂文,一呼百应,杂文创作一定会像北京一样繁荣。"

"杂文讲究一个杂字,最忌'步调一致'……"有人在那里发话,言归正传了。

姚文元举目望去,此人中等个子,前庭开阔,肥头大耳,一口山东话。姚文元认识他——上海市出版局代局长罗竹风[①]也。在繁忙的公务之余,罗竹风爱写点杂文,这是姚文元知道的。不过,在姚文元"左"眼看来,罗竹风虽是老革命,但言谈颇"右"。

罗竹风向来谈锋甚健,他随口而说:"办报纸,要像毛主席在《党委会的工作方法》里说的那样,要会弹钢琴,十个手指头都动。可是,我们上海的报纸有点像敲锣,嘭、嘭,一下一下敲,只注意配合中心工作……"

"罗局长,你就带头写一篇吧,题目我都给你想好了……"在一旁沉默多时的姚文元,突然插话道,"题目就叫《敲锣说》,你看好不好?"罗竹风哈哈一笑,只是说道:"大家写嘛,我算一个!"杂文创作座谈会开过不久,1962年5月6日,《文汇报》的"笔会"副刊上,冒出一篇杂文,题曰《杂家——一个编辑同志的想法》,署名"骆漠"。

姚文元凭着他"灵敏"的"阶级斗争"嗅觉,仔仔细细地咀嚼着这篇杂文。

窗外下着毛毛雨,春雨贵似油呀,但这天气却总有点使人腻烦。

工作了一天,正应该"逸"一下了,便顺手拿起一本《史记》来,想查清"左袒"这个典故的出处,也算是一种消遣吧?

笃,笃笃……有人敲门,却原来是一位出版社的编辑来访。

多日不见,不免寒暄一番。起初,没话找话说,两人都显得吃力。不知怎么一来,话头转到编辑业务方面,于是松动活泼起来了。

"人都要有一行,没有一行,就会变成二流子。"编辑同志是这样开头的:"其实,二流子也应该算是一行,不过是'等外品'而已。但使我迷惑不解的却是'编辑'究竟算是哪一行、哪一家呢?"

我认真地想了一下,答道:"社会分工,不能用植物分类学的方法,编辑就是编辑。如果硬要追问属于哪一家,恐怕只能算是'杂家'了。"

他哈哈大笑起来,连连说:"好一个杂家!有意思,真有意思!……一个作家成名,谁也看得起;作家以自己的作品为社会所重视,这当然是他辛勤劳动的成果。然而这其中也有编辑的一份心血。编辑的不平,正是他年年为人做嫁衣裳,而自己永远

[①] 1986年9月6日,叶永烈采访罗竹风于上海。

坐不上'花轿'。这些年来，领导上颇重视演员、作家，似乎什么都有他们的份儿，而编辑却有点'广文先生'的味道。难道你听说过有什么领导同志接待过编辑这一行么？哈哈……，'杂家'，名不正则言不顺，命定该坐冷板凳。……"

为什么这位编辑同志有一肚子苦水？个人主义么？名利思想么？不甘心作无名英雄么？都或有之，但也不尽然。如果帽子什么的能解决问题，那未免太简单了。凡是自以为不好解决的工作，最好是从两方面的原因去想一想。如果由负责同志专门接待一次编辑工作者，同他们谈谈心，对编辑工作的情况多了解一点，帮助解决一些可能解决的问题。这样，岂不皆大欢喜？

我常想：人的欲望是无限的，也是有限的，怎样在无限中求有限，这是一种艺术，也是一种学问。明乎此，领导者的天地就广阔了。

姚文元不知作者"骆漠"是谁。文笔如此老辣而名字如此陌生，显而易见，十有八九是化名。"骆漠"者，作者自比"骆驼"，把社会主义的中国视为"沙漠"——姚文元很快就作了如此这般的"笔名分析"。这个"骆漠"，"名不正"，所写的文笔亦"言不顺"，满腹"牢骚"，而且图穷匕首见，把矛头指向领导……

他，实在手痒难熬，终于提棍跃马，朝那"沙漠"中的"骆驼"袭来。

《杂家》事件

5月13日，《文汇报》刊出了姚文元的《两个编辑同志的想法》一文。此文是一星期前——5月6日，在《杂家》一文见报的当天，姚文元连夜草成，掷往《文汇报》。

写文章向来"直、露、多、粗"的姚文元，这一回改换了笔法。

做文章要有对立面，看的人才有味道。骆漠同志很懂得这个技巧，他不直接提出观点，却用了主客对话之法，曲折而引述之，引人入胜。我也想学一学这方法，来做一回骆漠同志文章中某些观点的对立面。为了讲究作文的艺术性，使人看了有味道，增加亲切感，也摹仿骆文，从"毛毛雨"开始：——

窗外下着毛毛雨，越落越密。我开窗看了看天色，却不料看见老赵拿着一包书兴匆匆地走近来。……

骆漠文章的本意，是反映编辑的苦衷，希望领导能够重视编辑工作。姚文元却逐点予以驳斥：

我自己也做过几年编辑工作，也尝到一点编辑工作的甘苦。我觉得做编辑实在不容易，深感其重要，而自己水平总是够不上，却从来没有产生过"为他人做嫁衣裳"的凄凉感。

提起"广文先生",我立即想到杜甫《醉时歌》中那几句诗:"诸公衮衮登台省,广文先生官独冷。甲第纷纷厌粱肉,广文先生饭不足。"为什么他把自己同广文先生连在一起呢?

我干文学编辑的时候,北京就专门开过一次很大的杂志编辑会议,我也听说有负责同志接待过《辞海》的编辑同志。"从未有负责同志接待过编辑"之说不知是否属实。

编辑待遇问题确是值得很好研究的,但现在国家还有困难……

大抵因为鉴于当时的政治气候趋于温和,不像"反胡风"、反右派那样的寒风肃杀,姚文元未敢给骆漠戴帽子,只是反唇相讥,把那个"老赵"当成骆漠的代言人挖苦一阵。

姚文元这么一批判,骆漠的《杂家》益发受人注意了。

过了四个月,中国的政治气温骤降。9月下旬,中共八届十中全会在北京召开。毛泽东发出了"千万不要忘记阶级斗争"的号召,提出阶级斗争要"年年讲,月月讲,天天讲",会上,开展了对"单干风"、"翻案风"的批判。康生诬陷七八月间在《工人日报》上连载的李建彤的长篇小说《刘志丹》是"为高岗翻案的反党大毒草"。

柯庆施回到上海,马上发话了:"现在,很多人伤风、感冒,这可不行呀。老罗哪,你写那篇《杂家》,就是伤风、感冒,要注意!以后,你要写点好文章……"

柯庆施这么一点,许多人才明白:原来,《杂家》是罗竹风写的!"以后,你要写点好文章",言外之意,《杂家》是坏文章。

在一次大会上,柯庆施当众又点了罗竹风的名:"罗竹风,你别老是以出版局局长自居,代表出版界向党要名要利。你不要忘记,你是共产党员,你代表的是'共产界',而不是什么出版界!"①

不久,一纸调令下达:撤去罗竹风的上海市出版局代局长职务,调任《辞海》副主编。

怪不得,人们传说姚文元的文章有"来头"。耳听为虚,眼见为实,见到罗竹风被"罢官",人们领教了"姚棍子"的厉害!

《杂家》风波,至此本该画上休止符了。

不料,当"文革"风云涌起时,《杂家》一文被"拎"到新的高度进行"批判"。飞来横祸,邓拓被打成"黑帮",他的《燕山夜话》成了"反党大毒草"。邓拓在1961年3月26日《北京晚报》的"燕山夜话"专栏里,发表过《欢迎"杂家"》一文。这下子,把罗竹风跟邓拓相联系,成了"北呼南应",《杂家》风波升级为《杂家》事件。罗竹风在牛棚中,受尽折磨。

罗竹风无端受冤。他,20世纪30年代初北京大学中文系毕业生,投身革命,打过游击扛过枪。"骆漠",本是他在抗日战争时期用的笔名。虽然那时的环境如同沙漠一般艰苦,他要以骆驼般的坚韧精神投身战斗,这便是"骆漠"的由来。姚文元并未读过骆漠当年

---

① 1986年9月6日,叶永烈采访罗竹风于上海。

的激扬文字,望文生义,歪批"骆漠"。

那天罗竹风从华侨饭店开完杂文座谈会,回到家中,细思量,却觉得姚文元命题的《敲锣说》难以落笔,无法成文。

数日后,潇潇春雨,绵绵不绝。住在六楼的罗竹风,望着低垂着的铅灰色云层,仿佛天也矮了半截。

"细雨湿衣看不见,闲花落地听无声。"他站在落地窗前,蒙蒙细雨不时飘洒在脸上,倒觉得头脑清醒了许多。

"笃,笃笃……"响起敲门声。

妻前去开门。来者拿着一把湿漉漉的黑布伞,腋下夹着一包稿子。

哦,蒯斯曛,老朋友来了。

蒯斯曛,原名蒯世勋,老编辑也。他早年在上海复旦大学学习时,写过短篇小说,翻译过《续西行漫记》,也翻译过俄国文学作品。自1927年起,便献身于编辑工作。1938年,他担任20卷本《鲁迅全集》的编辑和校对工作。1940年加入中国共产党。当罗竹风担任上海市出版局代局长时,他担任上海文艺出版社社长兼总编。

一个局长,一个社长,闲聊也离不了本行,谈起了编辑的苦经,编辑的社会地位……他们,不光在会上"出气",在会外也"出气"!

蒯斯曛给罗竹风送来了"灵感"。

当蒯斯曛的身影消失在飘飘洒洒的牛毛细雨之中,罗竹风乘着电梯,回到了六楼家中。他站在窗边,望着绵绵春雨,思潮起伏。腹稿成熟了。他坐到宽大的写字桌旁,挥笔疾书。于是,稿纸上便出现了一行标题:《杂家———一个编辑同志的想法》。

他作为出版局代局长,感到写上真名实姓诸多不便——这篇短文会被读者看成是局长的呼吁。于是,他写上了他过去用过的笔名"骆漠"。

写罢短文,他提笔给多次前来约稿的《文汇报》女编辑余仙藻挥就一函:

仙藻同志:

这几天,我到出版社走了走,和一些编辑交谈,引起了写作的冲动,草成《杂家》一稿,请阅处。

《杂家》一文很快就在《文汇报》上披露。他做梦也不曾想到,这篇千把字的短文会惹出一桩《杂家》事件。在"文革"中,责任编辑余仙藻因此被没收了记者证;为《杂家》写了《编后记》的《文汇报》总编辑陈虞荪多次检讨,如他自己所言[1],"屁股都给打烂";蒯斯曛一次次被拉上批斗台;对《杂家》一文表示过赞同的几十个人,受到株连。

迄今,仍可从1968年4月17日以《文汇报》编辑部名义发表的长文《陈其五在为谁

---

[1] 1986年9月5日,叶永烈在上海采访陈虞荪。

翻案？》一文中，查到一段关于《杂家》的寒光闪闪的文字：

> 在毛主席革命路线的指引下，姚文元同志对反革命的文艺黑线、黑问，进行了顽强的战斗。就为了这一点，陈其五（当时的中共上海市委宣传部常务副部长——引者注）对姚文元同志恨之入骨，疯狂围剿，恶毒地咒骂姚文元同志"简单粗暴"，是"棍子"、"框框"，这种攻击，到1962年，更达到了高峰。有个反革命修正主义分子罗竹风，在报上公开抛出一篇反党杂文《杂家》，姚文元同志立即写文章予以回击。这一革命行动得到了无产阶级司令部的大力支持。柯庆施同志几次在会上点名批判了反党分子罗竹风，一直坚定地支持姚文元同志。战斗的张春桥同志也明确指出：《杂家》是站在资产阶级立场上，矛头指向党的。可是陈其五呢，他一面勾结党内党外的反动"权威"和黑线、黑网人物，对姚文元同志进行反革命围攻；一面拼命给这个反党分子鼓气："老罗，我是支持你的。"同时还赤膊上阵，专门找姚文元同志谈话，对他施加政治压力。正是在陈其五之流的策动下，上海文艺界、出版界的一小撮走资派及其爪牙、亲信，纷纷行动起来。文艺黑网上的小爬虫刘金，就更为活跃，赶写了一篇黑文给报社，恶毒咒骂姚文元同志。但他又做贼心虚，还加了注解，说是"文章估计不会用，但一吐为快"。请看，这一小撮反革命修正主义分子对坚持毛主席革命文艺路线的无产阶级革命派是多么仇恨啊！他们把无情地批判他们的革命派比做"一根棍子"、"一把铁扫帚"。好得很！我们无产阶级革命派就是要做革命的棍子，专门痛打你们这一小撮死硬的阶级敌人……

这篇以造反派口气写的文章，把话说得明白不过了：原来，姚文元就是"革命的棍子"，而且有着强大的后台——"一直坚定地支持"着的柯庆施和张春桥，亦即所谓"无产阶级司令部"。

1962年5月，随着《杂家》挨棍，很快的，刚刚复苏的杂文之花，又被寒风吹得七零八落。

持箭找靶闯进音乐王国

1963年5月20日，上海《文汇报》上忽然冒出一篇拖腔拿调的文章。《请看一种"新颖而独到的见解"》。文章作者，便是姚文元。

算起来，这是姚文元第二次把笔伸进音乐领域。第一次，那是1953年8月，22岁的他作为《文艺报》的读者，写了篇《应改进歌曲出版工作》，在"读者中来"登出。这一回，大不一样，32岁的他，把"金棍子"伸进了陌生的"音乐王国"。

文章一开头，诚如他的"美学笔记"一样，先来一番谦谦之词：

> 因为工作的需要，有时也翻翻对于我说来的是十分陌生的音乐评论的书——但只以薄薄的小册子为限。最近音乐出版社出版了大量西洋的"音乐名著"，手头上有

一本名为《克罗士先生》的论著,作者为克洛德·德彪西(1862—1918)。我对这位著名人物一无所知,于是就去看编辑部所写的"内容提要"……

虽然姚文元自己承认对德彪西"一无所知",对音乐理论"十分陌生",即使随手"翻翻"那本小册子,也因"文章极其费解"而"咬紧牙关读下去"——姚文元并未读懂,却抡起棍子打了起来,既打那位"洋人"德彪西,更打书的编者们。

一反开头那种谦恭之态,文末,姚文元摆出一副文坛霸主的架势,提出一连串的问号:

我这篇短文,也就算"大家谈",作为一个普通群众,提出自己的几个问题吧:
一、这样的"新颖而独到的见解"究竟是什么阶级的艺术见解?为什么要那样赞不绝口地推荐它、介绍它?
二、把这样的评论介绍给读者,会产生什么效果?
三、对西方资产阶级音乐理论特别是印象派之类流派的理论,应当采取什么态度?

德彪西,怎么会"冒犯"姚文元的"虎威"呢?

德彪西此人,用美国弗兰克·道斯在他所著的《德彪西的钢琴音乐》一书中所言:"德彪西整个创作生涯都是通过声音与清晰的幻梦打着交道。"德彪西的强烈的印象主义的音乐作品,曾深刻地影响了世界乐坛。他的歌剧《佩列阿斯与梅丽桑德》,曾被推崇为印象派音乐的巅峰之作。他的钢琴曲《版画》、《欢乐岛》、《意象集》、《二十四首前奏曲》则被视为印象主义精品。

德彪西也写音乐评论,署笔名"克罗士先生",所以那本介绍他的小册子就用《克罗士先生》作为书名。

不论是音乐作品,还是音乐评论,德彪西都充满一系列新颖而独到的见解。他不是一个鹦鹉学舌的人,而是一个敢于创新、非同凡响的音乐家。他,在音乐王国独树一帜——这一点,不论他的拥护者和反对者都承认。他的可贵之处,也就在敢于创立自己新颖而独到的见解。

本来,姚文元与德彪西,河水不犯井水:一个今人,一个古人;一个中国人,一个洋人;一个"金棍子",一个音乐家。

姚文元是持箭找靶,偶然撞着德彪西的。

原来,那是柯庆施到北京去,见到了毛泽东。在谈话中,毛泽东提及,他最近看了一些翻译出版的西方著作,译者的前言写得不好,没有阶级观点……

柯庆施回到上海,把毛泽东的话,转告张春桥。

张春桥马上把"行情"告诉了姚文元。

善于看"行情"写文章的姚文元,摇了摇脑袋,觉得有点麻烦:毛泽东并未讲自己看的是哪一些翻译的西方著作!

怎么办呢?姚文元来了个持箭找靶!

好在毛泽东所说的话，有一系列特定的条件：第一，他是"最近"看的，说明那些书大约是最近出版的；第二，是"翻译出版的西方著作"；第三，"译者的前言写得不好，没有阶级观点"。

于是乎，姚文元抱来一堆最新翻译出版的西方著作，以"阶级斗争"的目光一一审视着。

蓦地，薄薄的"十分陌生的音乐评论的书"《克罗士先生》，成为他的理想的箭靶——该书编者所写的"内容提要"，正是"没有阶级观点"！

尽管毛泽东压根儿没有提到过德彪西，惯于揣摩、猜度的姚文元，却已在那里向《克罗士先生》开火了！

然而，就在姚文元文章见报的翌日，《文汇报》编辑部响起了电话铃声。

电话耳机里传出浓重的湖南口音，狠狠地批评了姚文元的文章，说姚文元"不懂装懂"，并要求约见《文汇报》记者。

贺绿汀迎战姚文元

谁敢如此大胆地向姚文元挑战？

上海乐坛主帅贺绿汀也[①]！

贺绿汀，中国音乐家协会副主席，上海音乐学院院长。他的一生，是由革命与音乐二重所组成。他的音乐造诣，使他一读姚文元的文章，便斥骂姚文元"狗屁不通"；他的革命生涯，练就他一身硬骨头，敢怒敢言，不把棍子放在眼里。

贺绿汀，1903年7月20日出生于湖南邵阳。他本名贺楷。后来，他的三哥贺培真为他改名贺抱真。贺培真即贺果，毛泽东当年的中学同学。

笔者多次采访了贺绿汀，曾问及"贺绿汀"名字的来历。据云，那是他1931年2月报考上海国立音乐专科学校时取的假名，后来竟一直沿用下去，弄假成真。他说："汀，就是水，绿汀，意思是水中一颗绿色的小石子。取这样的名字，大概跟我喜欢绘画有点关系。"

他，老资格的中共党员，1927年便化名贺如萍参加彭湃领导的海陆丰暴动，创作了《暴动歌》。此后，他的名作《牧童短笛》、《游击队歌》以及他为电影《都市风光》、《十字街头》、《马路天使》写的插曲，使他的名字广为人知。

接到贺绿汀的电话，《文汇报》记者萧庆璋便应约前往上海市西区一条闹中取静的里弄，揿响了贺宅的门铃。

萧庆璋曾作如下回忆：

"当晚我去看他时，他十分激动，见着我的第一句话是：'糟糕呀，糟糕！报纸怎么发表这样的文章，这篇文章是简单的、粗暴的，没有把德彪西书中的意思弄懂，就断章取义，凭自己主观想象大加发挥，结果闹了笑话。'"

[①] 1986年7月9日，叶永烈采访贺绿汀夫人姜瑞芝。1986年7月14日、1987年5月27日、1995年10月5日，叶永烈三度采访贺绿汀。

萧庆璋拿出笔记本，记下了贺绿汀的话：

"姚文元摆下了一副批评家的架子，要出人'洋相'，结果却出了自己洋相。因为他所引证的书中的许多话，大部分是歪曲了德彪西的原意，有的是没有把原意弄懂，有的原意是反面的、讥刺的，而他却当成是德彪西正面的艺术见解，大大加以驳斥，这岂不贻笑大方！对于外国的音乐作品、音乐书籍，我们应该多介绍、多研究，以开阔我们的眼界，增强我们的学识。现在这方面的工作不是做多了，而是太少了。刚出一本新的书，还没有看懂人家是怎么回事，就这样劈头盖脑的一棍子打下去，实在对我们不利。"

"此风绝不可长。"

贺绿汀还对姚文元作了很尖锐的批评：

"姚文元是位有声望的年轻批评家，而德彪西的东西，欧洲已有许多人研究，也做过许多科学的分析，看见我们这样的文章，会觉得我们学术研究肤浅，会认为我们的被称为'具有马列主义水平'的批评家，原来是这样。这影响不好。"

如同竹筒倒豆子，贺绿汀是个痛快人，向记者说出了心底的话。

萧庆璋听罢，建议贺绿汀把自己的意见，写成文章，公开发表。

贺绿汀爽快地一口答应。

1963年6月25日，《文汇报》刊出了《对批评家提出的要求》一文，署名"山谷"。"山谷"，是贺绿汀的笔名。

贺绿汀锋芒毕露，毫不留情地批评了不懂装懂的"批评家"：

"这本书不容易理解是事实。但是姚文元同志没有把原来文字弄明白，就作出许多不切实际，甚至错误的判断也是事实。"

贺绿汀毕竟是音乐的行家里手，一口气指出姚文元的十几处错误，诸如：

"姚文元同志对书中题为'马斯涅'的一篇文章，自己没有看懂，便狠狠地批评起来，不能不使看过这篇文章的人感到十分惊讶……

"姚文元有关艺术趣味的培养问题所引用的几段话，也是完全误解了德彪西的意见……"

贺绿汀在指出姚文元的一系列错误之后，一针见血地正告这位"批评家"：

"我们知道，姚文元同志是有影响的批评家，我虽然对他的文章读得不多，他的批评文章是有定评的。不过我认为批评家最好要有广博的知识，从这篇文章中可以看出姚文元同志对1900年前后欧洲资产阶级社会的艺术活动不很熟悉，对印象派音乐与绘画到底是些什么内容恐怕也不见得完全清楚。如果自己对某个问题不是很熟悉的话，最好也要谨慎小心，多下一点研究工夫，实事求是，不能够'好读书不求甚解'，更不能'望文生义'。因为批评是起指导作用的，所以必须在可能范围内力求正确。"

贺绿汀的骨头是硬的。在发行量甚众的《文汇报》上，指名道姓地批评"金棍子"，确实需要足够的勇气。

消息飞快地传进柯庆施的耳朵里，他拍着桌子说："贺绿汀自己跳出来了，很好。在报上狠狠批判！要抓住他，他是音乐界的资产阶级代表人物。这是阶级斗争的新动向！"

有着后台的撑腰,姚文元挑起了音乐界的一场大论战。

于是乎,贺绿汀被用绳子跟德彪西捆在一起,同受批判。在《文汇报》上,连篇累牍地发表关于这场论战的文章;1963年6月,两篇;7月,三篇;8月,三篇;9月,四篇;10月,四篇;11月,两篇;12月,两篇;1964年1月,一篇。

这场"大批判",还从《文汇报》扩大到《光明日报》、《人民音乐》。

诚如贺绿汀在1978年11月28日写的《姚文痞与德彪西》一文所言:

"这是一次有组织、有领导、有目的的'大批判',首先把我当活靶子来打,同时还想钓出一大批'鱼'来批,为他们实行文化专制主义开路。

"文章大都杀气腾腾,气势汹汹。姚文痞还亲自上阵指挥。在(1963年)8月19日《文汇报》上,他写了一篇化名'群山'的臭文,除了替打手们打气之外,自己无法进行回击,真是'银样镴枪头'。9月9日,他又化名'铭人'在该报上登出《从德彪西想到冼星海》的文章,把冼星海的文章抬出来作为炮弹……"

贺绿汀痛斥姚文元,被张春桥称为"文革"前上海文化界"最大的反革命事件"!

"文革"刚开始,1966年6月8日,在张春桥、姚文元的指挥下,《解放日报》《文汇报》同时以整版篇幅刊载长文:《揪出反党反社会主义分子贺绿汀》。

从此,贺绿汀受尽折磨,以致在1968年被投入监狱。他的爱女贺晓秋,年仅28岁,在1968年4月6日夜被逼自杀[①]。贺绿汀在狱中度过了五年多。直至1973年,贺绿汀的三哥贺培真去北京找毛泽东,要求释放贺绿汀。

尽管张春桥曾扬言:"贺绿汀不是反革命,砍了我的头。"毛泽东还是下令解放贺绿汀,张春桥不得不照办。直到贺绿汀出狱,回到家中,问起怎么不见爱女贺晓秋,才知她早在五年前已愤然离世。

张春桥是一位化名的"反右英雄"

在上海的文坛上,姚文元是很"露"的棍子,而张春桥则是幕后操棍。姚文元的"批判"文章差不多都署本名,而张春桥的"批判"文章大都化名。

1957年,风啸浪涌,中国不平常的早春、不平常的夏季来临了。

柯庆施很早就从毛泽东的话语中,得到重要的政治信息。正因为这样,早在1956年12月18日,当他以"中国人民政治协商会议上海市委员会主席"的身份,步上上海政协一届三次全会主席台,便面对着台下的上海各界民主人士,严肃地告诫道:

> 波兰事件是波兰人民内部的问题;匈牙利事件开始也是人民内部的问题,后来成为帝国主义进行反革命复辟的问题……

[①] 1986年4月8日,关于贺绿汀之女贺晓秋在"文革"中受迫害致死的情况,叶永烈先是采访贺绿汀女儿贺元元,接着在1986年6月7日采访陈刚。

从最近国际事件中应得出以下教训：首先，要明辨是非，分清敌我。这样才能树立正气，缩小邪气的市场……

很自然，有了来自柯庆施那里灵通的政治信息，张春桥在1957年早春的"大鸣大放"之际，早已知道那是"阴谋"。

正因为这样，1957年6月8日，《人民日报》的震撼全国的社论《这是为什么？》一发表，张春桥就接二连三地在《解放日报》上发表反击"右派分子"的文章。

张春桥已于1955年秋离开《解放日报》，但是他的文章，在《解放日报》上总是照登不误，连一个标点符号也不会改动。

相比起来，当时40岁的张春桥，比26岁的姚文元要老练多了：姚文元还不过是个小人物，巴不得出名，巴不得成为"反右英雄"，所以他在《解放日报》、《文汇报》发表的反右派文章，一律署真名。张春桥呢？像当年的狄克一般，深知这类指名道姓批张三骂李四的文章会给日后招来麻烦，他又来了个"最最会化名"，差不多写一篇文章化一个笔名！

笔者逐版查阅着1957年夏天的《解放日报》。由于熟知当年内情的《解放日报》编辑提供了张春桥的"笔名录"，所以我很顺利就复印了一大批张春桥的化名文章。不过，查多了，竟然发觉，即使没有"笔名录"的指引，也能很容易、很准确地判定哪些文章出自张春桥之手；因为张春桥写文章有个习惯，篇末总要写上"×月×日"。他解放前发表的文章，篇末大都注明写作日期。《解放日报》上发表的文章，是不标写作日期的——即使别的作者在篇末也写上日期，发表时总被删去，以节省一行铅字。可是，由于张春桥当时已成了《解放日报》的"太上皇"一般，编辑们不敢易一字，所以篇末写作日期也就照登。这小小的"尾巴"，竟成了张春桥文章的特殊标志。照这个办法查阅，我的判别准确率几乎达到百分之百！

这时候的狄克，已经是一副完完全全的"左"派面孔。

他在"6月26日"写的文章，隔了一天，《解放日报》在6月28日就在第2版头条地位登出来了，题目是《陈仁炳的"另外一条道路"是什么？》化名"吴松"。他一口气"批驳"了陈仁炳的"暗无天日"论、"辩驳有罪"论、"拆桥头堡"论、"火烧基层"论、"大病重药"论、"我们负责"论，得出了惊人的结论：陈仁炳"所说的、所走的是一条反共、反社会主义的道路"。

他在"7月17日"写的文章，也只隔了一天，《解放日报》在7月19日三版头条登出。这一回，他化名"常轨"，气势汹汹地来了个《质问彭文应》。他把彭文应提出的"贤者在位，能者在职"，上纲上线，说成是"取消共产党的领导"，然后发出一连串的"质问"。

6月25日的《解放日报》上，张春桥又化名"徐汇"，发表《今天天气……"》。他声称："夏天是长庄稼的季节，也是毒草想着压倒庄稼的季节"，他要"把自己锻炼成一个真正的、不带括号的左派"……

张春桥有句座右铭："凡事左三分。"在1957年夏天，这位"左"派化名"子渔"、"何泽"、"蒲西"、"龙山"、"齐索"、"安得"、"子执"、"何闻"、"路宾"等等，今日批这个，明天驳那个,成为上海滩上数一数二的"反右英雄"。

张春桥的"化身术",读者不知,柯庆施知。每发表一篇文章,张春桥总要请柯庆施"指正"。或者根据柯庆施的意思,写出批判文章。经过这番反右派大风大浪,张春桥益发得到柯庆施的垂青。

柯庆施差一点取代周恩来

1958年对于张春桥来说,是至关重要的——因为他第一次引起了毛泽东的注意。

其实,1958年对于柯庆施来说,也是至关重要的:在这年5月25日,在中共八届五中全会上,柯庆施一跃而被增选为中央政治局委员。

也就在这一年,张春桥跃为中共上海市委常委。

柯庆施和张春桥能够在1958年"大跃进",话还是要从1957年暮秋说起。在柯庆施的办公室里,他一次又一次跟张春桥在那里苦苦思索着:年底,中共上海市第一届代表大会第二次会议,柯庆施的报告的基调应该是什么呢?

自从在中共上海市第一届代表大会上,柯庆施的报告受到毛泽东主席的表彰。这一回,柯庆施当然又想露一手。

柯庆施特别注意到,中共浙江省第二届代表大会第二次会议比上海早半个月召开。中共浙江省委第一书记江华的工作报告,受到正在杭州的毛泽东极大的重视。

毛泽东在1957年12月17日给机要秘书叶子龙写了一信:

叶子龙同志:

请于今日上午八九时通知舒同、曾希圣、江渭清、刘顺元、柯庆施、叶飞、周总理等七位同志看《中国共产党浙江省委员会向中国共产党浙江省第二届代表大会第二次会议的工作报告》这个文件,在下午一时以前看完。其他工作,可以移到明天上午去做。

毛泽东
12月17日上午二时

没有这个文件的,由你立即向浙江省委找到,分发各人。

毛泽东信中提到的七人之中,除周恩来之外,其余六人除刘顺元之外皆为华东各省市的第一把手:

舒同——中共山东省委第一书记。

曾希圣——中共安徽省委第一书记。

江渭清——中共江苏省委第一书记。

刘顺元——中共江苏省委书记处书记。

柯庆施——中共上海市委第一书记。

叶飞——中共福建省委第一书记。

后来,《人民日报》在1957年12月28日以《坚持党的正确路线,争取整风运动在各个战线上全胜》为题,发表了江华的报告。

《人民日报》还为江华的报告发表了"编者按",这按语体现了毛泽东对这一报告的评价:"江华同志这个报告,用整风运动作为'提起一切工作的纲',系统地讨论了一个省在一年来的各方面的工作,鼓舞了干劲,批判了谬论。"

江华的报告,受到了毛泽东的重视,柯庆施要与江华争高低。

负责起草报告的张春桥,细细倾听着柯庆施的来自"最高"的消息:主席对1956年6月开始的"反冒进",似乎颇为反感——虽然当年6月20日《人民日报》的重要社论《要反对保守主义,也要反对急躁情绪》,是根据中共中央政治局的意见发表的。看来,主席所侧重的是"反对保守主义"。

摸准最高领袖的思想,对于柯庆施来说,是"紧跟"的前提。张春桥终于根据柯的信息,为柯起草了洋洋数万言的长篇报告,标题为《乘风破浪,加速建设社会主义的新上海!》。

柯庆施的报告,飞快地送到毛泽东那里审阅。那时候,毛泽东住在杭州西子湖畔。

"乘风破浪,好!"毛泽东一看标题,就发出了赞赏之声。

毛泽东还亲自动笔,修改了这一报告。

柯庆施报告的第一部分说:"在阶级矛盾消灭以后,正确和错误、革新与守旧、先进与落后、积极与消极这类矛盾,仍将不断地在各种不同的条件下和各种不同的情况中出现。而人类社会也就将在不断地克服这类矛盾的过程中不断前进。"

毛泽东在这段话末,加了一句:"矛盾永远是推动人类社会前进的动力。"

经过毛泽东的审阅同意,1957年12月25日,在中共上海一届二次代表大会上,柯庆施站立了几小时,念完长篇报告。

毛泽东赞赏柯庆施的这篇《乘风破浪,加速建设社会主义的新上海!》报告,马上引起《人民日报》的注意。

1958年《人民日报》的元旦社论题目只用了四个字:乘风破浪!

不言而喻,《人民日报》社论从柯庆施的报告那里获得了"灵感"。

《人民日报》社论把"乘风破浪"四个字大大发挥了一番:"古人说要'乘长风破万里浪',在我们的面前正是万里浪:建成社会主义和共产主义,建成强大的现代工业、现代农业和先进的科学文化。但是我们完全有信心达到目的。让我们乘压倒西风的东风前进,乘压倒右派、压倒官僚主义、压倒保守思想

■ 原载于1965年4月10日《人民日报》上的中共上海第一书记柯庆施

的共产主义风前进!"

1958年1月,毛泽东在广西南宁召开了有部分中共中央领导人和部分省、市委书记参加的会议,史称"南宁会议"。

那时,毛泽东正着手发动"大跃进",所以他在会上猛烈地抨击"反冒进"。毛泽东说,"反冒进"使全国人民泄了气。毛泽东还说,那些主张"反冒进"的同志,离右派只有五十米了!

毛泽东所批评的那些主张"反冒进"的同志,不言而喻,是指周恩来和陈云。

1958年1月15日,毛泽东在南宁会议上表扬了《人民日报》元旦社论,认为"乘风破浪"提得好。

《人民日报》总编辑吴冷西出席会议。据他回忆:

> 在15日会议上,毛主席谈到什么时候都要鼓干劲、争上游时又提到人民日报。他说,人民日报的元旦社论写得好,因为它的主要精神是鼓起干劲,力争上游,乘风破浪,这也是思想方法和工作方法问题。
>
> 当天晚上,毛主席找我和胡乔木到他住处去谈话。他的住处离我们住的广西省政府交际处大楼不远,是经常接待越南胡志明主席的别墅式的高大平房。毛主席主持的会议就在这间大平房的客厅里举行。当我们到达那里时,毛主席开始就问元旦社论是谁写的。乔木说是人民日报的同志写的。我补充说,这篇社论经乔木同志作了较多的修改,并经少奇同志和周总理定稿。乔木说,当时毛主席不在北京。少奇同志说定稿时已打电话报告了主席。毛主席说,社论写得好,题目用《乘风破浪》也很醒目。南北朝宋人宗悫就说过"愿乘长风破万里浪"。我们现在是要乘东风压倒西风,十五年赶上英国。你们办报的不但要会写文章,而且要选好题目,吸引人看你的文章。新闻也得有醒目的标题。[①]

紧接着,在1月16日的会议上,毛泽东称赞了柯庆施的报告《乘风破浪,加速建设社会主义的新上海!》。

力平著的《开国总理周恩来》一书,这么写及:"(1958年1月)16日上午,毛泽东还在会上拿着柯庆施的《乘风破浪,加速建设社会主义的新上海!》一文,说:恩来,你是总理,这篇文章你写不写得出来?上海有一百万无产阶级,又是资产阶级集中的地方,工业总产值占全国五分之一,历史最久,阶级斗争最尖锐,这样的地方才能产生这样的文章。"[②]

从毛泽东在"南宁会议"上的这段话,可以看出,毛泽东对柯庆施的《乘风破浪,加速建设社会主义的新上海!》,极为欣赏。

其实,这也可以从现存的毛泽东1958年1月16日《在南宁会议上的讲话提纲》手稿

---

① 吴冷西:《忆毛主席》,新华出版社1995年版,第53页。
② 力平:《开国总理周恩来》,中共中央党校出版社1994年版,第360页。

中看出,手稿的第一行便写着"上海报告"四个字①。

毛泽东所写的"上海报告",也就是指柯庆施的报告《乘风破浪,加速建设社会主义的新上海!》。毛泽东的讲话,正是从"上海报告"开始说起。

毛泽东如此当面称赞柯庆施,而且当众质问周恩来,内中的"潜台词"是准备以柯庆施代替周恩来,出任国务院总理!

力平在《开国总理周恩来》中这么写道:

> 当时情况,南宁会议上,毛泽东是有以柯庆施代替周恩来为总理的设想的。虽然没有正式提出来,但是以周恩来的敏锐,当然是感觉到的。周恩来的襟怀是从不计较个人的上下得失。作为人民政府的总理,周恩来觉得应当向人民负责。总理是由主席提名经人民代表大会通过的,既然自己被认为是错误的,他可以不再当总理。但如果他直截地提出辞职,容易被误解为进一步顶抗,因此,在1958年6月9日的中共中央政治局会议上,他委婉地提出说,请考虑自己继续担任国务院总理是否适当?出席会议的,有毛泽东、刘少奇、朱德、陈云、林彪、邓小平、彭真、贺龙、罗荣桓、陈毅、李先念、陈伯达、叶剑英、黄克诚。会议挽留周恩来继续担任总理。会后,邓小平拟了个会议记录,写道:会议认为周恩来"应该继续担任现任的工作,没有必要加以改变"。并把这个记录报送了毛泽东。这样,周恩来仍然担任国务院总理不变。
>
> 但是此后,周恩来遇事发表意见就比较少了。②

中共中央文献研究室金冲及主编的《周恩来传》也有这样的记载:

> 八大二次会议结束后,周恩来向中共中央提出"继续担任国务院总理是否适当的问题"。与此同时,彭德怀也向中央提出"不担任国防部长的工作"。6月9日,毛泽东在中南海游泳池召开中共中央政治局常委会,讨论他们提出的请求。会议决定:"他们应该继续担任现任的工作,没有必要加以改变。"③

中共中央政治局常委会所决定的"他们应该继续担任现任的工作,没有必要加以改变",载于邓小平亲笔所写的《中共中央政治局常委会1958年6月22日会议纪要》。

柯庆施险些取代周恩来出任国务院总理!

1958年3月8日至26日,中共中央在成都召开有中央有关部门负责人和各省、市、自治区党委第一书记参加的工作会议,史称"成都会议"。

毛泽东在成都会议上讲话,谈及了个人崇拜问题。毛泽东提出了"两种崇拜"的观

---

① 《建国以来毛泽东文稿》第7册,中央文献出版社1992年版,第16页。
② 力平:《开国总理周恩来》,中共中央党校出版社1994年版,第362页。
③ 金冲及主编:《周恩来传(1949—1976)》上卷,中央文献出版社1998年版,第438页。

点。他说：

> 个人崇拜有两种：一种是正确的。如对马克思、恩格斯、列宁、斯大林正确的东西，我们必须崇拜，永远崇拜，不崇拜不得了……一个班必须崇拜班长，不崇拜不得了；另一种是不正确的崇拜，不加分析，盲目服从，这就不对了。反对个人崇拜的目的也有两种，一种是反对不正确的崇拜，一种是反对崇拜别人，要求崇拜自己。①

其实，马克思主义是反对一切个人崇拜的，根本不存在所谓"正确"的"个人崇拜"。毛泽东的"两种崇拜"观，把个人崇拜分为"正确"与"不正确"两种，这本身就违背了马克思主义。

然而，就在这次会议上，柯庆施"紧跟"毛泽东，说出了这么一段"名言"："我们相信毛主席要相信到迷信的程度；我们服从毛主席要服从到盲从的程度。"②

真可谓"上有所好，下必甚焉"。柯庆施迎合毛泽东个人崇拜的心理，说出了如此献媚取宠的话，居然博得毛泽东的欢心。

就在成都会议之后两个月——1958年5月25日，中共中央举行八届五中全会增选林彪为中共中央副主席、政治局常委，增选柯庆施为政治局委员。

张春桥引起毛泽东的注意

当时的毛泽东，所赞赏的只是柯庆施，他并不知道有那么个叫张春桥的人参与这篇报告的起草。

自从成为中共中央政治局委员之后，柯庆施与毛泽东接近的机会更多了。作为政治秘书，张春桥有机会随柯庆施出席中共高层会议。每一回从毛泽东主席那里回来，柯庆施总带来"最新最高指示"。张春桥一边听，一边飞快地往本子上记。

这时候，张春桥的公开职务是"中共上海市委政策调查研究室主任"，人们暗地里对他的称呼是"不管部部长"！

子曰："四十而不惑"。41岁的张春桥，比19岁的狄克要老练多了。他把晚上的时间，几乎都花费在研究小本本上所记的毛泽东的言论上——虽然这些话是经柯庆施"中转"才传到他的耳中，毕竟是反映了领袖的最新思想。

从反反复复的揣摩之中，蓦地，张春桥发觉：毛泽东对于红军时期的供给制颇为欣赏和怀念，在多次讲话中提到了当年的供给制，而对于八级工资制造成的等级差别，毛泽东常有非议。

张春桥摸准了毛泽东的思想脉搏，数易其稿，写出了一篇在当时谁也想不到的文章，

---

① 《党史研究》1984年第5期，第74页。
② 廖盖隆主编：《新中国编年史》，人民出版社1989年版，第137页。

题曰:《破除资产阶级的法权思想》。

这是一篇非同凡响的重头文章。自然,再不会写"吴松",也不会署"常轨",而是签上"张春桥"大名。

此文在中共上海市委的理论刊物《解放》第6期上发表。那时《解放》创刊不久。

柯庆施嘱,每期《解放》杂志,都寄送毛泽东。因此,张春桥的文章在1958年9月15日刊于《解放》第6期上,不多日便送到了毛泽东手中。

一看文章的标题,毛泽东就发生了兴趣。他一口气读完,觉得此文甚合自己的心意,但有些提法又过于偏颇。他第一次注意到作者的名字——"张春桥"。

毛泽东嘱令《人民日报》予以全文转载。

《人民日报》总编辑吴冷西对张春桥的文章有不同意见。为此,他写信给毛泽东,请毛泽东考虑《人民日报》转载张文时所加编者按语是否说得活一些。

1958年10月11日,毛泽东复函吴冷西,全文如下:

冷西同志:

信收到。既然有那么多意见,发表时,序言(即编者按——引者注)应略为改一点文字,如下:

人民日报编者按:张春桥同志此文,见之于上海《解放》半月刊第六期,现在转载于此,以供同志们讨论。这个问题需要讨论,因为它是当前一个重要的问题。我们认为张文基本上是正确的,但有一些片面性,就是说,对历史过程解释得不完全。但他鲜明地提出了这个问题,引人注意。文章通俗易懂,很好读。

请你看后,加以斟酌。如有不妥,告我再改。再则,请你拿此给陈伯达同志一问,问他意见如何;并将你们讨论的详情给他谈一下。

毛泽东
10月11日上午十时

毛泽东写的"编者按"连同张春桥的文章,在1958年10月13日《人民日报》上,以醒目的位置发表了。张春桥的名字,第一次引起全中国的注意。这一天,对于张春桥来说,是历史性的一天。

当柯庆施告诉他,按语是毛泽东写的,张春桥受宠若惊了。向来喜怒不形于色的他,那一天晚上在家里多喝了几盅,兴奋得一会儿站着,一会儿坐着,一会儿踱着。他把毛泽东的按语,一字不漏地全背了下来。他在反复回味着,"张文基本上是正确的","他鲜明地提出了这个问题","它是当前一个重要的问题",而且"文章又通俗易懂,很好读"……领袖的一连串赞语,怎不使张春桥兴奋不已?他意识到,从此毛泽东的脑海中,留下了"张春桥"三个字!

张春桥的"成名作"《破除资产阶级的法权思想》

《破除资产阶级的法权思想》一文，是张春桥苦苦奋斗多年才终于一鸣惊人的"成名作"。这篇文章后来成为"张春桥思想"的核心。直至1975年张春桥发表的《论对资产阶级的全面专政》一文，又再一次重申了他的"成名作"的基本观点。

欲知张春桥其人，不可不读他的"成名作"。现把他的"成名作"摘录于下：

凡是略为知道中国共产党和中国革命历史的人，都会知道：在中国共产党领导下的中国人民军队和革命根据地内部，从工农红军到后来的八路军、新四军、人民解放军，从井冈山根据地到后来的解放区，在那里，从来就是以军民平等、官兵平等、上下平等作为处理人民内部相互关系的根本原则的。这个原则，是在最早的革命根据地井冈山，在毛泽东同志的直接领导下创立起来的。……

在全国解放以后，这种以"供给制"为特点的一套军事共产主义生活，还是很吃香的。提到"供给制"，如同说到老革命，说到艰苦奋斗等等一样，人们认为是光荣的。一些革命青年刚刚参加工作，也希望是"供给制"，表示自己像老同志一样，是真心实意地来革命的。原来过惯了供给制生活的同志，也并不羡慕什么薪金制，人们喜爱这种表现一种平等的相互关系的生活制度。但是，没有多久，这种生活制度受到了资产阶级法权思想的攻击。资产阶级法权思想的核心是等级制度。在坚持这种思想的人们看来，供给制的一套，实在毫无可取。他们轻蔑地说它是"农村作风"、"游击习气"。这种议论来自资产阶级，本不足怪。可是，不久，在我们党的干部中，有不少人接受了这种思想的影响。在他们中间，谈论供给制的缺点的议论渐渐地多起来了，谈论薪金制的优点的议论逐渐占了上风了。到后来，供给制几乎成了一个坏名称。有人工作不积极，"干不干，二斤半！"这要记在供给制的账上。有人用了公家一个信封，"公私不分，供给制作风！"又记在供给制的账上。工厂、商店没有经营好，赔了钱，"供给制思想！"又是记在供给制账上。总之，共产主义的供给制，保证了中国革命胜利的供给制，被某些人攻击得好像犯了大罪，非判处死刑不可。

人们攻击供给制的最根本的理由，就是供给制不能刺激生产积极性。他们的理论根据就是经济学家们所强调的"物质利益的原则"。据说，由于在社会主义制度下，还保存着不少旧的分工的残余，即脑力劳动同体力劳动之间、工人劳动同农民劳动之间、熟练劳动同简单劳动之间的差别，因此，"工作者从物质利益上关心劳动结果和生产发展的原则"就被说得神乎其神。什么"等级工资制"、"计件工资制"可以刺激工人"对自己的劳动成果表现最大的关心"呀，可以刺激"社会主义竞赛的发展，因为劳动生产率高，工资也高"呀，这种制度是"整个国民经济发展的最重要的杠杆"呀，道理多极了。不过，说穿了，说得通俗一些，还是那句老话："钱能通神"。只要用高工资"刺激"，就像花钱买糖果一样，什么社会主义、共产主义都能够立刻买到手的。……

经过几年来的实践,证明了对"供给制"、对"农村作风"、"游击习气"的攻击,实际上是资产阶级为了保护不平等的资产阶级的法权,为了打击无产阶级的革命传统,而对正确处理劳动人民内部相互关系的共产主义原则的攻击。一切剥削阶级、压迫阶级都是保护严格的等级制度的。……攻击供给制不能刺激生产积极性的人们,实际上就是要用资产阶级等级制度的礼、法来代替无产阶级的平等关系。他们说这样可以刺激生产积极性。是不是真是这样呢?推行他们这一套的结果,我们党的干部中,原来生活水平相差不多的状况改变了,有些早已对艰苦朴素的生活忍耐不住的人,迅速地学会了绅士派头、高等华人派头、赵太爷(鲁迅《阿Q正传》中的人物——引者注)派头来了。有的干部见面不称什么什么"长",就不舒服起来了。这确实起了刺激作用。但是,并不是刺激起了生产的积极性,而是刺激了争名于朝、争利于市的积极性,刺激了铺张浪费不以为耻反以为荣的积极性,刺激了脱离群众不以为耻反以为荣的积极性,有些最不坚定的分子就堕落为资产阶级右派分子、贪污腐化分子。

■ 张春桥的"成名作"《破除资产阶级的法权思想》1958年10月13日在《人民日报》刊发。

因为党的传统是马克思列宁主义的,是在我们党的干部和人民群众中扎下根的,它虽然遭受到某种破坏,恢复起来并不太困难。现在,在党中央和毛泽东同志的号召下,经过伟大的整风运动,又把它恢复过来。……既然大跃进的形势迫切地要求我们在调整相互关系方面跃进、再跃进,一切忠实于共产主义事业的同志们,一定能够站在运动的前头,把我们党的这种光荣传统,在新的条件下,彻底恢复和发扬起来,彻底破除资产阶级的法权思想,同群众建立起平等的相互关系,上下左右完全打成一片,大家共同生活,共同劳动,共同工作,一致为社会主义和共产主义奋斗,这难道能有什么怀疑吗?

张春桥的这篇"成名作"是一篇奇文,集中地体现了他"凡事'左'三分"的座右铭。本来,"各尽所能,按劳取酬"是社会主义社会阶段马克思所确立的分配原则。在中国的社会主义初级阶段,尤其是如此。张春桥偏要高呼"大锅饭万岁"。其实,1958年夏天,正是高指标、瞎指挥、浮夸风、"共产风"为主要标志的"左"倾错误严重泛滥之时。张春桥的文章，正是这股"左"的思潮的产物。

时隔17年，张春桥已经是中共中央政治局常委。毛泽东在1975年5月3日的中共中央政治局会议上，旧事重提："春桥的文章①是有理由的。因为1958年就写了文章，那时我还不认识他，好像不认识。"

张春桥答道："见过面②。"

毛泽东说："没有印象，那篇文章我写了一个按语，《人民日报》登了。《人民日报》那时是邓拓管的吧？"

张春桥答："是吴冷西。"

毛泽东说："只有两篇文章是拥护的，其他的都是反对的，所以他有气。"

毛泽东嘱张春桥与陈伯达同行

就在张春桥的"成名作"在《人民日报》发表后的第六天——1958年10月19日，毛泽东委派陈伯达和张春桥坐专机飞往河南郑州，前往卫星公社调查。

毛泽东写给陈伯达的信，全文如下：

伯达同志：

想了一下，你和张春桥同志似以早三天去河南卫星公社进行调查工作为适宜，不必听二十一日刘子厚同志（当时任中共河北省委书记、河北省省长——引者注）的报告。集中精力在卫星公社调查七天至十天，为杭州会议准备意见，很有必要。可带李友九（当时《红旗》杂志编辑——引者注）去帮忙。如同意，请告叶子龙同志，为你们调一架专机即飞郑州。

毛泽东
10月19日上午七时

到郑州时，最好能请史向生同志和你们一道去卫星社。史对人民公社有研究，他去过卫星社。他是省委书记。

毛泽东嘱令调专机给陈伯达和张春桥，这充分表明毛泽东对他们此行的重视。

毛泽东在写下那封给陈伯达的信之后半小时，又补充写了一信给陈伯达：

伯达同志：

去河南时，请把《马、恩、列、斯论共产主义社会》一书带几本去，你们调查团几个

---

① 指1975年张春桥的文章《论对资产阶级的全面专政》。
② 据张春桥说，是在北戴河开会时柯庆施把他介绍给毛泽东的。

人,每人一本,边调查,边读书,白天调查,晚上阅读,有十几天,也就可以读完了。建议将胡绳、李友九都带去,练习去向劳动人民做调查工作的方法和态度,善于看问题和提问题。

我过了下星期就去郑州,一到,即可听你们关于卫星社观察所得的报告,在四省第一书记会议上予以讨论。

毛泽东
10月19日上午七时半

四天后,毛泽东又给陈伯达一函:

陈伯达同志:

你们调查研究卫星社大约要一个星期,包括调查团(社)营(大队)连(队)的各项问题。

然后,请找遂平县级同志们座谈几次,研究全县各项问题。以上请酌量处理。

毛泽东
10月23日下午五时

又过了五天,毛泽东写第四封信给陈伯达:

陈伯达同志:

回信收到。我还须几天才能出发。如果遂平调查已毕,你们可去附近某一个县再作几天调查,以资比较。于11月2号或3号回到郑州即可。已令吴冷西、田家英二同志昨日夜车出发,分赴修武七里营两处调查几天再去郑州。

毛泽东
10月28日上午四时

当时,陈伯达早已是中共"大秀才",而毛泽东把张春桥的名字与陈伯达相提并论,这表明毛泽东在提携这位"新秀才"。

于是,奉毛泽东之命,陈伯达头一回与张春桥同行,前往河南嵖岈山。

一个是毛泽东的政治秘书,一个是柯庆施的政治秘书,此行究竟如何呢?

关于此行,据陈伯达在晚年自述[①]:

1958年七八月间,河南省发表了"嵖岈山卫星人民公社试行简章"。我预先并不

---

① 1988年12月19日、20日,叶永烈在北京采访陈伯达。

知道有这样的"章程"。这个"章程"做了不少"规定","公共食堂"就是其中之一。

在是年,似乎是当时领导农村工作的中央负责同志主持起草了一个"关于农村建立人民公社问题的决议"。记得,我没有参加这个决议文件的起草工作。

本来,我没有想到嵖岈山去参观,因为毛主席要我同张春桥去一趟,就去了。当然,受到当地一些招待。

似乎是住在我们对面的一位老头子,泄露出来关于"高产"麦田的秘密:那块所谓特别"高产"的麦地,是那几个爱作假的人在夜里趁大家睡觉的时候,搬运其他许多田里的大量麦子堆上去的。各地前来参观的人络绎不绝,大家看的集中地点是那早已收割的"高产"麦地,麦早已收了,可是不少的参观热心家却在那一块地里挖一把土带回去,作为纪念,或想作回去的"科学的试验"物。

那里的干部可能觉到我的态度不如他们原来设想的那样高兴。他们一个负责人曾经问我有什么意见,是否有不对之处。当然,那时我还不能说出什么。

没有几天,毛主席来电话指示,不要住太久。我们一些人在短短几天就离开了。

此行对于张春桥来说,是异常兴奋的。因为是平生头一回奉毛泽东之命执行任务,何况与"大理论家"陈伯达同行;陈伯达的回忆却是平淡的,他对于这个来自上海的"秀才"并没有太留意。

陈伯达回忆河南嵖岈山之行中所说:"没有几天,毛主席来电话指示,不要住太久。我们一些人在短短几天就离开了。"

毛泽东给他们打电话,是从郑州打来的。1958年11月2日至10日,毛泽东在郑州召开有部分中央领导人和部分地方领导参加的会议,后来被人们称为"第一次郑州会议"。

毛泽东选择郑州作为开会的地方,是因为河南乃人民公社化运动的发源地,此次会议开始研究人民公社化运动所产生的一些"左"的错误。毛泽东要陈伯达、张春桥回来,为的是出席会议。

陈伯达从嵖岈山一回来,受到了毛泽东的批评。这次批评相当厉害。会议结束时所发的纪要中,有一段话是不指名批评陈伯达的:

……同时批评了废除商品生产,实行产品调拨的错误主张。指出在社会主义阶段废除商品生产和等价交换是违反客观经济发展规律的,中国的商品生产很不发达,现在不仅不能消灭,而且应该大力发展。人民公社应该在发展自给性生产的同时,多搞商品生产,尽可能多地生产能够交换的东西,向全省、全国、全世界交换。

陈伯达受到毛泽东的如此严厉批评,相当狼狈。关于他为什么会受批判,他在晚年作了如下回忆:

从嵖岈山到遂平县里那天晚上,一个会计(似乎很年轻)说了这样一件事:"我们这里出'沙子',用'沙子'去武汉交换机器,这是'产品交换'。"

到郑州后,我和同去的张春桥见毛主席,当还没有正式汇报之前,作为闲聊,我说了那会计把沙子换机器叫做"产品交换"一事。毛主席一听,就马上插上我的话,说:"你主张'产品交换',不要'商品交换'了!"

其实,这是毛主席一时误会了。当时还没有开始正式汇报,我在那瞬间只是闲说那个"会计"的说法,并没有表示我主张什么。

当然,斯大林的《社会主义经济问题》一书,我也看过。但是,对这样极端复杂的问题,直到现在,我顶多只能开始进幼稚园长期刻苦学习,当时怎么可能信口开河呢。

不知怎样的,毛主席当时对我说的话,竟然一传十,十传百,整个参加郑州会议的人都传遍了,我觉得大家都怕和我接近。我的确处于很狼狈的状态。有两位地方同志或许知道我当时说话的经过,到我的住处看一下我,那时真使我感激不尽。

陈伯达受到毛泽东批评一事,"一传十,十传百",那是张春桥"发布"的"新闻":坐在一侧的张春桥,把毛泽东对陈伯达的当面批评句句牢记,作为"新动向"向柯庆施汇报。消息很快从柯庆施那里传出,这倒诚如陈伯达所言,"一传十,十传百,整个参加郑州会议的人都传遍了"。

在郑州会议结束后,毛泽东再次命陈伯达与张春桥同行,"会后出征",前往山东范县。这又一次表明,毛泽东对于上海"新秀才"张春桥的看重。

那是中共中央宣传部在1958年11月4日编印的《宣教动态》第134期上,刊载的《山东范县提出1960年过渡到共产主义》一文,引起毛泽东的注意。

那是河南范县人民公社党委(县委)第一书记谢惠玉,1958年10月28日在范县共产主义建设积极分子万人大会上,作了关于范县两年过渡到共产主义规划报告。《宣教动态》第134期刊登了这一报告的摘要。内中这么写及:

> 农业生产万斤化。规划提出1960年粮食作物种植十五万亩,保证亩产二万斤,争取三万斤,共产三十九亿斤;棉花种植十五万亩,保证亩产籽棉一万五千斤,争取二万五千斤,总产二十二亿五千万斤;花生种植十五万亩,保证亩产五万斤,争取八万斤,总产七十五亿斤;甜菜种植五万亩,保证亩产三万斤,争取五万斤,总产十五亿斤。今年的水利要实现河网化。1959年全部土地田园化,灌溉自流化、标准化,1960年达到灌溉电气化、自流化。到那时:田间耕作用机器,灌溉自流用电力;粮食亩产好几万,堆大敢与泰山比;棉絮开放似雪野,花生多得不用提;丰收一年顶百季,人人喜得了不的。

这一报告还说:

> 丰衣足食。到1960年基本实行"各尽所能,各取所需"的共产主义分配制度。

到那时：人人进入新乐园，吃喝穿用不要钱；鸡鸭鱼肉味道鲜，顿顿可吃四大盘；天天可以吃水果，各样衣服穿不完；人人都说天堂好，天堂不如新乐园。

毛泽东看罢，颇为兴奋，于1958年11月6日写下批示：

　　此件很有意思，是一首诗，似乎也是可行的。时间似太促，只三年。也不要紧，三年完不成，顺延可也。陈伯达、张春桥、李友九三同志有意思前去看一看吗？行路匪遥，一周可以往还，会后出征，以为如何？

毛泽东
11月6日上午九时

　　张春桥两度受到毛泽东亲自"点将"，而且与陈伯达同行，这消息飞快地从郑州传到上海，张春桥的声望猛然看涨了。须知，陈伯达当年有着"理论家"的美誉，号称"中共第一支笔"，资历比张春桥深得多，而毛泽东主席在批示中，居然把张春桥与陈伯达相提并论，这怎不意味着张春桥颇受领袖偏爱？

　　于是，张春桥从中共上海市委委员晋升为中共上海市委常委。

　　于是张春桥摆出了一副党的理论家的架势。不过，理论权威，起码也得有几本著作。

　　说来惭愧。这位"理论家"虽说属于早熟型的，早在1932年4月17日，他不过15岁的时候，已经在山东《民国日报》的"中学生之部"副刊，发表了《春雨之夜》。这是他的"处女作"。二十多年来，不论是在济南，在上海，在延安，在晋察冀，他的笔没有停过，写了长长短短、五花八门的各种文章，可是，他的书，少得可怜。

　　据1937年8月14日上海《社会日报》报道，《华北事变演义》一书的第三部《宋哲元在天津》，由张天翼、陈白尘、聂绀弩、张春桥四人执笔，当时正在写作之中。

　　可是，后来并未见到出版。即使出版，他也只是占第三部的四个作者之一，何况并非"理论著作"。

　　1938年，他在延安倒出过一本薄薄的小册子，书名为《在巩固和扩大中的陕北公学》，不过78页，而且附录中的两篇文章是别人写的，算不上"大作"。

　　1954年1月，他访问苏联，写了一本小册子《访苏见闻杂记》，由华东人民出版社印行。不过，这只是本新闻通讯集，并不是"理论著作"。

　　怎么办呢？

　　他把1957年反右派时的那些"棍子"文章，诸如《质问彭文应》、《杂谈帽子》、《看大字报有感》之类，凑足33篇，取名《今朝集》，由上海新文艺出版社出版，共178页而已。

　　到了1960年，他又把《破除资产阶级的法权思想》、《让大字报流芳百世》、《大跃进的风格》、《东风颂》、《"穷棒子"精神》之类杂文，四十篇，编成《龙华集》，由上海文艺出版社出版，共182页。

至"文革"开始,张春桥的著作,也就是这么三四本小书罢了。

他是个摇羽毛扇的角色,他擅长于在幕后出点子——特别是在他成为中共上海市委常委之后。由他操纵的"金棍子",在台前飞舞,征东讨西,打南扫北。此"金棍子",便是姚文元。

干掉陈其五

陈其五年长张春桥三岁,是个"老宣传",与张春桥旗鼓相当。

瘦削,文弱,看上去陈其五连走路的步子都很慢,但是一旦走上讲台,他就显示出宣传部长的本色:思路清楚,讲话富有逻辑。

其实,他不姓陈,名字也不叫其五。

1935年,"一二·九"学生运动在北平爆发时,有个非常活跃的人物,名叫"刘毓珩"。这个21岁的青年,是清华大学物理系学生,在学生运动中成为学生领袖——清华大学学生会主席、全国学联副主席。

1938年2月,刘毓珩加入中国共产党。他受刘少奇的派遣,前往国民党卫立煌部做地下工作。

"你的名字要改一下。"刘少奇提醒他,"国民党对你的名字太熟悉了。"

"改什么好呢?"他问。

"你母亲姓什么?"刘少奇问道。

"姓陈。"

"那就取一个封建一点的名字,不容易引起敌人的注意。"刘少奇思索了一下,道:"就叫'陈其五'吧。'五世其昌'嘛!"

这样,刘少奇给他改了名字。从此以后,"陈其五"叫开来了,以致他的真名刘毓珩几乎很少为人所知。就连他的子女,也都姓陈。(陈小蒙便是他的次子。1986年2月,因强奸、流氓罪在上海被判处死刑,轰动海内外。那时,陈其五已去世。自然父是父,子是子,不能混为一谈。)

在解放前,陈其五历任新四军团政委、四师政治部宣传部长;华中军区政治部宣传部长、第三野战军前委委员、政治部宣传部长兼新华社华东前线总分社社长,华东军区政治部宣传部长。

1948年12月,当杜聿明部队陷入重围,那篇以中原人民解放军司令部、华东人民解放军司令部名义发出的广播稿《敦促杜聿明等投降书》,初稿便出自陈其五手笔。后来经毛泽东审阅,作了几处修改,发出。此文被收入《毛泽东选集》第四卷。在"文革"中的《敦促杜聿明等投降书》是"牛鬼蛇神"们"天天读"的"课本",就连被打入"牛棚"的陈其五也要背诵此文,他背得极为熟练。近来发现此文最初的手稿,上面有两种笔迹,毛泽东的笔迹人们一望而知,那是作了几处修改留下的,而通篇的笔迹则是陈其五的。

1949年5月,当陈毅率第三野战军攻下大上海时,陈其五也参加了战斗。上海一解放,陈其五便担任上海市军管会军事接管委员会政治部宣传部长。

陈其五在上海宣传、教育、理论、文艺各界，有着颇高的声望。而他的政治见解又恰恰与张春桥迥然不同，很自然的，他成了张春桥的劲敌。

张、陈面和心不和已久。到了1962年5月9日至16日的上海市第二次文代会期间，矛盾尖锐化了。

会议之前两个月——3月2日至26日，文化部、中国剧协在广州召开话剧、歌剧、儿童剧创作座谈会，即"广州会议"。3月2日，周恩来在会上作了长篇讲话，即著名的《关于知识分子问题的报告》；3月6日，陈毅亦作长篇讲话，声言"应该取消'资产阶级知识分子'的帽子"，提出应"脱帽加冕"。

柯庆施对周恩来、陈毅的广州讲话持异议，不许在上海第二次文代会上传达，而陈其五却上台传达了周恩来、陈毅的讲话。于是，代表们对上海文艺界的"左"的倾向，大加声讨。特别是巴金，毫不客气地把"姚棍子"批了一通。

巴金讲毕，陈其五走过去，紧紧握着巴金的手，激动地淌下热泪。

陈其五是个直性子的人。当场，他对巴金的讲话，大加赞赏，说道："巴金的讲话，有充沛的革命感情，充满了一个作家的责任和良心，使我感动得流泪！"

整人要有机会；机会终于来临。四个月后，中共八届十中全会在北京召开。毛泽东发出了著名的号召："千万不要忘记阶级斗争！"他提醒人们，阶级斗争要"年年讲，月月讲，天天讲"。

柯庆施从北京开会回来，要在上海寻找阶级斗争的"靶子"，"谋士"张春桥马上把整陈其五的材料，摊在柯庆施面前。于是，张春桥便借助于"阶级斗争"，要除掉自己的眼中钉、肉中刺了。

1962年冬天，上海奇寒。陈其五步入上海思想工作会议会场时，只觉得有点冷，却没想到张春桥在会上对他发动了突然袭击。一时间，他一下子成了上海"阶级斗争"的靶子。他，中箭落马了……

张春桥大胜，成为中共上海市委宣传部部长。

不久，张春桥召开上海宣传系统党员大会。他以部长的身份，宣讲中共上海市委的决定：撤销陈其五的中共上海市委宣传部常务副部长职务，给予留党察看两年处分。

又过了几个月，干脆，开除了陈其五的党籍！

从此，陈其五被逐出上海，"发配"到江苏扬州，在江苏农学院当个教务处副处长。

陈其五的老战友们，实在看不下去，向党中央反映意见。无奈，张春桥依仗着柯庆施，已有恃无恐了。张春桥双臂交叉在胸前，哼了一声，冷冷地说道："不管你北京南京，将军元帅，就是要叫你陈其五永世不得翻身！"

在扬州，陈其五写下了悲愤满腔的六言诗：

　　　　冷落门前车马，新桑碧柳低垂。
　　　　莫道幽居寂寞，举头可望青天。

在"文革"中,陈其五备受苦难,是可想而知的。张春桥整人,非置之死地而后快不可。1968年,趁着"打击右倾翻案风",张春桥提醒人们:"陈其五并不是死老虎!"

于是,1968年4月17日,《文汇报》以"本报编辑部"名义,发表两大版的长文《陈其五在为谁翻案?》,又把陈其五批了一通。这篇文章一开头,那口气便咄咄逼人:

陈其五何许人也?旧上海市委宣传部常务副部长,周扬的死党,霸占上海思想、文化领导岗位多年的一个彻头彻尾的反革命修正主义分子,道道地地的顽固不化的走资派!早在无产阶级文化大革命前,就在柯庆施同志亲自主持下对他进行了批判,并且罢了他的官,撤了他的职,把他开除出党。

某些天真的人们一听,会说:啊!原来是一只"死老虎"。不对!陈其五不是死老虎,而是一条虽已落水却总想重新爬上岸来咬人的疯狗。他被革命人民揪出之后,非但从来没有任何低头认罪的表示,而且随时都在准备翻案,老是在研究对付我们的策略,"窥测方向",以求一逞,时刻准备突然在某一个早上向革命人民猛扑过来,咬人,吃人。为了表示这种反革命的决心,他特地从一具也曾被罢过官的封建僵尸于谦那里要挖来了一首黑诗,疯狂地叫嚣:"粉身碎骨全不怕,要留清白在人间。"这是一个多么死硬的反革命修正主义分子啊……

这篇经过张春桥亲自审定的长文,列举了陈其五的种种"反动言论"。今日以历史的眼光重新审视,又该作何观感呢?悉照原文摘录于下:

他恶毒地咒骂总路线、大跃进和人民公社是"三面黑旗",胡说什么总路线"从头到尾有错误",大跃进是"大破坏",人民公社弄得"十室九空",声嘶力竭地鼓吹"三自一包",宣扬"分田到户"……

他猖狂地叫嚣"胡风问题现在尚未定案",扬言要"把宣传系统下放在农村的右派分子,都调上来工作",真是起劲得很哪!

文章当然不忘陈其五对"姚棍子"的那些批评,要清算这笔账:

在毛主席革命路线指引下,姚文元同志对反革命的文艺黑线、黑纲,进行了顽强的战斗。就为了这一点,陈其五对姚文元同志恨之入骨,疯狂围剿,恶毒地咒骂姚文元同志"简单粗暴",是"棍子"、"框框",这种攻击,到1962年,便达到了高峰。……我们无产阶级革命派就是要做革命的棍子,专门痛打你们这一小撮死硬的阶级敌人。

如此看来,"棍子"之称,连这些"无产阶级革命派"也承认,只不过要加"革命"两字,成为"革命的棍子"!这种"大批判"文章,今日看来,实在令人忍俊不禁。

文章提及了张春桥,用了这样的词句:"一直坚定地支持姚文元同志战斗的张春桥同志"。张为姚之后台,讲得最明白不过了。

文章也谈到,打倒陈其五是颇为不易的,用陈其五自己的话来说,"他所以敢于如此猖狂地进行反扑,就是因为'上面还有人同情我','下面还有群众基础'"。文章开列了为陈其五"翻案"的"上面的人"的名单:刘少奇、陈毅、陈丕显、曹荻秋、魏文伯、江渭清,说他们"一直对抗柯庆施同志的指示"。文章特别提及,"陈丕显就曾经偷偷地召见陈其五,要他'再回到党内','两三年不行就四五年、七八年'。"

张春桥能够面对那么多"上面的人",打倒了陈其五,足见他在1962年已经具备相当大的能量。

自从去除了陈其五这个"心腹大患",张春桥独揽上海的思想、文化领导大权了。

此后不久,张春桥升为中共上海市委候补书记。到了1965年,升为中共上海市委书记处书记,成为上海举足轻重的人物。

第九章
江、张联手抓"样板戏"

江青成了上海的"女客人"

1962年12月31日,辞旧迎新之际,毛泽东给江青写下一段批语:

江青:
　　这里有三篇文章,值得一看,看后退我。

　　　　　　　　　　　　　　　　　　泽东
　　　　　　　　　　　　　　　12月31日上午四时半
　　周信芳、盖叫天两文也已看过了,觉得还不坏,盖文更好些。

毛泽东所说的"三篇文章",是指1962年12月11日出版的《文艺报》第12期刊载的张光年的《无产阶级的天才歌手》、萧三的《第一支全世界无产阶级的革命之歌》和时乐蒙的《唱着革命的战歌前进!》三篇文章。这三篇文章是纪念《国际歌》作者鲍狄埃和狄盖特的。

毛泽东所说的"周信芳、盖叫天两文",是指《文艺报》第12期刊载的京剧表演艺术家周信芳的《必须推陈出新》和京剧表演艺术家盖叫天的《"吾日三省吾身"》两篇文章。

毛泽东把文艺界的有关文章批给江青阅看,显然是因为江青正在关注着中国文艺界的动向。

那时,江青神出鬼没,忽地一回回南来,"隐居"在上海。

往日,她也来上海,但没有这么频繁,而且主要是为了治病。她的病颇多,诸如精神官能症、慢性胆囊炎、急性膀胱炎、植物性神经系统病症等。虽然北京也有着第一流的医生和医院，她偏喜欢上海——这座城市曾给她的人生历程打上深深的印记，毕竟她最浪漫的一段时间是在这里度过的。

如今，她来上海的使命却是"天机不可泄"。为了行踪保密，中共上海市委规定对她一律以代号"女客人"相称。

"女客人"来来去去，行踪唯有中共上海市委交际处、上海铁路局公安处和上海锦江饭店保卫处知道。她从不坐飞机，怕从半空中摔下来。她来去总是坐京沪特快列车，而且总是包一节软卧，供她和几个随从乘坐。一节软卧车厢，寥寥数人而"卧"，她宁可让别的铺空着。她喜欢耍这么大的"派头"。

她是"老上海"，她最喜欢住的是坐落在上海闹市区、离淮海中路不过数百公尺的锦江饭店。

茂名路上的锦江饭店是当年上海首屈一指的宾馆。锦江饭店的前身，即13层的华懋公寓，上海人俗称"十三层楼"。当年，夏其言、史枚就住在"十三层楼"附近的怡安坊。

蓝苹和唐纳吵吵闹闹时，找史枚评理，便去怡安坊。

华懋公寓原是英籍犹太商人沙逊的产业。解放初，由于沙逊洋行积欠了上海市政府一大笔税金，就以华懋公寓作抵押，归属上海市政府，改建为锦江宾馆。另外，附近的建于1935年的18层茂名公寓，建于1934年的6幢3层炮台式公寓归入锦江宾馆。

在马路对面，原本是法国俱乐部，解放后改为锦江俱乐部。

锦江饭店中楼，设有总统套房，专供国宾下榻。那里先后住过美国总统尼克松、卡特、布什，日本首相田中、中曾根，法国总统德斯坦，西班牙国王胡安，印尼总统苏加诺，南斯拉夫总统铁托……120多个国家的近千名国家元首、政府首脑曾在锦江饭店下榻。

中共江西省委第一书记杨尚奎夫人水静曾这么谈及江青：

也许为了显示她是"和主席一样的"，江青常常独自带着随从人员漫游全国各地，极少和主席同行；即使同到一地，也很少同住一处。1959年主席上庐山开会，她到北戴河避暑；1962年，主席在北戴河开会，她却两次上庐山。江青既会养尊处优，又是贪图享受狂，全国的著名风景名胜区江青都跑遍了。一到冬天，北京气候冷了，她就和林彪一样到广州度过温暖的冬天，多年如此。但相比之下，物质条件最好、能让她尽情享受的还是上海。所以二十世纪六十年代初开始，她就常住上海，要"以上海为家"。为了住得舒服，江青看中了锦江俱乐部，将二楼西边重新改建装修。锦江俱乐部原是外国人留下的，解放后收为人民所有。江青住进之后，便成了她的个人领地，从此很少有人问津了。考虑到毛主席工作和安全的需要，有些省市专为主席修建了一些住房，其中自然少不了江青的一套；但江青认为那不是"专门"为她建造的，她要为自己构筑独立的"宫殿"。

江青常在全国各地跑，成为"享受狂"，内中的原因还在于她在中南海的生活实在太

"清苦"了。

毛泽东当时的"管家"吴连登,曾十分真实地回忆当时江青在中南海生活的实际情况:

> 毛泽东的稿费是中央特会室保管的,我们不管,我只管他老人家的工资,江青的工资,还有他们的日常支出。毛主席的账是一号,江青的账是二号。
>
> 说来现在的年轻人都不相信,那时,毛泽东的工资是四百零四点八元,江青的工资先是一百二十元,后来长到了三百多元。
>
> 毛主席的账是很好算的,他的四百零八元,要交党费十元。房租、水电费加起来八十多元,吃饭要用一百元左右,还有三个人要毛主席负担——李敏、李讷还有江青的姐姐。他们每个人的生活费十五元。后来涨到了三十元。除此之外,孩子们的车费和葡萄糖一类营养药费也都要从主席的工资里出。
>
> 主席还有两项花费:吸烟和喝茶。这都要从主席的工资里面出。这样下来,毛主席一个月的工资就所剩无几了。过一段时间,我给主席写了个报告,要从他的稿费里提出一万元来补贴家用。毛主席画了圈,我们才用了一阵子。
>
> 前几年,社会上传说很多,说江青如何如何,好像她有多少东西似的,其实,她并没有多少家当。
>
> 江青没有多少钱,也没有什么金银首饰,衣服倒是有不少,也没有什么特别好的。有一次,她要做一件小翻领西服,我给她找来了做衣服的,按照她的尺寸做好送来了,我送给她看,她问多少钱,我告诉了她,她立时就说:"这衣服我不要了,不合身,做坏了。"衣服明明没坏,我说:"这不挺好的吗?"
>
> "好,你要,反正我不要了。"
>
> 见我不说话,她又说:"这不是我要的衣服,做坏了,你赔!"
>
> "我赔不了,我没有钱。"
>
> 她看我真的不高兴,把衣服甩下走开了。
>
> 这可怎么办?我没有办法,只好拿了衣服去找汪东兴,把情况告诉了他。
>
> 我说:"这衣服好好的,她非说不要了,我没有办法处理。"
>
> 汪东兴看了看衣服,说:"不是衣服不好,她是嫌贵了。"
>
> 江青就是这样一个人,她又想穿好衣服,又没有钱,所以经常是长袖改短袖的,浅色改深色的。总是改来改去,染来染去,我可是给她跑了不知道多少次洗染店。正像有的同志说的,她是又要花样多,又不能贵。①

柯庆施提出"大写十三年"

江青看中上海,全然是因为中共上海市委的"首脑"跟她一拍即合。此人便是柯庆

---

① 董保存:《毛泽东"管家"访谈录》,《海上文坛》1994年第3期。

施。柯庆施是资深的中共领导人物，1958年之后的柯庆施，进入他政治生涯顶峰期。他在中共八届二次会议上，当选为中共中央政治局委员。他又是中共上海市委第一书记、上海市市长、中共中央华东局第一书记，是上海响当当的"第一号人物"。在1965年，他还被任命为国务院副总理。

当中国这艘硕大的巨轮向"左"偏航之际，原来就思想颇"左"的柯庆施，颇得毛泽东的赏识。

1963年1月4日下午，上海延安西路200号——上海文艺会堂，人头攒动。上海元旦联欢会，正在那里举行。

巴金、熊佛西、丁玲、丰子恺、郭绍虞、刘大杰、黄佐临、张骏祥、沈浮、瞿白音、应云卫、王个簃、林风眠、白杨、张瑞芳、上官云珠、叶以群、吴强、孙峻青、任桂珍、瞿维、唐耿良、蒋月泉、张乐平……聚集上海文艺会堂。

元旦联欢会年年举行，而这一次上海文艺界头面人物差不多都到齐了，是空前的。因为事先接到通知，说是"会议重要，务必出席"。

例行的元旦联欢会，怎么忽地变得"重要"起来？

1月6日《解放日报》、《文汇报》的报道，道出了其中的奥秘："最使大家高兴的是中共上海市委第一书记、上海市市长柯庆施也应邀来到，和大家一同联欢、共迎新春。陪同柯庆施同志参加联欢会的还有中共上海市委书记处候补书记、市委宣传部部长石西民等。当柯庆施同志出现在演出大厅中时，全场热烈地鼓掌欢迎。主持联欢会的上海市文联副主席熊佛西当即代表大家邀请柯庆施同志讲话。"

原来，"会议重要"，全然因为柯庆施要发表讲话。

这一回，柯庆施确实说了一番至为重要的话，以至上海文艺界为此"学习"了多日。

当年张春桥为之写过《济南话剧界欢迎熊佛西先生记》的那个熊佛西，已是上海市文联副主席了。熊佛西主持联欢会。当他宣布："现在，请中共上海市委第一书记、上海市市长柯庆施同志讲话。"全场响起了掌声。

柯庆施说："最近看了话剧《第二个春天》、电影《李双双》，还听人说过话剧《霓虹灯下的哨兵》。这些戏写的都是解放以后十三年来的现代生活，这很好，很值得提倡。"

说了这么一段话之后，柯庆施加以发挥道："解放十三年来的巨大变化是自古以来从未有过的。在这样伟大的时代、丰富的生活里，文艺工作者应该创作更多更好的反映伟大时代的文学、戏剧、电影、音乐、绘画和其他各种形式的文艺作品。"

这一回，柯庆施所发表的，并非应景讲话。他利用这一次对上海文艺界讲话的机会，提出了一个著名的、具有独创性的口号："大写十三年！"

本来，这样一段话，也没有什么大错，但是，他继续加以发挥，那就走向了"左"的极端："今后在创作上，作为领导思想，一定要提倡和坚持'厚今薄古'，要着重提倡写解放十三年，要写活人，不要写古人、死人。我们要大力提倡写十三年——大写十三年！"

文学艺术的创作领域，本来是无比宽广的。柯庆施的"大写十三年"，一下子把历史题材以至革命历史题材，全都一刀砍光。不光是"古人"、"死人"不能写，连"活"的"洋人"也不能写!

1963年1月6日,上海《文汇报》和《解放日报》都刊登了柯庆施讲话。

这是一个充满"左"的色彩的口号。

所谓"大写十三年",就是大写解放以后的十三年,以为"只有写社会主义时期的生活才是社会主义文艺"。

其实,"大写十三年"这口号,与其说是柯庆施提出来的,不如说是柯庆施和张春桥一起提出来的。姚文元"紧跟紧追",成为这一口号的最积极的鼓吹者。

1月6日,《文汇报》报道了柯庆施的讲话,顿时在全国文艺界掀起一场轩然大波。

柯庆施的"大写十三年"的片面性口号,立即遭到周扬、林默涵、邵荃麟等的坚决反对。

张春桥急急地找姚文元,你一条,我一条,拼拼凑凑,写了个《大写十三年十大好处》。

姚文元是个从"左"如流的"理论家"。虽然在此之前,他曾多次说过跟"写十三年"背道而驰的话:

"今天写作的题材是应当广阔的——限定在工农兵之内是不够的。从古至今,从辛亥革命到五四,从五四到解放,从神仙到精灵,从官僚到资本家……各种人、各种题材,只要有社会意义和美学内容,都可以。"(《教条和原则——与姚雪垠先生讨论》)

"我们主张创作的题材不受任何限制。"(《从一个演员的下乡体会谈起》)

"文学艺术作品的题材是异常广阔的,决不能机械地说只有描写生产的戏才能教育工人,描写战争的戏才能教育战士,凡是用进步的观点在某种程度和某个角度上真实地反映了生活的艺术,都能对人民起不同程度的教育作用。工人喜欢《董存瑞》,也喜欢《天仙配》,就因为那里面有更多的生活和感情吧。"(《从拒绝放映〈天仙配〉想起的》)

然而,这些理论眼下已显得过时了。就像磁带消磁一般,姚文元抹去了自己曾经说过的话,赶紧顺应风向,为"写十三年"大声鼓噪——作为"文艺理论家",姚文元向来并没有自己的"原则",一切为了"紧跟","紧跟"便是一切。

就在刚刚跟张春桥生硬拼凑了"写十三年"的"十大好处"的时候,解放日报社给姚文元送来了戏票。

大幕拉开不久,姚文元便开始摇头。

那是由刘川编剧的话剧《第二个春天》,黄佐临导演。这出新戏写的是海军某部自力更生造舰艇的故事。

"怎么没有党的领导?'油条厂长'怎么会突然转变?"一边摇头,姚文元的脑海中一边浮现出一个又一个的问号。

凭借着"灵敏"的"阶级斗争嗅觉",姚文元看出这出新戏存在着"严重问题"。回到家中,他打着腹稿,准备写批判文章。

几天之后,忽然张春桥来电话:"柯老约你一谈。"

当他从柯庆施那里回来,姚文元急于"摇"笔杆。他,写的不是批判文章,却是充分肯定《第二个春天》的剧评。

柯庆施的话,寥寥几句,说得那么透彻:"我们提倡'大写十三年',就要充分肯定写十三年的作品。《第二个春天》,应当给予肯定。"

姚文元又一次庆幸——那篇批判《第二个春天》的文章,幸亏还没有写出来!

他又一次"急转弯"。1963年1月21日的《解放日报》,赫然刊出姚文元的长文:《奋发图强、自力更生的人们一定胜利——论〈第二个春天〉主题思想的现实意义》。

这位"文艺理论家"的笔,简直成了柯庆施、张春桥手中的一块橡皮泥!怎么捏,就怎么着!

不过,令人懊丧的是,尽管上海的报纸为"大写十三年"大喊大叫,而北京的报刊却保持沉默。

这沉默并不意味着默认,恰恰相反,沉默意味着反对。

大战前的沉默。张春桥手中握着《大写十三年的十大好处》,却并不急于抛出。

4月,乍暖还寒的北京。在新侨饭店的会议室里,终于打破了沉默,开始了一场大战前的前哨战。

中宣部在那里召开文艺工作会议。

弥漫在会议室里的烟雾,仿佛不是出自一根根香烟,而是出自炮口的硝烟。

两军对立,气氛显得那么紧张。

中宣部副部长周扬放炮了。

中宣部副部长林默涵开火了。

中国作家协会副主席兼党组书记邵荃麟也一梭子一梭子射击着。

他们齐轰"大写十三年"。他们尖锐地指出,"大写十三年"这个口号带有很大的片面性,妨害文艺创作,不符合党的"百花齐放"的文艺方针。所谓"只有写社会主义时期的生活才是社会主义文艺"是错误的。

张春桥"后发制人"。等到排炮过去,这才站了起来,慷慨激昂地为"大写十三年"辩解。他,一条又一条,不厌其详地列举"大写十三年"的"好处"。不多不少,正好十条!他终于在这关键时刻,甩出了他跟姚文元搜索枯肠凑成的《大写十三年的十大好处》。

虽然张春桥振振有词,却处于"光荣的孤立"之中。他深切地意识到,中宣部不买他的账。要想让周扬、林默涵等俯首听命,谈何容易。

当张春桥回到上海,马上向柯庆施汇报了在新侨饭店遭到的"围攻"。姚文元在侧,聚精会神地听着。

"等着瞧!"柯庆施青筋暴涨,用手拍着桌子——这向来是他激怒时的习惯动作。

柯庆施介绍江青结识张春桥

柯庆施的讲话,引起了江青的注意。

江青敏锐地意识到柯庆施的文艺见解与她完全"合拍"。正孤掌难鸣的她,求助于柯庆施,立即得到柯庆施的支持。在北京,她"召见"中宣部、文化部四位正、副部长,部长们对她的意见不屑一顾。她寻求支持,寻求强有力的支持者。柯庆施的支持,使她一次次南下上海,进行一番番密谋。

1963年2月下旬,"女客人"又一次南下,住进上海锦江饭店。这一回,她不忙于治病,也不忙于调看内部电影,她把柯庆施请到了锦江饭店。

柯庆施带来了他的政治秘书张春桥。

说实在的,张春桥对她并不陌生。当年,崔万秋常常跟他说起蓝苹。他从报纸、画刊、电影中,早就认识这位"影星"。他知道她是一个心眼儿小又很高傲的女人,在她面前赔尽小心。

她对张春桥呢,虽说当年同在上海滩,而且说不定还在崔万秋家见过这个穿蹩脚西装的狄克,不过她的眼界甚高,是不大会记得住这样的小人物。何况,张春桥也尽力假装不知她的底细,一字不提20世纪30年代的往事。他明白,那已成了她心上的一块疮疤。

在柯庆施的介绍下,她与他握了一下手,算是结识了。

那天的谈话,差不多只在江青与柯庆施之间进行。张春桥只在一旁聚精会神地听着,脸上一直保持着微笑的表情。

"我支持'大写十三年'!"江青当面恭维柯庆施,"柯老,我们对文艺界的看法,可以说完全一致!"

"我们的见解一致,是因为我们都是以主席的思想作为准则。"柯庆施说了一句非常得体的话。

江青说:"我来到上海,觉得非常亲切。上海的'气氛'比北京好多了!我要把上海当作'基地'!"

张春桥在一旁细细观察着。他发觉,江青依然保持当年蓝苹的风度,口若悬河,不断地做着手势,常常放声大笑,是一个无拘无束的女人。

那天,江青漫无边际地说了好多好多。

擅长于归纳的张春桥,把她的见解归纳为三点:

第一,她要"破",也就是批判。她要批《海瑞罢官》,要批《李慧娘》,要批"帝王将相、才子佳人、牛鬼蛇神";

第二,她要"立",也就是提倡现代戏。这一回,在上海看了沪剧《红灯记》,觉得很不错。只是沪剧的地方性太强,观众面狭窄,她想改成京剧,推向全国;

第三,上海比北京好得多。上海有柯老挂帅,可以成为她的"基地"。今后,她要常来上海,不是为看病而来,是为建设"基地"而来。

这一次与江青会面,对于张春桥来说,是历史性的。从此,江青的印象之中,有了张春桥。

几个月之后——12月12日,毛泽东在柯庆施的一份报告上,作了重要批示,亦即后来被人们称为"两个批示"中的一个,成为发动"文化大革命"的重要依据。

在"文革"中,毛泽东的这段批示成为"最高指示":

> 各种艺术形式——戏剧、曲艺、音乐、美术、舞蹈、电影、诗和文学等等,问题不少,人数很多,社会主义改造在许多部门中,至今收效甚微。许多部门至今还是"死

人"统治着。不能低估电影、新诗、民歌、美术、小说的成绩,但其中的问题也不少。至于戏剧等部门,问题就更大了。社会经济基础已经改变了,为这个基础服务的上层建筑之一的艺术部门,至今还是大问题。这需要从调查研究着手,认真地抓起来。

许多共产党人热心提倡封建主义和资本主义的艺术,却不热心提倡社会主义的艺术,岂非咄咄怪事。

就在毛泽东的批示之后十多天,华东区话剧观摩演出在上海开张了。柯庆施和张春桥在会上响亮地再一次喊出了"大写十三年"的口号。

这一回,柯庆施、张春桥的腰杆挺得笔直。因为毛泽东的批示说"至于戏剧等部门,问题就更大了",而柯庆施、张春桥立即在上海推出华东区话剧观摩演出,喊出"大写十三年",实实在在一副"左"派面孔了。

姚文元立即"紧跟"。他在1964年3月,分别在《收获》和《红旗》杂志发表两篇长文,贯彻了柯庆施、张春桥的意图:

《反映最新最美的生活,创造最新最美的图画——关于现代剧若干问题的研究》;

《革命的青年一代在成长——谈话剧〈年青的一代〉》。

后来,在"文革"中,张春桥当着红卫兵的面,是这样谈及的:"1963年在上海举行的华东地区话剧观摩演出,是与京剧革命相呼应的。那次汇演,是在柯庆施同志的领导下、江青同志的关怀下举行的。"

江青则说:"我们应该永远纪念柯庆施同志。他始终是站在第一线上的。上海,多亏有了他,才抓起了话剧汇演和京剧革命……"

在上海发出"有分量"的第一炮

1966年11月28日,江青在首都文艺界大会上讲话时,说及了自己的"认识过程",强调了"柯庆施同志的支持":

我的认识过程是这样的:几年前,由于生病,医生建议要我过文化生活,恢复听觉、视觉的功能,这样,我比较系统地接触了一部分文学艺术。首先我感到,为什么在社会主义中国的舞台上,又有鬼戏呢?然后,我感到很奇怪,京剧反映现实从来是不敏感的,但是,却出现了《海瑞罢官》、《李慧娘》等这样严重的反动政治倾向的戏,还有美其名曰"挖掘传统",搞了很多帝王将相、才子佳人的东西。在整个文艺界,大谈大演"名"、"洋"、"古",充满了厚古薄今,崇洋非中,厚死薄生的一片恶浊的空气。我开始感觉到,我们的文学艺术不能适应社会主义的经济基础,那它就必然要破坏社会主义的经济基础。这个阶段,我只想争取到批评的权利,但是很难。第一篇真正有分量的批评"有鬼无害"论的文章,是在上海柯庆施同志的支持下,由他组织人写的。

人所皆知的是姚文元批判《海瑞罢官》的文章，而江青所说的"第一篇真正有分量的批评'有鬼无害'论的文章"，却鲜为人知。

此文发表于1963年5月6日、7日上海《文汇报》，题为《"有鬼无害"论》。作者的名字，是完全陌生的，曰"梁壁辉"。

"梁壁辉"何等人氏？显然，这是一个笔名，据云，笔名源于"大笔一挥"，写此文时颇费思索，"挥了两笔"，"梁壁辉"亦即"两笔挥"的谐音！

"梁壁辉"是谁的笔名？中共中央华东局宣传部部长俞铭璜也！

俞铭璜在发表了《"有鬼无害"论》之后半年，便病逝了，年仅47岁。

两年后，柯庆施也去世了。

俞铭璜和柯庆施在去世前，都没有留下"女客人"关于那"第一篇真正有分量的"批判文章的回忆。倒是应该"感谢"江青，在她得势的时候，"吹"出了这篇文章的内幕。不过，毕竟是当众演说，她也是寥寥数语而已。

这篇文章的"组织人写"以及发表，是颇为重要的事件，此后，江青选择上海为"基地"，选择《文汇报》为"阵地"，其源盖出于此。姚文元那篇批《海瑞罢官》的"宏文"，实际上只是此文的"续篇"罢了。

笔者从上海《文汇报》友人那里得知，当年经手"梁壁辉"的文章的是唐振常。当年他是《文汇报》文艺部主任，如今调离了《文汇报》。笔者在1992年2月15日寻访了他。他回忆了那段鲜为人知的往事……

唐振常记得，那篇稿子是"上头"来的，是《文汇报》总编辑陈虞荪交给他，叫他照登的。其实，稿子也不是陈虞荪组织来的，是"上头"交下来，要他"奉命照登"罢了。

唐振常一看那笔迹，很熟悉，知道乃是俞铭璜的手笔。那时，俞铭璜常给《文汇报》"笔会"副刊写杂文，跟唐振常联系颇多。不过，毕竟俞铭璜身为中共中央华东局宣传部部长，以真名发表杂文诸多不便，常署笔名"于十一"。这一回，"梁壁辉"笔名是头一次用。据唐振常回忆，这个笔名似乎只用过这一次，后来他未用过"梁壁辉"。因此，倘若不知内情，想要考证用过一回的笔名"梁壁辉"是谁，将颇费周折。不用"于十一"，特地新拟了笔名"梁壁辉"，这本身便表明了此文非同一般，作者使用了"隐身术"，故意不让人知道究竟是谁写的。

此后，在俞铭璜故世之后，种种悼念他的文章，也都从未提及"梁壁辉"，从未提及《"有鬼无害"论》。

唐振常与俞铭璜有过许多交往。他说，俞铭璜此人并非"左"派，当时是"奉命而写"，写了那篇贯彻江青意图的《"有鬼无害"论》。

这倒是确实的。俞铭璜的入党介绍人惠浴宇，写过《记铭璜同志》一文（收入上海人民出版社1987年出版的《写心集》），内中写及：

> 我的记忆所及，他曾在各个时期、各种场合，为彭柏山等一批所谓"胡风分子"说过话，为方之等一批所谓"右派分子"说过话。他们有的曾是铭璜的战友，有的不

大熟悉,有的和他个人之间还有过龃龉……

俞铭璜曾有着"苏中才子"的美誉。他的古文底子颇好,笔杆子厉害。陈毅曾说:"俞铭璜这个人,是个多面手,年轻肯干,能说会写,就是一张嘴不肯饶人。"

江青要批"有鬼无害",找了柯庆施,而柯庆施则找了这位"苏中才子",俞铭璜也就"奉命而写"。

这场干戈,最初发生在三位诸城老乡之间,即康生、孟超、江青。

孟超是江青同乡,也是山东诸城人,比江青年长12岁。早在1924年,孟超就来到上海,在上海大学中国文学系学习。开始写诗、散文,并参加革命,参加中国共产党,参加左翼作家联盟。解放后,1954年他在北京的人民美术出版社担任创作室副主任、幻灯编辑室主任。

1959年冬,孟超应北方昆曲剧院之约,根据明代戏曲作家周朝玉的传奇剧本《红梅记》改编成昆曲《李慧娘》。《李慧娘》刻画了南宋末年太学生裴禹和奸相贾似道的宠妾李慧娘之间离奇、悲壮、纯洁的生死恋,从中反映出贾似道的荒淫误国以及人民的反抗斗争。

在改编过程中,孟超曾多次向他的同乡康生"讨教"。

康生发话了。

唐振常在他所写的《有鬼皆害辨》一文中,提及了康生:

> 1961年紫光阁一次会议上,他(指康生)点了一大批坏戏,指名道姓,要这个演员演,那个演员唱,并不加区别地为所有鬼戏张目,又指令孟超同志的昆曲《李慧娘》一定要出鬼魂,说是不出鬼魂他就不看。[①]

1961年《剧本》第7、8期,发表了孟超写的昆曲剧本《李慧娘》。与此同时,北京开始演出《李慧娘》。

1961年夏秋之间,北方昆曲剧院在北京长安戏院公演《李慧娘》。

康生为《李慧娘》鼓掌,夸奖道:"孟超做了一件大好事!"

康生登台与孟超以及全体演员合影。他还先后两次致信孟超,赞扬《李慧娘》的成功。

这时,孟超的老朋友廖沫沙也应邀去观看了《李慧娘》。他以为这是一出好戏,以李慧娘与裴书生的坚贞爱情以及对奸相贾似道的斗争贯穿全剧,扬善抑恶,具有教育意义。

《北京晚报》编辑得知廖沫沙看了《李慧娘》,当即打电话约写剧评。廖沫沙常给《北京晚报》写稿,一口答应,挥就一稿,写毕,只是标题未想出恰当的,略加思索,写上《有鬼无害论》。他的原意是指《李慧娘》中写了鬼,这有鬼无害。在文中,他写道:

> 我们对文学遗产所要继承的,当然不是它的迷信思想,而是它反抗压迫的斗争精神。

---

① 唐振常:《有鬼皆害辨》,1979年2月1日《文汇报》。

我们要查问的,不是李慧娘是人是鬼,而是她代表谁和反抗谁。用一句孩子们看戏通常所要问的话:她是个好鬼,还是个坏鬼。如果是个好鬼,能鼓舞人们的斗志,在戏台上多出现几次,那又有什么妨害呢?

1961年8月31日,《北京晚报》刊出了廖沫沙的《有鬼无害论》一文,署他常用的笔名"繁星"。

正在关注着昆曲《李慧娘》的江青,注意到了"繁星"的这篇短文……江青记起了当年从山东初来上海时,见到田汉、廖沫沙的那一幕。

江青选中了孟超的《李慧娘》、选中了廖沫沙的《有鬼无害论》作为突破口。

江青给《李慧娘》"上纲",认为是"借厉鬼来推翻无产阶级专政"!她看了廖沫沙的《有鬼无害论》,以为是为"毒草"叫好,一起批!

1962年冬,刚刚"批判"了"反党小说"《刘志丹》的康生,听说江青找中宣部、文化部正、副部长谈话,要批鬼戏,批《李慧娘》,康生也马上变脸。他原本说《李慧娘》"不出鬼魂就不看"的,这时来了一百八十度的大转弯,狠狠批评中宣部、文化部"右倾",要追查"鬼戏泛滥"的责任。

其实,对于所谓"鬼戏",要作具体分析。那些宣传迷信的鬼戏,当然应当反对。

但是,像《李慧娘》中写李慧娘死后化成鬼,仍要矢志报仇,这鬼实际上是人的化身,是李慧娘的光彩照人的形象的升华和继续。江青打"鬼",实际上是借此打人!

江青当时毕竟尚是"小人物",人微言轻,中宣部、文化部可以置之不理。可是,康生是中共中央政治局候补委员,他的话有分量,中宣部、文化部不能不执行。

于是,1963年3月16日,以中共文化部党组的名义,写了《关于停演"鬼戏"的请示报告》,上报"中共中央宣传部并报中共中央"。请示报告指出:"近几年来,'鬼戏'演出渐渐增加,有些在解放后经过改革去掉了鬼魂形象的剧目(如《游西湖》等),又恢复了原来的面貌;甚至有严重思想毒素和舞台形象恐怖的'鬼戏',如《黄氏女游阴》等;也重新搬上舞台。更为严重的是新编的剧本(如《李慧娘》)亦大肆渲染鬼魂,而评论界又大加赞美,并且提出'有鬼无害论',来为演出'鬼戏'辩护。对于戏曲工作者中这种严重状况我们没有及时地加以注意……"[①]

江青看了这份报告,说道:"点了'有鬼无害论',为什么不点出文章作者'繁星'?不点'繁星'的真名实姓廖沫沙?"

江青觉得不解气,认为文化部党组的报告不过是"官样文章",她要"冲破封锁"。

最初,江青想在北京找人支持她,发表批判孟、廖的文章。无奈,北京并非她的"基地"。彭真是北京市市长,吴晗是北京市副市长,邓拓是中共北京市委文教书记,廖沫沙乃中共北京市委统战部部长——吴、廖、邓后来被称为"反革命的三家村",彭真被说成是"三家村的黑后台"。面对北京这样的阵营,江青当然无法开展她的"批判"。

[①] 国防大学党史教研室编:《中共党史教学参考资料》第24册。

她来到上海,发觉有柯庆施那样的市委书记兼市长,有张春桥那样的谋士,她得到了支持。正因为这样,她所组织的第一篇批判文章,成功地在上海登出来了。这是她与柯庆施、张春桥第一次"协同作战"。

她在柯庆施的支持下,终于"争取到批评的权利"!

俞铭璜的文章在《文汇报》发表后,北京的《文艺报》5月号予以转载。在此之前,《文汇报》4月号发表了赵寻的《演"鬼戏"没有害处吗?》一文。此后,在8月,《光明日报》开展了关于上演鬼戏有害还是无害的讨论。

唐振常在1962年,曾以笔名"唐致"在《解放日报》发表《谈鬼戏》一文,此时也遭到"麻烦"。

江青批判京剧《李慧娘》和"有鬼无害"论,得到了毛泽东的支持。

1964年6月,毛泽东在关于《人民日报》的谈话中,支持了对"有鬼无害论"的批判。毛泽东说:

> 1961年,《人民日报》宣传了"有鬼无害论",事后一直没有对这件事作过交代。1962年八届十中全会后,全党都在抓阶级斗争,但是《人民日报》一直没有批判"有鬼无害论"。在文化艺术方面,《人民日报》的工作做得不好。《人民日报》长期以来不抓理论工作。从《人民日报》开始办起,我就批评了这个缺点,但是一直没有改进,直到最近才开始重视这个工作。①

《人民日报》总编辑吴冷西也曾回忆了毛泽东就这一问题对他以及《人民日报》进行的批评:

> 不久,毛主席(1964年)6月21日在人民大会堂福建厅召开一次政治局常委会议。我到达时陆定一同志已经在座,少奇同志、周总理、小平同志陆续来到,彭真同志也参加。
>
> 会议一开始,毛主席就对着我说,今天找你来是要批评你,批评人民日报提倡鬼戏。他说,人民日报1961年发表了赞扬京剧《李慧娘》的文章,一直没有检讨,也没有批判"有鬼无害"论。1962年八届十中全会就提出抓阶级斗争,但人民日报对外讲阶级斗争,发表同苏共领导论战的文章,对内不讲阶级斗争,对提倡鬼戏不作自我批评。这就使报纸处于自相矛盾的地位。
>
> 毛主席指着我说,你搞中苏论战文稿,一年多没有抓报社工作。你一定要到报社去开个会,把这个问题向大家讲一讲,也同新华社讲一讲。毛主席还说,人民日报的政治宣传和经济宣传是做得好的,国际宣传也有成绩。但是,在文化艺术方面,人民日报的工作做得不好。人民日报长期不抓理论工作,从报纸创办开始我就批评这个

---

① 《中国共产党执政四十年》,中共党史资料出版社1989年版,第249页。

缺点,但,一直没有改进,直到最近才开始重视这个问题。你们的《学术研究》专刊是我逼出来的。过去人民日报不抓理论工作,说是怕犯错误,说报上发表的东西都要百分之百正确。据说这是学苏联《真理报》。事实上,没有不犯错误的人,也没有不犯错误的报纸。《真理报》现在正走向反面,不是不犯错误,而是犯最大的错误。人民日报不要怕犯错误,犯了错误就改,改了就好。

毛主席这里批评人民日报宣传鬼戏的文章,是人民日报1961年12月28日发表的题为《一朵鲜艳的红梅》赞扬京剧《李慧娘》的文章。该文认为这出戏改编得好,并批评那种把鬼戏一律看作迷信的观点。后来报社文艺部收到一篇批评"有鬼无害"论的文章,我审看时认为不必由人民日报出头大张挞伐,而且毛主席指定袁水拍(曾任人民日报文艺部主任)编辑的《不怕鬼的故事》才出版不久,也不宜此时发表批评鬼戏的文章,于是把此文转给《文艺报》处理了。因此人民日报一直没有认为发表赞扬《李慧娘》是错的,也没有批评"有鬼无害"论。编辑部一直认为,不能说一切鬼戏都是坏的,禁止一切鬼戏也是不利的。

毛主席这次批评,比前几次批评人民日报不重视学术理论要严重得多。很明显,毛主席这时已开始抓意识形态领域的阶级斗争了。[①]

知道了"梁壁辉"的文章的背景,知道了毛泽东的批评,"繁星"(廖沫沙)不得不在1965年2月18日《北京日报》上发表《我的〈有鬼无害论〉是错误的》一文。

孟超在1964年受到"停职反省"处分。在"文革"中,更是受尽折磨,于1976年5月6日含冤去世。1979年6月16日,孟超冤案才得以彻底平反。

给《红灯记》打上"江记"戳号

1963年2月22日晚上,正在上海组织"第一篇真正有分量"的批判文章的"女客人",待大幕拉开之后,悄然步入上海愚园路218号的红都剧场。

她只是来看戏的,不想惊动剧团。那是上海爱华沪剧团在演出沪剧《红灯记》。她借口身体不好,没有接见演员,但在中场休息时说了一句:"这个戏很不错。"

江青很早就注意这个戏。那是1958年,哈尔滨京剧院新编了一出现代题材京剧《革命自有后来人》。江青看了沪剧《红灯记》,觉得比《革命自有后来人》好。

这时的江青,要一手抓"批判",一手抓"创作",用她的话来说,叫作"大破大立"。她要"立"的第一个戏,便是《红灯记》。她从12个同类剧本中,选中了爱华沪剧团的本子,决定改编为京剧。

须知,早在1931年1月22日北平的《晨报》上,便登载过这样的广告:"山东王泊生昆剧团来平,李云鹤演出《玉堂春》。"17岁的李云鹤,后来成为蓝苹,后来又成为江青。她

[①] 吴冷西:《忆毛主席》,新华出版社1995年版,第145—146页。

自幼在山东省立实验剧院学平剧、昆剧。对于戏剧的爱好，尤其是对于京剧的爱好，使江青着手发动"京剧革命"。

不过，江青最初还不能最直接给剧团下达任务，不能不借助于中共中央宣传部副部长兼文化部副部长林默涵。

林默涵曾如此回忆：

> 在上海休养的江青看了上海爱华沪剧团演出的《红灯记》，她向我推荐这个本子，建议改编成京剧。我看了觉得不错，便交给了阿甲。阿甲同志是精通京剧艺术的，他不仅写过剧本，擅长导演，而且自己的表演也很精彩。在他和翁偶虹同志的合作下，剧本很快改编成了，即由阿甲执导排演。全戏排完后，请总理看，总理加以肯定。后来，江青也看了。在《红灯记》的修改过程中，江青横加干预，给阿甲等同志造成了很大困难。
>
> 一天晚上，江青忽然跑到总理那里发脾气，说京剧院不尊重她，不听她的意见，纠缠到快天亮。总理无奈，只好对她说："你先回去休息，我叫林默涵抓，如果他抓不好，我亲自抓！"第二天，总理的秘书许明同志（在"文革"期间，她被"四人帮"迫害死了）打电话告诉我这些情况，她说："总理说要你抓，你若抓不好，他亲自抓。"我说："这样的事情怎么好麻烦总理呢？我一定努力抓，请总理放心！"
>
> 为了提高《红灯记》的演出水平，我建议《红灯记》剧组的同志到上海学习、观摩爱华沪剧团的演出（这是在1964年8月——引者注），由我带领。还有哈尔滨《革命自有后来人》剧组的同志也一块去。爱华沪剧团为我们演出了两次。为了答谢上海爱华沪剧团的同志，我们邀请了沪剧团的导演和几位主要演员来京观看京剧《红灯记》的演出（这是在1964年11月——引者注）。那天在人民大会堂小礼堂给毛主席及其他领导同志演出，主席同爱华沪剧团的同志们亲切握手，他们非常高兴。①

■《红灯记》宣传画

阿甲，亦即符律衡，在延安曾与江青同台演出过京剧《打渔杀家》。在京剧方面，阿甲兼演员、编剧、导演于一身，富有经验。接到江青推荐的沪剧《红灯记》剧本，就仔仔细细地进行改编。

关于《红灯记》的改编，江青曾这样讲述过：

---

① 《林默涵谈〈红灯记〉创作经过》，1988年4月27日《中国文化报》。

为《红灯记》我是花了不少心血的。我为了想查明这个故事是虚构还是写实，曾到处打听作者的地址。想和他谈谈，就是找不到，我真怕作者用了真姓名而又未搞清事实。假如这个剧本竟为叛徒立了传，那可怎么办？单是这件工作，就占去了我很多时间。其它关于剧本处理方面的，就不说它了。

对这个剧本（爱华沪剧团的演出本），我是既喜欢，又不喜欢。喜欢它，是因为它写好了几个革命的英雄人物；不喜欢它，是因为它还不是从生活出发的，没有写清楚当时的典型环境。可是，我看了很多同一题材的不同剧本之后，感到还是爱华沪剧团的本子好。其它有的剧本对人物简直有很大的歪曲，使我看了一半就想走开。所以，决心把这个戏介绍给中国京剧院……

其实，《红灯记》故事最早脱胎于电影剧作家沈默君的电影《自有后来人》。1957年，沈默君被打成"右派"，下放到北大荒劳动改造，1961年底摘帽。沈默君根据当地收集的生活素材，在1958年写成电影剧本《自有后来人》，后来被拍成电影，1963年在全国上映。1958年哈尔滨京剧院根据电影剧本《自有后来人》，排演了京剧《革命自有后来人》。上海爱华沪剧团也根据电影剧本《自有后来人》，排演了沪剧《红灯记》。

中国京剧院的京剧《红灯记》中，李玉和一角最初由李少春扮演；李铁梅一角本来选定唱功极佳的杜近芳，但是杜近芳毕竟年岁偏大，改用刘长瑜；李奶奶一角由高玉倩扮演，鸠山一角，自然非袁世海莫属。演员阵营颇强，加上阿甲编导功力深，京剧《红灯记》波澜起伏，谱成一台嘹亮的崭新的"国戏"。

■ "痛说革命家史"一场剧照（选自1970年《红灯记》明信片）

面对如此阵营强大的剧组，江青却如一个唠叨不已的老太婆，絮絮叨叨地发"指示"。她在1964年5月23日、5月31日、6月20日、7月1日、7月13日（这天两次）、11月5日，七次接见剧组，随口而说，说了一大堆琐琐碎碎的意见。她的每一句话，每一条意见，都成了"指示"，导演必须遵命。

以下摘录她的原话，可见她的种种"指示"之一斑：

"铁梅举红灯跑回场，可缩短些。"

"奶奶的服装补的不是地方！"

"七场（指监狱）景太堵心。"

"李玉和一家人进、出门,要随手关门,要给群众一个安全感。"

"铁梅上场(第一场)不要戴围巾,见爹爹递纸条后,临走时玉和把自己的围巾给她围上。"

"铁梅叫奶奶的声音太刺耳,不要那么高。"

"这个戏不适合用'南梆子'。"

"李玉和受刑后上场,可以扶住椅子。"

"刑场上的石头,要靠前些。"

"粥棚场,磨刀人不要吃粥。"

演李玉和一角的李少春,为人耿直,对江青的"指示"不愿句句照办,后来由B角钱浩梁所代替。

钱浩梁1934年出生于上海,父亲钱麟童是上海新华京剧团麒派主演。1950年,钱浩梁从上海来到北京,以一出《林冲夜奔》得到主考周信芳的赏识,从而进入中国实验戏曲学校研究班深造。1962年选调进入中国京剧院一团。

编导阿甲由于"不听话",在"文革"中受够批斗,幸存于世。1987年,是他从事戏剧工作五十周年纪念。八十高龄的他复排《红灯记》,在北京公演。他曾感慨万千,说了这么一番话:"有的人把《红灯记》看作是江青搞的,其实这出戏的创作与江青没关系,是她剽窃了我们的创作成果……"[①]

树《沙家浜》和《智取威虎山》为"样板"

在看中了上海爱华沪剧团沪剧《红灯记》不久,江青于1963年秋,又看中了上海人民沪剧团沪剧《芦荡火种》。

《芦荡火种》是根据新四军第六团的江南抗日义勇军的故事改编的。1939年9月,江南抗日义勇军为开辟苏北抗日根据地西进,在江苏常熟县阳澄湖的张家洪(剧中称"沙家浜")留下36名伤病员(剧中为18名伤病员)。这些伤病员在当地群众的帮助下,依托茫茫芦苇荡,跟日军、伪军以及"忠义救国军"展开了机智的斗争。

沪剧毕竟局限性很大,只限于沪、江、浙一带的老百姓能够听懂。江青仍要把沪剧《芦荡火种》改编成京剧,以树为"样板",推向全国。这一回,江青把任务交给了北京京剧一团。

1964年元旦,江青召见北京京剧一团主要演员,给他们各送了一套《毛泽东选集》。江青对他们说:"坚决按沪剧原剧本改编,不能随意乱改。要努力学习毛主席著作,把这场具有世界意义的京剧革命坚决进行到底!"

江青对饰演阿庆嫂的赵燕侠,似乎特别热情。江青曾特地到后台去见赵燕侠,说了一番"火热"的话:"我认识你赵燕侠!我看了你所有的戏,认定你能演好现代戏。你是苦出身,我也是苦出身,因此我愿意来看看你……"

[①] 据唐斯复:《看阿甲老人复排〈红灯记〉》,1987年12月25日《文汇报》。

在排练时，江青特地从上海调来沪剧中演阿庆嫂的演员，辅导赵燕侠。京剧跟沪剧，毕竟是不同的剧种，赵燕侠借鉴了沪剧中的表演，但并不照搬。赵燕侠说："我们要有京剧的特色，不必一招一式照搬沪剧阿庆嫂。"此言传入江青耳中，江青顿时大为不悦。[1]

后来，发生了"毛衣风波"，赵燕侠终于被江青所冷落了。

1966年上半年，《沙家浜》（后来，根据毛泽东的意见，京剧《芦荡火种》改名《沙家浜》——引者注）来沪演出，江青已物色了阿庆嫂B角。在上海人民大舞台审查B角阿庆嫂彩排时，江青照例让赵燕侠坐在身边。江青发现，赵燕侠穿得少，第二天派警卫员和大舞台经理、剧团团长一起，给赵燕侠送去了两件毛衣，说："首长说，借给你，如果不嫌她脏，你就穿。"赵燕侠深知江青喜怒无常，不敢穿，便把毛衣叠好放在箱子里。

过几天看戏时，江青扒开赵燕侠衣领子，发现赵未穿毛衣，对人发怒说："赵燕侠嫌我肮脏！"

即派警卫员要回了毛衣。

此后，赵燕侠被点名批判，赶下舞台，进牛棚，下干校，阿庆嫂的扮演者自然换了别人。[2]

1964年7月，毛泽东看了京剧《芦荡火种》。毛泽东说：

"要突出武装斗争的作用，强调武装的革命消灭武装的反革命，戏的结尾要正面打进去。加强军民关系的戏，加强正面人物的音乐形象。""要改《沙家浜》。"

按照毛泽东的意见作了修改之后，京剧《沙家浜》的名声就更响亮了，成了全国文艺界学习的"样板"。

江青在上海"抓"走了两出戏，得力于柯庆施的支持。江青在1965年4月27日，曾这样谈及柯庆施："柯庆施同志应该永远纪念他。他始终是站在第一线的。柯庆施同志曾经说：'我喜欢京剧，可是现在不看了。'我说还是要看，我们要把它救活。"

柯庆施跟"女客人"配合默契。1963年12月25日至次年1月22日，在柯庆施的倡导下，华东区话剧观摩演出在上海举行。贯穿这次观摩演出的，便是柯庆施在1963年初提出的"大写十三年"。

江青在来沪观摩华东区话剧演出时，又抓了一出新的京剧"样板"——《智取威虎山》。这一回与前两次不同，这块"样板"由上海京剧院排演。

江青一次次对《智取威虎山》剧组下"指示"。她曾说："《智取威虎山》的问题是一平，二散，三乱。"

然而，当听见别人对《智取威虎山》颇有微词时，她说了一番声色俱厉的话："有人说《智

---

[1] 1997年3月3日，赵燕侠托刘新远先生给本书作者打来电话。此处已经根据她的意见作了修改。

[2] 翁思再：《阿庆嫂卷进"政治旋涡"》，1990年2月26日《新民晚报》。

取威虎山》是'话剧加唱',是'白开水'。当然,这个戏有缺点,我心里有本账。但是,这个戏是革命的。现代戏有革命的,不革命的,甚至反革命的。他们说这些话,不是反对我们的缺点,而是有意无意地来反对革命,至少给我们泄气。白开水,有什么不好呢?有白开水比没有好。因为有了白开水,就可以泡茶,酿酒。我们把他们的这些意见顶回去了。"①

《智取威虎山》的主角、杨子荣的饰演者童祥苓,经历了类似于赵燕侠的命运。

童祥苓当年29岁,进入《智取威虎山》剧组,他那一双虎虎有神的大眼睛,他的纯熟的演技,把杨子荣演活了,演绝了。

随着《智取威虎山》成为"样板戏",童祥苓曾"风光"了两年多,名震全国。

1966年底,童祥苓忽地从舞台上消失!

他万万没有想到,他写给姐姐童芷苓的一封信,落入造反派手中,他被一下子"揪"了出来。

■ 电影《智取威虎山》剧照

他是姐姐一手扶植成长,步入京剧艺术殿堂的。可是,由于沈醉回忆录中提及一笔,使童芷苓遭殃。沈醉写及,军统头子戴笠过生日那天,曾叫童芷苓去唱堂会。在那样的年月,戴笠有召,作为一个艺人,童芷苓安敢不去?在"文革"中,这件事被上了"阶级斗争"的纲,童芷苓被打成"文化特务"。

童祥苓怎么也想不通,姐姐会是"文化特务"?他给"牛棚"中的姐姐去信安慰,这信被造反派抄走,他也就遭殃了。

于是,他"下台"了。两年多没上过舞台。据他回忆,为了姐姐的问题,他写了80多份检查,还过不了关!

1969年,他忽地被起用,重演杨子荣!

他怎么会突然"走运"的呢?那是因为京剧《智取威虎山》要拍成电影。虽然全国各地许多个剧团在排演这出戏,却没有一个演员能把杨子荣演得像他那样出色。江青左思右想,为了保证电影的质量,为了使杨子荣形象生辉,不得已起用童祥苓。

电影拍完了,传来江青的指示:"养养身体,不要再上舞台演戏了,搞点技术工作。"②

从此,童祥苓又"下台"。直至江青成了"阶下囚",他这才重新活跃于舞台。

---

① 江青,1965年4月27日对《智取威虎山》剧组的讲话。
② 据潘真、徐平:《今日"杨子荣"追踪》,《上海滩》1990年第2期。

江青发表演说《谈京剧革命》

1963年9月26日，毛泽东给江青写下批语：

第一版、第四版都应研究。

毛泽东
26日

江青阅。
只看不研究，毫无用处。并且要反复看几遍。

毛泽东是在当天的《参考消息》上，写下给江青的批语。在第1版上，毛泽东画圈的文章有：法新社记者马居期《中国的物质条件和粮食情况已大大改善》，法新社电讯《苏声明使中苏争论进入新阶段》；在第4版上，毛泽东画圈的文章有：共同社报道《美国"遏制"中国的政策到处碰壁》、美国参议院外委会主席《富布赖特主张美应同中苏都保持关系》、美国记者巴雷特报道《美帝国主义害怕一个强大的中国》。

1964年3月19日和4月24日，毛泽东给江青写了两次批语。

在1964年3月19日，毛泽东给江青写道：

江青阅。
这件很早的文件，仍可以一阅。
虚声恫吓，毫无办法，苏修已走入一个死胡同。

毛泽东
3月19日

毛泽东的这一批语，写在刊载苏共中央1964年2月12日给印尼共产党中央委员会的信的中共中央联络部文件上。

在1964年4月24日，毛泽东又写道：

汪东兴、林克阅后，送江青，江青阅后送少奇、恩来、小平、彭真、定一阅后，退毛。
这是一批好材料，易看，有许多闻所未闻的情况，看了大有益处。这个问题，要在五月会议一谈。

毛泽东
4月24日

毛泽东的这个批语，是写在湖南省贫下中农代表会议资料处1964年3月4日编印的《会议简报》第1期上。

在这个批语中，"江青阅后送少奇、恩来、小平、彭真、定一阅"，表明在毛泽东的眼中，江青已经是相当重要的人物了。

手中有了三块"样板"——京剧《红灯记》、《芦荡火种》、《智取威虎山》，江青有了"资本"。1964年6月5日至7月31日，京剧现代戏观摩演出大会在北京举行期间，江青大出风头，以京剧革命的"旗手"自居。

就在盛大的观摩演出会开幕前一日——6月4日，文化部副部长夏衍在回答香港《文汇报》记者的提问时，说了一番和"大写十三年"相悖的话："我们一向主张'两条腿走路'，就是既要大力提倡演现代戏，又要整理、加工传统戏和新编历史剧。"

京剧现代戏观摩演出大会盛况空前，29个剧团、2000多人参加，上演了《红灯记》、《芦荡火种》、《智取威虎山》、《奇袭白虎团》、《节振国》、《红嫂》、《红色娘子军》、《草原英雄小姐妹》、《黛诺》、《六号门》、《杜鹃山》、《洪湖赤卫队》、《红岩》、《革命自有后来人》、《朝阳沟》、《李双双》、《箭杆河边》等37个剧目。

齐燕铭主持开幕式，沈雁冰致开幕词，彭真致闭幕词，周扬做总结报告，陆定一作长篇讲话。可以说，主管宣传、文艺方面的头头脑脑都在会上亮相了。

7月1日，《红旗》杂志第12期发表社论《文化战线上的一个大革命》。8月1日，《人民日报》也发表社论《把文艺战线上的社会主义革命进行到底》。这同样显示了对这次观摩演出大会的重视。

其中的高潮，是6月17日、23日两天，毛泽东同党和国家其他领导人，观看了《智取威虎山》和《芦荡火种》。周恩来在6月23日接见了各演出团、观摩团负责人、主要演员和创作人员。

江青在大会上公开露面了。

23日，周恩来等接见了参加京剧现代戏观摩演出大会的演出团、观摩团主要负责人、主要演员和创作人员，并召开了座谈会。在会上，江青以居高临下的姿态，作了题为《谈京剧革命》的讲话。这是她1937年8月下旬进入延安以来，在漫长的27年间，第一次在公众场合发表讲话。她的这次发表讲话，其意义远比她和毛泽东、苏加诺夫妇的合影出现在《人民日报》上重要。

江青的讲话，立即受到了毛泽东的支持。

1964年6月24日，六四年京剧现代戏观摩演出大会办公室为送审江青在京剧现代戏观摩演出座谈会上的讲话记录，给江青写了一封信。

1964年6月26日，毛泽东在这封信上，写下批示："已阅，讲得好。"

毛泽东称赞江青"讲得好"，给了首次公开亮相的江青以极大的支持。

后来，维特克在《江青同志》一书中这么写道：

江青发表了她的第一次讲话，那时大多数人对她的容貌和声音还不熟悉。

江青说，这个讲话被压了三年才出版，而其他讲话则立即出版了。直到1967年5月，她的讲话才刊登在党的期刊《红旗》上面。

为什么？因为她的"敌人""窜改"了她的原文，然后拒绝让这篇讲话公之于众。直到他们失去自由，她的观点才得以出版。

在京剧汇演期间召开的中央书记处会议上，邓小平对江青自我标榜的政治特征进行揭露：

"有些人打算靠着批判和否定别人来出风头。他们踩着别人的肩膀爬上舞台……由于（京剧）改革运动，许多人不写文章了。现在新华社每天只收到两篇稿子。戏剧中只剩下战士和打仗了。"

邓小平的话，可以说是对江青的尖锐批评。

江青的《谈京剧革命》，一派"旗手"口吻：

我对这次演出表示祝贺。大家付出了很大的劳动，这是京剧革命的第一个战役，已经取得了可喜的收获，影响也将是比较深远的。

京剧革命现代戏是演起来了，可是，大家的认识是否都一样了呢？我看还不能这样说。

对京剧演革命的现代戏这件事的信心要坚定。在共产党领导的社会主义祖国舞台上占主要地位的不是工农兵，不是这些历史真正的创造者，不是这些国家真正的主人翁，那是不能设想的事。我们要创造保护自己社会主义经济基础的文艺。在方向不清楚的时候，要好好辨清方向。我在这里提两个数字供大家参考。这两个数字对我来说是惊心动魄的。

第一个数字是：全国的剧团，根据不精确的统计，是三千个（不包括业余剧团，更不算黑剧团），其中有九十个左右是职业话剧团，八十多个是文工团，其余两千八百多个是戏曲剧团。在戏曲舞台上，都是帝王将相、才子佳人，还有牛鬼蛇神。那九十几个话剧团，不一定都是表现工农兵的，也是"一大、二洋、三古"，可以说话剧舞台也被中外古人占据了。剧场本是教育人民的场所，如今舞台上都是帝王将相、才子佳人，是封建主义的一套，是资产阶级的一套。这种情况，不能保护我们的经济基础，而会对我们的经济基础起破坏作用。

第二个数字是：我们全国工农兵有六亿几千万，另外一小撮人是地、富、反、坏、右和资产阶级分子。是为这一小撮人服务，还是为六亿几千万人服务呢？这问题不仅是共产党员要考虑，而且凡有爱国主义思想的文艺工作者都要考虑。吃着农民种的粮食，穿着工人织造的衣服，住着工人盖的房子，人民解放军为我们警卫着国防前线，但是却不去表现他们，试问，艺术家站在什么阶级立场，你们常说的艺术家的"良心"何在？

京剧演革命的现代戏这件事还会有反复，但要好好想想我在上面说的两个数字,就有可能不反复,或者少反复。即使反复也不要紧,历史总是曲曲折折前进的,但是,历史的车轮绝不能拉回来。……

值得令人注意的是,江青在讲话中,一句也未曾提中共北京市委,却三次表扬了中共上海市委,亦即表扬柯庆施:"上海市委抓创作,柯庆施同志亲自抓。各地都要派强的干部抓创作。""上海的《智取威虎山》,原来剧中的反面人物很嚣张,正面人物则干瘪瘪。领导上亲自抓,这个戏肯定是改好了。""有的同志对于搞出来的成品不愿意再改,这就很难取得较大的成就。在这方面,上海是好的典型,他们愿意一改再改,所以把《智取威虎山》搞成今天这个样子。"

江青激烈地批评了中国戏曲研究院实验京剧团创作演出的《红旗谱》和改编的《朝阳沟》是"坏戏",使举座皆惊。

江青还向康生"通报",由康生出面,在总结大会上,点了一连串"毒草"的名,内中有电影《早春二月》、《舞台姐妹》、《北国江南》、《逆风千里》,以及京剧《谢瑶环》、昆曲《李慧娘》。

对于江青和柯庆施的所作所为,田汉作为老戏剧家,深表反感:

> 一份由一位戏剧界著名人士1964年所写的情况反映,"揭发"田汉前不久上海之行时对柯庆施推行现代戏的不满:田汉同志到上海时对柯庆施同志冷淡得很。据柯老说他安排了和田汉在剧场见面,田汉同志表示冷淡。并提到他对现代戏不是热情支持,而是泼冷水的态度,曾说现代戏像"白开水"。在上海戏剧学院谈《丰收之后》时说这个剧本很虚假,要不得。……田汉还不同意批评《李慧娘》。[①]

正因为这样,后来江青借助于"文革"狂潮,把田汉作为"四条汉子"之一,痛加挞伐。

张春桥成了"两出戏书记"

张春桥此人,倒是一块宣传部长的"料子"。笔者1963年从北京来到上海工作之后,便多次听过张春桥作报告。他思路清楚,讲话干脆,从不啰嗦,一口气讲两三个小时,滴水不漏。

据上海锦江饭店经理任百尊回忆,江青来沪住进锦江饭店,第一次跟张春桥见面,那是张春桥作为柯庆施的政治秘书,随同柯庆施来的。见面的地点是锦江饭店俱乐部。此后,张春桥经常单独来到锦江饭店俱乐部,跟江青密谈。

最初,张春桥只是作为江青和柯庆施之间联系的桥梁,她尚未发现张春桥特殊的"才干"。正因为这样,江青在上海组织那"第一篇真正有分量"的批判文章,找的是中共中央华东局宣传部长俞铭璜,没有把任务交给这位中共上海市委宣传部部长张春桥。

---

① 据李辉:《做人与做学问》,《做人与处世》1998年第9期。

江青要在上海抓"样板戏"——京剧《智取威虎山》，跟柯庆施的联系日趋频繁，跟张春桥也就三天两头见面。不过，此事苦了张春桥，简直是用其所短，避其所长！因为张春桥擅长写文章，"大批判"，舞"棍子"，而对京剧却一窍不通。用张春桥自己的话来说："我原来从不看戏，只喜欢看书写文章，只进行逻辑思维。"

■ 江青与张春桥在"文革"中

张春桥却深知，巴结"第一夫人"，乃是官场晋升的一条捷径。只有投其所好，才能使江青欢喜。他只得急就章，从不听京戏的他，不得不借来一大堆京戏唱片，躲在家中"速成"。

新鲜，新鲜，身上没有一个"音乐细胞"的张春桥，忽然借起电唱机、录音机来了。

新鲜，新鲜，在上海的"中南海"——康平路中共上海市委宿舍张春桥家里，忽然传出一阵阵唱京戏的声音。

就连西皮、二黄也分不清楚的张春桥，忽然成天守在电唱机、录音机旁，闭着双眼，歪着脑袋，用手在膝盖上打着拍子，在那里细细听着《霸王别姬》、《打渔杀家》、《群英会》、《三岔口》。

恨只恨，当年的狄克怎么只顾着骂鲁迅，不去学几句京戏？如今，只好"临时抱佛脚"了。

古曰："上有所好，下必效之。"打从"女客人"那里得知她要"立"，要搞"京剧革命"，要抓"京剧现代戏"，张春桥就马上意识到，赶紧学点京剧！

结识"女客人"之后，张春桥发觉，一旦得到她的青睐，飞黄腾达指日可待。她是比柯庆施更好的"梯子"。投其所好，顺着她的所好在上海抓"京剧现代戏"，显然是一条接近她的捷径。

不过，她的"语言"，张春桥几乎听不懂：

"四平调轻飘飘的，无论如何不要用那个玩意儿。"

"我对西皮有怕。"

"反二黄低沉，如果达不到激昂，就有损革命英雄形象。"

"昆曲、吹腔、高拨子，最好不用，群众不愿意，你们不知道？"

这一连串的"行话"，使张春桥如坠云雾之中。他不得不学习京剧ABC——这一回，可万万不能闹当年乱标古书的笑话！

只有懂得江青的"行话"，才能与她有共同语言。一个京剧门外汉，张春桥煞费苦心，突然狂热地钻研起京剧来了。

本来，改编《红灯记》，这是张春桥很好的为她效劳的机会。可惜，当时的江青与张春桥还是初识，竟把这道地的"上海货"交给了北京的中国京剧院去改编。张春桥知道了，连连顿足，深为遗憾。

张春桥刚刚失了一个"球"，紧接着又失了一"球"！

那是在1963年秋，江青又看中了"上海货"——沪剧《芦荡火种》，却推荐给北京京剧一团去改编成京剧《沙家浜》。不仅如此，为了帮助北京京剧一团排演好《沙家浜》，江青还把演出《芦荡火种》的上海人民沪剧团请到北京去！

张春桥连失两"球"，着急了。他对江青说："上海不光是'破'，也能'立'呀！江青同志，给上海交任务吧，我一定把上海的京剧界组织好。"

终于，江青给张春桥交任务了。江青又来上海了，那是在1963年12月25日至1964年1月22日，上海举行华东地区话剧观摩演出。用当时的宣传词句来形容，这次观摩演出是"在柯庆施同志领导下，在江青同志关怀下"举行的。

柯庆施在会上慷慨激昂，讲话的口气是非常硬的："我们的戏剧工作和社会主义经济基础还很不适应"，"对于反映社会主义的现实生活和斗争，十五年来成绩寥寥，不知干了些什么事。他们热衷于资产阶级、封建阶级的戏剧，热衷于提倡洋的东西、古的东西，大演'死人'、'鬼戏'，所有这些，深刻地反映了我们戏剧界、文艺界存在着两条道路、两种方向的斗争……"

柯庆施如此有恃无恐，敢于断言戏剧界"十五年来成绩寥寥"，是因为十多天前——12月12日，毛泽东在柯庆施送去的《关于上海举行故事会活动》的材料上，写下一段前文已经提及的至为重要的批示。

在华东区话剧观摩演出中，江青走到哪里，张春桥就跟到哪里，张春桥把江青请到了上海京剧院，"指导排演"《智取威虎山》。

这么一来，《智取威虎山》打上了"江记"印戳，成为上海第一出由"江青同志亲手培育的革命样板戏"。

张春桥乐了，上海也终于有了"样板"。

柯庆施毕竟是坐镇上海的大员，诸事冗忙，虽说他"亲自抓样板戏"，但只能倚重于张春桥，代他过问。于是，张春桥跟江青的联系，日益密切。江青看中这位山东同乡。

紧接着，1964年冬，江青在上海看了淮剧《海港的早晨》，产生了浓厚的兴趣。江青对张春桥说："《海港的早晨》也可以改编成京戏嘛！"

哦，第二个任务也下达了。

张春桥抓《智取威虎山》，抓《海港》，在上海树起了两块"江记"样板戏。

张春桥因此博得一个雅号："两出戏书记"！

张春桥为此得意扬扬。如同陈丕显所言：

张春桥为了达到个人野心，不管什么肉麻的话都讲得出来，不管什么卑劣的事都干得出来。1966年《沙家浜》正式演出时，张春桥当着众人的面，恬不知耻地说："人家说我们宣传现代戏是拍江青的马屁。这个马屁就是要拍，这个马屁拍定了！"这番语惊四座的话，活灵活现、惟妙惟肖地表现了他这个"马屁精"的嘴脸。更使人惊讶的是，他拍马屁还有一套"理论"。他在谈到对《智取威虎山》的宣传时说："应该对记者讲，《智取威虎山》这出戏之所以能搞成功，全是江青之功。"他举例说："东北战场、辽沈战役作战方案是林彪制定的，送到主席处给主席看了，你能说东北解放战争的胜利是林总的吗？当然是主席的了。搞创作和指挥作战不是两回事，是一回事。"[①]

江青剋了张春桥一顿

张春桥抓"样板戏"之"乐"、之"甜"，是人所皆知的：张春桥正是借助于这条捷径，迅速地接近了"第一夫人"，博得了她的好感，从此扶摇直上。

可是，内中的苦、酸、辣，却是外人莫知。向来守口如瓶的张春桥，大约是太累了，大约是太烦了，偶然地吐露真言。

那是张春桥的一位熟友，回忆往事，对笔者谈及有趣的一幕：

康平路，他遇见多日未见的张春桥。

他拍了张春桥的肩膀："老兄交鸿运啦！"

"唉！"张春桥竟喟然长叹。

"怎么，还叹气？"他感到奇怪。

"一言难尽，太累了！"面对老朋友，张春桥这一回并不掩饰。

"日夜写文章？"他问道。

"不是写文章，是做记录。她的每一句话，我都要记下来。特别是在看戏的时候，她喜欢看到哪里说到哪里。剧场里那么暗，我记的时候看不见字，回家以后要重新整理，怎么不累？"张春桥叹毕，忽然意识到什么，马上闭紧了嘴，急匆匆走了。

倘若当年他不对老朋友说出这番真话，今日的人们恐怕很难想象张春桥那时候的苦、酸、辣。

"女客人"是个咋咋呼呼的女人。她的话，一天可以装一箩筐。她随时随地都要发表"指示"，而她的"指示"又往往那么琐碎，那么拉杂，从演员的衣服上要不要露出一点儿棉花，到背卡宾枪呢还是拿"三八式"，她全要发表"指示"。而她又是一个喜欢耍脾气的女人，一点她讲过的"指示"没有照办，哪怕是她提出的门帘上多打一块补丁的"指示"没有照办，她都要发火，要训人。

伺候这么个"女客人"，真把张春桥弄得苦不堪言。

她，"淌着心上的血"，"培育"着"革命样板戏"。张春桥这位"两出戏书记"，笔不

[①] 陈丕显：《陈丕显回忆录——在"一月风暴"的中心》，上海人民出版社2005年版，第22页。

离手,本子不离手,只要她讲一句,他就记一句。每一回,张春桥向京剧院传达"江青同志指示"的时候,总是详详细细,一字不漏。

也真"难为"张春桥,在笔者所看到的各"样板戏剧团"整理的"江青同志指示"中,唯有来自张春桥整理的那几份最为详尽。

张春桥所整理的《江青同志对京剧〈智取威虎山〉的指示》,长达万言,几乎达到"有言必录"的程度。

舞台调度,杨子荣一上来就来了个武生的亮相,这样不好。应该跟着锣鼓点子上来,把相亮在报告、敬礼的地方,灯就打在他的脸上。

在李妻被土匪打死的时候,老太太要用低的声音喊出"孩子他娘……"这要过硬,声音低,又要送到最后一排观众的耳朵里。不能大喊大叫。

杨子荣可以从容地脱掉大衣。脱大衣要注意方法,不能顺便一放,杨子荣可以搞一个姿势,表现隐蔽自己。

白茹要急着去救孩子,可以用葡萄糖合炒面,给孩子吃。

演员中没有一个搓手表示天气冷的。

小分队要改名字,小分队是苏联的称号,当时东北常用的是剿匪队或追剿队。

光是"有言必录"、"句句照办"还不行。江青常常坐一个主意,站一个主意。昨儿个这么说,今儿个那样讲。辛辛苦苦、战战兢兢的张春桥,少不了挨她的剋。

就在京剧现代戏观摩演出大会举行的日子里,1964年6月22日,山东京剧《奇袭白虎团》剧组与众不同,应江青之邀,进入了中南海。

江青很关心来自她家乡的京剧剧组,观看了《奇袭白虎团》。用她跟剧组见面时的第一句话来说:"《奇》剧我第一天看了演出,喜出望外。这个戏准备请主席看,但要修改后才能请主席看。"江青把《奇袭白虎团》剧组接进中南海,就是为了商讨修改事宜。她的用意是很清楚的,她要把《奇袭白虎团》树为"样板"——一旦请毛泽东观看,毛泽东一鼓掌,这个戏马上就可以在全国打响。

在江青会见《奇袭白虎团》剧组时,她的一侧坐着一位神情严肃、不苟言笑的戴一副近视眼镜的上海代表。

怎么忽地把上海代表请来呢?待江青点明之后,《奇袭白虎团》剧组才明白:江青要此人"挂帅",主持《奇》剧的修改工作。

山东的戏,怎么由上海人来"挂帅"修改?

这位47岁的上海代表一开口,哦,原来他并非上海人,却是道地的山东人——他乃山东巨野人氏,只是如今担任中共上海市委宣传部部长,成了上海代表。

正因为这样,江青才请张春桥"挂帅",主持京剧《奇袭白虎团》的修改工作。

江青接见《奇袭白虎团》剧组,说了一番意见:"这个戏反映了朝鲜战场上的真实战斗故事,但艺术概括不算好,生活真实和艺术概括是不同的。艺术概括应比生活更高,要概括当时整个形势和时代精神，艺术创作政治第一。这个戏需要从政治上加强，朝鲜人民和我们的关系很好，但他们的民族自尊心很强，要照顾到两国的关系，我们谦虚一点好。"

张春桥变得颇为忙碌。江青让他"挂帅"改《奇袭白虎团》，又要他"过问"《智取威虎山》剧组，按照毛泽东看戏时说的意见修改。如此这般，连张春桥自己也说："我成了京剧书记了。"

难忘、难忘，《智取威虎山》折腾了一年多，江青在1965年4月27日再一次看了，竟批评起张春桥缺乏"牛劲"，使张春桥捏了一把汗！

江青那天的讲话记录，依然是张春桥整理的。她对上海"基地"的批评，火辣辣的：

上海是一个战略重地，各方面进步很大，上海人民是有革命传统的，但是，京剧弄不好，恐怕是：

一、劲头用得不对；

二、发现了问题，不能及时改；

三、缺乏点牛劲。

我是外行，但是还有点牛劲，要坚决贯彻党中央文艺方针政策、毛泽东思想。不达到目的，难下火线。医生命令我休息，可是放不下心。……

《智取威虎山》的问题是一平、二散、三乱。要收缩。

去年看还满新鲜，今年看，不新鲜了……

唉，唉，去年6月，毛泽东和江青看了《智取威虎山》，鼓了掌，说了好，和剧团合了影，张春桥喜开心。今儿个怎么"不新鲜"了？她的讲话的口气，是那么的不满意。张春桥的脊背都冰凉了！

要知道，在那光度不足的剧场里，她一边看《智取威虎山》，一边喋喋不休地品头评足，那每一句话都变成文字，记在张春桥的本本上。她的每一条"指示"，张春桥都坚决照办。怎么又落了个"发现了问题，不能及时改"？

柯庆施之死

柯庆施的溘然而逝，对于张春桥来说，忧喜各半：柯庆施一向是张春桥的强有力的支持者。他的死，使张春桥失去了背后的支柱；但是，也正因为失去了柯庆施，江青"建设"上海"基地"，就倚重于张春桥了。于是，张春桥取代了柯庆施，以至后来借助于"一月革命"成为上海的"第一把手"。

柯庆施的死，非常突然。

1965年4月10日清晨，中央人民广播电台新闻节目。播音员低沉沉的声音，在全国各地收音机里响着：

中国共产党中央委员会讣告——

中国共产党中央委员会沉痛地宣告：中国共产党中央委员会委员、中央政治局委员、国务院副总理、中共中央华东局第一书记、南京军区第一政治委员、中共上海市委第一书记、上海市市长柯庆施同志患重病治疗无效，于1965年4月9日下午6时30分在成都逝世，享年63岁。

在这里，需要插叙一句的是：1976年10月，在张春桥被捕前夕，他所担任的职务，竟与柯庆施去世时的职务几乎一模一样！其中，只是张春桥担任的是中共中央政治局常委，柯庆施是中共中央政治局委员；还有因为"文革"中取消了"中共中央华东局"，故张春桥没有中共中央华东局第一书记之职；另外，"上海市市长"则改换为"上海市革命委员会主任"，其余一字不差。正因为这样，说张春桥取代了柯庆施，这"取代"两字是非常准确的。

就在中央人民广播电台播发柯庆施去世消息的当天，《人民日报》头版刊登了柯庆施遗照和中共中央讣告。

此后，新华社连日报道为柯庆施举行的隆重的追悼仪式：

11日中午，一架专机载着柯庆施骨灰盒，由成都飞抵北京。

13日上午，首都各界一万三千多人在劳动人民文化宫，举行公祭柯庆施大会。中华人民共和国主席刘少奇主祭。

同日下午，上海万人追悼柯庆施。大会照片上，最醒目的位置站着当时正在上海的林彪。他脱掉帽子，露出没有一根头发的秃头。在林彪右首，隔着好几个人，站着满脸哀容的张春桥。

同日，华东六省——山东、安徽、江苏、浙江、江西、福建分别在各自的省会，为柯庆施举行追悼会，出席者有中共山东省委第一书记谭启龙、中共安徽省委第一书记李葆华、中共江苏省委第一书记江渭清、中共浙江省委第一书记江华、中共江西省委第一书记杨尚奎和中共江西省委书记处书记方志纯、中共福建省委第一书记叶飞。

可以说，柯庆施的追悼仪式，够隆重的了。

1965年5月8日，柯庆施之女柯六六在《人民日报》发表了《忆爸爸，学爸爸，做坚强的革命接班人》一文，是当时报刊上唯一透露了柯庆施之死点滴情况的文章："您这次得病，来势非常厉害。当您处在昏迷状态时，说话已很不清楚了，但您还是关心着国家大事，还在断断续续地询问工作情况……"

其实，柯庆施在1964年已发现患肺癌，在上海华东医院动了手术，切除了有癌的肺叶。不过，当时柯庆施的病作为"绝密"消息，连"柯办"的几个工作人员都不知道！

切除肺癌之后，柯庆施的身体已很虚弱。1965年春，嫌上海太冷，他到广州疗养，然后又应中共中央西南局书记李井泉和正在成都休养的贺龙之邀，于3月23日前往成都。

1965年4月5日，正值清明节。中共四川省委李井泉、李大章、廖志高等在晚上设宴招待正在成都的朱德、贺龙、柯庆施。

席间，有人提议，男宾、女宾分桌，夫人们另开一桌。于是，柯庆施夫人于文兰坐到女宾桌那边去了。柯庆施大笑："今天解放了！"本来，柯庆施有病，只能吃清淡饮食，忌油腻，夫人遵医嘱，很注意"管制"他的饮食。那天，柯庆施一"解放"，尽兴而食，从晚6时入宴，至晚9时才回招待所卧室。

柯庆施回屋后，看了些文件。临睡前又吃了一把炒花生米。

夜12点多，柯庆施腹痛。柯庆施保健医生胡某马上前来诊治。

凌晨2时多，胡某挂长途电话给上海高干医院——华东医院院长薛邦棋，通报了柯庆施的病情。

清晨6时，因柯庆施病情加重，柯庆施秘书打长途电话给中共上海市委书记处书记陈丕显，要求火速派上海医护小组前来诊治——虽然四川医生已守候在柯庆施床前，但柯庆施宁肯相信上海医生。

当天中午，一架专机载着第一流的上海医疗小组，由中共上海市委书记处书记王一平率队，飞往成都。

经过几天的抢救，柯庆施还是于4月9日下午6时30分去世。

卫生部部长钱信忠和中国医学院副院长吴阶平教授专程从北京飞往成都，主持抢救工作。在柯庆施死后，又主持了柯庆施尸体解剖和病症研究。经北京、上海、四川三方医师共同论定：柯庆施死于急性出血性胰腺炎。

"文革"中，红卫兵的传单说什么"柯庆施被'走资派'谋害而死"，纯属子虚乌有之谈。张春桥曾派专人调查过柯庆施之死，欲加罪于参加抢救的上海医生，也因查不到任何真凭实据而罢休。

张春桥提携于会泳

自从柯庆施死后，"女客人"接连来沪。每一回，火车还没有驶进上海北站，张春桥就已经肃立月台，迎候"女客人"了。

不过"女客人"的唠唠叨叨，出尔反尔，使身上没有"京剧细胞"的张春桥暗暗叫苦不迭。张春桥已成了"四出戏的书记"——江青又把芭蕾舞剧《白毛女》和京剧《奇袭白虎团》的担子，压在了张春桥的肩上。其中，《奇袭白虎团》是山东京剧团的节目，江青也要张春桥代管。

再苦，再辣，再酸，再累，张春桥心里还是甜的。"醉翁之意不在酒。"搞"样板戏"，为的是有机会接近"第一夫人"。

不过，"狄克"的擅长，向来是"破"，却不是"立"。他用棍子横扫过文坛，而他自己在文学上并无建树。

在1965年春，江青把一项绝密的"大批判"任务交给了张春桥。他很想物色一个"忠实"的内行，替他分挑那"样板戏"的重担。

就是这个时候，江青的一句话，帮了他的大忙。那是1965年6月，江青在听《海港》剧组一个女演员试唱的时候,忽然问了张春桥一句话:"于会泳是什么人?"

张春桥一时竟答不上来。

幸亏他是一个极有心计的人。回到中共上海市委,他就派人调查:"于会泳是什么人?"

一查,哦,明白了:于会泳原来是上海音乐学院民乐系民族音乐理论专业的教师,普普通通的"小人物"[①]。

此人原本是解放战争时期参军的,会唱唱《夸女婿》之类,就当了个文工团团员。

1947年,在蒋介石军队大举进攻解放区之际,他写好一封信,藏在自己包袱里,以防不测。信上写着:

蒋军官兵弟兄们:现在贵军进攻胶东,我的生死难保,可怜我家里有老母在堂,官兵弟兄们如果搜查出这些东西时,恳请寄到我的家里,我将永世不忘你们的大恩大德。

他没有落进"蒋军官兵弟兄们"手中,他的信也没有落进"蒋军官兵弟兄们"手中,却从包袱中抖落在地,被别的战士拾到了……他,受到了上级的批评。

解放后,1949年9月,他离开山东烟台文工团,进入上海的第一期音乐教育干部训练班学习。培训了一年之后,他被分配到上海音乐学院工作。

他倒有点小聪明。他结交了一个双目失明的盲艺人,把艺人唱的单弦曲子记录下来,以他于会泳的大名拿去发表。这样,他算是有了一本"专著"。

他懂点京剧。当《海港》剧组成立后,他被调去为一部分女声唱腔作曲。他只是普通的工作人员,就连江青一次次接见剧组,也没有他的份。甚至连张春桥都没有注意到剧组里有这么一个人。

江青怎么会问起"于会泳是什么人"呢?

那是于会泳的文章,引起了江青的注意。此人进入《海港》剧组,虽说见不到江青,却听见了江青讲话的一次次传达。他反反复复琢磨着"江青文艺思想"。他依据江青对京剧的见解,分析京剧的念白和唱腔。他领会"江青文艺思想"显得比人家"深刻":别人只会说"江青同志指示要我们这么做",他却能说出"江青同志为什么要指示我们这么做"。他居然详细地分析了江青曾说过的某一句唱腔中的拖腔放在某个字上好,这"好"究竟"好"在什么地方……

他的文章在上海的戏剧杂志上发表,因为与"样板戏"创作有关,有人送给江青看。

江青正在厌烦张春桥,嫌张春桥对京剧太外行。她猛然发觉,上海有这么个难得的"内行"!

张春桥呢?他也巴不得有个"内行"来做他的助手。

张春桥的秘书打电话到上海音乐学院,告知江青要在锦江饭店接见于会泳,使于会

[①] 1986年4月4日,叶永烈采访上海音乐学院办公室主任常爱宗和上海音乐学院党委书记江明淳,请他们回忆于会泳。

泳浑身每一个细胞都跳起舞来。

急急地跨上自行车。平时不修边幅的他，跑进理发店，吹风，上油，脸刮得光光的，没有一根胡茬子。

急急跨上自行车。一口气跑了两三家，才算借到一身中等个子的"体面衣服"。

不断地在家里踱方步。一会儿扮演江青，一会儿扮演自己，排练着见到江青时该保持什么样的姿势，预计江青会向他提些什么问题。就连只有江青先伸手，自己才能跟她握手这样的细节，都考虑周全了。

头一回有轿车来接他出门。才两三分钟，就从汾阳路的上海音乐学院，来到一箭之遥的锦江饭店。

江青和张春桥，一起接见了他。

江青对他所说的第一句话，完全出乎他的意外，是他事先"彩排"时没有估计到的"台词"。江青紧握着他的手，说道："你的文章我看过了，我们早就认识了！"

于会泳一听，全身的血液都沸腾起来了。

"江青同志，你是革命样板戏的第一编剧，第一导演，第一作曲，第一舞台美术设计师。"于会泳一口气说出了"四个第一"，顿时使江青像服了兴奋剂一般。虽然她常听说"呕心沥血"之类词句形容她对"革命样板戏"的"贡献"，却从来没听见如此"亲切"、如此"高度"的评价。

一个爱虚荣，一个爱拍马，真是一拍即合，那天的谈话是那样的投机，江青大有相见恨晚的感慨。

此后的于会泳，成为"江记喇叭"。辑录于会泳的一系列文章、讲话，倒是真实地勾画出这个"江记喇叭"的形象：

"对江青同志的话，一是要吃透，二是要紧跟。"

"江青同志的指示，言语不多道理深！"

"紧跟江青同志，就是胜利。"

"在文艺界，只有一个中心，没有两个中心。这个中心就是江青同志。"

"江青同志发展了毛主席的文艺思想，是文化大革命的英雄旗手。"

"从《国际歌》到样板戏，这中间一百多年是空白。江青同志搞的样板戏，开创了无产阶级文艺的新纪元！"

"样板团的人员，要永远铭记在江青同志领导下的幸福，做江青同志的兵的光荣。"

"样板戏是江青同志淌着心上的血搞成的。"

"在江青同志领导下，京剧革命一步千滴汗，步步走向前。"

"全国只有一个中心，那就是江青同志！"

"江青同志是北斗星，长明灯！"

于会泳对"拍马经"，看来是极为精通的了！

于会泳也曾吹吹拍拍过张春桥。悄悄地，张春桥找于会泳个别谈话，关照道："不要宣传我，要集中宣传江青同志。"于会泳马上悟明了其中的奥妙。

于会泳果真"集中宣传江青"。他居然还有一套"理论"：宣传江青不怕说过头话！

有些过头话,即使被江青圈掉,其实她心里是高兴的!

于是,他竟吹捧江青有着"鲁迅那样的一副硬骨头"!

在江青和张春桥的"提携"下,于会泳坐上了火箭:1965年6月,他与江青第一次见面时,还只是一名教师,转眼几年间,他成为上海市文化局党委书记、国务院文化组副组长、文化部部长以至成为中共中央委员。难怪他得了个雅号——"政治暴发户"。

值得一提的是1966年10月4日,对于于会泳来说,那是终生难忘的日子。

那是《智取威虎山》和《海港》两个剧组前往北京演出,刚刚住了下来,一辆红旗牌轿车疾驶而至。

从车上下来两个一身戎装的中等个子的男人,一望而知是张春桥和姚文元。

剧组头头三步并成两步,迎了上去。

"于会泳怎么没有来?"已经是中央文革小组副组长的张春桥,劈头第一句话,口气就是冷飕飕的。显然,他对上海的情况了如指掌。

"他回上海音乐学院接受审查去了。"剧组头头答道。

"于会泳会有什么问题?"张春桥逼问道——尽管上海音乐学院党委早已把于会泳给"蒋军官兵的弟兄们"写信等问题上报张春桥。

"不清楚。"剧团头头推诿道。

"据我了解,这是上海音乐学院党委有意要整他!"张春桥狠三狠四地说道,"你马上打电话给上海,说江青同志要接见于会泳,上海音乐学院必须放人!"

说罢,张春桥又硬硬地补充了几句,每一句都是一道命令,那口气已经很大的了:"你告诉上海,这是江青同志的决定!如果上海音乐学院不肯放人,那就派市委宣传部长去做工作;宣传部长不行,那就派市委书记去做工作!"

连宾馆都不进,张春桥和姚文元钻进轿车,呼啸而去。

第二天,于会泳就坐着飞机,来到北京,受到江、张、姚的"亲切接见"。

于会泳终于跳出了政治危机:"文革"开始以后,上海音乐学院党委把他"揪"了回去,关进了"牛棚"。

1966年底,于会泳回上海音乐学院"视察",喝令上海音乐学院党委的头头们一个个跪在学院的大门口迎接,那种飞扬跋扈的气势,真可谓"盛气凌人"。

这个"江记"文化部部长大抵也自知民愤太深,所以在"四人帮"被逮之后,他便自己结束了自己的生命!

江青伸手抓《海港》

上海锦江饭店马路对面,是一座棕色面砖的典雅的美国风格建筑。这是闻名于上海的"兰心大戏院",由美商哈沙德洋行设计,建造于1930年。在当时,是上海豪华型剧场。解放后,改名上海艺术剧场,仍居于上海一流剧场之列。

1964年7月22日晚,上海艺术剧场华灯如画,热闹非凡,迎来了一批贵宾:中华人民共和国主席刘少奇和夫人王光美,国务院副总理兼外交部长陈毅,还有中共中央华东局和中共上海市委、市政府的领导人陈丕显、魏文伯、曹荻秋、石西民、王一平等。就连观众,也不是普通的观众,全是上海市局以上的干部。

他们聚集上海艺术剧场,不是开会,却是观看上海淮剧团上演的淮剧新戏《海港的早晨》。淮剧,又名"江淮戏",流行于苏北、安徽和上海一带。虽说淮剧已有一百多年的历史,不过,毕竟流行区域有限,影响也有限。这天,嘉宾盛赞《海港的早晨》,刘少奇等还和剧团全体人员合影,成了上海淮剧团历史上的难忘的一日,难得的殊荣。

淮剧《海港的早晨》引起刘少奇的注意,是因为几个月前周恩来总理在上海黄埔剧场看过这出戏。周恩来赞扬这出戏,说道:"感谢你们演了这个好戏,你们给我们提出了一个问题,在舞台上反映青年问题的戏有《年青的一代》、《社长的女儿》、《千万不要忘记》……说明当前教育青年的重要性。"[1]

消息飞快地传入江青耳中。频繁出入于上海的江青,不声不响混在普通观众中,连看了三次淮剧《海港的早晨》!

正忙于"京剧革命"、正忙于树"样板"的江青,看中了《海港的早晨》。要让工农兵占领舞台,她手中正缺乏"工",而《海港的早晨》恰恰是写码头工人的。

刚刚结束了北京的京剧现代戏观摩,江青惦记着淮剧《海港的早晨》,急匆匆又赶往上海,下榻于锦江饭店——跟上海艺术剧场只一步之遥。

淮剧《海港的早晨》编剧李晓明这样回忆当年的情景:

> 突然,有一天团里通知我:下午到锦江小礼堂参加一个座谈会。当时已是8月里,气候相当炎热,我一走进小礼堂就看到有几个人先到了,我便在边上的位子坐下。不一会儿,看见江青在几个人的陪同下走了进来。我简直不敢相信,是参加她召开的座谈会。
>
> 江青同与会者逐一介绍认识后,一坐下便咧嘴笑了笑,一开口就是惊人之语:"我十分高兴,这次来上海发现了一个高精尖的题材,一个国际主义的题材。这就是淮剧《海港的早晨》。"我一听,震惊不小,我的这个青年教育的题材一下子成了高精尖的题材。这时又听到江青说:"在剧场里,我同工人一起看了三遍,工人哭了,我也哭了。"说罢,她还真的用手揉了揉眼睛。接下去,她的话更使我惊讶不已。她说,她是抓革命的,跑了全国许多地方,任务就是看戏,挑选写工农兵的优秀剧目,改编成京剧。写农民的早已选定《龙江颂》,写解放军的也已选定《智取威虎山》,而写工人的选了好久,直到最近才在上海选定了淮剧《海港的早晨》。
>
> 她颇为得意地告诉我们,确定改编这个戏,她是经过调查研究的。其实,所谓调查,只是看了戏后,她到码头上去兜了一圈,向陪同她的第三装卸区主任高尚峰问了三个问题:第一,《海港的早晨》在工人中反映如何?第二,剧中青年工人不安心码

---

[1] 葛昆元:《江青一伙插手〈海港〉我见我闻——记上海淮剧团李晓明谈话》,《上海滩》1991年第6期。

头工作的思想是否符合事实？第三，玻璃纤维事件是否真有其事？在得到高尚峰的肯定回答后，她才拍板而已。

从此，淮剧《海港的早晨》就被江青抓去了。

这一回，江青指定中共上海市委第二书记陈丕显挂帅，由上海市委书记处书记石西民、上海市文化局党委书记李太成负责，组成领导班子，把淮剧《海港的早晨》改编为京剧，编剧为郭炎生、何慢、杨村彬，导演杨村彬。

"上峰"如此看重，编剧们焉能不卖力？才两个月，京剧《海港的早晨》剧本便问世，着手排演，由童祥苓之姐童芷苓及小王桂卿主演。

1965年3月，京剧《海港的早晨》在上海大舞台演出，石西民请江青审看。江青看罢，竟大为不满，说道："你们怎么搞的，写了个'中间人物'，为什么不去写英雄人物？这出戏改坏了，必须重编！"

江青一句话，把京剧《海港的早晨》全盘否定。

第二天，江青调来"京剧书记"张春桥，指定由他挂帅，另组班子，重起炉灶。于是，换了编剧，调来淮剧原编剧李晓明，导演亦换人。江青认为"童芷苓动作太软，演得一点都不像码头工人"，于是从宁夏京剧团调来李丽芳演女主角。

不过，张春桥这"京剧书记"也不好当。怎么改，全要听从江青的旨意。张春桥注意了绕开"中间人物论"的误区，请江青在1965年6月7日审看，剧名改为《海港》。

6月11日，江青在上海锦江小礼堂跟《海港》剧组谈话时，又是摇头。江青说，这一回犯了"无冲突论"的错误！

江青泼了一通冷水，把张春桥弄得晕头转向。她的话，把张春桥吓得汗毛都竖了起来："戏走了弯路。音乐听了四段，觉得喧宾夺主。细看下来，距离淮剧太远。我很纳闷，同志们说尊重我的意见，可实际上却又不照我的意见做。其实我的意见很明确，曾和张春桥同志谈过……"

听到这里，张春桥的脑袋嗡嗡作响了。她的话已经明白不过，跟你"春桥同志谈过"，你"却又不照我的意见做"！

她像扫机关枪似的，一连串地批评：

"布景像鸡窝，没有一点黄浦江的气概。"

"主角树得不够。"

"金树英（也就是后来的方海珍——引者注）是个雷厉风行的人，怎么那样笑眯眯的样子！服装也不朴素，头发也不像样子。距离人物十万八千里，怎能谈到豪情壮志！"

"首先是剧本问题！"

"我想听听同志们的意见，为什么把戏搞成这样？这个戏把我搞得糊涂得不得了！"

江青这两次发威，把"两出戏书记"吓蒙了！

天知，地知，张春桥心中的苦闷，倘若不是那天偶尔在老朋友面前泄露了一点点，有谁知晓！

张春桥最为苦闷的是,他失去了他在上海的靠山——柯庆施。江青不论在批评《智取威虎山》还是批评《海港》的时候,都怀念着刚刚逝世的柯庆施:"柯庆施同志应该永远纪念他。他始终是站在第一线的。""你们一定要搞出样板来,才对得起上海人民,才对得起党,对得起去世的柯庆施同志。"

无奈,"京剧书记"遵命,又得避开"无冲突论"的误区。

如此这般,经过江青"指点",她在京剧舞台上先后树起了五块"样板",即《红灯记》、《沙家浜》、《智取威虎山》、《奇袭白虎团》、《海港》。

另外,从1963年12月起,"抓"北京、上海两个芭蕾舞剧团,排演芭蕾舞剧《红色娘子军》和《白毛女》。1964年10月8日,毛泽东观看了芭蕾舞剧《红色娘子军》,说:"方向是对的,革命是成功的,艺术上也是好的。"

1965年1月起,江青到中央乐团,"抓"交响乐《沙家浜》。

这样,江青树起了八块"样板"[①]。江青博得"无产阶级文艺革命的旗手"的"桂冠",便源于此。

"样板戏"受舞台的局限,观众毕竟有限,影响也就有限。后来,在江青的"指导"下,逐一拍成电影。

这样,人们给江青编了个顺口溜:

三十年代演电影,
五十年代看电影,
六十年代批电影,
七十年代导电影。

这里唯一空缺的是20世纪40年代,她在延安连电影都看不到,所以也就成了"空白期"。

在1964年8月,毛泽东给江青写了两次批示,这表明江青的政治地位迅速提高。

8月6日,毛泽东在《中国政府抗议美国侵犯越南的声明》送审稿(这一声明后来发表于1964年8月6日《人民日报》)上,写下一段批语:

汪东兴同志阅后,即交江青阅。要打仗了,我的行动得重新考虑。

毛泽东
8月6日上午六时

毛泽东所说的"我的行动得重新考虑",可能是指毛泽东原计划骑马沿黄河考察的行动。

在1964年8月,毛泽东又在《光明日报》"关于李秀成评价问题讨论的反映(10)"上,写了一段给江青的批语:"江青阅,此文有些道理。"

[①] 后来,从1967年起,又增加了钢琴伴唱《红灯记》和京剧《杜鹃山》,但人们已习惯于称"八个样板戏"。

■ 江青、陈伯达、康生接见芭蕾舞《白毛女》剧组

■ 江青接见样板戏剧组

关于李秀成评价问题的讨论,是当时学术界的"热门话题"。1964年7月25日《光明日报》发表戚本禹《评李秀成自述》一文,谈论了对李秀成评价的见解。

《光明日报》接连分期编发"关于李秀成评价问题讨论的反映"。在第10期上,选编了复旦大学历史系主任蔡尚思、华东师大历史系主任吴泽对李秀成评价问题的一些意见。蔡尚思说,对李秀成既不应该全盘肯定,也不应该全盘否定。我基本上同意戚本禹的意见,可和他的看法又不完全相同……吴泽说,目前报纸讨论把李秀成的问题仅仅放在真投降、假投降上面,容易把问题简单化。

对此,毛泽东以为"有些道理"。毛泽东把批语批给江青,表明要江青关注文化界的种种动态。

在1964年10月,毛泽东再次给江青写了一段批语。

1964年10月16日,共青团中央办公厅编印的《团的情况》增刊第34期上,发表了共青团南京市委提供的《一个立志务农的教授女儿和家庭展开的一场激烈斗争》一文。这篇文章是南京师范学院附中高中毕业生、共青团员黄桂玉自述的摘要,反映她立志务农,同家庭展开激烈的斗争,并最终取得胜利,到江苏省盱眙县马坝公社插队的经过。

毛泽东看罢,写道:"江青、李讷阅。"

1964年10月,毛泽东在中国驻苏联大使馆给外交部的《关于苏联国内情况的报告》上,写下批语:"江青阅。8月间的材料。到10月中旬发生突变,赫鲁晓夫倒台,末尾几条结论,有些估计不足。"

由于江青抓"样板戏"作出了"成绩",她的名字出现在第三届全国人民代表大会山东省代表的名单之中。

1964年12月20日至1965年1月4日,当第三届全国人民代表大会第一次会议在北京举行时,江青作为人民代表步入人民大会堂。她,正式出现在中国的政治舞台上了!

从《人民日报》刊登照片,从发表演说《谈京剧革命》,到当选全国人大代表,江青日渐"露峥嵘"。这一切,她都在公开地进行着。然而,她频繁地往来于京沪之间,却在暗中进行着极端秘密的政治活动。

第十章
批《海瑞罢官》一炮打响

毛泽东称赞过《海瑞罢官》

批判《海瑞罢官》是"文化大革命"的导火线。这根导火线是怎样点燃起来的呢？

最早提出要批判《海瑞罢官》的，是那个自称"在文教方面"的"一个流动的哨兵"的江青。

江青原本与吴晗毫无交往。1987年5月由人民出版社出版的《吴晗》（王宏志著）一书，披露了一桩鲜为人知的事情：

> 有一次毛泽东请吴晗吃狗肉，江青也在场。席间，毛泽东和吴晗谈论历史，谈得很热烈。江青不懂，也凑上来插嘴。吴晗指出她说得不对，江青立即满面怒容，但在毛泽东面前也不好讲什么。……

仇恨的种子，最初是这样埋下来的。用江青的话来说，从此她对吴晗非常"感冒"……她的小心眼儿，她的强烈的报复心理，使她对吴晗横竖看不惯。

1962年7月6日晚，江青看了《海瑞罢官》彩排，不以为然。

此后，江青又看了几回。

这个"流动的哨兵"，终于向毛泽东报告：《海瑞罢官》是一出"骂皇帝"的戏，有着严重的政治错误，应当马上禁演。

毛泽东抽着烟，微微笑着。

他没有正面答复江青的话，却拐了一个弯，说道："你有空的话，多找几本书看看。"

毛泽东关心起《海瑞罢官》来了。他把主演《海瑞罢官》的京剧名家马连良先

生请进了中南海。

"马先生,你是'马派'的创始人,'马首是瞻'哪!"毛泽东边握着马连良的手,边非常风趣地说道。

毛泽东也爱看京戏。他跟马连良说起了"马派"的《群英会》、《甘露寺》、《四进士》、《借东风》。毛泽东说:"马先生,你的拿手好戏真不少。听说,你最近又多了一出好戏——《海瑞罢官》。"

马连良见毛泽东喜欢《海瑞罢官》,站了起来,当场唱了几段。

毛泽东听罢,笑道:"戏好,海瑞是好人!《海瑞罢官》的文字也写得不错。吴晗头一回写京戏,就写成功了!"

听到毛泽东赞扬《海瑞罢官》,马连良高兴得朗朗大笑。

毛泽东设便宴招待马连良。席间笑语欢声,使马连良欣喜不已,站了起来,即席清唱一段。

毛泽东一边倾耳聆听,一边用右手按节拍轻轻敲打着桌面。

当夜,马连良便打电话给吴晗,转告了毛泽东对《海瑞罢官》的赞语,连声说:"毛主席真是礼贤下士!"

后来,江青1967年4月12日在军委扩大会上,曾这么说:"有一天,一个同志,把吴晗写的《朱元璋传》拿给主席看。我说:别,主席累得很,他不过是要稿费嘛,要名嘛,给他出版,出版以后批评。我还要批评他的《海瑞罢官》哪!当时,主席就驳我说,我就要看,而且还说要保护几个历史学家。……"当江青的讲话录音稿冠以《为人民立新功》的标题,收入《江青同志讲话选编》一书,由人民出版社公开出版时,江青删去了一句话,即:"当时,主席就驳我说,我就要看,而且还说要保护几个历史学家。"毛泽东的态度,即使从江青的话中,也能得到清楚的印证:他要保护吴晗。

江青所说的"有一天",是在1962年。

吴晗的《朱元璋传》,其实早在解放前就出版了。1961年,吴晗对《朱元璋传》作了很多修改,于1962年印出油印本,广泛征求意见,然后在1964年4月正式出版新版本。江青提及的有人给毛泽东送去吴晗的《朱元璋传》,是征求意见用的油印本。

江青翻看了《朱元璋传》,认为有"影射"之嫌,因为作者着力于写农民起义领袖朱元璋做皇帝后如何专制、独裁,看来别有用心,要"出版以后批评"。

毛泽东驳江青说:"我就要看!"

毛泽东真的读了吴晗的《朱元璋传》。书中写及徽州儒生朱升对朱元璋所献之策:"高筑墙,广积粮,缓称王。"毛泽东读后,深为赞赏。1972年毛泽东针对复杂的国际形势,提出了著名的"深挖洞,广积粮,不称霸"的方针。其实,毛泽东是对朱升当年的

■ 吴晗

献策作了一点修改,发出"最高指示"的。

江青在1962年下半年就想批《海瑞罢官》,由于得不到毛泽东的支持,只得作罢。

直到1965年春,江青得到柯庆施的支持,通过张春桥结交了姚文元,她这才把"文革"的导火索点燃起来。

张春桥介绍江青结识"青年评论家"姚文元

1965年春节刚过,北京下了一场纷纷扬扬的春雪。

冒着黑烟的火车头,拖着长长的绿色列车,在漫天皆白的银色世界中急急南行。

车厢里达到了"过饱和"状态。处于一年一度的客运高峰之中的列车,连过道里都像筷子笼一般站满了旅客。

紧靠火车头的第一节软卧车厢里,门窗紧闭,所有的玻璃窗上都挂着白色窗帘。室内温度按照"指标",保持摄氏27度。整节软卧车厢,只住着一位旅客和她的几个随从。

那唯一的旅客,便是上海的"女客人"。

她,一次又一次到上海"基地"去,总是坐"公务车"来来往往,每一次都要独占一节软卧车厢。

她此时手里正拿着1961年第1期《北京文艺》,细细琢磨着上面登着的历史剧《海瑞罢官》剧本。剧本的作者为北京市副市长、明史专家吴晗教授。

江青求助于柯庆施,在1963年5月6日的《文汇报》,发表了梁壁辉的长文《"有鬼无害"论》,猛烈抨击了昆曲《李慧娘》,打响了"大批判"的第一炮。

江青的第二炮,目标便是眼下放在茶几上的那本《北京文艺》刊登的历史剧《海瑞罢官》。

早在1962年7月6日,她在北京看了京剧《海瑞罢官》就认为问题严重。不久,在跟中宣部、文化部四位正副部长谈话时,她提到了要批判吴晗的《海瑞罢官》。部长们竟充耳不闻,仿佛没有听见似的。

她向来是个一不做、二不休的女人。她看准了《海瑞罢官》,那就绝不会轻易放过。

当然,遗憾的是,她只能靠嘴巴进行"批判"。她必须物色"笔杆子"作为她的刀笔吏,替她捉刀。

起初,她想在北京就近找"笔杆子"。她想到了1954年的风云人物——那批判俞平伯的《〈红楼梦〉研究》的两个"小人物"。1964年秋,她找了其中的一个。出乎意料,他竟没有答应。

于是,她又求助上海。有了上海市委书记柯庆施的支持,她把上海当作了"基地":"样板戏基地"——京剧《智取威虎山》、《海港》和芭蕾舞剧《白毛女》这三块"样板"要在上海"打成";"大批判基地"——已经对《李慧娘》放了一炮,此行要对《海瑞罢官》开刀。"样板"是"立","大批判"是"破"。

她跟"基地"的联系,日趋密切。张春桥成为架在她与柯庆施之间的一座"桥"。

光是在1964年，她就跟张春桥时而在北京、时而在上海见面：

年初，她在上海，跟张春桥研究上海京剧院排演的《智取威虎山》；

6月5日至7月31日，全国京剧现代观摩演出大会在京举行，张春桥来京；

6月22日，江青在中南海和张春桥一起接待山东《奇袭白虎团》剧组，指定"张春桥挂帅"，修改此剧；

11月，江青来上海看了淮剧《海港的早晨》，要上海京剧团改编为京剧，指定"张春桥负责组织工作"。

火车急急南行。上海已在准备接待"女客人"。

"女客人"声称，此行是为了观看上海京剧团初排的《海港的早晨》（即后来的《海港》）。唯有柯庆施和张春桥知道她此行的真正的目的……

1965年3月，江青在上海写给钱浩梁——京剧《红灯记》中李玉和的扮演者（"文革"中江青为之改名"浩亮"，不要"钱"之意）的一封信，透露了她的行踪：

"你2月22日的来信，我收到的比较晚，大概是医生压了。"

"我病了二十多天，目前已有好转，请放心。"

"我知道你们已经到上海，我心脏不好，没什么，等我好些去看你们。"

钱浩梁是随京剧《红灯记》剧组从北京到广东宝安（今深圳）演出，在宝安给江青写了一封信，报告宝安演出情况。此后，他们来到上海。

4月27日，她在上海会见京剧《智取威虎山》剧组。6月上旬，江青也在上海。前文已提及，她6月7日在上海看京剧《海港》，6月11日在上海锦江饭店小礼堂见剧组。

6月1日，江青在上海写信给云南省剧团《战火中的青春》剧组，信中有这么一段话："我一直违反医生的意见，断断续续地工作着，6月份还不能完全休息，7月、8月我一定得休息，否则，我将丧失工作能力，那对党、对人民都不利。我是由于全身植物神经不平衡，引起心脏不好。你不要替我着急，我会控制地使用的。所以你的戏9、10月到北京最好。这样，我好给你改。"

6月24日，她在上海再度和京剧《智取威虎山》剧组座谈。

就在这些日子里，在上海锦江饭店，江青秘密地策划着写作第二篇"有分量的批评文章"。

柯庆施把任务交给张春桥。已经成为"京剧书记"的张春桥，为了树立"样板"戏，跟江青有着密切的交往，何况此人是中共上海市委宣传部长，"大批判"正属于他的工作范畴。

张春桥对于京剧是外行，对于"大批判"却是行家里手。照理，这位宣传部长，完全可以独力承担江青交给的重任。不过，张春桥心眼颇多，不像俞铭璜那般直来直去。张春桥知道这次交办的任务来头不小，牵涉颇广颇深，他宁可退居幕后指挥，向江青另荐上海一位"青年文艺评论家"。

此人应召而来，名唤姚文元。据上海锦江饭店经理任百尊回忆，江青是在锦江俱乐部首次召见姚文元。任百尊看见，姚文元是骑着一辆旧自行车来的。

34岁的姚文元,一身蓝卡其中山装,一双草绿帆布胶鞋,一个草绿色挎包,一对金鱼眼睛,第一次与"第一夫人"握手。

江青、张春桥、姚文元头一回相聚。

江青组织批判《海瑞罢官》

史学家黎澍曾对江青作过这么一番评语:"江青那些年的地位,其实是个探测器。《清宫秘史》、《武训传》、《〈红楼梦〉研究》、《海瑞罢官》都是她先出面,说她认为应该批判,大家从来不认为她有多高明,所以听过也就罢了。然后回去报告——'他们不听你的!'然而,就算她这个位置上换个人,老实本分,不会干这些事,也会换个形式出现的。"①

江青这"探测器",确实需要"回去报告"。

最初,毛泽东对于"探测器"的报告没有在意。因为学习"海瑞精神",是毛泽东自己提出来的。

在1962年7月,江青要做这样的"索隐"文章,还得不到毛泽东的支持。

时光的流逝,"阶级斗争"的弦越拧越紧,对江青越来越有利。

三个月后,康生在中共八届十中全会上用"索隐"法把《刘志丹》打成"反党小说",毛泽东则说"利用小说进行反党活动,是一大发明",这无疑使江青"批判"《海瑞罢官》的信心倍增。

1963年12月12日,毛泽东在柯庆施的报告上作了批示,批评文艺界"许多部门至今还是'死人'统治着",社会主义改造"至今收效甚微"。1964年6月27日,又在《中央宣传部关于全国文联和所属各协会整风情况的报告》上作了批示,批评这些协会"最近几年,竟然跌到了修正主义的边缘"。这便是毛泽东关于文艺界的著名的"两个批示"。

1964年8月,毛泽东在《中宣部关于公开放映和批判〈北国江南〉、〈早春二月〉的请示报告》上批示:"……使这些修正主义材料公之于众。可能不只这两部影片,还有些别的,都需要批判。"

这样,在全国出现了批判《北国江南》和《早春二月》的高潮。

既然毛泽东以为"修正主义"的影片"可能不只这两部影片,还有些别的,都需要批判",江青马上"加码",增加到十部。

于是,在1964年底,江青约见中共中央宣传部五位正副部长座谈。这清楚表明,江青已经凌驾于中共中央宣传部之上。

据当时担任中共中央宣传部副部长的吴冷西回忆:

> 1964年底,江青约中宣部五位副部长(周扬、许立群、林默涵、姚臻和我)座谈,要求中宣部通知全国报刊批判十部影片。

---

① 王年一:《大动乱的年代》,河南人民出版社1988年版。

我记得,她要批判的影片有《不夜城》、《林家铺子》、《舞台姐妹》、《红日》、《逆风千里》、《兵临城下》以至《白求恩》等。

当时大家都没有同意,认为要慎重考虑。

事后江青就到上海去,上海报纸就陆续批判这些影片,全国其他地方也相继仿效。在这样压力下,中宣部被迫要《人民日报》批判《不夜城》和《林家铺子》。

鉴于这些错误的批判有大泛滥之势,中央书记处于1965年3月初开会讨论此事。小平同志和彭真同志都主张赶快"刹车",学术讨论要"降温"。之后,《人民日报》先后发表编者评论和文章,提出不要否定古典文学作品,也不要否定有缺点的现代文艺作品。①

在全国点名批判那十部影片的高潮中,江青加紧了对于新编历史剧《海瑞罢官》的批判工作。

康生支持了江青。毛泽东也同意对新编历史剧《海瑞罢官》进行批判。江青持"尚方宝剑",前往上海秘密组稿。

1967年4月12日,江青在军委扩大会议上作那篇题为《为人民立新功》的讲话时,"吹"出了她去上海组织批判《海瑞罢官》的内幕:

> 批判《海瑞罢官》也是柯庆施同志支持的。张春桥同志、姚文元同志为了这个担了很大的风险啊,还搞了保密。我在革命现代京剧会演以前,作了调查研究,并且参与了艺术实践,感觉到文艺评论也是有问题的。我那儿有一些材料,因为怕主席太累,没有给主席看。有一天,一个同志,把吴晗写的《朱元璋传》拿给主席看。我说:别,主席累得很,他不过是要稿费嘛,要名嘛,给他出版,出版以后批评。我还要批评他的《海瑞罢官》哪!当时彭真拼命保护吴晗,主席心里是很清楚的,但就是不明说。因为主席允许,我才敢于去组织这篇文章,对外保密,保密了七、八个月,改了不知多少次。春桥同志每来北京一次,就有人探听,有个反革命分子判断说,一定和批判吴晗有关。那是有点关系,但也是搞戏,听录音带,修改音乐。但是却也在暗中藏着评《海瑞罢官》这篇文章。因为一叫他们知道,他们就扼杀这篇文章了。
>
> 同志们如果知道这些,会气愤的吧。我们这里是无产阶级专政,我们自己搞一篇评论文章,他们都不许。气愤不气愤哪!

维特克也在《江青同志》一书中,记述江青关于在上海组织批判《海瑞罢官》文章的回忆:

"你知道姚文元同志是谁吗?知道他做过什么事吗?"她在介绍她最忠诚最善

---

① 吴冷西:《忆毛主席》,新华出版社1995年版,第149—150页。

辩的追随者之一时反问道,"他是一个真正的笔杆子。早在'文化大革命'以前他是我们党的一位文学评论家。在'文化大革命'初期和中期,尤其是在初期,他组织写作了批判反动文艺路线的文章。当然,首先是毛主席批准我去找他,我到上海后又得到柯庆施同志的支持。然而,大多数文章是姚文元同志写的。"

"工作是在毛主席的领导下、在江青同志的组织下完成的,"姚文元指出。"那时这确实是一场艰苦的斗争。所以毛主席说北京是针插不进,水泼不进。"

"整整19天(1965年11月10—29日)北京的报纸拒不刊登姚文元同志的文章《评新编历史剧〈海瑞罢官〉》",江青继续说,"11月10日,这篇文章就在上海的《文汇报》发表了。根据毛主席的建议,后来以单行本发行,但是,有两三天,北京仍然不许发行。这些人多么霸道!花了7个月时间完成这篇文章,多次修改。而且,写作时还要保密。稿子送到北京,我看了三遍,这一切也要秘密进行。你不感到吃惊吗?"

就当江青在"上海基地"跟张春桥、姚文元密谋之际,从成都传来令他们沮丧的消息——1965年4月9日,柯庆施在那里病逝。

4月26日,张春桥陪同江青看了上海京剧团的《智取威虎山》。江青三次提及了柯庆施之死。她反反复复说道:"上海是一个战略重地。你们一定要搞出样板来,才对得起上海人民,才对得起党,对得起去世的柯庆施同志。"

张春桥取代了柯庆施,成为江青在上海倚重的支持者。

1965年12月10日,张春桥在上海举行的关于《海瑞罢官》的讨论会上,也曾透露了若干内幕。只是由于当时还不能亮出江青这张"王牌",张春桥故作曲笔,说是自己读吴晗的《海瑞集》,感到问题严重。

> 论战是从戏开始的。这出戏,我没有看过。听到议论,已经是1964年了。有人说是毒草,有人说不能提得那么高。今年2月,姚文元同志开始研究这个问题,他同我商量怎么搞法?他不是历史学家,我也没有碰过明史,而对手是专家,是权威,这一仗不容易打。我们确定:不打无准备之仗,不打无把握之仗,认真学习,埋头读书,占有史料,决不声张,免得文章还没有写出来,风声已经很大。这样搞到第六稿,请四、五位同志参加讨论,又反复修改。8月底有了一篇初稿,发给十几位同志征求意见。发表的时候,已经是八个多月,第十稿了。这样一个过程,也是对这出戏的认识过程,一个学习过程。开头,看了剧本、评介文章,读《海瑞集》,感到问题严重,非评不可。但是,我们的论点站得住站不住,分析得充分不充分,分寸适当不适当等等,那是很伤脑筋的。比如联系不联系1959—1961年的形势?联系不联系"单干风"、"翻案风"?我们是多次考虑的。

虽说遮遮掩掩,张春桥毕竟还是说出了一些内幕:

第一,他和姚文元都未看过京剧《海瑞罢官》。只是"有人说是毒草",才着手批判。这"有人",当然指江青。

第二，承认他和姚文元"没有碰过明史"，为了批《海瑞罢官》，不得不从"埋头读书"入手。

第三，文章的写作准备工作，开始于1965年2月，在八个月中，改了十稿。

第四，连作者自己，对于把《海瑞罢官》跟"单干风"、"翻案风"联系起来，都以为"那是很伤脑筋的"。

第五，江青所说的"保密"，其实，多半是由于这一批判乃是一场强词夺理的政治诬陷，所以不敢"声张"。

在浓密的大幕遮掩之下，江、张、姚一次次讨论，一回回修改，终于把那篇"宏文"炮制出来了。

1965年4月29日，毛泽东在武汉。他在中共中央办公厅机要室1965年4月18日编印的《文电摘要》第58号上，见到《关于棉花收购、分配和战略储备情况》，写下给江青的一段批语：

江青：
　　此件可阅。形势大好。

毛泽东
4月29日

我今日离此去别地爬山。又及。

1965年6月，毛泽东给江青写下两段批语。

6月2日，毛泽东在杭州读了国际关系研究所1965年5月3日编印的《帝国主义动向》第15期，对所载的《从美国统治集团内部在越南问题上的争吵看美国扩大战争的动向》一文写下给江青的批语：

江青阅。这是一个研究所（的）分析，可一看。他们认为有可能马上打仗。我看也许如此，也许暂时还不会。一、二、三（年）之后才打，我们就有准备了。但我（们）要放在马上打的基础上部署工作，中央已作了决定了。

毛泽东
6月2日于杭州

1965年6月7日，毛泽东读了中共中央办公厅1965年5月29日编印的《情况简报》第173期，对所载的《山西省农民讲习所办得很好》作了给江青的批语：

江青阅。共四件，如精神好可以一看。

毛泽东
6月7日

1965年5月12日，中央美术学院教员闻立鹏、王式廓、李化吉就美术学院使用人体模特儿一事，致信江青。江青把信转给毛泽东。7月18日，毛泽东就人体模特儿问题，写下两段重要批示，认为在美术创作中应当使用人体模特儿。

就在这些日子里，上海香山路9号那幢小洋楼在夜色中射出明亮的灯光。姚文元从底楼来到二楼。那里本来住着张春桥，如今住的是《解放日报》副总编王维。

"王维同志，向你请个假。"姚文元对王维①说道，"市委要我写个东西，要花些时间。报社的工作恐怕顾不上了。"

姚文元并没有说明写个什么东西，也没说清楚要多少时间。

"你去好了。"王维很爽快地一口答应了。他知道，姚文元说的"市委"，就是指柯庆施。既然姚文元不愿说写什么东西，他当然也就不便多问。

姚文元下楼了，回到自己的家中。

从此，半年多光景，他几乎不去解放日报社。虽说王维跟他同住一幢楼，平常也很少见到他。即使见到他，他从不说起在写什么，王维也就不问他。

姚文元天天往康平路跑，往武康路跑。他的神秘使命，唯有江青知，柯庆施知，张春桥知。

自从柯庆施和张春桥确定姚文元"笔杆子"位子，自从"女客人"把那本《北京文艺》亲手交给姚文元，姚文元感激涕零。他深知，这一回干的是"挑大梁"的活，非同小可。

虽说他的"棍艺"已经颇为娴熟，无奈只是个高中毕业生，对于明史一窍不通。他暗中调来复旦大学历史系教师朱永嘉，为他查阅史料。朱永嘉由此发迹，成为上海市委写作组"罗思鼎"负责人。"文革"中跃为复旦大学党委书记、上海市革命委员会常委。

朱永嘉曾回忆说：

> 姚文元不是搞历史的，是搞文艺评论的。他找我很简单，说要临时写一篇关于海瑞的文章，问我能不能帮他找一点资料。我就把地方志、明史里的相关资料告诉他，关于海瑞这个人，我所知道他的经历和情况，时代背景、社会矛盾等也告诉他。这一点我是帮了他的忙的。再比如批"三家村"，他不知道从哪里下手，问我，我就把《燕山夜话》拿给他看。他找不到别人帮他忙啊。
>
> 姚文元这个人，也有寡言、沉默的特点，不轻易讲话。他对我是很信任的，这一点还可以。姚对我从来没有批评过任何一句，他给工作我，我就做。我交上去的东西，他说改就改了，有的地方也确实改得很好。②

尽管此事"对外保密"，姚文元却多次骑着自行车在夜间来到林村，求教于父亲姚蓬子。姚蓬子自然尽力为儿子翻查海瑞资料——虽然开初姚蓬子曾数落过儿子"多管闲事"、"海瑞有啥批头"，但是听儿子透露了此事的"来头"之后，姚蓬子立即"急转弯"了。

---

① 1986年7月8日，叶永烈采访王维于上海。
② 据章剑锋：《"文革"上海写作组的那些事儿》，《南风窗》2010年第8期。

明里搞样板戏,暗中批《海瑞罢官》。姚文元的写作,仍处于"绝密"状态。写了一稿又一稿,为了保密,不能在长途电话中交换意见。借着讨论样板戏,江青和张春桥南来北往,一时间是那样的频繁。在4月27日"接头"之后:

5月29日,张春桥在北京露面,跟江青"谈《奇袭白虎团》的修改加工问题";

6月7日,江青在上海看京剧《海港》;

6月11日,江青在上海锦江饭店小礼堂里,和张春桥一起接见《海港》剧组;

6月24日,江青和张春桥一起接见《智取威虎山》剧组。

看中"民间报纸"《文汇报》

1965年的中国报纸,充满着火药味儿。

1月,《羊城晚报》、《南方日报》开始批判历史小说《柳宗元被贬》——柳宗元"被贬"被"索隐"为彭德怀"被贬"!《文艺报》开始批判康濯。

2月,《电影文学》批判"一部散发着资产阶级和平主义思想毒素"的电影剧本《亲人》。《文艺报》则批判陈翔鹤的历史小说《陶渊明写〈挽歌〉》,文章的题目便是气势汹汹的质问语:《为谁写挽歌?》。

3月,《人民日报》发表齐向群的《重评孟超新编〈李慧娘〉》。编者按毫不含糊地说《李慧娘》"是一株反党反社会主义的毒草"。

5月,《光明日报》发表《夏衍同志改编的影片〈林家铺子〉必须批判》。

6月,《工人日报》发表《〈不夜城〉必须彻底批判》。

就在这样的"必须批判"、"彻底批判"声浪之中,中共中央在4月7日作出《关于调整文化部领导问题的批复》,免去了齐燕铭、夏衍在文化部的领导职务。电影界开始批判所谓"夏陈路线",亦即"夏衍、陈荒煤路线"。

就在这样的"必须批判"、"彻底批判"声浪之中,江青准备抛出那"保密了七八个月,改了不知多少次"的"宏文"——《评新编历史剧〈海瑞罢官〉》的作者。

这一"宏文"虽然署名"姚文元",实际上,作者应是"江青、张春桥、姚文元"。江青是此文的"第一作者",理所当然。最初看出《海瑞罢官》有"严重政治错误"的便是她。

张春桥的嘴巴向来很紧。不过,据《海港》编剧李晓明回忆,张春桥有一回得意起来,曾对他说:"以姚文元名义发表的《评新编历史剧〈海瑞罢官〉》,不少内容是我写的。"

署名姚文元,是因为姚文元尚未显赫,不过是"青年文艺评论家",便于持不同意见者跟他"讨论"。那时的张春桥,已升为中共上海市委书记处书记,署上他的名字,"官方文章"的色彩太浓了。

在姚文元的文章发表前夕,江青于11月2日出现在北京首都剧场,审查北京京剧团的《红岩》。她的公开露面,不知内情者会以为此后一个多星期在上海发表的姚文元的文章,跟她毫不相干。(稍早一些日子,10月13日,她在中南海曾与电影《南海长城》摄制组谈过对分镜头剧本的意见。)

这样一发"重磅炮弹",选中上海《文汇报》"发射",是因为上一次那篇《〈有鬼无害〉论》也是在这家报纸发表的。上海两大报——《解放日报》和《文汇报》,当时的《解放日报》乃中共上海市委机关报,属于"党报",倘若发在《解放日报》上容易被看成是代表中共上海市委,而《文汇报》历来有"民间报纸"的"身份",便于"展开讨论"——"钓鱼"也。

令人不解的是:据《文汇报》总编辑陈虞荪告诉笔者[①],对于姚文元的《评新编历史剧〈海瑞罢官〉》,他事先一点也不知道,直到排印稿交到他手中,这才"奉命刊登"!据《解放日报》副总编辑王维告诉笔者[②],姚文元的《评新编历史剧〈海瑞罢官〉》虽然是在《文汇报》发表的,却是在《解放日报》排印的,原因是《解放日报》乃党报,排印车间的"保密性"强。

王维向笔者娓娓道出当年的内幕……

一辆小轿车驶出上海康平路的中共上海市委机关大门,沿着淮海中路,朝外滩飞奔。

车上坐着四位乘客:张春桥、姚文元,解放日报社总编魏克明、副总编王维。

张春桥绷着脸,不发一言。

姚文元虎着脸,一本正经。

魏克明前几年开过刀,身体瘦弱,显得疲惫。

王维虽然爱聊天,此刻见众人不语,也沉默着。

张春桥吞云吐雾,车里弥漫着浓烈的烟味。一片寂静,唯有发动机在轰鸣。

两位"老总"(总编)应召而至康平路,只听张春桥说有重要急件要送解放日报社排印。

要求是"绝对保密,不许排错一个标点"。"老总"并不知道要排印什么绝密文件。不过,张春桥、姚文元亲自出马,足见那文件非同一般。

王维猜想,这文件一定是姚文元花半年多时间写的。要不,他为什么坐在车上?

突然,张春桥打破了沉默,冷不丁地问道:"老魏,你们《解放日报》为什么登蒋星煜的《南包公——海瑞》和《海瑞的故事》?"

魏克明猝然不知所答,一时竟讲不出话来。

王维也为之一怔:张春桥为什么突然提及了海瑞?

到了解放日报社的印刷厂,经过专门挑选的排字工人已在那里恭候了。

姚文元从拎包里拿出一卷厚厚的手稿。两位"老总"瞄了一眼文章的标题,不由得一惊:《评新编历史剧〈海瑞罢官〉》。

哦,怪不得刚才张春桥在车上问起了《解放日报》上关于海瑞的文章!

两位"老总"亲自向排字工人交代了纪律和要求。

第二天,《评新编历史剧〈海瑞罢官〉》大字排印本,便送到了张春桥、姚文元手中。十六开本,用上等道林纸精印,确实做到了连一个标点符号也没有印错。

[①] 1986年9月5日,叶永烈采访陈虞荪于上海。
[②] 1986年7月8日,叶永烈采访王维于上海。

张春桥从抽屉里拿出一张早已拟好的名单，交给秘书。名单上方天头，有张春桥用铅笔写的批示："每人一份，即送。"

两天之后，名单上的人物全都应约而来。来者大都白发苍苍，皆为史学教授、专家及文艺界知名人士。

张春桥笑容可掬，在门口迎候，极尽谦卑之态。

会议准时开始。张春桥首先致词："今天，诸位专家、教授光临，不胜荣幸，姚文元同志的文章，只是'征求意见稿'。所谓'征求意见稿'，也就是供征求意见之用，还很不成熟。请各位不吝指教，以便作进一步修改。"

张春桥仿佛成了谦谦君子！为了使与会者畅所欲言，姚文元"回避"了。

教授、专家们真的以为是征求意见，也就直言不讳，几乎异口同声对姚文元的文章进行了尖锐的批评。这些学富五车之士，成了张春桥的网中鱼。

两位记录员刷刷地记满了一页又一页横格纸。任凭专家、学者们指着鼻子骂，张春桥依然保持一张微笑的脸。

上海历史研究所副所长周予同教授慷慨直言："吴晗是我的老朋友，我深知他是一个好人。他解放前是一个勇敢的反对国民党法西斯统治的民主战士，解放后忠诚地跟着党走，深得毛主席的信任，怎么能说他反党反社会主义？这样把学术问题硬跟政治问题扯在一起，岂不是陷人于罪？"

上海社会科学院党委书记李培南指出："对海瑞也应一分为二。"

上海华东师范大学历史系李平心教授本来有点顾虑，看到大家都"畅所欲言"，也就对"清官"问题直抒己见，批判了姚文元的"清官比贪官更坏"的谬论。

与会者反映最为强烈的，便是把海瑞跟"要人民公社退田"之类"挂钩"，生拉硬扯……

张春桥满脸堆笑送走学者们之后，手里拿着厚厚的会议记录，对姚文元说："'火力侦察'非常成功！"

也就在大字本排印出来之后，中共华东局和上海市委的领导同志陈丕显、魏文伯、曹荻秋，才第一次看到这篇文章——据姚文元自称，已是第九稿了！

不过，张春桥的说法与姚文元略有出入。1966年12月23日下午，张春桥在与"上海工人革命造反总司令部"代表谈话时，说及写作批判《海瑞罢官》的文章的经过：

> 姚文元与批判《海瑞罢官》的文章，同上海市委无关。从一稿到六稿，就是我同姚文元两人搞的。第七稿才送给市委。当时主要是为了搞好市委内部关系，也为了我不搞个人突出，谦虚。
>
> 其实，《评〈海瑞罢官〉》的思想是主席的，具体的是江青同志指导我们搞的。至于《评"三家村"》，我一手经手的，与姚文元一起搞，最后的稿子才送市委。……

姚文元说是"九稿",张春桥说是"七稿",陈丕显说的是"八稿",只是"略有出入"而已。

陈伯达在晚年则这么谈及江青和张春桥、姚文元的关系:

> 我至少有两次听到江青公开大肆吹嘘姚文元,说她和张春桥、姚文元在上海做的文字工作,背着北京,做的是秘密工作。这是真的。因为在姚文元的文字发表之前,除了江青、张春桥之外,好像别人都不知道。
>
> 据江青说,开始她并不和姚文元见面,只是通过张春桥和姚联系。她和姚文元见面是较后的事。
>
> 江青替姚吹嘘,表明姚的文字内容就是她授意的。开始吹嘘姚文元的时候,总会有点顾虑,因为姚文元的父亲是著名的叛徒、特务。当姚蓬子死后,吹嘘就变得大胆,说姚跟姚蓬子没有什么关系。姚是他母亲带的。
>
> 江青在上海住的时候,她同人们的来往,我没有打听过。在柯庆施死前,我只隐约知道他们关系是比较好的。他们设想的许多事,主要是文艺界的,但这并不排斥他们议论其他问题。

姚文元的"宏文"拉开"文革"序幕

就在"火力侦察"之后的几天——11月10日,上海莫有财饭店里,人们手中拿着当天的《文汇报》,宴会成了讨论会。

这天,吴晗的老朋友、中山大学的梁方仲从北京路过上海回广州。上海史学界人士聚会于莫有财饭店,为梁方仲洗尘。

非常凑巧,这天的《文汇报》刊出了姚文元的《评新编历史剧〈海瑞罢官〉》,成了席间中心话题。因为参加宴会的好多位教授,都曾出席前几天张春桥主持的"征求意见会"。

"真是岂有此理,一字不改!你一字不改,开什么'征求意见会'?"

"强词夺理,歪批《三国》!"

"胡闹!"

饭店里一片斥责之声。

梁方仲没有看过大字本,匆匆阅毕《文汇报》,失色道:"这下子,辰伯兄(即吴晗)要吃苦头了!前天,我们在北京握别时,他还喜笑盈盈,一点也不知道大祸即将临头,真是'自古经纶足是非,阴谋最忌夺天机'!"

"唉,欲加之罪,何患无辞?途穷天地窄,世乱生死微!"

"避席畏闻文字狱!"

"无罪无辜,谗口嚣嚣!"

"'文章憎命达,魑魅喜人过。'杜甫的诗句,道出古往今来的真理!"

……

岂止是莫有财饭店里众书生议论纷纷,怒火中烧;凡是这天的《文汇报》所到之处,唾骂之声四起。

姚文元挨骂活该,《文汇报》却无端蒙尘:就在见报的前一天——11月9日,张春桥突然召见《文汇报》总编陈虞荪[①],交给他一册大字本,指定明日全文见报。当陈虞荪接过大字本之际,尚不知要登的是什么文章——诚如那天张春桥、姚文元去《解放日报》排印大字本之际,魏克明、王维不知姚文元的拎包里装的是什么稿子。大字本在《解放日报》排印,而公开发表却在《文汇报》,曾使许多报人费解:《解放日报》是中共上海市委机关报,姚文元的文章既然"来头不小",为什么不在《解放日报》刊出?

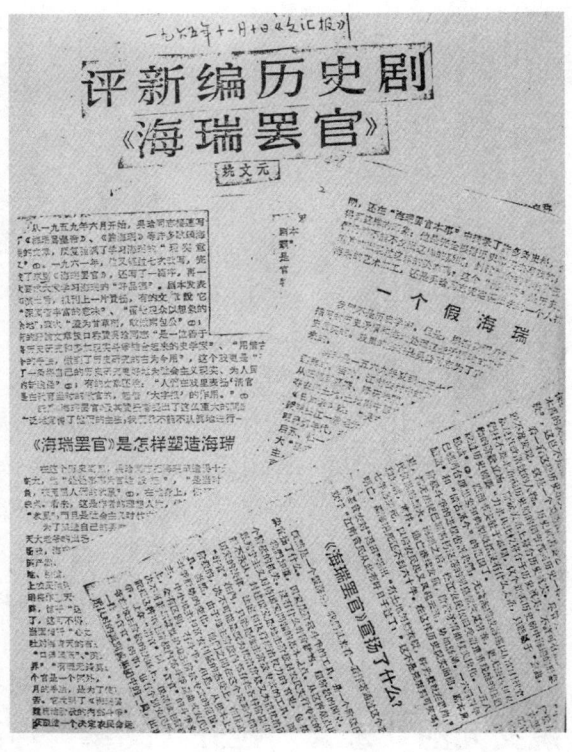

■ 姚文元揭开"文革"大幕的"宏文"——《评新编历史剧〈海瑞罢官〉》

"《文汇报》是一张民间的报纸,发扬民意是我们神圣的责任。……有话大家来说,有事大家商量,不论男女老少,人人可以投稿。"早在解放之前,《文汇报》便用这样的办报宗旨取信于读者。

在1957年那不平常的春天,《文汇报》又以"资产阶级方向"闻名于全国。

正因为这样,江青和柯庆施组织的那篇《"有鬼无害"论》,便选择了《文汇报》发表。这一次,江青和张春桥又一次看中了《文汇报》。虽然这时的《文汇报》早已不是什么"民间报纸",但是它毕竟在知识分子中拥有广泛的影响。

11月12日,《解放日报》全文转载了姚文元的文章。这对《解放日报》来说,几乎是破例的:历来是《文汇报》转载《解放日报》的文章,而颠倒过来的转载唯有这一次。张春桥处心积虑,每走一步棋都别出心裁,玩弄权术是他的专长。

姚文元的《评新编历史剧〈海瑞罢官〉》,是揭开"无产阶级文化大革命"大幕的"历史性著作"。凡是经历过"文革"的人,无一不反复"学习"过这篇"宏文"。然而,岁月的流逝毕竟会模糊人们的记忆,何况年轻的一代很少有机会从尘封多年的报纸上翻阅此文。原文过于冗长,无法全文照录。现摘录此文的一头一尾,也算是"录以备考"。

摘录此文的开头一段,便于今日的读者了解一些背景材料;摘录此文的末尾一段,因为那是整篇文章的点睛之笔,也是争论最激烈的所在。

---

① 1986年9月5日,叶永烈采访陈虞荪于上海。

评新编历史剧《海瑞罢官》

姚文元

1959年6月开始，吴晗同志接连写了《海瑞骂皇帝》、《论海瑞》等许多歌颂海瑞的文章，反复强调了学习海瑞的"现实意义"。1961年，他又经过七次改写，完成了京剧《海瑞罢官》，还写了一篇序，再一次要求大家学习海瑞的"好品德"。剧本发表和演出后，报刊上一片赞扬，有的文章说它"深寓着丰富的意味"、"留给观众以想象的余地"，鼓吹"羞为甘草剂，敢做南包公"；有的评论文章极口称赞吴晗同志"是一位善于将历史研究和参加现实斗争结合起来的史学家"，"用借古讽今的手法，做到了历史研究的古为今用"，这个戏更是"开辟了一条将自己的历史研究更好地为社会主义现实、为人民服务的新途径"；有的文章还说："人们在戏里表扬'清官'……是在教育当时的做官的，起着'大字报'的作用。"

既然《海瑞罢官》及其赞扬者提出了这么重大的问题，并且广泛地宣传了他们的主张，我们就不能不认真地进行一次研究。

……（中略，下为结尾——引者注）

现在回到文章开头提出的问题上来：《海瑞罢官》这张"大字报"的"现实意义"究竟是什么？对我们社会主义时代的中国人民究竟起什么作用？要回答这个问题，就要研究一下作品产生的背景。大家知道，1961年正是我国因为连续三年自然灾害而遇到暂时的经济困难的时候，在帝国主义、各国反动派和现代修正主义一再发动反华高潮的情况下，牛鬼蛇神们刮过一阵"单干风"、"翻案风"。他们鼓吹什么"单干"的"优越性"，要求恢复个体经济，要求"退田"，就是要拆掉人民公社的台，恢复地主富农的罪恶统治。那些在旧社会中为劳动人民制造了无数冤狱的帝国主义者和地富反坏右，他们失掉了制造冤狱的权利，他们觉得被打倒是"冤枉"的，大肆叫嚣什么"平冤狱"，他们希望有那么一个代表他们利益的人物使他们再上台执政。"退田"、"平冤狱"就是当时资产阶级反对无产阶级专政和社会主义革命的斗争焦点。阶级斗争是客观存在，它必然要在意识形态领域里用这种或那种形式反映出来，在这位或者那位作家的笔下反映出来，而不管这位作家是自觉的还是不自觉的。这是不以人们意志为转移的客观规律。《海瑞罢官》就是这种阶级斗争的一种形式的反映。如果吴晗同志不同意这种分析，那么请他明确回答：在1961年，人民从歪曲历史真实的《海瑞罢官》中到底能"学习"到一些什么东西呢？

我们认为：《海瑞罢官》并不是芬芳的香花，而是一株毒草。它虽然是头几年发表和演出的，但是，歌颂的文章连篇累牍，类似的作品和文章大量流传，影响很大，流毒很广，不加以澄清，对人民的事业是十分有害的，需要加以讨论。在这种讨论中，只要用阶级分析观点认真地思考，一定可以得到现实的和历史的阶级斗争的深刻教训。

如果说，在"反胡风"的时候姚文元不过是个"小棍子"，在反右派时是"棍子"，那么，此时他已成了江青、张春桥手中的"金棍子"了！

当姚文元还只是"小棍子"、"棍子"的时候，并未引起海外的注意。然而，随着《评新编历史剧〈海瑞罢官〉》的发表，随着他成为"无产阶级金棍子"，港台及香港海外才注意起中国政治舞台上的这位新角。

当时香港报纸称姚文元是"姚苏凤之子"。姚苏凤乃当年鸳鸯蝴蝶派作家。这表明香港最初对于姚文元其人十分陌生。

后来，香港报纸才披露姚文元是姚蓬子之子，然后大登姚蓬子当年叛变中国共产党之事，使其时正非常得意的姚文元变得十分尴尬。

张春桥成了《文汇报》的"太上皇"

唐朝诗人陈子昂在《宴胡楚真禁所》一诗中，曾发出这样的感叹："青蝇一相点，白璧遂成冤。"自从《文汇报》被江青、张春桥、姚文元所看中，也就蒙冤受屈了。

张春桥召见《文汇报》总编陈虞荪[①]，发号施令，规定了六条"纪律"，把了解各界人士对姚文元文章的反映，列为"绝密工作"。

于是，文汇报社印刷厂里，忽地冒出了个闲人莫入的"第二车间"——保密车间。

于是，文汇报社指定了专门班子负责"《海瑞罢官》问题的讨论"。

于是，文汇报社奉命逐日向张春桥报告：一、哪家报纸在第几版转载姚文元的文章；二、各地、各界对姚文元文章的反映（尤其是《文汇报》驻京办事处，必须随时报告北京动向）；三、把重要内容编入内部刊物《文汇情况》。

于是，《文汇报》奉命执行自1938年1月25日创刊以来从未有过的编辑方式：凡是准备发表的有关《海瑞罢官》的文章，必须事先由"第二车间"用老四号大字排出，送张春桥阅定，再退回报社，改用小字排印。拼成大样后，再送张春桥，待他签字后才付印。

于是，张春桥完全控制了《文汇报》，成为《文汇报》总编的"太上皇"。什么"民间报纸"，那只是张春桥借以蒙骗读者的幌子！

然而，张春桥的指示又来自江青。江青才是《文汇报》真正的"太上皇"！

江青不断地通过张春桥，向上海《文汇报》下达"指示"，以求"扩大战果"：

"姚文发表后，意见很多，但均在地下，要引到上面来。"

"要采取'诱敌深入'的办法，要使敌人感到你'不堪一击'，这样，他就回去，出场。这样反复搞，他们非上马不可。"

"前一时期'海罢'太过了些，敌人不出来。"

"总之，要调动敌人兵力。"

[①] 1986年9月5日，叶永烈采访陈虞荪于上海。

"采取'围而不歼'的战术,环绕此周围,开辟战场。"

据上海《文汇报》前总编陈虞荪及总编办公室主任全一毛①对笔者说,那时张春桥几乎每天都要陈虞荪去汇报情况,然后向他下达种种"指示"——内中不少来自江青,却不许作笔记。陈只得用脑子硬记,一离开张春桥那里,便直奔报社,复述给全一毛,由全一毛记录成文,以便贯彻执行。

所幸陈虞荪的记忆力不错。所以,他能够把张春桥的种种指示,一一复述,记录在案。因为倘若没有文字记录,很容易疏漏,张春桥怪罪下来,那就麻烦了。

关于陈虞荪这种先凭借记忆复述上级指示的"本事",《文汇报》唐振常先生所写的悼念"陈虞老"的文章中,有这么一段:

> 大家最感佩服的,是他传达市委领导讲话的本领。那些年,市委抓报纸极紧,他常被市委叫去谈话,回到报社,总是立刻召开小型会议传达贯彻。他从无笔记本,依然如作报告一样,不过一两张纸,记了几条,然后源源本本传达。作报告是发抒他自己的思想。思之有得,成篇亦非甚难。传达则是讲述别人的话,只那么几条杠杠,他照样长篇大论,讲来活灵活现。这不单是记忆力好的事,实已将他人所言融入自己脑中,用办报纸的行话讲,叫做吃透领导意图。当然,所说当非原来词句,但其内容则不能出以己意,且不容出以己意的。果然,传达完,然后发表他自己的贯彻意见,提供会议讨论。陈虞老的冰雪聪明,大多类此。②

作为《文汇报》多年的总编辑,经历过多少沧桑。他手下记者如云,却几乎不接受采访。笔者不顾浅薄,在1986年几度访问年已八旬、资深的"陈虞老"。

步入他的家,见墙上醒目地挂着一幅字:

> 结缡六十春秋,历经家难国难党难,正老境如蔗,忍撇我先归;
> 抚育八个子女,欣看自立自强自爱,恰青山满目,应知君无憾!

落款是"八十孤叟虞荪"。

他说,这是纪念他故去的夫人而写的。

他的床头,挂着一帧周恩来的照片。

他说,《文汇报》处于风口浪尖,总编辑这把椅子是很难坐的。他说起他的前任徐铸成,在1957年下台。他在这样严峻的历史关头,接替徐铸成,出任《文汇报》总编辑。

他说,当时中共上海市委的负责人是柯庆施。对柯庆施这个人如何评价?如果没有柯庆施,江青未必能够把上海作为她的"基地"。在这中间,张春桥起了很大的作用。

---

① 1986年9月5日,叶永烈采访陈虞荪,同年9月11日采访全一毛。
② 唐振常:《漫谈陈虞老》,《上海滩》1994年4期。

他说,江青第一次用《文汇报》"开炮",是关于那个"有鬼无害"论。

他说,姚文元本来只是《文汇报》的普通作者。后来就不得了了,碰不得。沙叶新只"碰"了他一下,"棍子"就朝他打过去。

我问起姚文元《评新编历史剧〈海瑞罢官〉》的写作经过。他摇头。他说:"那稿子交到我手里之后,第二天就一字不易在《文汇报》上全文发表。我不知道这稿子怎么来的,改了多少次。我只知道'来头'不小。我是'奉命发表'。"

他说,关于这一"公案",在《文汇报》,除了他之外,要算全一毛最清楚。他为我亲笔写了一封"介绍信",全文如下①:

面致《文汇报》全一毛同志

一毛同志:

叶永烈同志来找我几次,为的是准备创作有关海瑞罢官前后的小说。

我确实有点爱莫能助。因为我无法原原本本地讲这场故事。特别无法像"文化大革命"中作交代那样,经得起推问。

因此我就推荐了你去承当这个差使。你有大量笔记,特别是你有惊人的记忆力。

当然,这篇历史小说,到底应如何写,还是有你的发表意见的自由,决不会被人牵着鼻子走。

如果遇到什么困难,尽可以来找我。

我绝无"闭门推出窗前月,吩咐梅花自主张"之意。

专此即颂

撰安!

虞荪
9月5日

有了"陈虞老"这一"手谕",全一毛很热情地接待了我,讲述了当年的深层内情。

在"太上皇"张春桥的控制下,《文汇报》成了张春桥的耳目,张春桥的喉舌!

张春桥每走一步棋,都有一套"战略":第一步棋,在姚文元的文章写作过程中,曰"对外保密";第二步棋,在姚文元的文章发表前夕,开"征求意见会",曰"火力侦察";第三步棋,在姚文元的文章发表之初,曰"引蛇出洞"。

怎么个"引蛇出洞"?

张春桥"指示":在《文汇报》上开辟专版,冠以醒目的通栏标题——"关于《海瑞罢官》问题的讨论",要"之一"、"之二"、"之三"地连续刊出,要引出各种不同意见来——以便日后横扫一切"牛鬼蛇神"!

虽然张春桥打起了"百家争鸣"的旗号,虽然《文汇报》编辑奉张春桥之命到各位

---

① 1986年9月5日,叶永烈采访陈虞荪于上海。

知名人士家中，主动约写批判姚文元的文章，然而，令人非常遗憾，一开始无人出马"争鸣"。大抵是1957年大鸣大放的"阴谋"给人们留下的印象太深，各界高级知识分子都经历过那场运动，已有了前车之鉴。在姚文元的文章见报之后，敢怒者众，敢言者寡——人们只是在莫有财饭店里的场合那样私下议论，未敢落笔写批姚文章。

一只碗不响，两只碗才响。没有反驳文章，难演"争鸣"这场戏，无法达到"引蛇出洞"的目的。真是天底下的怪事：张春桥居然为没有人写文章批判姚文元而犯愁了！

又一次召见《文汇报》总编。

"你们把读者来信查一查，看看能不能找到个'反对者'？"张春桥出了新主意。

于是，编辑们奉命逐封检查最近的读者来信。查来查去，持反对意见的，只有两封。其中的一封，只是大骂姚文元，没有留姓名、地址，似乎要请公安局帮忙才能找到写信者；另一封倒不错，对姚文元的文章逐点加以批驳，但是"理论水平"不高。最遗憾的是，这封信是一个高中二年级的学生写来的，"资历"未免太浅。

不过，如果真的找不出"反对者"，很难向张春桥交账。《文汇报》的编辑只得矮子里拔将军，把那封中学生的来信，送往"第二车间"，用大字排印出来。

出乎意料，张春桥见了排印稿，居然喜出望外。他立即要《文汇报》总编把那个中学生找来，对他进行"辅导"，写得更有"深度"，写得更加"尖锐"。

那位中学生——上海敬业中学学生马捷，真的被请到文汇报社，真的受到"辅导"。

中学生马捷成了批姚先锋

笔者在1989年10月16日采访了马捷。他出生于1948年4月12日，写那篇批姚文章时，他不过17岁！

马捷的真名叫马以鑫。既非高干子弟，也不是书香门第，他原先住在上海南市区斜桥附近大林路。父亲在某水产供销公司当职员，母亲则是居委会干部。

当年，马以鑫是上海敬业中学的学生。大约从初三开始，他对文学产生兴趣，课余不仅喜欢看文学作品，而且广为浏览各种报纸、杂志。

正因为这样，当姚文元的"宏文"在《文汇报》上冒出的当天，马以鑫就细细地"拜读"了。对于姚文元的"大名"，他早就十分熟悉，知道此人在文坛上东征西讨，颇有背景。不过，读罢那篇"宏文"，他的脑海中产生了许多问号：海瑞，向来是受人推崇的清官，如今怎么成了姚文元的批判对象？再说，批判吴晗的《海瑞罢官》，怎么可以跟毫不相干的"单干风"、"翻案风"、"平冤狱"扯在一起？……他越看，越觉得姚文元的文章强词夺理，逻辑混乱，简直在那里"歪批《三国》"！

他思索着。忽地，他产生一个念头：写一篇稿子给《文汇报》，对姚文元的文章提出意见。

好不容易等到星期日——11月14日，他一早就赶到上海图书馆去。他那"注释"中所引用的许多学术论文，就是在这个星期天查到的。他一边查阅文献，一边摘录。

回家后，花了四五个小时，他一气呵成，写出了《也谈〈海瑞罢官〉》。他连草稿也没有打,信手写在印着横条的活页纸上。

写罢,他看了一遍,觉得这样指名道姓批判姚文元的文章不便署真名,灵机一动,想出个笔名"马捷"。

他还给报社附了一封信,说明自己是敬业中学高二学生,出于对姚文元的文章有不同的观点,写了一篇稿子,信末署上自己真名实姓。

真可谓初生牛犊不怕虎,他把信和稿子一起投进了邮筒。

约摸过了四五天,班主任突然来找马以鑫:"你给《文汇报》写了稿子,是吗?报社给学校来电话了,要你马上去一下,有些地方要作些修改。"

万万想不到,《文汇报》居然会这么快就有了回音!他原以为,一个小小的中学生的来稿,也许会被扔进编辑部的废纸篓。如今,竟要他去报社,且要作修改,这显然意味着要发表他的文章。

他平生还是头一遭去文汇报社。怀着惴惴不安的心情,他当即去了。他不知道去那里该找谁,因为打电话给学校的人没有留姓名。当他来到圆明园路,跨进《文汇报》大门,说自己是敬业中学的学生,一个似乎早就等在那里的中年男子走了过来,说道:"跟我来!"

马以鑫随着他走进大楼,来到一间办公室。马以鑫注意到那门口挂着"总编辑办公室"字样的牌子,心中不由得一阵紧张。总编辑亲自接见他这个中学生,看样子对他的稿子破格重视!

■ 刊登在《文汇报》上的马捷的文章《也谈〈海瑞罢官〉》

一进去，总编辑手中正拿着他那写在活页纸上的稿子，每一页差不多都用红铅笔画过许多道道。

总编辑询问了马以鑫怎么会想起写这样一篇文章，是不是自己写的，资料是怎么查的。这时，马以鑫壮起胆子，逐一作了答复。从他那不假思索、流畅的答话中，可以清楚判定，此文确系他写的，并没有什么人"辅导"。

总编辑谈了对稿子的意见，说写得太分散，要集中一些，要他抓紧时间修改，明天一早送来。

走出文汇报社，马以鑫的情绪处于异常兴奋之中。因为"明天一早就送来"，意味着《文汇报》会很快发表他的文章。如此重视，又如此急用，是他做梦也未曾想到的。

他揣着那一叠画满红道的活页纸回到家中，当晚便重写了一稿。他把文章删短，压缩。想到此文要公开见报，他把初稿中一些很尖锐的字句删去了，改写成一封读者来信，说是一位中学生读了姚文，提出如下意见云云。

■ 1989年的马以鑫，即"马捷"（叶永烈 摄）

第二天一大早，他把初稿留在家中，把修改稿送到报社，报社还未上班呢！

过了一个多星期——11月30日，上午，马以鑫从学校的阅报栏里看见《文汇报》以显要的位置刊出了他的文章，这是他一生中头一回在报上发表文章，他的心情收紧了，急剧地跳着。他读着报纸，才看了几句，便傻眼了：怎么，报上登的不是他的修改稿，而是他的初稿！

马以鑫陷入了困惑：既然登他的初稿，又何苦要他作修改？他的初稿从报社取回之后，没有寄出，报社从哪儿弄到了他的初稿？

天真烂漫的他，哪里知道报社讳莫如深的内幕：

那是因为，马以鑫把意思领会错了，在修改时反而抹去了那些锋芒毕露的词句（也是因为他修改时处处想及此文要公开见报，不像写初稿时图一泄为快）。

张春桥没有用修改稿，指令仍用初稿——马以鑫压根儿不知道他的初稿曾用大字排印过。正因为这样，这位幼稚的中学生会对报上登出他的初稿迷惑不解。

经过张春桥这位幕后导演的一番煞费苦心，《文汇报》上终于出现了通栏标题：关于《海瑞罢官》问题的讨论①。

通栏标题之下，刊登着"编者按"和署名马捷的《也谈〈海瑞罢官〉》一文。

"编者按"是经过张春桥和姚文元逐字逐句推敲，这才定下来的。

编者按：姚文元同志的《评新编历史剧〈海瑞罢官〉》一文，于11月10日在本报第二版发表以后，引起了各方面的重视。史学界、文艺界、出版界、教育界有的单位已进行了几次讨论，有的正在展开讨论。对这篇文章，提出了各种赞成的、反对的或者怀疑的意见。许多同志来信把讨论中提出的各种意见和问题告诉了我们，要求在报纸上展开讨论。我们非常欢迎这个建议。党中央和毛泽东同志经常教导我们，百花齐放、百家争鸣的方针，是促进我国的社会主义文化繁荣的方针。革命的战斗的批评和反批评，是揭露矛盾，解决矛盾，发展科学、艺术，做好各项工作的好方法。我们发表姚文元同志的文章，正是为了开展百家争鸣，通过辩论，把《海瑞罢官》这出戏和它提出的一系列原则问题弄清楚，促进社会主义文化繁荣昌盛。我们热烈地欢迎广大读者继续来稿来信，各抒己见，参加讨论。现在把马捷同志的来稿发表于下。

这段"编者按"，是张春桥、姚文元"引蛇出洞"的"广告"。令人惊讶的是，惟恐人不知，这段"编者按"竟一字不易地接连重复刊登了六天，创造了中国报刊史上的空前奇迹。唯有广告，才会如此重复刊登！

马捷的文章，被放到空前显要的位置。在"编者按"中并没有说马捷是中学生，作者名字前也没有冠以"上海敬业中学学生"，张春桥在巧妙地玩弄遮眼法："马捷"这名字对于读者来说是生疏的，谁也不会以为他是中学生，而会把他看成是某一专家学者的化名！不言而喻，这就大大提高了这篇反驳文章的声望和煽动力，才能起到"引蛇出洞"的效果。

马捷的文章，火药味浓浓的，简直是指着姚文元的鼻子予以痛斥，骂得那么痛快：

姚文元同志的《评新编历史剧〈海瑞罢官〉》对吴晗同志的《海瑞罢官》作了全面的否定，认为它是棵毒草，并对《解放日报》和《文汇报》提出了批评。我们认为姚文元同志的许多观点是错误的，为了达到自己否定《海瑞罢官》的目的，不惜断章取义地引用他人文章。

姚文元同志说，《海瑞罢官》中的海瑞"孤零零一个人，从经济到政治，单枪匹马搞了一场大革命"。这是一种赤裸裸的形而上学观点。

姚文元同志在《评新编历史剧〈海瑞罢官〉》中不仅反对了《海瑞罢官》，而且还指责了《海瑞上疏》。他说："不论'清官'、'好官'多么'清'、多么'好'，他们毕竟只能是地主阶级对农民实行专政的'清官'、'好官'，而决不可能相反。"从这段话中，我们完全可以看出，作者不仅认为海瑞是封建统治阶级的爪牙，还认为历史上所有的"官"全是坏蛋，在他的眼里，什么越王勾践，什么刘、关、张，什么诸葛亮，什么包公，什么岳飞，什么杨家将，什么林则徐，什么邓世昌……他们统统是封建统治阶级的爪牙和帮凶。那么请问：历代人民对他们的尊敬，是不是全是受了封建阶级的骗，也就是说，我国人民是上了圈套，全是愚昧的？……按照姚文元的逻辑，岂不是可以把所有的史书烧光吗？姚文元同志何必费那么大劲看《明史》呢？

……姚文元同志认为，我们向《海瑞罢官》学习，一学"退田"，二学"平民冤"，三学"反官僚主义"，他还请吴晗同志"明确回答：在1961年，人民从歪曲历史真实的《海瑞罢官》中到底能'学习'到一些什么呢？"关于这一点，完全可以奉告。文艺作品，特别是社会主义的文艺作品，要读者从中吸取优秀人物的精神，要用作品中优秀形象激励自己为社会主义贡献力量，为共产主义奋斗终身，这是连小学生都知道的道理，但是，姚文元同志偏不认识这小学生都懂的道理，以为戏中有"退田"，我们也"退田"；戏中有"平民冤"，我们也"平民冤"；戏中有"反官僚"，我们也"反官僚"……总之，文艺作品中的主人公干啥我们也干啥。按照这种荒谬绝顶的逻辑，我们读《铁道游击队》就要学刘洪等人飞车搞机枪；读《红岩》我们就要像许云峰到敌人魔窟再斗争，在临死前要学江姐；看《李双双》我们的妇女同志（而且只有妇女同志）就要勇敢地与自己不进步的丈夫斗争，假如丈夫进步，那只好干瞪眼。

马捷在毫无顾忌地逐点批驳了姚文元之后，文末，也给姚文元"上纲"了：

姚文元同志断章取义地引用他人文章，断章取义地分析作品，其卑鄙程度是令人诧异的。从根本上看，姚文元同志还对毛主席关于从历史中吸收精华的教导采取了反对态度，这正是阶级和阶级斗争的一个反映，不管是自觉的还是不自觉的。

《海瑞罢官》的意义决不是姚文元同志的诬蔑、造谣和中伤所能抹煞的。

虽说马捷的文章，是张春桥为了"引蛇出洞"而故意抛出的，但这位中学生毕竟是勇敢的。"嘴上没毛"的年轻人，哪里知道老奸巨滑的张春桥心中的诡计？马捷批姚文元是真批，是出自内心的对"金棍子"的无比憎恶。虽然他上了张春桥的当，而他的纯真、他的正义感是可嘉的。

此处顺便提一下马捷——马以鑫的"后来"：

世上没有不透风的墙。尽管文章以笔名"马捷"发表，敬业中学还是轰动了，人人皆知是马以鑫写的。好心的老师们看了马以鑫那没遮没拦、直言不讳的文章，都为这位正直而颇有才气的学生捏了一把汗。

马以鑫在文章见报的当天，给文汇报社去电话，问他们为什么不用修改稿，却登初稿。他得到的答复是四个字："我们需要！"

满校风雨，马以鑫成为全校关注的人物。随着"文革"日近，姚文元的名声越来越响亮，各报纷纷登批判《海瑞罢官》的文章，马以鑫也就成了校内的批判对象。

最初是开班会批判他。接着，学生代表会批判他。再接着，大字报围攻他，有的大字报甚至称他为"反动学生"。

本来正在争取入团的他，入团成了泡影，连红卫兵组织都不许他加入。

有一回，他去文汇报社看大字报，吃了一惊。大字报"揭露"，那位总编辑如何"扶植反动学生马捷"，"帮助他修改攻击无产阶级司令部的姚文元同志的毒文"，甚至还说"马捷"这笔名也是那位总编辑取的，如此等等。马以鑫看了，如坠五里云雾之中！唯有一点是明白的，他又一度"升级"，变成"攻击无产阶级司令部"了！

马以鑫到《文汇报》看大字报的消息传开以后，学校里贴出了"勒令"，不许马以鑫"乱说乱动"，不得"私自外出"。

当红卫兵们去"大串连"的时候，马以鑫被"勒令"下乡，接受"改造"。

接着是"勒令"马以鑫交出日记，他只得照交。好在日记上写的都是"闪光的语言"，查不出什么反动言论。所幸马以鑫的父母都没有什么问题，而他本人又年纪轻轻，平时还算"积极"，因此没有被戴上什么"帽子"，成为什么"分子"。那"反动学生"的"头衔"，也还只是大字报上说说而已。

1966年8月光景，一个陌生的男人忽地出现在马以鑫家中。此人大约35岁上下，瘦瘦的，中等个子，他自称是《文汇报》的，却没有拿出任何证件。他说报社要查看初稿的原稿，要马以鑫交出来。已是惊弓之鸟的马以鑫，未问来者姓名，就交出了原稿。从此，这份写在活页纸上的原稿，不知去向。

在动员上山下乡时，马以鑫被列入第一批到安徽插队的名单。不过，体检时发现他有肋膜炎，他被以病休名义留下，转到街道。后来，街道居委会又动员上山下乡，他于1969年9月到黑龙江嫩江农场劳动。

原以为从此可以跳出苦海，同去嫩江的有敬业中学的同学，"马捷"之事又在那里传开来了。好在那儿毕竟不是张、姚的"根据地"，人们当作一桩新闻听过之后，也就一笑了之。农场领导因此得知有一个能写文章的马以鑫，把他调到场部文艺宣传队编编写写，当个"秀才"使用，这是想不到的。

原本少年气盛、血气方刚的他，经过磕磕碰碰，棱角慢慢磨平，懂得了"夹起尾巴做人"的道理，诚惶诚恐地完成领导交给任务。这样，在北国边陲，他度过了平静的四个春秋。

大学生王复兴奋笔批姚

1994年9月8日，笔者收到中原油田采油技校高级政工师王复兴的来信。在信中，他告诉笔者，他有着与中学生马以鑫十分相似的经历。"先生写及中学生马捷成了'反姚先锋'，我反复读了多遍。本人有着与马捷同志相同的经历。当时，我是河南大学历史系一年级学生。1966年1月9日，我在《光明日报》发表反对姚文元的文章《不能这样否定——与姚文元同志商榷》，受到了原河南省委、河南大学当时领导人的迫害……"

当时，他作为一个年轻的大学生，读了姚文元的文章，奋笔批驳。他化名"宋都"，把文章寄到北京的《光明日报》。意想不到，《光明日报》在1966年1月9日发表了他的文章！此后，他被打成了"反动学生"、"反革命"……

1994年11月29日，王复兴是这样向笔者叙述自己的这一不平常的经历：

当时，作为一个青年学生，不可能知道姚文元文章出笼的历史背景。但是，青年学生天真,没有包袱,无所畏惧,确有初生牛犊不怕虎的精神,不管你是什么大人物、小人物,你说的不对,就要和你辩论,在真理面前人人平等嘛。

为了捍卫真理,我就到图书馆里翻阅《列宁选集》、《毛泽东选集》和有关海瑞的历史资料及批判姚文元的理论根据。

经过一个多月的努力,我化名"宋都"(因为学校在开封,开封是宋朝的国都),写出了《不能这样否定》的文章,寄往北京《光明日报》。

当时,我也没有想到会发表。1966年元月9日的《光明日报》来了之后,我发现刊登了我的文章,当时学校轰动了,好多同学都争看那篇文章。

我把那篇文章寄到了我的母校——河南省荥阳高中,母校的教导主任李涤平老师在全校大会上宣扬了我的文章,认为学校毕业生中出了一个才子。

1966年4月,原中南局书记在广州召开中南六省宣传部长会议,在会上点了我的名,说开封师院有个学生叫宋都,发表文章反对姚文元,河南来的同志回去查一查。

河南省委宣传部长连夜从广州坐飞机回到郑州。一天晚上十一点钟,开封师院党委的一个秘书,把我从学生寝室里叫了出来,问我:《光明日报》登的那篇文章是不是你写的?我说是我写的。

第二天晚上,历史系党总支书记把我叫到他家里对我进行审问,问我家庭是什么出身,我说是贫农;问我父亲是干什么,我说是党员,荥阳完中党支部书记;又问我都干过什么,我说我从小上学,高中毕业后当过兵,当了兵又来上大学。

他又问我那篇文章是谁让你写的,有没有后台?我说是我自己写的,没有任何人指使我,出问题我自己负责。

接着系里让我写检查,又派人到我的家乡调查情况,全系开大会批判我。

他们抓不住我什么问题,就从笔名上无限上纲,说"宋都"要复辟封建主义,要恢复宋朝的国都。就连我不爱吃鸡蛋,也成了他们攻击的把柄,说我腐化堕落、资产阶级思想严重,连鸡蛋都不吃,真是无稽之谈。

后来,开封师院党委把整我的材料报到了河南省委宣传部,把我定为反动学生。

1966年6月4日,"文化大革命"在开封师院爆发,要"横扫一切牛鬼蛇神",全院第一炮就瞄准了我。一夜之间,前庭后院,墙上、地上、大字报、大标语铺天盖地而来,"打倒反党反社会主义分子王复兴","打倒小邓拓王复兴","打倒小吴晗王复兴",大约有一万张之多。一夜之间,一个本来不出名的青年学生居然成了全校赫赫有名的"大人物",被诬蔑为"历史罪人"。

在我的母校,曾经宣扬过我文章的教导主任李涤平老师也成了"黑帮",宣扬我的文章成了他的一大罪状。我父亲也成了"黑帮"。他们学校的造反派把我在《光明日报》上发表的文章贴了出来,说什么"老子反动儿混蛋"、"老反革命培养的小反革命"。

就连我们一个宿舍里平时和我很要好的同学,也不敢和我说话,要和我划清界线,写大字报攻击我。一时间,我成了孤家寡人,没人敢和我说话,没人敢接触我,我走到那里,后面就有人指指划划,"他就是小邓拓"。两派群众组织都不敢让我参加,说我是"反革命",上街游行也不让我去,恐怕我玷污他们的"革命行动"。

直至1979年5月10日,王复兴才获得彻底平反。
《关于王复兴同志的平反决定》全文如下:

> 王复兴,男,现年三十二岁,贫农出身,学生成份,河南省荥阳县人。1965年考入我院历史系学习,1970年毕业,现任荥阳县刘河高中教师。
>
> 在文化大革命初期,报刊上开展了对《海瑞罢官》问题的评论,王复兴同志于1966年1月9日在《光明日报》上化名宋都发表了题为《不能这样否定》的文章。王复兴同志在这篇文章中对反动文痞姚文元对吴晗同志的恶毒攻击和诬蔑表示反对。因此,受到林彪、"四人帮"及我省那几个积极推行林彪、"四人帮"左倾机会主义路线的人的迫害。给王复兴同志强加上"小邓拓"、"小吴晗"、"反党反社会主义分子"等莫须有的罪名进行批判,使王复兴同志精神上受到很大委屈。
>
> 院党委认为:上述情况完全是颠倒是非,混淆黑白,作法是极其错误的。决定给王复兴同志彻底平反,恢复名誉,强加给王复兴同志的一切诬陷不实之词统统推倒,塞进本人档案或家属档案中的不实材料都应予清理销毁。
>
> 中共开封师范学院委员会
1979年5月10日

1985年出版的《河南大学校史》,对王复兴作出了这样的评价:

> 吴晗同志新编历史剧《海瑞罢官》发表后,中文、历史系一些学生对姚文元散布的反动论点进行了尖锐的批判,如历史系学生王复兴以宋都的笔名,于1966年1月9日,在《光明日报》上发表了《不能这样否定》一文,批判姚文元的论点。他从理论和学术的角度为吴晗申辩,明确指出:"姚文元不顾历史的局限,不顾时代的不同,不顾事实性质的不同,而硬把《海瑞罢官》中的'退田'、'平冤狱'和现代的人民公社、翻案风相提并论,岂不可笑。"他还尖锐地指出,姚文元"自以为是地在自己的审判庭上把《海瑞罢官》判为毒草","我们决不允许"。事实证明,广大师生是富有鉴别能力的。

马以鑫和王复兴,作为两名普通的学生,能够鉴别姚文元的文章,这表明姚文元是无法一手遮天的。"一时强弱在于力,千秋胜负在于理",手握真理的"小人物"必将战胜貌似强大的"大人物"。

张春桥终于"引蛇出洞"

马捷一马当先,在《文汇报》上被树为反姚文元的"样板",给《文汇报》涂上了一层"民主"、"争鸣"的油彩:马捷这么尖锐的文章,《文汇报》也登,编者是不偏不倚的,态度是公允的。

果真,如张春桥所料,自从马捷文章刊出之后,读者来信激增,来稿也不断增多。

于是,张春桥又选发了一批反姚文章,作者为蔡成和、燕人、林丙义、张家驹、羽白等。

不过,史学界、文学界的绝大多数权威人士仍按兵不动。看来,坐等他们来信、来稿,是不行的。

"请他们来!"张春桥发出了新的指令。

周予同请来了,周谷城请来了,蒋星煜请来了,谭其骧、李俊民[①]、李平心、束世澂、魏建猷、张家驹、陈向平、陈守实等一位位教授、学者请来了。12月31日,由《文汇报》编辑部出面,召开了座谈会。为了使与会者无拘无束,张春桥和姚文元"回避"了——他们叮嘱,记录一定要细致!

会议开始时,主持者声言:"内部谈谈,听听各位意见,不算账。"这么一来,解除了与会者的戒备,个个畅抒己见,以为只不过"内部谈谈"。

可是,会议结束时,主持者却道:"谢谢各位。今天的发言,我们准备整理成文见报!"

"一言既出,驷马难追。"专家、学者们这才知道上了大当,但悔之晚矣。

张春桥和姚文元翻阅着会议记录,笑了:"引蛇出洞"终于成功了!

这时,从北京也传来"引蛇出洞"获得成功的消息。

元史专家翁独健教授"跳"出来了,说:"姚文最后一段议论提出《海瑞罢官》影射现实,过了头,超过了学术范围。姚文元给吴晗下'反党反社会主义'结论,这是莫须有的罪,和秦桧陷害岳飞时的理由一样。你姚文元把海瑞的平冤狱、退田同现实类比,请问你是什么存心?你故意这样套,是不是存心反党反社会主义?"

好,好,你翁独健敢于骂姚文元"存心反党反社会主义",调子比马捷唱得还高!

北京大学副校长、北京大学历史系主任翦伯赞教授,也终于按捺不住了,替吴晗大打不平:"吴晗和我是朋友,我了解他。难道吴晗要退田?""思想批评,要联系个人历史,要看他是什么样的人。吴晗早在抗日时期就参加了民主革命。""凡事也有个'一分为二'。一个同志写文章,难道没有一点正确的东西?""如果整吴晗,所有进步的知识分子都会寒心。"

好,好,翦伯赞可是条"大鱼",中国史学界之"马首",是马捷远远无法相比的。你翦伯赞也跟吴晗坐一条板凳,太好了!

那阵子,张春桥和姚文元够忙碌的,天天在那里排"左、中、右"名单。划分"左、中、

[①] 1986年10月12日,叶永烈采访李俊民于上海。

右"的标准,便是对姚文元文章的态度:拥护的,"左派";中立的,"中间派";反对的,"右派"。

到了1966年春节,张春桥还在忙碌。他在春节联欢会上,还不忘"钓鱼"。他拍着胸脯说:"参加《海瑞罢官》的讨论要消除顾虑","在真理面前一律平等,大家要敞开思想,敢于辩论","发表了错误观点可以允许你修正,一旦纠正了错误,提高了认识,可能比别人跑得快,也有希望成为冠军"。他还把参加《海瑞罢官》的讨论,提到空前的高度:"知识分子革命化途径之一,就是积极参加大辩论。"

为了开展"大辩论",颇为"艰苦朴素"的姚文元,穿着一双草绿色的胶鞋,光临《文汇报》编辑部。他从包中拿出几张纸头,上面开列了三十几道关于《海瑞罢官》的讨论题,要求《文汇报》展开讨论。

文汇报社忙得团团转:每一封关于《海瑞罢官》的读者来信都要摘要登记;每一篇准备发表的文章都要送张春桥审;每一期关于《海瑞罢官》讨论的《文汇情况》都要请张春桥阅定。

一天,文汇报社的红色电话机里,响起了张春桥的声音,要总编立即去康平路。

显然,有紧急情况。

果真,总编回到报社,嘱令关于《海瑞罢官》的《文汇情况》停印。今后改出《记者简报》,专登《海瑞罢官》讨论情况,每期不标编号,只印12份。这12份全部送交张春桥,由他分发。

为什么会发生这样的突然变故?

张春桥没有说明原因,《文汇报》总编亦不得而知。

直到很晚很晚,人们才得知其中的缘由:周恩来看到了载有《海瑞罢官》讨论的内部情况的《文汇情况》,打电话问江青,为什么在背后搞这些东西?江青当即转告张春桥。从此,改出《记者简报》,不编号,分发名单上没有周恩来。

"围城打援"——打北京援军

按照姚文元开列的三十几道题目,关于《海瑞罢官》的讨论,旷日持久地在《文汇报》上进行,一整版又一整版,连篇累牍,没完没了。

一出京剧《海瑞罢官》,用得着花那么多的篇幅,无穷无尽地讨论下去?

如果说要"引蛇出洞",许许多多专家、教授都已表了态,讲了话,写了文章,干吗还要"深入、持久开展讨论"?

在文汇报社,已有人厌倦了,希望早点结束这场漫无涯际的"学术讨论"。

张春桥说了一句叫人摸不着头脑的话:"大战还没有开始哩!"

他,正在下第四步棋,名曰"围城打援"。

"围城打援"本是军事用语,即:进攻的一方以一部分兵力包围据守城镇的敌人,诱使敌人从其他地方派兵援救,而以事先部署好的主力部队来歼灭敌人的援兵。现在,张春桥把吴晗当成已被围困于城中的敌人，旷日持久地讨论《海瑞罢官》，对吴晗"围而不歼"。张春桥的目光，注视着城外的援军……

张春桥和姚文元无日不在关注着来自北京的消息。江青早就说过，她在北京得不到支持，才来上海点燃批判《海瑞罢官》之火。

北京，隐伏着吴晗的强大的援军！

姚文元的文章，是在上海发表的，而攻击的矛头是指向北京，指向中共北京市委。江青知道，在姚文元的文章发表前，在有各大区负责人参加的中共中央政治局常委会上，毛泽东问过中共北京市委第一书记兼市长彭真（从1949年开始彭真便一直担任此职）："吴晗是不是可以批判？"吴晗，北京市副市长也。彭真显然护着吴晗，含糊其词地答曰："吴晗有些问题可以批判。"

姚文元文章发表的当天，彭真便得知这发生在上海的异常动向，当即嘱令秘书以最快的速度设法弄到一张11月10日的《文汇报》——那时上海《文汇报》还没有在北京发行航空版。

江青关注着中共北京市委的反应。《文汇报》驻北京记者站陷入了最忙碌的时刻，记者在北京四处活动，收集对姚文元文章的"反馈"信息。这些信息刊载在内部刊物《文汇情况》上。

从11月12日至26日，上海《解放日报》、浙江《浙江日报》、山东《大众日报》、江苏《新华日报》、福建《福建日报》、安徽《安徽日报》、江西《江西日报》先后转载了姚文元文章。这表明，华东六省一市步调一致，支持姚文元的文章。

姚文元的长文在《文汇报》上抛出之后，北京保持缄默。

北京承受着巨大的压力。北京日报社社长乃是范瑾，黄敬的妻子。

她当时担任中共北京市委宣传部副部长兼《北京日报》社社长。她理所当然关注着姚文元那篇"大作"，曾两度打电话给上海《文汇报》的熟人，探问此文的背景。她也曾两度打电话给彭真，请示是否在《北京日报》上转载此文。彭真说，《北京日报》不必转载，除了《人民日报》的重要社论各地报纸必须转载外，像上海《文汇报》上的文章没有必要转载。

压力不断增大，如江青后来所说："我们组织的文章在上海登了以后，北京居然可以十九天不给登。后来主席生了气，说出小册子。小册子出来，北京也不给发行。当时我觉得，才怪呢，一个吴晗完全可以拿出来批嘛，有什么关系！噢，后来才知道，一个吴晗挖出来以后就是一堆啊！可见其难啊！"

张春桥嘱令上海人民出版社把姚文元的文章排成单行本，以便到北京散发，攻入那个"盘根错节"、"水泼不进"的"顽固堡垒"。上海人民出版社作为急件，排好了姚文元的文章，打好了纸型，就要付印。这时，江青给张春桥来电，上海不必印了，由人民出版社在北京印行。

正在人民出版社准备排印姚文元的文章时，北京的报纸终于表态了。

知道毛泽东"生了气"，知道《解放军报》准备转载姚文元的文章，彭真不得不给范瑾去电话，指示《北京日报》转载姚文。

11月29日，亦即姚文元的文章在《文汇报》上发表后的第19天，《解放军报》和《北京日报》均在第2版转载,并各自加了"编者按"。

《解放军报》的"编者按","旗帜鲜明",倾向性极强,口气咄咄逼人。全文如下：

本报今天转载了《文汇报》11月10日发表的姚文元同志《评新编历史剧〈海瑞罢官〉》一文。这篇文章很值得大家认真读一读。

1961年,吴晗同志编了一本京剧《海瑞罢官》。这个戏,是一株大毒草。作者用歪曲历史真实和"借古讽今"的手法,极力美化封建统治阶级,宣扬不要革命的阶级调和论。作者精心塑造了海瑞这个形象,要我们社会主义时代的人民去"学习"海瑞的所谓"退田"、"平冤狱"以及所谓"刚直不阿"的"大丈夫"精神,等等。这究竟是为了什么,难道不是明明白白的吗?

毛主席教导我们,任何时候都不可忘记阶级和阶级斗争。《海瑞罢官》这个戏的出现,正是阶级斗争在意识形态领域里的反映。阶级斗争就是最大的政治。我们强调突出政治,就是要学会用阶级斗争的观点和阶级分析的方法,来看待历史,看待现实,看待一切事物。

我们军队的同志,不仅要善于在战场上进行阶级斗争,而且要善于在政治思想战线上进行阶级斗争。遇到什么事情,都要用鼻子嗅一嗅,到底是对哪个阶级有利,对什么人有利。我们必须旗帜鲜明,立场坚定。凡是对党、对人民、对无产阶级革命事业有利的事情,我们就坚决拥护,坚决去干。反之,就坚决反对,坚决不干。

希望大家在读《评新编历史剧〈海瑞罢官〉》这篇文章的时候,好好想一想,议一议。大家还要关心报纸刊物上有关这个问题的讨论,从中吸取教益。

《北京日报》的"编者按",口气就温和得多,只是说以"双百"方针的精神展开讨论。全文如下：

11月10日上海《文汇报》发表了姚文元同志《评新编历史剧〈海瑞罢官〉》一文,现在加以转载。

吴晗同志编的《海瑞罢官》是一出影响较大的戏。过去本报和《北京晚报》发表过繁星、常谈、方三、史优等赞扬《海瑞罢官》的文章。几年来,学术界、文艺界对《海瑞罢官》这出戏和吴晗同志写的其他文章是有不同意见的。我们认为,有不同意见应该展开讨论。

毛主席说："百花齐放、百家争鸣的方针,是促进艺术发展和科学进步的方针,是促进我国的社会主义文化繁荣的方针。"为了便于大家运用历史唯物主义和阶级分析的观点实事求是地弄清是非,解决问题,我们准备在本报就《海瑞罢官》及其他有关问题展开讨论。

次日,《人民日报》在第5版"学术研究"栏里转载姚文,加了"编者按"。

《人民日报》的"编者按"用词严谨,口气平稳,把评《海瑞罢官》作为学术讨论来处理。这一"编者按"是经过周恩来和彭真审定的。

《人民日报》"编者按"全文如下:

> 姚文元同志在《文汇报》上发表的这篇文章,对海瑞这个历史人物和《海瑞罢官》这出戏,提出了很重要的批评意见。我们认为,对海瑞和《海瑞罢官》的评价,实际上牵涉到如何对待历史人物和历史剧的问题,用什么样的观点来研究历史和怎样用艺术形式来反映历史人物和历史事件的问题。这个问题在我国思想界中存在种种不同的意见,因为还没有系统地进行辩论,多年来没有得到正确的解决。
>
> 本报过去也发表过吴晗同志的《海瑞骂皇帝》(笔名刘勉之,1959年6月16日)、《论海瑞》(1959年9月21日),还发表过其他有关历史人物评价的文章。我们准备就《海瑞罢官》这出戏和有关问题在报纸上展开一次辩论,欢迎史学界、哲学界、文艺界和广大读者踊跃参加。
>
> 毛泽东同志在《中国共产党全国宣传工作会议上的讲话》一文中说过,"我们的政权是人民民主政权,这对于为人民而写作是有利的环境。百花齐放、百家争鸣的方针,对于科学和艺术的发展给了新的保证。如果你写得对,就不用怕什么批评,就可以通过辩论,进一步阐明自己正确的意见。如果你写错了,那么有批评就可以帮助你改正,这并没有什么不好。在我们的社会里,革命的战斗的批评和反批评,是揭露矛盾,解决矛盾,发展科学、艺术,做好各项工作的好方法。"
>
> 我们希望,通过这次辩论,能够进一步发展各种意见之间的相互争论和相互批评。我们的方针是:既容许批评的自由,也容许反批评的自由;对于错误的意见,我们也采取说理的方法,实事求是,以理服人。正如毛泽东同志所指出,"我们一定要学会通过辩论的方法,说理的方法,来克服各种错误思想。"
>
> 毛泽东同志又说,"这个方法可以使我们少犯错误。有许多事情我们不知道,因此不会解决,在辩论中间,在斗争中间,我们就会明了这些事情,就会懂得解决问题的方法。各种不同意见辩论的结果,就能使真理发展。对于那些有毒素的反马克思主义的东西,也可以采取这个方法,因为同那些反马克思主义的东西进行斗争,就会使马克思主义发展起来。这是在对立面的斗争中的发展,是合于辩证法的发展。"

《人民日报》总编辑吴冷西是这么回忆《人民日报》被迫转载姚文元的《评新编历史剧〈海瑞罢官〉》以及"编者按"的报审过程:

> 但是,谁也没有料到,甚至连少奇同志、周总理和小平同志事先也毫不知情,上海《文汇报》突然于1965年11月10日抛出姚文元的《评新编历史剧〈海瑞罢官〉》。由于姚文元的后半部武断地认为该剧借古讽今,联系1962年的所谓"单干风"、"翻案风",对吴晗同志进行政治攻击,而且还提到吴晗同志在《人民日报》上发表

的关于海瑞的文章。我不同意姚文元的这些观点，不同意在《人民日报》上转载，认为这样联系就把文艺评论变为政治问题。

我请示彭真同志（当时小平同志去西南三线视察，中央书记处由彭真同志主持工作）如何处理，他说要商量商量。我陪斯特朗去上海参加为庆祝她八十寿辰的活动时，在毛主席给她祝寿的宴会上，也没有向毛主席请示如何处理。因为我当时认为此事与毛主席无关，既已请示中央书记处，就无须打扰主席了。

直到周总理在为斯特朗祝寿后从上海回到北京，才决定《人民日报》转载并加编者按语，经彭真同志和周总理审改后于11月30日发表。编者按语措词比较缓和，基本倾向仍然是作为学术问题而不是政治问题处理。

以后发展的情况表明，姚文元的文章是毛主席发动"文化大革命"的信号。这篇文章是江青策划、毛主席看过的。从此大批判愈演愈烈，有的报刊已点名批判郭沫若、范文澜等著名学者。[①]

12月2日，《光明日报》在第2版转载姚文，加了"编者按"，并转载了《人民日报》的"编者按"。

《光明日报》的"编者按"，大体上保持与《人民日报》"编者按"一致的精神。

《光明日报》的"编者按"全文如下：

本报今天转载了《文汇报》11月10日发表的姚文元同志的文章《评新编历史剧〈海瑞罢官〉》。这篇文章提出了要不要运用历史唯物主义和阶级分析的观点来评价历史人物，研究历史事件等重大原则问题，值得大家重视。

《海瑞罢官》是吴晗同志编的一出京戏，曾经出了书，也在舞台上演出过。本报也曾发表过吴晗同志写的《〈海瑞罢官〉序》和其他称赞这出戏的文章。几年来，学术界和文艺界对这出戏和吴晗同志写的有关历史人物的评价和封建道德的批判继承问题的文章，是有不同意见的。

毛主席说："百花齐放、百家争鸣的方针，是促进艺术发展和科学进步的方针，是促进我国的社会主义文化繁荣的方针。"我们认为，既然《海瑞罢官》这出戏在社会上产生了影响，既然人们对这出戏和上述有关问题有不同的意见，就应该本着百花齐放、百家争鸣的方针，开展充分的讨论，以便分清是非，坚持真理，克服错误。为此，我们准备就这出戏以及其他有关问题进行讨论，希望大家各抒己见，展开争鸣。

各报不同的"编者按"，反映了各报对于姚文元文章的不同态度。

张春桥和姚文元研究着北京各报：什么时候转载，登在第几版，尤其是"编者按"的

[①] 吴冷西：《忆毛主席》，新华出版社1995年版，第149—150页。

每一句话,都被视为某种形式的表态。

《北京日报》《人民日报》和《光明日报》的态度是差不多的,"编者按"只是强调"百花齐放、百家争鸣",既不偏袒吴晗,也不倾向于姚文元。唯有林彪手下的《解放军报》,发表了"旗帜鲜明"的"编者按",一点也不含糊。

张春桥和姚文元不由得暗暗佩服江青的眼力:倘若她在北京组织写批判《海瑞罢官》的文章,即使有人写,也无报纸会登——要不,只能求助于《解放军报》,而《解放军报》毫无"民间"色彩!

以下是当时各报转载姚文元文章《评新编历史剧〈海瑞罢官〉》的时间表:

报纸名称	转载时间	报纸名称	转载时间
《新华日报》	1965年11月24日	《陕西日报》	1965年12月5日
《大众日报》	1965年11月24日	《湖北日报》	1965年12月5日
《浙江日报》	1965年11月24日	《云南日报》	1965年12月11日
《福建日报》	1965年11月24日	《宁夏日报》	1965年12月14日
《安徽日报》	1965年11月25日	《青海日报》	1965年12月15日
《江西日报》	1965年11月26日	《四川日报》	1965年12月18日
《解放军报》	1965年11月29日	《贵州日报》	1965年12月19日
《北京日报》	1965年11月29日	《西藏日报》	1965年12月21日
《人民日报》	1965年11月30日	《吉林日报》	1965年12月24日
《黑龙江日报》	1965年12月1日	《新疆日报》	1965年12月27日
《河北日报》	1965年12月1日	《甘肃日报》	1965年12月27日
《河南日报》	1965年12月1日	《辽宁日报》	1965年12月29日
《光明日报》	1965年12月2日	《内蒙古日报》	1966年3月4日
《山西日报》	1965年12月4日	—	—

《南方日报》没有转载姚文,只在1965年12月8日发表了《〈海瑞罢官〉宣传了什么?》,转述了姚文元的要点。

《湖南日报》也没有转载姚文,只是于1966年4月6日发表了《关于〈海瑞罢官〉讨论情况的介绍》。

从以上各报转载的时间看:一、最先转载的是华东各省报,不言而喻,当时华东各省市受中共中央华东局领导,最先知道姚文元文章发表的"通天背景"。二、其他各省报则都是在中共中央机关报《人民日报》转载姚文之后,才开始转载的。各省报转载姚文时,无一例外地同时转载了《人民日报》的"编者按"。

张春桥不断地摸各地对姚文元文章的反映,内中特别关注北京的动向。

从北京不断传来"秘密"摸来的消息,使张春桥、姚文元如坐针毡。

吴晗,这个北京市的副市长,居然有恃无恐地说:"如果真是要讨论对海瑞的评价,我可以奉陪,写文章参加争鸣。但姚文元是在扣政治帽子,我只能保持缄默,以示抗议。"被"围困"了的吴晗如此不把姚文元放在眼中,是因为他有"后台",有"援军"。

彭真,中共中央政治局委员、书记处书记、中共北京市委书记兼市长,被视为吴晗的"后台"。彭真看了姚文元的文章,盛怒道:"姚文元是什么人?把姚文元和他的父亲姚蓬子的材料都给我找出来,我要向毛主席汇报!"

有人密告张春桥、姚文元,中共北京市委书记处主管文教工作的书记邓拓,是《北京日报》"编者按"的定稿者。邓拓在北京日报社、在中共北京市委会议上,多次表态:"这次讨论,要在学术界造成一个好的风气。就是真正照《北京日报》'编者按'那样搞,贯彻'双百'方针,实事求是地辨明是非。文章要以理服人,不要以势取胜。要让人家说话,不要一边倒。在真理面前,人人平等。过火的批评要纠正,不能一棍子将人打死。"

密报!密报!从北京又传来紧急消息:邓拓从北京许多高等学校抽调文史专业教师,组织成一支队伍,要以《北京日报》为阵地,反击姚文元!

密报!密报!就连邓拓面对这些教师所讲的一席话,也被急急地密报到张春桥、姚文元耳中。

邓拓很明确地说:"姚文元的文章不是结论。吴晗同志也不是一无是处。我专门查对过原文,姚文元的引文歪曲了吴晗的意思。他这样搞很被动,有心人多得很!你们思想要解放,写文章不要有顾虑,不要怕自己和吴晗有共同之处。要摆事实,讲道理,采取商榷的态度,不要扣帽子。有什么看法就写什么看法。……"

密报纷至沓来。张春桥把主攻目标从吴晗转向邓拓。他向姚文元面授机宜:你去准备批邓拓!

这样,姚文元在讨论《海瑞罢官》的过程中,除了以"劲松"、"伍丁"的笔名,抛出《欢迎"破门而出"》、《自己跳出来的反面教员》之类"棍文",便埋头于整邓拓的材料。

张春桥的"围城打援",终于奏效:《北京日报》登出了《从〈海瑞罢官〉谈到道德继承论》,中共北京市委的政治理论刊物《前线》登出了《是革命呢,还是继承呢?》,署名"向阳生"。

密报!密报!"向阳生"即中共北京市委文教书记邓拓!

好,好,另一支援军也出动了:《人民日报》发表了《〈海瑞罢官〉代表一种什么思潮?》,署名"方求"。张春桥、姚文元认定,这是一篇"假批判、真包庇"的文章。

密报!密报!"方求"即中共中央宣传部副部长周扬主持下的写作组!

一石激起千层浪。姚文元的文章,引出了一场规模空前的大论战——这论战成了"文化大革命"的序幕。

"海瑞热"的来历

"我不懂戏,也不大看戏。特别是京戏,虽然住在北京多年,在大学学习的时候,却一次也没有看过。这些年来,看戏的机会比较多了,但是总会有这个缘故,那个缘故,不能不放过机会。以此,可以说,对京戏是个道地的外行。有人笑话我文化水平低,我也欣然同意,恰恰是这样一个人,不但写了戏,而且还写的是京戏,岂不大可奇怪也乎!"

吴晗为《海瑞罢官》写的序,一开头就这么谈起了"奇怪"的事情。

一个不懂京剧、不看京剧的历史学教授吴晗,怎么会"破门而出"写起京剧剧本《海瑞罢官》呢?

仔细追溯吴晗写作《海瑞罢官》的缘由和过程,彻底刷去了姚文元泼在吴晗身上的倾盆污水……

■ 海瑞画像

1959年4月2日至5日,中国共产党八届七中全会在上海举行。

白天开会,晚上看戏。知道毛泽东是湖南人,爱看湘剧,又听说上海在演出湘剧《生死牌》,上海方面便在4月2日晚请毛泽东观看了此剧。剧末,明朝江南巡抚、素有"南包公"之称的海瑞上场。海瑞刚直不阿的形象,使毛泽东感触颇多。

也真巧,第二天晚上,举行舞会。毛泽东和一位上海的大学女教授跳舞。一边跳舞,一边聊天。女教授的答话,引起毛泽东的深思。毛泽东自己是这样叙述的:"我同一位女同志跳舞,问她,上海的工作情况如何。她说,我是大学教授,不能讲。我说,你不问政治?她答:不是不问,而是不敢问。我问柯庆施怎么样?她说:更不敢讲。又问她:我怎么样?她说:你英明伟大。看来,这位大学教授对我们的信任,是很有限度的。"[①]

这位女教授的话,使毛泽东想及:"少奇等是在我身边多年的战友,在我面前也都不敢讲话!"

毛泽东以为,应该提倡海瑞那样敢于直言的精神。

于是,毛泽东嘱咐秘书田家英:"你刚从四川农村蹲点回来,很累。不过,我有小事一桩,要你去办:你明天去借一下《明史》,我想看一看《海瑞传》。"

4月3日晚,毛泽东没去看戏,也没跳交际舞,在灯下细细读着《海瑞传》,几乎入迷了。毛泽东看了《海瑞传》,大为感慨。

---

① 据梅白:《在毛泽东身边的日子里》,《春秋》1988年第5期。

陈丕显也回忆说：

《海瑞罢官》这出戏成于北京，却是源于上海。1959年4月，中央在上海召开工作会议。作为会议的东道主，我们自然安排了一些文艺活动，白天开会，晚上看戏。毛主席是湖南人，爱看湖南戏。一天，他看了湘剧《生死牌》，戏中海瑞这个人物引起了他的兴趣。第二天，他专门打电话要我们为他找来《明史》，仔细阅读了其中的《海瑞传》。

针对当时干部不敢讲真话的问题，为了纠正"高指标"等"左"倾问题，毛主席有感而发，在工作会上盛赞海瑞，号召大家要敢于提出不同意见，学习海瑞精神，敢于批评嘉靖皇帝。毛主席说：明朝皇帝对下臣严酷，不少大臣被廷杖致死，但还是堵塞不了言路。对嘉靖皇帝忠心耿耿的海瑞，为了大明江山，不惜冒着杀头的危险上疏批评皇帝。海瑞对嘉靖皇帝骂得很厉害，骂嘉靖是"家家（'嘉'谐音）皆净（'靖'谐音）"。他要大家学习海瑞刚正不阿、敢于批评的品格，并提出了著名的"五不怕"精神，即"不怕撤职，不怕开除党籍，不怕离婚，不怕坐牢，不怕杀头"。[①]

4月4日上午，毛泽东在会上谈农村人民公社的整顿问题时，说起了海瑞的故事：海瑞这个人对皇帝骂得很厉害。海瑞说嘉靖皇帝的"嘉靖"，是"家家皆净"。海瑞给嘉靖皇帝上疏，也写了这样的话。这当然触怒了嘉靖皇帝，把他关进了监狱。有一天，看监的老头忽然拿了酒菜给他吃，他吃完了，觉得有点蹊跷。一问，才知道原来是嘉靖皇帝死了。海瑞大哭，悲恸不已，以致把吃进去的酒菜都吐出来了。

毛泽东讲完海瑞的故事，意味深长地说：尽管海瑞骂了皇帝，但是他对皇帝还是忠心耿耿的。我们应当提倡海瑞这样一片忠诚而又刚直不阿、直言敢谏的精神。

毛泽东希望各级干部在整顿工作中，要学习海瑞，发扬海瑞精神。

听了毛泽东的讲话后，文化部副部长钱俊瑞曾向文艺界一些人传达了毛泽东关于发扬海瑞精神的意思，许多人都向钱俊瑞推荐了吴晗，以为由研究明史的吴晗来写关于海瑞的文章是最合适不过的了。

胡乔木也觉得毛泽东的这些话很重要，他同样想到了吴晗。胡乔木以为，吴晗是著名明史专家，早在清华大学时吴晗便把《明实录》读完，做了大量明史卡片，此后以研究明史而享盛誉。于是，胡乔木便向吴晗传达了毛泽东的讲话，请他为《人民日报》写一篇介绍海瑞的文章。就在毛泽东讲话之后的两个多月——6月16日，《人民日报》登出了《海瑞骂皇帝》一文，署名"刘勉之"，亦即吴晗。这篇文章，贯穿了毛泽东上海讲话的精神。

7月初，吴晗又写了《论海瑞》一文，送交胡乔木。此时，正值胡乔木出差，吴晗的《论海瑞》手稿就压在胡乔木那里了。

胡乔木上哪儿去了呢？

赤日炎炎，七月流火。中共中央委员们聚首清凉世界——江西庐山，在那里举行八届

[①] 陈丕显：《陈丕显回忆录——在"一月风暴"的中心》，上海人民出版社2005年版，第23页。

八中全会,亦即著名的"庐山会议"。

毛泽东在7月1日刚上庐山时,心境是宽松、愉快的,欣然命笔,写下了"一山飞峙大江边,跃上葱茏四百旋"——七律《登庐山》。

上山不到半个月,一封意外的信,使毛泽东的心绪顿时变得极不愉快,原定20天结束的庐山会议竟延宕至历时一个半月才结束。

那是7月13日早晨,一个壮实的中年人朝庐山毛泽东住所走来,说有事找主席一谈。警卫员说,主席刚睡。中年人走了。当晚,他在庐山上草成一信,于14日晨又亲自送往毛泽东住所。

此人便是毛泽东的多年战友、担任过中国人民志愿军司令员和正担任着中华人民共和国国防部长的彭德怀。

"我这个简单人类似张飞,确有其粗,而无其细。"彭德怀的信,一开头便这样声明。他怀着一颗赤诚的心,直言苦谏。他在信中直截了当地指出:"一、浮夸风气较普遍地滋长起来。……二、小资产阶级的狂热性,使我们容易犯'左'的错误。……"

毛泽东阅信后,双眉紧皱,当即在信上批示:"印发"。

7月17日上午,所有出席会议的中央委员都收到一份新印的文件,标题是毛泽东加的:《彭德怀同志的意见书》。

7月23日上午,毛泽东在大会上讲话,批判了彭德怀的信,说它是一个右倾机会主义的纲领,是有计划、有组织、有目的的。

顿时,庐山上风云翻滚,一片紧张气氛。

毛泽东在讲话中,又一次谈到了海瑞。他说,他仍然提倡海瑞精神。但是,他又作了新的阐述:海瑞有真海瑞、假海瑞,有"左派"海瑞、"右派"海瑞。他提倡的是真海瑞、"左派"海瑞,不是假海瑞、"右派"海瑞。

八届八中全会作出了《关于以彭德怀同志为首的反党集团的错误的决议》,发出《中共中央关于反对右倾思想的指示》。

8月16日,庐山会议终于结束。

当胡乔木下山,回到北京,这才见到吴晗那篇《论海瑞》。胡乔木因为毛泽东在庐山上仍然提倡海瑞精神,觉得吴晗的文章仍可照发。他把毛泽东关于海瑞的新见解转告吴晗。于是,吴晗修改了《论海瑞》,补充了毛泽东关于反对假海瑞的见解。9月21日,《人民日报》刊载了吴晗的《论

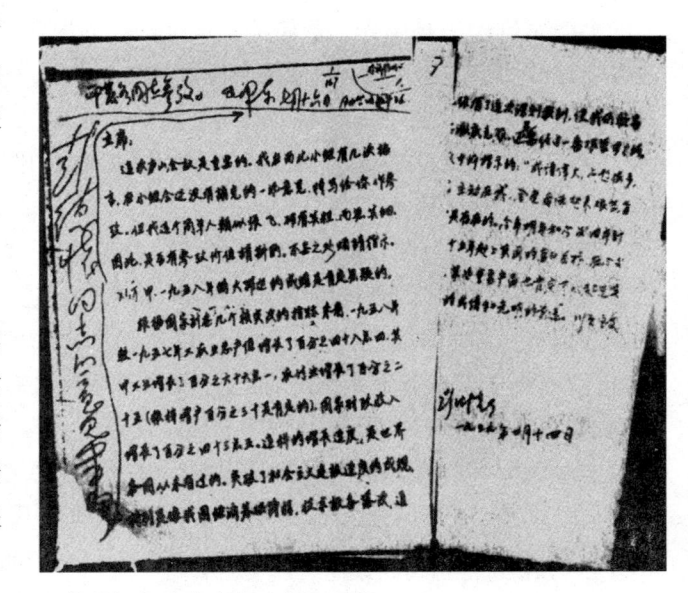

■ 彭德怀给毛泽东信的部分原件

海瑞》。吴晗始终以为，他宣传海瑞精神，是在宣传毛泽东思想——因为毛泽东提倡海瑞精神。

除了胡乔木找吴晗写宣传海瑞精神的文章之外，文化部副部长钱俊瑞也多次向文艺界提出，要宣传海瑞精神。一时间，全国各报刊、各出版社、各剧团纷纷刊登文章、出版书籍、上演节目，歌颂海瑞、宣传海瑞，形成了"海瑞热"。就连关于海瑞的连环画，一时间也出了十多种。

跟毛泽东跟得最紧的，其实还不是北京，而是上海。毛泽东4月4日上午在上海谈了海瑞的故事之后才十来天，4月17日，作为中共上海市委机关报的《解放日报》便在"朝花"副刊登出该报组织的专稿——蒋星煜的历史小说《南包公——海瑞》（也就是张春桥后来在小轿车上突然向《解放日报》总编魏克明提出质问的这篇文章），比吴晗的《海瑞骂皇帝》早了整整两个月！

当时，《解放日报》约蒋星煜写关于海瑞的历史小说，是因为蒋星煜对于海瑞颇有研究，早在1957年便由上海人民出版社出版了历史人物传记《海瑞》。

就京剧而论，上海也跑在北京前面。1959年国庆节——中华人民共和国建国十周年，上海便推出了许思言执笔、周信芳主演的《海瑞上疏》。

据蒋星煜回忆，他的历史小说《南包公——海瑞》在《解放日报》发表之后，引起了周信芳很大的兴趣。周信芳邀请蒋星煜一起去青岛，决定以《南包公——海瑞》为主线改编京剧。周信芳还邀请剧作家许思言前往青岛，着手写作剧本。

蒋星煜说，剧本最初取名《直言天下第一事》，因为海瑞的奏疏在收入陈子壮的《昭代经济言》之中时，题为《直言天下第一事疏》，于是周信芳便以《直言天下第一事》为剧名；后来觉得《直言天下第一事》毕竟不像京剧剧名，便改为《海瑞上本》；最后，改为《海瑞上疏》。

上海京剧团一马当先，急坏了北京京剧团的那匹"马"——著名京剧演员马连良。他在全国政协会上遇见吴晗，便求吴晗写剧本。此后，马连良亲自出"马"，几次三番到北京市政府，敦促吴晗，请他写海瑞剧本。虽然吴晗再三声明不懂京剧，挡不住马连良一片热忱。终于，"上帝"被感动了，吴晗七易其稿，前后花了一年时间，在1960年底写出京剧剧本《海瑞》，开始彩排。

正巧，吴晗的老朋友蔡希陶出国考察，路过北京。此人虽说是植物学家，身为云南省热带植物研究所所长，却酷爱文学。当年，蔡希陶写过《蒲公英》等短篇小说，受到鲁迅先生的称赞。他听说吴晗在写《海瑞》剧本，便索了一本排印稿。读毕，吴晗征求他的高见，这位植物学家拿起毛笔，在封面上"海瑞"两字之后加了"罢官"两字。蔡希陶道："你这剧本，不是写海瑞一生，而是写海瑞任江南巡抚之际为民作主，敢怒敢言，直至罢官，不如叫《海瑞罢官》更好！"吴晗觉得此言甚是。从此，剧名便改为《海瑞罢官》。

吴晗之冤，冤在何处？姚文元之霸，霸在哪里？只消看一下时间表，便一清二楚：

一、吴晗的《海瑞骂皇帝》发表于1959年6月16日，而彭德怀上书毛泽东是在1959年7月14日，怎么可以把《海瑞骂皇帝》说成影射彭德怀上书毛泽东？难道吴晗会"未卜先知"？

二、吴晗的《海瑞罢官》自1959年秋酝酿，1960年底定稿，而所谓"单干风"、"包产到户"、"翻案风"是在1961年才出现，怎么可以说《海瑞罢官》是要人们从中"学习""退田"和"平冤狱"呢？难道吴晗又"未卜先知？"

如果来一个《韩非子》中的"以子之矛，攻子之盾"，那么吴晗倒过来也可以用姚文元笔法批判姚文元。须知，姚文元在1958年10月由上海文艺出版社出版的《革命的军队无敌的战士》一书中，他曾热情讴歌过彭德怀元帅。

诚如从颂胡风到反胡风，从支持右派到反右派，对于姚文元来说，从赞彭总到批《海瑞罢官》，那是习以为常的"急转弯"。他是"墙头草"。他的笔杆是姓"摇"的……

在上海排演了《海瑞上疏》、北京排演了《海瑞罢官》之际，海瑞的故乡——海南岛排演了《海瑞回朝》，写的是海瑞在72岁时东山再起、到南京出任南吏部侍郎的故事。

当《海瑞罢官》受到"批判"，马上殃及《海瑞上疏》和《海瑞回朝》。这三部海瑞戏，被称之为"海瑞三部曲"。据云，这三出海瑞戏是从北至南，"全国一盘棋"，与彭德怀"南呼北应"，进行"反党活动"。

毛泽东与批《海瑞罢官》的关系

江青组织张春桥、姚文元写《评新编历史剧〈海瑞罢官〉》，中共中央政治局不知，中共中央宣传部不知，中共中央华东局不知，而在柯庆施死后，中共上海市委唯有张春桥一人知。

据说，一开始，就连毛泽东也不知道！

1967年2月3日，毛泽东与阿尔巴尼亚劳动党中央政治局委员、中央书记处书记、共和国部长会议第一副主席卡博和阿尔巴尼亚劳动党中央政治局委员、共和国部长会议副主席兼国防部部长巴卢库谈话时，谈到"文化大革命"，说了几句至关重要的话：

> 这场斗争也准备了一个时期，前年十一月，对一个历史学家吴晗发表了一篇批判文章，这篇文章在北京写不行，不能组织班子，只好到上海找姚文元他们搞了一个班子，写出这篇文章。开头写我也不知道，是江青他们搞的。先告诉我要批评。他们在北京组织不了，到上海去组织，我都不知道。文章写好了交给我看，说这篇文章只给你一个人看，周恩来、康生这些人也不能看，因为要给他们看，就得给刘少奇、邓小平、彭真、陆定一这些人看，而刘、邓这些人是反对发表这篇文章的。①

毛泽东是否真的"开头写我也不知道"，不得而知。

有人以为，没有毛泽东的点头，江青怎敢去上海组织张春桥、姚文元写批判《海瑞罢官》的文章？

也有人以为，一开始可能是江青借用毛泽东的名义去上海组织张春桥、姚文元写批

---

① 中央文献研究室编：《毛泽东年谱（1949—1976）》第6卷，中央文献出版社2013年版，第45页。

判《海瑞罢官》的文章。在文章写出初稿之后,送毛泽东审阅。

不过,江青却一次又一次吹嘘说:"批判《海瑞罢官》,是主席亲自过问、亲自组织、亲自发动的!"

据江青的第一任秘书阎长贵和曾任中央文革小组办事组组长王广宇所著《问史求信集》①一书查证,江青在《为人民立新功》中说:"本来写评《海瑞罢官》、《评三家村》这样的文章,是主席在那里亲自领导的嘛,是姚文元同志写的嘛,有些人却贪天之功,说是他们搞的。"毛泽东在审阅江青的这个讲话稿时,删去了"是主席亲自在那里领导的嘛"一句。

江青一次次来上海组织张春桥、姚文元写批判《海瑞罢官》的文章,在中共上海市委只有第一书记柯庆施知道。1965年4月9日,柯庆施病逝。1965年11月,陈丕显任中共上海市委第一书记。这时,张春桥、姚文元所写的批判《海瑞罢官》的文章,已经写到第八稿了。陈丕显回忆说:

> 柯庆施死后,江青与上海市委的联系就断了线。张春桥、姚文元也不好越过我,天天躲在密室里写文章,而江青又少不了张春桥、姚文元。万不得已,江青主动找我,要求继续借用张春桥、姚文元。江青对我说,前几年她就向毛主席提出要批《海瑞罢官》,但主席不同意,还劝她有工夫多看几本书。她最后只好保留意见。江青还说,她一个人说不动主席,就请康生出面说。康生说,这事得慢慢来,不能操之过急。后来经过商量,康生真的向主席提出建议,把《海瑞罢官》同庐山会议和彭德怀问题联系起来。开始,主席不同意;后来康生又说,这出戏的要害是罢官,是要为彭德怀鸣不平。这引起了主席的重视,他默许了。江青还说,1964年下半年,她在北京找李希凡写批判《海瑞罢官》的文章,李希凡表示不能接受,于是她才来到上海。柯庆施对此事很支持,希望我也能支持她,并要我对任何人都保密,特别是不能让北京市委的人知道。
>
> 写文章还要如此保密?我当时也觉得有点蹊跷,但也并没有把它当成什么大不了的事,心想不过就是写篇批判文章嘛。你有不同意见可以讲,别人有不同意见也可以讲。我当时还想,这大概是江青想出点风头,先对外保密,待发表时再一鸣惊人,让大家佩服她。

江青布置完就走了,张、姚二人按照江青的旨意继续抓紧策划秘密文章。

1965年9月,中央召开政治局扩大会议,各大区书记都参加。华东局因柯庆施去世,尚未任命新的第一书记,因此中央通知我和华东局秘书长魏文伯到北京参加会议。临行前,张春桥把姚文元写的《评新编历史剧〈海瑞罢官〉》交我带给在北京的江青。此前,张、姚七易其稿,他们交给我的已是第八稿了。没想到这一次我竟成了他们的"信使",这也是我第一次看到批《海瑞罢官》的稿子。

据后来张春桥自己邀功说,以前几稿,都是他把稿子夹在《智取威虎山》的录音带内,用飞机送到北京江青那里。江青自己也自鸣得意地说,张春桥每次来,都

---

① 阎长贵,王广宇:《问史求信集》,红旗出版社2009年版。

装着为的是搞样板戏,听录音带,修改音乐。

　　一路上,我心里总有一种不安的感觉。江青曾一再交代我批《海瑞罢官》的事要保密,特别不能让北京市委知道,但我总感到这不正常。由上海方面直接批北京市的一个副市长、著名史学家,却不向北京市委打招呼,这不仅会影响到两市关系,也不符合组织原则。

　　到北京后,我把稿子转给了江青,同时也把自己的顾虑悄悄地告诉了魏文伯,他也认为此事不妥,应该向中央领导报告。我们议论了一番,觉得最好是找个机会向周总理或陈老总汇报此事。

　　到北京的第三天,毛主席在中南海主持中央政治局常委扩大会议。周总理首先讲了抗美援越问题,然后各中央局书记开始汇报。当西北局书记刘澜涛汇报工作时,毛主席针对西北局的工作讲了一段话,突然他话锋一转说:"现在我提出一个问题,"说着面孔变得严肃起来,"这就是必须批判资产阶级反动思想。"北京的九月,原本是秋高气爽,气候宜人,但听到毛主席这一句话,我不禁浑身感到一股凉意。与会者都感到惊愕,谁也没有理解这句突如其来的话的含意。接着,毛主席把头转向彭真,问道:"吴晗的问题可不可以批判呀?"

　　面对这问话,彭真同志愣了一下,他回答:"吴晗有些问题当然可以批判。他最近参加访问朝鲜代表团在朝时的一些讲话就有错误。"显然,彭真同志对毛主席这句话的含义也并不十分清楚。

　　我和魏文伯对视了一下,心照不宣,知道主席肯定已经看过姚文元批判吴晗的文章了,并且是同意批《海瑞罢官》的。我想,主席问彭真同志"吴晗可不可以批判",有两层意思,一是征求一下意见,二是打个招呼。会后,魏文伯对我说:"阿丕,这下不用担心了,毛主席都问过彭真了,我看咱们也不用再找总理和陈老总汇报了。"后来的事实果然证明了我们的猜测,江青事后告诉我,毛主席看过这篇文章,已经同意了。①

　　另外,毛泽东在1967年5月1日接见阿尔巴尼亚军事代表团时的谈话中说:"看了三遍,认为基本还可以。"②

　　毛泽东所说的"看了三遍,认为基本还可以",就是指张春桥、姚文元批判《海瑞罢官》文章的第八稿。

　　正是毛泽东看了张春桥、姚文元批判《海瑞罢官》文章的第八稿,表示同意,于是江青、张春桥就把文章交给上海《文汇报》发表。

　　姚文元文章发表后的第四天——11月13日,毛泽东的专列驶离北京。他先到山东,又去安徽、江苏,于11月19日抵达上海。毛泽东一路视察,一路提醒人们警惕修正主义。

　　12月8日至15日,毛泽东在上海主持召开了中共中央政治局常委扩大会议。林彪在会

---

① 陈丕显:《陈丕显回忆录——在"一月风暴"的中心》,上海人民出版社2005年版,第28—31页。
② 据李逊:《〈海瑞罢官〉:尚未披露的史实》,《炎黄春秋》2010年第4期。

1964年6月，罗瑞卿陪同毛泽东检阅北京、济南军区的军事汇报表演。

上诬陷中国人民解放军总参谋长罗瑞卿"篡军反党"。于是，这位身材高大的有着"罗长子"之称的大将被罢官，杨成武出任代理总参谋长。

此后，毛泽东下榻于杭州。

12月21日上午，毛泽东在杭州召见陈伯达、艾思奇、胡绳、关锋、田家英，作了长谈。谈话从上午9时一直谈到12时。①

毛泽东在长谈中，谈及了12月8日戚本禹在《红旗》杂志上发表的批判翦伯赞、吴晗的文章《为革命而研究历史》（不过文中没有点翦、吴的名字），也说及了姚文元的文章。毛泽东的原话是：

> 戚本禹的文章很好，我看了三遍，缺点是没有点名。姚文元的文章也很好，点了名，对戏剧界、史学界、哲学界震动很大，但是没有打中要害。要害是"罢官"。嘉靖皇帝罢了海瑞的官，五九年我们罢了彭德怀的官。彭德怀也是"海瑞"。庐山会议是讨论工作的，原来打算开半个月，会议快结束了，彭德怀跳出来。他说：你们在延安骂了我四十天的娘，我骂你们二十天的娘还不行！他就是要骂娘的。②

1988年3月初，笔者在北京拜访了从秦城监狱获释的关锋。他说，这是他第一回与人谈"文革"。我请他回忆当年毛泽东谈话的情景，关锋用浓重的山东口音回忆道：

1965年4月，毛泽东在长沙时，曾找五个人——陈伯达、胡绳、艾思奇、关锋、田家英谈话。半年之后，毛泽东在杭州，又找这五人谈话。

---

① 笔者自1988年10月31日起，曾多次访问关锋。另外，也多次访问了陈伯达。有一些文章说戚本禹也在座，陈伯达、关锋否认此事。笔者访问戚本禹时，他同样说，他没有参加毛泽东的这次谈话——虽然毛泽东的谈话中提及他。

② 引自中共中央《五一六通知》的附件《1965年9月到1966年5月文化战线上两条道路斗争大事记》。

当时,陈伯达已在杭州,住在大华饭店。关锋和胡、艾、田于11月中旬飞抵杭州。当时,姚文元的文章刚发表,连关锋都没有在意,以为那是一篇学术争论文章。

毛泽东找这五人,为的是要商谈为"干部必读"的六本书,即《共产党宣言》、《国家与革命》等的中译本写序言。毛泽东已准备自己动手为《共产党宣言》中译本写序言。

就在这时,毛泽东和陈伯达忽然离开了杭州,听说去上海了。后来,关锋才知道,他们去上海出席"解决罗瑞卿"的那次紧急会议。

毛泽东返回杭州,才在12月21日上午,召集五人开会。一见面,毛泽东就说,昨夜睡得很好,今天可以多谈一些。

毛泽东抽着烟,不停地谈着。艾思奇和关锋担任记录,迅速地记下毛泽东的话。好在毛泽东讲话速度不快,而且中间因抽烟往往有停顿,艾思奇和关锋几乎记下毛泽东的每一句话。

毛泽东谈笑风生,跟大家聊天。他最初谈对六本书的序言写作的一些意见,然后,说及了为他编的"语录":"我在火车上,从服务员手里,才看到《毛主席语录》。那是军队编的。听说,中宣部要编,老夫子也要编。要编那么多的《语录》?"

毛泽东所说的"老夫子",指的便是陈伯达。

毛泽东又说及《哲学研究》杂志的"工农兵学哲学"专辑,对一篇篇文章发表了意见。接着,他的话题转向姚文元的文章,说了上面那段话。

毛泽东的这一段话,既表明了他对姚文元的文章的评价,也透露了一个重要的事实:姚文元的文章经过几次三番修改之后,并未送毛泽东阅定,就由江青、张春桥决定,在《文汇报》上发表。因为倘若最后的修改稿经毛泽东看过,他怎么会说缺点"是没有打中要害"呢?他势必会说出他的这些意见,姚文元当会照毛泽东的意见在文中点明《海瑞罢官》的要害问题。

其实,毛泽东所说的《海瑞罢官》的要害是"罢官",倒并不是毛泽东"发明"的。"发明"权乃属康生。1964年下半年,江青再一次在毛泽东面前提及要批判《海瑞罢官》,毛泽东依然没有应允。

江青求助于她的老同乡康生。

康生来到毛泽东面前。他深知如果说及江青要批《海瑞罢官》,反而会使毛泽东投反对票。他擅长于"上纲",煽动道:"主席,您在八届十中全会上说过:'现在不是写小说盛行吗?利用小说进行反党活动,是一大发明。'您的话给了我很大的启发,使我想及了也有人利用戏剧进行反党活动。吴晗的《海瑞罢官》,其实就影射主席罢了彭德怀的官。这出戏是货真价实的大毒草。"

毛泽东沉默不语。

康生见此,赶紧说:"主席,我的意见,仅供主席参考。"

说罢,康生把话题扯到别的事情上去了。

当康生回到家中,见到院子里的假山、喷水池,见到书房里的盆景、古玩,都未能使紧张的神经稍稍松弛。

就在这时,电话耳机里响起江青的声音。

江青一听说毛泽东的反应是沉默,电话耳机里爆发了一阵笑声说:"我说康老呀,你怎么老糊涂啦?你还摸不住主席的脾气?他这个人,如果不同意的话,当场就会驳斥你;如果高兴的话,当场就会称赞你;如果不说话,那就表示他默许了——因为有些很敏感的事,他不便当场说出自己的意见,他的话毕竟举足轻重呀,他就用一个劲儿抽烟来答复你!哈哈哈……"

于是,江青壮着胆,打起毛泽东的旗号,去组织批判《海瑞罢官》的文章。

果真,江青对毛泽东的脾气了如指掌——他真的听进了康生的话。

1966年2月8日,中共中央"文化革命五人小组"带着刚刚写出来的《二月提纲》,飞抵武汉,向正在那里的毛泽东汇报。

毛泽东听罢汇报,问彭真道:"吴晗是不是反党反社会主义?"

彭真马上回答:"经过调查,不是。"

毛泽东说:"我曾说过,吴晗的《海瑞罢官》的要害是'罢官',我们罢了彭德怀的官。"

彭真说道:"2月5日,我们在北京向少奇同志汇报的时候,也提到您的话。少奇同志说,没有发现吴晗跟彭德怀有组织联系……"

这时,毛泽东指了指康生说:"《海瑞罢官》的要害是'罢官',这是康生向我讲的。'发明权'属于康生!"

在一旁沉默多时,一直在观言察色的康生着急了,马上说道:"这不是我发明的。'发明权'属于主席!"

彭真——毛泽东——康生之间这一段至关重要的对话,彭真记得,在场的陆定一、周扬、吴冷西也记得。离开毛泽东那里,康生很快就把重要的信息告诉了江青。

姚文元的评《海瑞罢官》的文章,只是说吴晗写的海瑞与历史上的海瑞不是一回事,是个假海瑞,只提其中的"退田"、"平冤狱"是"影射"、"攻击"现实,从头至尾没有提及为彭德怀翻案这一"要害"。

身为"上纲专家"的姚文元,怎么会"忽略"了如此重大的"要害"问题?何况,江青事先早已知道《海瑞罢官》的"要害"所在,为什么不"提醒"姚文元呢?

"军师"张春桥的一席话,使江青折服,也使姚文元折服:"这'要害'不要由我们来说,让主席去说。如果我们写上去了,主席不同意这么说,会使我们变得非常被动;不如我们不写这个'要害',争取主席的支持,让他说出这个'要害'。主席威望高,他说《海瑞罢官》是替彭德怀翻案,人家就不敢说半个不字!我们就立于不败之地!"

到底是"军师",棋高一着。

难怪江青要一趟趟来上海,评《海瑞罢官》的稿子要一次次修改——为了点不点明"要害"问题,那三颗聚在一起的脑袋,不知道讨论了多少次,花费了多少时光。

果真不出张春桥所料,在姚文元评《海瑞罢官》的文章发表之后,毛泽东说了那番话。

不过,康生更是棋高一着。

1966年8月11日,在中共八届十一中全会上,康生见关于《海瑞罢官》的批判已成定局,他又从毛泽东那里夺回了"发明权"。会议记录上,清清楚楚地记载着康生这么一段话:"1964年,我曾向毛主席讲过,吴晗的《海瑞罢官》和庐山会议有关系。这件事我没有向任何人讲过。……"

其实,康生的话,前一句是真,后一句掺假——他掩盖了他曾告诉过江青。曲曲折折,历史的迷雾经过沉淀、澄清,这才终于显示出原先的面目。

江青得知毛泽东说了一段肯定姚文元文章的话,欢欣鼓舞,嘱令整理毛泽东谈话记录。

听说毛泽东称姚文元的文章"没有打中要害",王若水赶写了《接受吴晗同志的挑战》一文,化名"思彤"发表于1966年1月13日《人民日报》。此文首次公开提及《海瑞罢官》的要害是罢官,提到了庐山会议。

戚本禹听到毛泽东的赞语,难抑兴奋之情,加入了批《海瑞罢官》的行列,于1966年1月15日赶写出《〈海瑞骂皇帝〉和〈海瑞罢官〉的反动实质》一文,跟姚文元形成南呼北应之势。这样,江青在北京也有了"笔杆子"。

与戚本禹几乎同时,关锋也赶写了《〈海瑞骂皇帝〉和〈海瑞罢官〉是反党反社会主义的大毒草》一文。

两文送中共中央宣传部,被压下。

1月17日,中宣部副部长许立群召开北京三报三刊(即《人民日报》、《光明日报》、《北京日报》、《红旗》、《前线》、《新建设》)会议。他说,根据彭真指示,要把三报三刊的学术批判管起来,稿件和版面要审查,《红旗》先不要搞。不同意先集中搞《海瑞罢官》问题,尤其是批《海瑞罢官》的所谓"要害"问题,要着重讨论历史人物评价、历史剧、道德继承等问题。

这么一来,戚本禹、关锋两篇"攻要害"的文章,理所当然被压下了。

■ 戚本禹

戚本禹几次打电话给许立群,询问他的"攻要害"文章何时可发表?许立群的答复很干脆:"'攻要害'的文章不止你一篇,别人还有,现在都不能发表。"

戚本禹、关锋越过许立群,把两篇文章的清样直送彭真。彭真让秘书给他们打电话:"彭真同志工作很忙,最近要下乡,没有时间看文章!"

直至两个多月后,彭真受到批判,戚本禹的"攻要害"的文章才于4月2日由《人民日报》、《光明日报》同时发表。

戚本禹所谓"攻要害",就是把《海瑞罢官》跟彭德怀联系起来,证明"海瑞就是彭德怀"。

为了辩解,吴晗曾在《关于〈海瑞罢官〉

的自我批评》中,排出一张时间表:

《海瑞骂皇帝》一文发表于1959年6月16日,而庐山会议是两个月后才发生的事;

《海瑞罢官》是1959年到1960年写的,发表于1961年初,姚文元文章中提及的"单干风"、"翻案风"是此后才发生的。

戚本禹的文章,那逻辑颇为奇妙:他引用列宁的话,"知识分子的特点就是敏感",由此来证明吴晗的"时间表"恰恰表明了他的"敏感"。戚本禹认为,吴晗正是依照"自己特殊的阶级敏感性","预知"了庐山会议,所以"提前"写了《海瑞骂皇帝》!也正是"预知"了"单干风"、"翻案风",所以"提前"写了为彭德怀"翻案"的《海瑞罢官》。

戚本禹写道:"古代战争的描写里有一句话:'山下助你三通鼓'。说的是斗将以前,为了提高己方武将的斗志,需要擂鼓助威。吴晗在党中央庐山会议以前发表的《海瑞骂皇帝》,实质上起了为右倾机会主义分子向党进攻擂鼓助威的作用。吴晗的'时间表'排得所以好,就是因为恰恰是这张'时间表',说明了吴晗的《海瑞骂皇帝》,尽管不是一幕戏剧的高潮,却是戏剧高潮所必不可少的开场锣鼓。"

强词夺理、牵强附会到这种地步,是当年"左"派笔法的特色。常言道:"秀才遇上兵,有理说不清。"其实,遇上姚文元、戚本禹这班"左"派秀才,那才是"有理说不清"!

在戚本禹文章发表后几天,4月5日,《红旗》杂志发表了署名关锋、林杰的那篇"攻要害"文章《〈海瑞骂皇帝〉和〈海瑞罢官〉是反党反社会主义的两株大毒草》。

戚本禹、关锋的"攻要害"的文章的发表,倒是为江青、张春桥、姚文元"山下助你三通鼓"!

邓拓死于姚文元笔下

在姚文元的书桌上,《海瑞罢官》剧本以及《明史》已被撂在一边,代之以邓拓写的《燕山夜话》和邓拓、吴晗、廖沫沙三人合写的《三家村札记》。"金棍子"要从打吴晗转向打邓拓和廖沫沙了。

说实在的,姚文元本来对邓拓颇为敬佩,对《燕山夜话》深为赞赏。

1962年,姚文元曾给上海人民出版社写过这么一封信:

编辑同志:

  准备把自己这三年来写的杂文、短论,选其在当前现实意义、思想意义较大(即能鼓舞情绪、提高认识的),编一本类似《燕山夜话》那样的杂文集,并取一个有趣而有意义的名字(如《蟹的杂感》),想把它寄给你们,不知你们是否接受这样的稿件?

  致
敬礼

姚文元5月30日

这封信清楚地表明：邓拓北呼，姚文元南应。他要步《燕山夜话》的后尘，出版"上海版"的《燕山夜话》。

此一时也，彼一时也。如今，姚文元"反戈一击"，把《燕山夜话》当作"大批判"的箭靶了。就连张春桥也是如此。当年，当邓拓担任晋察冀日报社社长之时，张春桥任副总编辑，曾一起共事。如今，为了顺应"阶级"的需要，全然不顾这些了。

又一番"对外保密"。经过几次修改，经过江青、张春桥动笔斧定，由江青把大字本送到毛泽东手中。

标题：《评反党反社会主义的大黑店"三家村"——〈燕山夜话〉〈三家村札记〉的反动本质》。

署名：姚文元。

毛泽东阅毕，拿起铅笔，思索了一下，把原先标题中的"反党反社会主义的大黑店"删去。于是，江青便吹嘘了："经过主席亲笔改定……"

江青和张春桥第三次看中《文汇报》，决定在上海发表。

作为"军师"，张春桥选择了"最佳时机"——1966年5月10日，在《文汇报》上抛出姚文元的长文《评"三家村"——〈燕山夜话〉〈三家村札记〉的反动本质》。

确实是"最佳时机"，因为5月4日至20日，中共中央政治局扩大会议在北京召开，这是一次全面发动"无产阶级文化大革命"的决策会议。

因为5月8日，江青化名"高炬"，在《解放军报》上登出《向反党反社会主义的黑线开火》，指明"邓拓是他和吴晗、廖沫沙开设的'三家村'黑店的掌柜，是这一小撮反党反社会主义分子的一个头目"。江青还点明："《前线》、《北京日报》长期以来，为吴晗等人打掩护，现在突然'积极'起来，……他们不过是借批判之名，行掩护之实，打起斗争的招牌，干着包庇的勾当。"这样，江青就借"围城打援"，从吴晗身上"扩大战果"，把矛头指向中共北京市委书记处书记邓拓和中共北京市委统战部部长廖沫沙，进而指向中共北京市委机关报刊《北京日报》和《前线》杂志，直逼中共北京市委书记彭真。

隔了一天，姚文元的《评"三家村"》在上海见报了。姚文元的文章，是按照江青的调子，从批判《海瑞罢官》打开缺口，"扩大战果"，成为轰击中共北京市委的第三发重磅炮弹：第一发俞铭璜的《"有鬼无害"论》轰击廖沫沙，第二发姚文元的《评新编历史剧〈海瑞罢官〉》轰击吴晗，如今第三发轰击邓拓及整个中共北京市委。这三发重磅炮弹都是从上海"基地"起飞，都是以《文汇报》为炮口。

"四人帮"其实最初是"三人帮"：以江青为核心，以张春桥为"军师"，以姚文元为"棍子"。那时候，"造反司令"王洪文还在上海国棉十七厂保卫科办公室里逍遥，他连做梦也想不到日后来会成为中共中央副主席，会成为江青、张春桥、姚文元的"亲密战友"。

姚文元的长文刊出的当天下午，500份《文汇报》由上海空运抵京（那时的《文汇报》还没有在北京发行航空版）。一辆小轿车已等候在机场。转眼之间，便在中共中央政治局扩大会议上散发，开会者人手一份。

姚文元的文章,气势汹汹,再也不披什么"学术讨论"、"百家争鸣"的外衣,"金棍子"打下之处,顿时血迹斑斑,动不动"反党反社会主义",而且还是"彻头彻尾"的。

大抵是某种巧合,在中国古文中,"笔"与"刀"常常连在一起。替人写作,曰"捉刀"。整理文书的小官,曰"刀笔吏"。古时刀笔相连,那是因为古时以竹为纸,笔在竹简上写字,误写之处即用刀刮去,刀相当于今日之橡皮。然而,姚文元却成了江青手下的"刀笔吏",其笔如刀,笔能杀人!

《评"三家村"》一文,充满杀气,血光照人。

人们都还记得,在《海瑞罢官》批判刚开始时,邓拓是装作正确的姿态出现的。在经过一番紧张的筹划策略之后,邓拓化名向阳生,写了一篇名为《从〈海瑞罢官〉谈到道德继承论》的长文章,在《北京日报》、《前线》同时发表。这是一篇以"批判"吴晗为姿态为吴晗救命的文章,是彻头彻尾的反党反马克思主义的大毒草。《北京日报》、《前线》同时大登邓拓"批判"吴晗的文章,这难道只是什么"丧失警惕"么?这难道是什么"放松了文化学术战线上的阶级斗争"么?不,完全不是,他们的"警惕性"是很高的。他们对党和人民进行"阶级斗争"是抓得很紧的。……

在《燕山夜话》和《三家村札记》中,贯穿着一条同《海瑞骂皇帝》、《海瑞罢官》一脉相承的反党反社会主义的黑线:诬蔑和攻击以毛泽东同志为首的党中央,攻击党的总路线,极力支持被"罢"了"官"的右倾机会主义分子的翻案进攻,支持封建势力和资本主义势力的猖狂进攻。……

姚文元危言耸听,把邓拓、吴晗、廖沫沙打成了反革命集团。

邓拓、吴晗、廖沫沙这个时期所写的大批向党进攻的文章并不是各不相关的"单干",而是从"三家村"的合伙公司里抛出来的,有指挥、有计划,异常鲜明地相互配合着。吴晗是一位急先锋,廖沫沙紧紧跟上,而三将之中真正的"主将",即"三家村"黑店的掌柜和总管,则是邓拓。

篇末,姚文元声嘶力竭,唱着高调,不可一世。

凡是反对毛泽东思想的,凡是阻碍社会主义革命前进的,凡是同中国和世界革命人民利益相敌对的,不管是"大师",是"权威",是三家村或四家村,不管多么有名,多么有地位,是受到什么人指使,受到什么人支持,受到多少人吹捧,全都揭露出来,批判它们,踏倒它们。在原则问题上,不是西风压倒东风,就是东风压倒西风。为社会主义革命,为保卫毛泽东思想,为共产主义事业,敢想、敢闯、敢做、敢革命!

这篇末一席豪言壮语,意味着"横扫一切牛鬼蛇神"之日已近在眼前了。

第一个死于姚文元那如刀之笔的是邓拓。

姚文元的《评"三家村"》发表后的第七天——1966年5月17日夜,在北京遂安伯胡同,54岁的邓拓写好两封遗书,塞在枕头之下,于夜深人静之际悄然而又愤然辞别人世。

一封简短的遗书留给爱妻丁一岚,而一封长达四千多字的遗书则是写给彭真、刘仁并北京市委的。在长信中,邓拓用生命之烛的最后毫光,痛斥了姚文元之流的凭空诬陷。他写道:"……文章的含义究竟如何,我希望组织上指定若干人再作一番考核。《燕山夜话》和《三家村札记》中,我写的文章合计一百七十一篇,有问题的是多少篇?是什么性质的问题?我相信这是客观存在,一定会搞清楚……"

田家英为抗争而献身

西子湖畔,毛泽东1965年12月21日上午谈到戚本禹、姚文元文章的那一席话刚刚说毕,陈伯达迅即把毛泽东关于姚文元文章的评论,转告了江青。

"主席这么重要的指示,要赶紧向全党传达。叫田家英马上把谈话记录稿整理出来!"当江青把来自陈伯达的重要消息告诉张春桥的时候,张春桥提醒了江青。

姚文元补充了一句:"主席的话,是对我们辛辛苦苦工作了半年多的最大鼓励和高度评价!"

江青一听,觉得张春桥、姚文元言之有理,便催促田家英整理记录。

43岁的田家英,在毛泽东身边已经工作了17个年头。

毛泽东对田家英颇为器重。1956年9月15日,毛泽东在中共八大上致开幕词。许多人称赞开幕词写得简短有力,毛泽东笑道:"这不是我写的,是一个少壮派写的,叫田家英,我的秘书。"

毛泽东还让田家英担任了《毛泽东选集》四卷987条注释的主编,参加许多中央文件的起草工作。

田家英,原名曾正昌,1922年生于四川成都。他从小失去父母,在中药铺里当学徒。1937年,15岁的田家英投奔延安,走上革命之路。1938年,他加入中国共产党。

十年之后,正在中共中央宣传部工作的田家英,调任毛泽东秘书。新中国成立以后,田家英担任过中共中央办公厅秘书室主任、中华人民共和国主席办公厅副主任、中共中央办公厅副主任。他是中国科学院哲学社会科学学部委员。

田家英向来为人正直。最初,提议田家英担任毛泽东秘书的,据说是陈伯达。在田家英担任毛泽东秘书之后,陈伯达常常向田家英探问,毛泽东最近在看些什么书?在思索些什么问题?有些什么新见解?……陈伯达摸到了毛泽东的动向之后,抢着写文章,迎合毛泽东的最新见解,以求博得毛泽东的好感。

一回,两回,三回,引起了田家英的警觉。从此,每当陈伯达向田家英摸"动向"的时候,田家英总是支开话题,聊起别的事。这使陈伯达深为不快。

这一回,田家英接到了整理毛泽东讲话的任务,而现场记录是艾思奇和关锋,他就只

■毛泽东秘书田家英

好说:"老艾、老关,请你们两位辛苦一下,整理主席谈话纪要。"

关锋是快笔头,忙碌了一天,就写出了毛泽东的谈话纪要[①]。对于毛泽东谈及戚本禹、姚文元文章的那段话,他照录不误。

关锋把纪要交给田家英。田家英看了之后,把毛泽东谈及戚、姚的那段话删去了。

纪要印出来。陈伯达一看,冒火了。张春桥、姚文元、戚本禹跳脚了。

江青心急似火,马上去问毛泽东:"那一段话,是你删的,还是田家英删的?"

陈伯达给江青打来了电话……

当江青查明是田家英删的,怒不可遏,咬牙切齿地骂道:"老右倾!"

一点也不假,是田家英下了决心,删去了毛泽东的那段话。

由于田家英删去了毛泽东谈及戚本禹、姚文元文章的那段话,后来他背上了"篡改毛主席指示"的罪名,以致被迫害而死——当然,田家英之死还有其他原因,但是"篡改毛主席指示"却是导致田家英自杀的重要原因。

也正因为这样,关于田家英"篡改毛主席指示",是一重要历史事件。但是,关于这一事件却有着各种各样的说法。

以上所述,是根据笔者1988年3月初,在北京对不久前从秦城监狱获释的关锋的采访。笔者以为,尽管关锋是田家英的"冤家对头",又是此事的"告密者",而且在"文革"中犯了严重错误,但是关锋毕竟是重要的当事人之一,他的叙述毕竟有一定的参考价值。

笔者还曾多次访问过陈伯达。陈伯达也是重要的当事人。据陈伯达说,关锋所讲的记录如何整理,他不清楚,但是田家英删去毛泽东关于戚、姚的那段话,是无疑的。

关锋所叙,是否属实?读者诸君可以从以下种种说法加以比较:

说法之一,是1998年8月12日的《作家文摘》所载王凡先生所写的《田家英之死》一文,对笔者采访的关锋的回忆提出异议,认为:

一、艾思奇没有参加过记录的整理;

二、记录是关锋整理的;

三、关锋整理的记录本来就没有毛泽东关于戚、姚的那段话,因此根本就不存在田家英删去那段话的问题。

原文如下:

---

① 1988年3月3日,叶永烈在北京采访关锋。

很显然，这样的叙述是与真实情况不符的。艾思奇并没有直接参加纪要的整理工作，他从杭州返京不久即因病逝世了。关锋最初整理出的纪要，原本就没有言及《海瑞罢官》的话，根本不存在从纪要中删除的问题。关锋在完成纪要稿后，曾提出毛泽东有关《海瑞罢官》的言论不写进纪要"行不行"的疑问，但田家英、胡绳对此没有理会。

回京后，关锋将田家英不同意把毛泽东关于《海瑞罢官》等话写入纪要传了出去，引起江青的愤怒。因为对《海瑞罢官》的批判，是江青在极不正常的情况下精心策划的。最初，她在北京组织人写文章，可搞不下去，才到上海找张春桥。在柯庆施的支持下，文章由姚文元执笔。

文章写成后，江青只给毛泽东一人看，当毛泽东提议让中央其他领导人过目时，江青极力说服他：不要送周恩来了，因为一送周，就得给刘少奇、邓小平、彭真、陆定一这些人看，而他们是反对发表这篇文章的。这些情况，田家英都不知道，江青封锁得很严密，连中央的核心领导都被瞒过了。

十多年后，董边在拜望胡绳同志时，和他谈起此事，胡绳回忆说：关锋后来纠缠不休，非要把那段话加上，经过一番周折，最后只好加进去了。我们在此事的处理上，的确缺乏政治敏感性，关于《海瑞罢官》的话，虽然是附带的枝蔓，但分量很重，不可小视。而且后来这篇讲话的真正"要害"，恰恰是我们不主张放进的那段话。原先的主题，倒不再提起了。

胡绳告诉董边，以他同田家英的接触了解，能明显体会出家英主张删去那段话，与他1959年参加庐山会议，对彭德怀深表同情，不能接受借《海瑞罢官》来进一步谴责彭德怀的思想感情是分不开的。[①]

说法之二，是胡乔木的回忆。田家英夫人董边赠给笔者《毛泽东和他的秘书田家英》一书，书中收入胡乔木的回忆文章。胡乔木根据田家英生前对他所叙，认为：
一、那记录的整理者是田家英本人，是田家英从杭州回到北京之后整理的；
二、田家英在整理记录时"坚决不提"毛泽东关于戚、姚的那段话。
胡乔木的回忆如下：

1966年初，毛泽东曾向家英等人谈及姚文元的文章，谈话的情况家英曾详细告诉过我，当时我们十分不安，联想到杨尚昆、罗瑞卿两同志分别在1965年11月和12月被撤职，感到政治风云日益紧张险恶。家英对陈伯达、江青、张春桥、姚文元以及林彪夫妇虽深怀戒惧，对毛主席始终敬爱忠诚。正因为这样，他在回京后整理毛主席谈话时，坚决不提《海瑞罢官》是吴晗用来影射彭德怀罢官的说法。王、关、戚一伙故意捏造罪名，5月22日，戚本禹、王力等三人（引者注：另一人为安子文）以中央代表

---

① 此文原载《知情者说》之二，中国青年出版社1997年版。

为名，宣布田家英的罪状，逼迫家英迁出中南海。家英忍受不了对他的诬陷和侮辱，不得不在5月23日衔冤辞世。①

说法之三，是田家英秘书逄先知的文章。他以为：
一、在杭州整理记录的时候，田家英就提出不要写入毛泽东关于戚、姚的那段话，胡绳、艾思奇支持，关锋不表态；二、回到北京之后，由于关锋坚持要写入毛泽东关于戚、姚的那段话，最后印发的记录上还是写上了那段话（前几种说法都说最后印发的记录上没有这段话）；三、是关锋向上告密。

逄先知的原文如下：

在整理毛泽东这个讲话时，田家英提出，不要把这段话写进去，因为它不符合事实，《海瑞罢官》与彭德怀问题没有关系。这个意见先得到胡绳的支持，艾思奇也表示同意，唯有关锋不表态。回到北京，关锋纠缠不休，非要把那段话写进去不可，经过一番周折，最后只好恢复。后来，关锋把这件事告了密，田家英被加上了一条罪状。②

说法之四，《田家英小传》的作者彭亚新。他以为：一、记录是田家英整理的；二、田家英在整理记录时删去了毛泽东关于戚、姚的那段话；三、告密者除了关锋之外，还多了个戚本禹。

彭亚新的原文如下：

1965年11月，姚文元批判《海瑞罢官》的文章在《文汇报》上发表，以莫须有的罪名把《海瑞罢官》打成大毒草。12月21日，毛泽东在杭州同陈伯达、田家英等人谈话时说：

"《海瑞罢官》的要害问题是'罢官'。嘉靖皇帝罢了海瑞的官，1959年我们罢了彭德怀的官。彭德怀也是'海瑞'。"

田家英对毛泽东的意见有保留。为了保护这场批判运动可能伤害的同志，在整理毛泽东这次讲话时，田家英毅然删去讲话中涉及彭德怀的内容。还删去了毛泽东表扬关锋、戚本禹的一段谈话。

整理讲话的事关锋知道，他与戚本禹合谋向江青告密。江青立刻给田家英加上一条篡改毛泽东著作的"罪名"。③

---

① 胡乔木：《我所知道的田家英》，载董边、镡德山、曾自编：《毛泽东和他的秘书田家英》，中央文献出版社1989年版，第124页。
② 逄先知：《毛泽东和他的秘书田家英》，载董边、镡德山、曾自编：《毛泽东和他的秘书田家英》，中央文献出版社1989年版，第80页。
③ 彭亚新：《田家英小传》，载董边、镡德山、曾自编：《毛泽东和他的秘书田家英》，中央文献出版社1989年版，第330页。

■ 田家英夫人董边

说法之五，是余广人的文章，以为：一、建议整理毛泽东讲话记录的，不是江青，却是田家英；二、田家英在记录中删去了毛泽东关于戚、姚的那段话；三、田家英删去那段话的原因是由于毛泽东"附带"谈到的。

原文如下：

> 田家英认为这篇谈话内容很重要，建议搞个谈话纪要送给中央同志看。在整理时，他认为《海瑞罢官》不过是附带提到的，和其它附带提到的许多话不必记入纪要。这样，就搞出了一个删去了所谓"海瑞罢官的要害"的谈话纪要。①

说法之六，是田家英之女曾自和曹应旺所写的《田家英与毛泽东的诗词交》，认为：一、是田家英在纪要中删去了毛泽东关于戚、姚的那段话；二、田家英删去这段话的原因是这段话不属于"重要的内容"。

原文如下：

> 1965年12月21日，毛泽东在杭州对陈伯达、胡绳、田家英、艾思奇、关锋五人谈话，谈到《海瑞罢官》时说："《海瑞罢官》的要害是罢官。嘉靖皇帝罢了海瑞的官。彭德怀是海瑞，我们罢了彭德怀的官。"田家英在整理毛泽东这个谈话纪要时认为重要的内容是关于学习马克思主义的问题，而并不是《海瑞罢官》和其他问题。于是删掉了这句话。这个删掉了"《海瑞罢官》的要害"的纪要，在江青、陈伯达、关锋等人的陷害下，成了田家英的一条罪状。②

说法之七，是邓力群。他以为：

---

① 余广人：《当代一幕政治悲剧：田家英以死净谏》，《炎黄春秋》1997年第2期。
② 曾自、曹应旺：《田家英与毛泽东的诗词交》，载《名流写真》，南海出版公司1998年版，第42页。

一、田家英是由于"反对把《海瑞罢官》一剧说成是为彭德怀同志翻案"而删去毛泽东关于戚、姚的那段话;

二、田家英是被"一个混进党内的坏人告发"。

原文如下:

> 1965年,家英同志参加整理一个谈话记录。他实事求是,坚持真理,反对把《海瑞罢官》一剧说成是为彭德怀同志翻案。事后不久,就被一个混进党内的坏人告发,从此对他定下一条篡改毛泽东著作的大罪。①

以上七种说法,加上关锋的回忆,总共八种,各不相同。究竟谁的说法更符合真实,有待于历史学家细细考究。

江青骂田家英是"老右倾",而他确实是个"老右倾"!

早在1959年的庐山会议时,在7月23日上午听罢毛泽东批判彭德怀的那次大会讲话,田家英的心像灌了铅似的。他站在庐山上,写下这样的诗句,抒发自己对彭德怀的同情:"四面江山来眼底,万家忧乐到心头。"

田家英跟挚友李锐在山上漫步,谈出肺腑之言:"我在主席身边工作多年。我对主席唯一的希望是百年之后,不要有人议论!"

不料,李锐在跟一位老同志谈心时,无意中说出田家英的这句话。于是,田家英便作为"右倾"而挨整。

眼看着"文革"大幕即将拉开,中国又要面临新的灾难,田家英毅然删去了毛泽东的那段话——他既知道那段话传出去会给"左"派们增添疯狂的劲头,他也知道一旦被陈伯达、江青查出之后意味着什么。

然而,田家英在所不惜,豁出去了!

继邓拓之后,第二个牺牲者便是毛泽东的秘书田家英。

由于田家英凭着一股正义之感删去了毛泽东谈话中对姚文元、戚本禹文章的评语,激怒了陈伯达和江青。1966年5月21日,以陈伯达为组长、以江青为第一副组长的中央文革小组派人来到中共中央办公厅,在大会上宣布田家英的"滔天大罪":篡改毛主席著作!

5月22日,田家英被停职检查,收走全部文件,并勒令他在23日,滚出中南海。

5月23日上午,田家英悲愤交集,弃世于中南海。他,年仅44岁!他与邓拓之死,仅相隔六天。

文网恢恢,血泪斑斑

第三个直接受害者是吴晗。吴晗最惨,一家四口,三条人命死于姚文元的笔下!

---

① 邓力群:《悼念家英同志》,1980年4月19日《人民日报》。

批斗，隔离，入狱，一步一步升级，吴晗受尽折磨。他甚至"创造"了挨斗的"最高纪录"——一天之中被拉到八个会场批斗！

1969年3月18日上午，吴晗的爱妻、历史学家袁震在苦风凄雨中离世。

吴晗的学生张海瀛，曾回忆1965年底在吴晗遭到猛烈批判的时候，前去看望他。师生间作了这样的对话：

　　吴问：你还在乡下吗？几个月没来了？
　　张答：还在乡下，是9月份返京时来过一次，已有两个多月了。
　　吴问：最近看报没有？
　　张答：看了。原先手头没有《文汇报》，《北京日报》转载后，才看到姚文元的文章。这两天读了蔡成和同志和燕人同志批驳姚文元谬论的文章，真解气！真痛快！真是以理服人！
　　吴说：姚文元根本不懂历史还要装懂，不顾起码的史实，捕风捉影，胡乱联系，无限上纲，那能说服了谁呢？
　　张问：先生是否准备写篇澄清史实的文章呢？
　　吴说：准备写，问题是怎么个写法。
　　张说：看来这场争论有点像郭老替曹操翻案时引起的那场风波。
　　吴说：不好类比。这场争论的来势要比那次猛烈得多。

1965年12月30日，张海瀛在《人民日报》上读到吴晗先生发表的自我批评后，利用1966年新年休假，又去拜访吴晗先生。

张海瀛后来回忆了两人的对话：

　　吴问：你看报了吗？
　　张答：看了，先生的大作我认真拜读过了。
　　吴问：听到些什么反映和说法？
　　张说：反映很多，说法不一。有的说，《人民日报》发表先生的自我批评，说明这场争论要收场了；也有的说，这不是收场的信号而是升级的信号。
　　吴说：从《人民日报》的按语来看，这场辩论是要扩大和升级的。假如辩论升级，事态恶化，你的学习就有中断的危险……
　　张问：学习刚开了个头就有中断的危险，怎么办呢？
　　吴说：有志者，事竟成。你有志于明史，主要靠自己努力。我送你几本书。
　　先生拿来《朱元璋传》、《读史札记》、《学习集》、《灯下集》、《海瑞集》以及在高级党校的明史讲座稿，在封面分别写上："送给海瀛同志。吴晗1966年元旦。"[1]

---

[1] 张海瀛：《忆吴晗师》，《吴晗纪念文集》，北京出版社1984年版。

张海瀛说,从吴晗谈话的口气和举动,可以看出,吴晗已经感觉到事态在扩大、升级,不可避免的政治风暴即将来临,他将面临火与血的考验。

此后吴晗一次次被拉上批斗会。他遭到了一次次毒打。

1969年10月11日,被打得胸积瘀血的吴晗惨死于北京狱中,终年60岁。

他的女儿吴小彦受他牵连,挨斗受批,患了精神分裂症。1975年秋,在"反击右倾翻案风"中,吴小彦因咒骂"四人帮"而被北京市公安局逮捕,于1976年9月23日自尽——如果她再坚持十多天,她就能听见"四人帮"垮台的喜讯!

吴晗一家唯一熬过十年苦难的是儿子吴彰,在粉碎"四人帮"之后考上了清华大学分校。

亿万人民咒骂姚文元为"棍子",而江青却封之为"无产阶级的金棍子"!

江青如此看重姚文元,她甚至曾当众说过:"我死了,让文元当主帅!"

姚文元的《评新编历史剧〈海瑞罢官〉》,是用秃笔蘸着吴晗的鲜血写成的。

冤狱遍地,惨祸四起。姚文元的秃笔所到之处,泪汪汪,血斑斑。

主演《海瑞罢官》的马连良也受秃笔挞伐,在"文革"的锣鼓刚刚敲响之际便饮恨而亡。

《海瑞上疏》遭到株连。《海瑞上疏》与《海瑞罢官》被诬为一"骂"一"罢",南呼北应。主演《海瑞上疏》是"麒派"创始人、著名京剧表演艺术家、共产党员周信芳,被打成了反革命,受尽凌辱,在遥夜沉沉中屈死。

一"马"、一"麒",都是中国京剧精英,全被姚文元秃笔一笔勾销!

由于批驳了姚文元的谬论,上海三位著名学者李平心、周谷城、周予同被打成"上海的三家村"。

著名史学家、上海华东师范大学历史系李平心教授被姚文元诬为"自己跳出来的反面教员","反党反社会主义"。他在1966年受迫害而死,不过53岁。临死前,他还铮铮如是言:"有几个问题是我事先绝对料不到的:第一,历史人物要全盘否定;第二,对清官一棍子打死,这无论如何也不合逻辑;第三,现在忽然从学术讨论完全转到政治斗争。现在问题很难说,很可能今天没有问题的人,明天有了大问题。(吴晗)哪里会打着红旗反红旗呢?现在反正就是一顶帽子戴上去。……"

历史学家翦伯赞教授、翁独健教授、《南包公——海瑞》作者蒋星煜,《海瑞上疏》编剧许思言……文网恢恢,他们一个一个被押上批斗台。

姚文元批判《海瑞罢官》所引起的株连,创造了中国历史上的"奇迹",令人触目惊心!

其一,株连古人。

海瑞死于1587年。他是广东琼山县人,死后葬于故乡。万万料想不到,他在地下安眠了370多年,竟被姚文元的文章所骚扰。批判《海瑞罢官》的冲击波,竟冲击了位于天涯海角的海瑞墓。红卫兵们手持铁镐,把海瑞遗骨从古墓中挖出,给那一副白骨戴上高帽子游街! 如此株连,恐世上绝无仅有!

虽然海瑞死后数百年不得安宁,然而,人们在这位当年的巡抚大人墓中,除了挖出一副白骨之外,只找到几枚殉葬的铜币,如此而已。海瑞的清廉,给那些狂热的红卫兵滴了几滴清醒剂。

其二，株连众人。

批判《海瑞罢官》而引起的株连之众，也是创纪录的，远远超过了封建王朝的所谓"株连九族"。张春桥、姚文元嘱令文汇报社不要放过一封投反对票的读者来信。

在《文汇报》刊出马捷的文章之后，迷惑了众多的读者。读者们以为《文汇报》"作风民主"，"敢于发表不同意见"，于是读者来信如雪片般飞往文汇报社。

不料，在"文革"中，张春桥下令，把其中反对姚文元的三千多封读者来信，逐一转到读者所在的工作单位。这三千多位读者遍及全国各省市，蒙受了"恶毒攻击中央负责同志"的罪名，受到各种形式的惩罚！其中有多少读者受迫害致死，多少读者被隔离、入狱，多少读者被戴上帽子，已无法统计。

其三，株连无辜。

姚文元批判《海瑞罢官》，开创了中国当代"文字狱"之先河。

一时间，由"罢官"引申到"贬"、"谪"，都被视为"替彭德怀翻案"。

1966年4月3日，《贵州日报》发表文章，批判了作家黄秋耘的《鲁亮济摘印》。

《羊城晚报》批判了历史小说《柳宗元被贬》。

陶渊明曾高歌"归去来兮"，辞职归隐，被视为海瑞的"同党"。于是，陈翔鹤的历史小说《陶渊明写〈挽歌〉》也在劫难逃。

海瑞"抗上"，那个魏征也"抗上"。于是，蒋星煜的《李世民与魏征》遭到乱箭劲射。

由于《海瑞罢官》是大毒草，于是所有写过海瑞生平、海瑞故事以至画过海瑞连环画的作者，全遭讨伐。

著名美术史家、诗人常任侠无端被牵入《海瑞罢官》一案，其起因可编入《新天方夜谭》！

吴晗在《海瑞罢官》单行本的序的末尾，写了这么一句致谢的话："画像（指海瑞画像——引者注）用的是中国历史博物馆陈列的，墨迹（指海瑞墨迹——引者注）中有一份是天津卞慧新同志送的，一份是北京常任侠同志送的，并致谢意。"

也就因为这一句吴晗致谢的话，使这位中央美术学院教授、图书馆主任成为打手们注意的目标。不过，光是凭常任侠把一份海瑞墨迹送给吴晗这一点而打倒他，就连打手们也觉得还缺了点什么。

天底下竟有这样的巧事、奇事：报上曾登过一篇称赞《海瑞罢官》的文章，署名"常谈"，而常任侠偏巧姓常，打手们便一口咬定，"常谈"是常任侠的化名！

于是乎，常任侠"步步高升"；先是站高台，戴高帽，头衔是"吴晗的帮凶"；不久，提了一级，成为"吴晗的死党"；又过不久，又提一级，成为"彭真的死党"。

常任侠教授在忆及这场飞来横祸时，感叹万分。他引述了吴晗在《朱元璋传》中描述朱元璋设置文网的一段话，倒是可借为准确地描绘中国20世纪60年代的文网：

"网罗布置好了，包围圈逐渐缩小了。苍鹰在天上盘旋，猎犬在追逐，一片号角声，呐喊声，呼鹰唤狗声，已入网的文人一个个断破胸，呻吟在血泊中。在网外围观的，在战栗，在恐惧,在逃避,在伪装……"

历史现象常常有着惊人的相似。如此逼真、形象地写过明代文网的吴晗,到头来落入"文革"之网,可悲可叹!

这里顺便提一笔,在粉碎"四人帮"之后两年多,吴晗的《海瑞罢官》还难以平反,姚文元的那篇"宏文"还难以批判。内中的原因,是由于姚文元的《评新编历史剧〈海瑞罢官〉》经过毛泽东同意才发表的,有着"御批"的"来头";再说,"彭德怀就是海瑞"这最高指示,人人皆知。在"两个凡是"占统治地位的年月,无人敢动姚文元的《评新编历史剧〈海瑞罢官〉》——尽管姚文元早已倒台。

其实,否定姚文元的《评新编历史剧〈海瑞罢官〉》的最深刻的含义,在于否定"文化大革命"——因为是这篇"宏文"拉开了"文化大革命"的大幕。在"两个凡是"的岁月,还高唱"继续进行文化大革命"呢!

1978年11月15日,《光明日报》终于勇敢地打响第一炮,发表了苏双碧的《评姚文元的〈评新编历史剧《海瑞罢官》〉》。

苏双碧,传言称是"吴晗的秘书"。其实,当年他是北京历史学会唯一的专职干部,而会长是吴晗,故与吴晗相知甚深。苏双碧后来在1974年调往《光明日报》工作。

也正巧,在1978年4月上旬,杨西光出任《光明日报》总编。在杨西光的主持下,《光明日报》在1978年5月11日,推出历史性的文献——"本报特约评论员"文章《实践是检验真理的唯一标准》,重炮猛轰"两个凡是",从此引发全国性的"真理标准"大讨论。

苏双碧决心为吴晗申冤,打响批判姚文元的《评新编历史剧〈海瑞罢官〉》的第一炮。苏双碧是这样回忆的:

> 我当时觉得,由我来写这篇文章,至少有两个有利条件:一是我年轻,又是报社的一名普通编辑,即使文章有点偏差,上面也不至于太计较;二是我曾和吴晗一起工作过,又参加过邓拓、范瑾同志为组长的后来被称为"假批判真包庇"的写作组,多少也算了解一些内情。据此,我决定试一试,并着手准备写这篇文章。
>
> 然而,这件事毕竟太大了,按组织原则,我必须向报社领导汇报我自己的想法,并征得领导的同意,才能着手去做。
>
> 大约在(1978年)11月10日左右,我得知总编辑杨西光同志很快要去出席中央工作会议。那天下午正好在楼道碰到他,我向他说明我要写一篇从政治上狠批姚文元并替《海瑞罢官》平反,从而为全面替吴晗平反作舆论准备的文章。西光同志几乎没有多加思索就表示同意,并说:"批姚文元总可以吧,吴晗平反是时间问题。"他态度明确,坚决,增强了我的信心。
>
> 随后,我告诉了主管理论部工作的副总编辑马沛文同志,他对我的设想报予极大的兴趣,要我以最快的速度写出来,并让我把别的工作先放一下。于是,从构思到查材料到写文章,大约只用了两天多时间。把文章初稿交给马沛文同志后,第二天一

早他就来找我,认为文章基调不错,大体可以。①

就这样,1978年11月15日,《光明日报》勇敢地发表了苏双碧的《评姚文元的〈评新编历史剧《海瑞罢官》〉》。这篇文章引起强烈反响。苏双碧这样说道:

> 当天广播电台广播了这篇文章的摘要,《文汇报》等全国许多家报纸转载了这篇文章,上海人民出版社当天决定出版这篇文章的单行本。
> 世界各大通讯社纷纷播发刊登这篇文章的消息和评论,根据他们的政治敏感和政治需要进行评述和猜测。
> 美国《纽约时报》11月16日的一篇专稿认为,这篇文章是迄今为止的"最惊人之举"。
> 11月17日,日本《朝日新闻》评论中认为,这篇文章批判了"文化大革命"的起源。
> 11月18日,《日本经济新闻》认为这是一篇"冲击性很强的文章"。
> 其实所谓"最惊人之举"或"冲击性很强"的说法,是对中国历史的不了解。"四人帮"制造的冤案是一定要得到平反的,这是中国共产党人"实事求是"作风的表现。②

---

① 苏双碧:《为〈海瑞罢官〉平反的前前后后》,《炎黄世界》1996年第2期。
② 苏双碧:《为〈海瑞罢官〉平反的前前后后》,《炎黄世界》1996年第2期。

第十一章
江、张、姚进入中央文革

江青前往苏州请"尊神"

上海锦江饭店的小礼堂,是一座不平常的建筑。锦江饭店的建筑群中,原本没有这座小礼堂。那是在1959年春天,以21天的神奇速度建成的!

原来,中共中央决定在上海召开中共八届七中全会。论住宿条件,首屈一指的当然是上海锦江饭店。遗憾的是,那儿没有会场。于是,中共上海市委、上海市政府决定以最快的速度、最好的质量,建造一个会场。由于出席会议的中央委员、中央候补委员不过161人,加上列席人员也不过二百多人,造个小礼堂也就够用了。

建造时定下"庄严、朴实、适用、保密"八字方针。设计方案经中共中央办公厅主任杨尚昆、中共中央总书记邓小平审核,由周恩来审定。为着保密,小礼堂的窗玻璃是双层的,可以隔音。室内铺着红地毯、绿桌布、咖啡窗帘、灰色软椅。毛泽东曾赞扬了这座小礼堂的设计者、建设者。

此后,把上海作为"基地",把锦江饭店当作"营寨"的江青,也就看中这座小礼堂。一回回接见"样板戏"剧组,一次次"内部观摩"电影,都在这里进行。

1966年2月,在锦江饭店小礼堂里,江青召开了特殊的座谈会,与会者包括她自己在内不过五个人。虽说名为"座谈会",絮絮叨叨地说个不停的是她一个人。比起她在上海抓"样板戏",组织写作两篇"有分量的批评文章",这个小小的座谈会的分量似乎更重。两个多月后——1966年4月10日,当这个座谈会的"纪要"被作为中共中央文件印发全党时,在中国引起了一场剧烈的震荡。

这个小小的座谈会,便是"林彪同志委托江青同志召开的部队文艺工作座谈会"。

1966年春天,是一个特殊的春天:2月,毛泽东在武昌,此后坐镇杭州。林彪在此之前已住在苏州。江青呢,下榻于"上海基地"。

1月21日,是丙午年正月初一。江青的轿车,出现在苏州。她是从上海到这里,专程向林彪拜年。

林彪,正处于直线上升中的人物:在1958年5月25日召开的中共八届五中全会上,林彪被增选为中共中央副主席、政治局常委,进入了领导核心。紧接着,随着彭德怀在庐山会议上遭到批判,林彪旋即取代了他,出任国防部部长。不多日,又被任命为中共中央军委副主席,主持军委日常工作。在1965年12月8日至15日,中共中央政治局常委扩大会议

■ 1959年9月15日举行的军委扩大会上,林彪(左一)被任命为军委常务副主席兼国防部部长,主管军委的日常工作。(孟昭瑞 摄)

批判罗瑞卿之后,林彪在军内更是说一不二了。林彪的直线上升,在于他不断地"鼓吹"毛泽东。他提出,"毛泽东思想是当代马克思列宁主义的顶峰","学习毛主席著作是学习马列主义的捷径"。提出"活学活用,学用结合,急用先学,立竿见影"……

江青,她正要作为一颗"新星",在中国政治舞台上升起,她要借助林彪之力托起。当然,林彪也明白"第一夫人"的分量,借助于她,对于林彪的进一步上升也至关重要。就这样,出于彼此的政治需要,通过这次"拜年",江青和林彪一拍即合。

当然,江青寻找林彪的支持,也有她的"依据"。这个"依据",便是毛泽东1964年6月4日写给她的一个批语。

毛泽东的批语,写在中国人民解放军总政治部1964年6月2日编印的《工作通讯》第131期上。

这一期通讯登载了中共中央军委副主席、国防部部长林彪1964年5月9日在听取总政治部副主任刘志坚、傅钟和总政治部文化部副部长陈其通关于全军第三届文艺会演情况的汇报后，对部队文化艺术工作发表的谈话。林彪指出，无产阶级文艺的目的，就是要团结人民，教育人民，鼓舞革命人民斗志，瓦解敌人，消灭敌人。部队文艺工作必须密切结合部队任务和思想情况，为兴无灭资，巩固和提高战斗力服务。

毛泽东看了这一期的《工作通讯》，在1964年6月4日写下批语：

江青阅。并于六月五日去找林彪同志谈一下，说我完全赞成他的意见，他的意见是很好的，并且很及时。

毛泽东
6月4日

有了毛泽东的批语，江青请林彪给予支持就名正言顺了。用江青的话来说，她的苏州之行，是前去请"尊神"。

所谓请"尊神"，此言颇有来历。

1962年第3期《电影艺术》杂志发表了瞿白音的《关于电影创新问题的独白》。瞿白音呼吁去除陈规，破除"主题之神"、"结构之神"、"冲突之神"。他说，"诸神各显神威，满天撒下应该怎样、不应该怎样的各种符箓和咒语。在诸神合力交攻之下，艺术家只得束手束脚，抱头觅路。"江青把这位上海市电影局副局长的文章，已列入"大批判"的计划之中。不过，她由此却对"神"产生兴趣。她说要求助于解放军这"尊神"。

就在江青离开苏州不久，北京东城一条行人稀疏、名字怪僻的小胡同——拐棒胡同内一座四合院，响起了电话铃声。那是中国人民解放军总政治部第一副主任刘志坚中将的住宅，电话来自苏州"林办"，那熟悉的女声一听便知是林彪之妻叶群。

笔者在1990年7月22日访问了刘志坚将军。他感慨万千，用一口湖南话向笔者细叙"文革"往事，他的夫人刘莱瑛不时在一旁加以补充。

刘志坚是湖南平江人，1928年参加平江起义，1931年加入中共，不久担任红四军政治部主任。他参加过长征。解放后，他担任中央军委情报部部长，中国人民解放军总政治部宣传部部长。当他担任总政副主任时，主任是萧华上将。萧华，12岁入团，14岁入党，18岁就当上"少共国际师政委"。不过，他身体不大好，总政的日常事务由刘志坚负责。正因为这样，叶群的电话打到刘志坚那里。

叶群转告了林彪的话："江青同志要找几个部队搞文艺工作的、管文艺工作的同志谈谈部队文艺工作问题。参加的人不要太多，只要四五个人，去几个什么人，你同萧华商量，把名单报林办，最好萧华去。可能要研究三大战役的创作，你们准备一下。"

江青跟部队向来没有什么联系，这一回怎么忽地要"谈谈部队文艺工作问题"了呢？

早在延安的时候，刘志坚就认识江青，只是看不惯她"挖墙脚"，对她印象不好，没有太多的交往。

1965年11月26日，周恩来和罗瑞卿在上海接见崇武海战作战有功人员。崇武海战发生在这月14日凌晨，东海舰队舰艇部队在福建崇武以东海域击沉蒋军炮舰"永昌号"、击伤大型潜艇"永泰号"。正在上海的江青找罗瑞卿，说道："批《海瑞罢官》的文章北京没有转载，《解放军报》为什么也不转载？"于是，罗瑞卿给刘志坚打了电话，转告江青的意见。刘志坚遵命，指示《解放军报》在11月29日转载了姚文元的文章。这算是多年以来，刘志坚跟江青有了第一次间接的工作联系。就在《解放军报》转载姚文元文章后一个多星期，罗瑞卿在上海召开的中共中央政治局常委扩大会议上遭到批判，被撤销了总参谋长职务。

刘志坚接到"林办"电话，当即向萧华作了汇报。萧华说："我事情多，身体又不好，文艺方面的情况又了解不多，你是主管宣传文化的，了解情况，还是你去吧！"虽说"林办"点名要萧华去，萧华还是坚持不去。这样，刘志坚就只能去了。

萧华和刘志坚初步商定了人员名单：既然是文化方面的事，当然派总政文化部部长谢镗忠、副部长陈亚丁参加。另外，总政宣传部部长李曼村也应当去。

这一名单经总政党委讨论同意，也就定了下来。另外，除这四名正式代表外，还指派了两名工作人员，即秘书刘景涛，以及熟悉三大战役的《星火燎原》编辑部编辑黎明。

临行，深知江青其人的萧华，对去沪的六名人员"约法三章"：第一，部队文艺工作的方向是对头的；第二，只带耳朵——听，少发表意见；第三，对江青要尊重，不要和她争，有什么意见带回来汇报、讨论。

就这样，2月2日上午，一行六人前往北京西郊军用机场，乘坐一架伊尔—14飞机，直飞上海，住进上海延安中路上的延安饭店——那是一所部队开设的饭店，接待军中往来人员。尽管出入那里的差不多都是穿军装的，刘志坚一行六人却换上了便服，因为座谈会是在上海锦江饭店举行，穿军装进出那里反而显眼。

■ 原中央文革小组副组长刘志坚将军（叶永烈 摄）

刘志坚奉命前来上海

刘志坚一行住进上海延安饭店之后，当天下午，江青就派人送来了"思想武器"，那便是座谈会的必读文件——《毛主席于1944年在延安看了〈逼上梁山〉后写给平剧院的信》[①]、《毛主席同音乐工作者的谈话》以及《毛主席对文艺界的两次重要批示》。

文件送到不久，江青的"特使"到达延安饭店。此人并非部队干部，似乎与部队文艺座谈会无关，却介入了这一座谈会，表明此时他已成了江青的亲密伙伴。

他便是张春桥。刘志坚跟张春桥有过一段短暂的共事，那是1963年，中苏友协派出代表团参加苏联十月革命节，团长是刘志坚，副团长便是张春桥，不过，那次一起赴苏，只是一般的工作关系而已。

这一回，张春桥被"第一夫人"所看重，来接刘志坚，一起去坐落在华山路上幽静的丁香花园。这一回，江青住在那里。丁香花园，在寸土尺金的上海，难得拥有成片的绿草地和众多的树木。中共中央华东局一个高级招待所，设在那儿。以"丁学雷"为笔名的中共上海市委写作组，在丁香花园之侧的一座小楼里，那"丁"便取义于丁香花园，而"学雷"乃学习雷锋之意。

刘志坚夹着公文包，在张春桥陪同下，步入江青住处[②]。

"哦，终于把解放军这座'尊神'请来了！"江青笑道，"我的处境很困难，所以我去苏州求助于林总。现在，林总终于给了我支持！"

刘志坚习惯于"公事公办"。他打开公文包，逐字逐句地向江青转达一份电话记录。那是叶群打给刘志坚的，要他仔细作了记录，所记的是林彪的一段话："江青同志昨天到苏州来，和我谈了话。她对文艺工作方面在政治上很强，在艺术上也是内行，她有很多宝贵的意见，你们要很好重视，并且要把江青同志的意见在思想上、组织上认真落实。今后部队关于文艺方面的文件，要送给她看，有什么消息，随时可以同她联系，使她了解部队文艺工作情况，征求她的意见，使部队文艺工作能够有所改进。部队文艺工作，无论是思想性和艺术性方面都不能满足现状，都要更加提高。"

林彪的这一段话，显然使江青感到非常高兴，林彪不仅对江青作了很高的评价，而且要她"指导"部队文艺工作，这就使由她召开部队文艺工作座谈会变得"名正言顺"。这个座谈会后来被加上"林彪同志委托江青同志召开"，这"委托"就源于此。

江青呢，她除了请刘志坚转达她对"林总"的谢意之外，还对刘志坚恭维了一番："志坚同志，听主席说，你是劫法场出来的。我要很好地向你们这些出生入死的老同志学习。

[①] 这封信的原文是写给"绍萱、燕铭同志"的，此时却被改成致延安平剧院。平剧，即京剧。延安平剧院在中共中央党校俱乐部演出平剧《逼上梁山》，由杨绍萱、齐燕铭编剧。由于1965年4月7日，齐燕铭所任文化部副部长职务被免除，所以此信也主动删去了他和杨绍萱的名字。另外，信中"郭沫若在历史话剧方面做了很好的工作，你们则在旧剧方面做了此种工作"一句也被删。删改后的信曾发表于1967年5月25日《人民日报》。直至1982年5月23日《人民日报》重新发表此信，才根据毛泽东手稿恢复原貌。

[②] 1990年7月22日，叶永烈在北京采访原中央文革小组副组长刘志坚将军。

听说你过去写过诗,写过不少文章,在文艺方面也是内行。"

在这样双方客气了一番之后,江青说及座谈会怎么开:"请你们来,不是开什么会,主要是看电影,在看电影中讲一点意见。"

结束了这次见面性的谈话之后,下午5时,在锦江小礼堂,江青跟来自北京的一行六人见面,张春桥仍作陪。

江青宣布了会议的"纪律":"不准记录,不准外传",特别是"不准让北京知道"。江青甚至还查问,他们有没有带窃听器,看样子这座谈会是非常神秘的。

江青说起了为什么要印发毛泽东1944年1月9日关于平剧《逼上梁山》的信,信中有一段话:"历史是人民创造的,但在旧戏舞台上(在一切离开人民的旧文学旧艺术上)人民却成了渣滓,由老爷太太少爷小姐们统治着舞台,这种历史的颠倒,现在由你们再颠倒过来,恢复了历史的面目,从此旧剧开了新生面,所以值得庆贺。"

江青借此发挥说,尽管主席早在1944年就明确地指出了,可是解放后,我们的文艺界不像样,仍由帝王将相、才子佳人、洋人死人统治着。现在,该是彻底扭转这种"历史的颠倒"的时候了!

江青这番话,使来自北京的军人们明白了座谈会要谈些什么——并不是"研究三大战役的创作"。

当晚,中共上海市委书记陈丕显尽地主之谊,宴请江青和刘志坚等六人,张春桥依然作陪。

晚上,江青在锦江小礼堂请刘志坚等看电影《逆风千里》。这是珠江电影制片厂1962年出品的故事片,编剧周万诚、方徨,导演方徨。影片描述1946年秋,国民党"千里驹"师被歼。解放军指导员宋志刚和一支小分队奉命押送被俘的国民党校级以上军官前往辽东军区驻地。一路上,腹背受敌,小分队"逆风千里",终于完成了任务。这部影片虽是"地方"电影厂(这是对非军队系统电影厂的习惯称谓)拍的,但表现的是部队。江青一边看电影,一边说这部影片"美化敌人,把敌人当成主人公来描写,让敌人占领了我们的银幕"……刘志坚等只得"洗耳恭听",又不准作记录,记不住她的意见又无法回去汇报……

就这样,座谈会在上海开张了。

江青"一人谈"的座谈会

这是世所罕见的座谈会,会上只有江青一人谈,其余的人不过是用耳朵听罢了!

座谈会果真如江青所言,"主要是看电影,在看电影中讲一点意见"。据刘志坚回忆,总共看了三十多部电影和三场戏。看什么电影,都由江青指定。江青到场看了13次电影。张春桥有时也来看。"大秀才"陈伯达来到上海,他也陪着看了几部电影。江青一边看电影、看戏,一边随时说一些意见,想起什么就说什么。

最使刘志坚为难的是,在江青午睡起床后,嘱秘书打电话,要刘志坚前来谈话。这时,江青谈,刘志坚听,又不好作记录,又生怕漏掉她的"重要意见"。每次谈毕,刘志坚一回去,赶紧向李曼村、谢镗忠、陈亚丁转述,由陈亚丁作记录,以免日后忘掉。这么一来,刘志坚简直是充当一台"录音机"!据刘志坚回忆,这样的个别交谈,江青跟他谈了八次,每次短则半小时,长则两小时。

正儿八经的"集体座谈"四次,刘志坚等六人都参加,其中一次是头一天见面,另一次是2月9日和《南海长城》剧组谈话,因此"集体座谈"实际上只两次。

会议中间,2月9日,江青说她有事,座谈会暂停数日。于是,刘志坚和李曼村于2月10日飞回北京向萧华汇报,16日再去上海。江青所谓"有事",是从上海去杭州,到毛泽东那里去。毛泽东2月8日在武昌跟彭真、陆定一、许立群作了谈话,翌日去杭州。江青得知,由上海赶往杭州,从毛泽东那里打听彭真的动向。那时,以彭真为组长、陆定一为副组长,包括康生、周扬、吴冷西的中央文化革命五人小组刚刚写出《二月提纲》,向毛泽东作了汇报。江青要以她在上海举行的座谈会,跟彭真的《二月提纲》相抗衡。

经过中间"休会"之后,座谈会在16日继续举行。到了19日,江青说:"没有什么可说的了,我有事,暂告一段落,你们可以回去了。"这样,终于结束了这个奇特的"一人谈"的座谈会。

刘志坚刚刚如释重负,透了一口气,又犯难了。这断断续续、零零碎碎、东言西语、颠颠倒倒的"一人谈",怎向总政汇报?怎向林彪汇报?

所幸每次"一人谈"之后,存有陈亚丁根据刘志坚的回忆所作的记录。于是,刘志坚和李曼村、谢镗忠一起讨论,参照陈亚丁的笔记,由黎明记录,陈亚丁修改,整理成一份《汇报提纲》,三千多字,以供向上汇报之用。

20日晚,这份《汇报提纲》由上海警备区打印了30份。

这时,刘志坚陷于踌躇之中:要不要把《汇报提纲》送江青过目?

刘志坚曾对笔者说及自己当时矛盾的心理[①]:"不给她看吧,日后她知道了,肯定会发脾气,会责问为什么背着她搞,不告诉她?要是给她一份呢,事先未跟她打过招呼,而且这份记录只是供汇报用的,她不见得会满意。"

经过四人反复讨论,以为还是送一份《汇报提纲》给江青为好,因为江青迟早会知道此事。于是,在21日,刘志坚把一份《汇报提纲》交给了江青。

22日,刘志坚一行离沪飞往济南,向正在济南的林彪作了汇报,并送上一份《汇报提纲》。林彪听了汇报,表示满意,说道:"这个材料搞得不错,是个重要成果,这次座谈会在江青同志主持下,方向对头,路线正确,回去后要迅速传达,好好学习,认真贯彻。"

林彪如此说,刘志坚以为这下子可以"交差"了。

这样,23日上午,刘志坚心情轻松,跟其余五人一起乘飞机由济南回北京,"打道回衙"了。

飞机刚刚在北京机场着陆,刘志坚才走下飞机,机场工作人员就通知他:上海来了长

———

[①] 1990年7月22日,叶永烈在北京采访原中央文革小组副组长刘志坚将军。

途电话,等他去接!

刘志坚在战争中受过伤,腿脚不灵便,此刻仍加快步子走过去。一听电话,是江青的秘书从上海打来的,给刘志坚浇了一盆冷水:"江青同志看了你们整理的材料,认为根本不行,歪曲了她的本意。没有能够反映她的意思,给她闯了大祸! 现在不要传达,不要下发!"

江青的秘书还说,江青已把此事报告了主席,主席要陈伯达、张春桥、姚文元参加修改。另外,请刘志坚立即派人去上海,一起参加修改。

这一突然变化,使刘志坚等感到意外。他马上给萧华挂了电话。当天下午,刘志坚一行向萧华作了汇报。萧华决定派陈亚丁去上海,因为每次谈话的回忆笔记是他整理的,由他去比较合适。

萧华关照:"江青要怎么改,你就怎么改。有什么问题,回来再说。"

这样,陈亚丁在北京只逗留了一夜,第二天就匆匆再飞上海——一个月内,第三次飞往上海。

陈伯达、张春桥帮助改《纪要》

陈亚丁飞抵上海,见到了江青,才知道内中的原委:那份《汇报提纲》太简单、太粗糙了,要重新整理,写出一份《江青同志召集的部队文艺工作座谈会纪要》。

两位"大秀才"——陈伯达和张春桥,参加了修改工作。陈伯达也只是"客串",一起看过几回电影。张春桥算是参加较多的一个,但也没有出席全过程。由这两位"大秀才"参加修改,说穿了,也就是把江青那些琐琐碎碎、唠唠叨叨的话,上升为"理论"。

陈伯达不愧为"理论家",谈了两点很有"水平"的意见:

第一,"十七年文艺黑线专政的问题(注:十七年指1949年到当时的1966年),这很重要,但只是这样提,没头没尾。要讲清楚这条文艺黑线的来源。它是三十年代上海地下党执行王明右倾机会主义路线的继续(注:王明30年代在上海所实行的是'左'倾机会主义,在抗日战争时期转为右倾机会主义,此处,不知为什么'理论家'把王明说成右倾机会主义——引者注)。把这个问题讲清楚,才能更好地认清解放后十七年的文艺黑线,这条黑线是从那个时候开始了。"

第二,"要讲一段文艺方面的成绩。江青同志亲自领导的戏剧革命,搞出了像《沙家浜》、《红灯记》、《智取威虎山》、芭蕾舞《红色娘子军》、交响音乐《沙家浜》等,这些,真正是我们无产阶级的东西。这些都要写一下。这样,破什么立什么就清楚了。"

对于陈伯达的指点,江青欢欣鼓舞:"伯达的意思很好,帮助我们提高了,击中了要害,很厉害。"

两位"大秀才"为江青捉刀,前前后后改了八稿,内容从最初的三千多字增至一万字。

江青把《纪要》送毛泽东审阅。毛泽东颇为重视,亲自作了11处改动。内中最为重要的改动是在原文"我们一定要根据党中央的指示,坚决进行一场文化战线上的社会主义大革命,彻底搞掉这条黑线"一句之后,毛泽东加了一句:"搞掉这条黑线之后,还会有将来的黑线,还得再斗争。"

3月10日,刘志坚按照江青的通知,再度和陈亚丁飞来上海。江青给刘志坚看了毛泽东对《纪要》的修改。于是,江青、陈伯达、张春桥、刘志坚、陈亚丁一起,又对《纪要》进行修改。

3月14日、17日,毛泽东又两次修改《纪要》。毛泽东在17日写了批示:"此件看了两遍,觉得可以了。"

既然毛泽东"觉得可以了",《纪要》也就可以定稿了。这时,标题上加了"林彪同志委托"六字,变成了《林彪同志委托江青同志召集的部队文艺工作座谈会纪要》。前面所加六字,极为重要,使江青变成"师出有名"、"名正言顺",是受"林彪同志委托"而"召集"部队文艺工作座谈会,同时也提高了江青的身价,提高了这个"一人谈"的座谈会的地位。

既然是"林彪同志委托",《纪要》必须得到林彪的首肯。于是,江青要陈亚丁为她起草了一封致林彪的信,全文如下:

林彪同志:

根据你的委托,我于2月2日至20日,邀请刘志坚等四位同志就部队文艺工作问题进行了座谈。座谈后,他们整理了个座谈纪要送给你和军委其他领导同志,也送给我一份。我看了,觉得座谈会纪要整理得不够完整,不够确切。因此,请春桥、亚丁两位同志座谈修改,然后,送主席审阅。主席很重视,对纪要亲自作了修改,并指示请伯达同志参加,再作充实和修改。我于3月10日至15日,请伯达、志坚、春桥、亚丁四位同志一起讨论修改后,以送主席审阅,主席再次作了修改,并于17日批示:"此件看了两遍,觉得可以了。我又改了一点,请你们斟酌。此件建议用军委名义,分送中央一些负责同志征求意见,请他们指出错误,以便修改。当然首先要征求军委各同志的意见。"19日,我又请志坚、春桥、镗忠、曼村、亚丁五位同志一起座谈,大家一致同意这一纪要。现将座谈纪要送上,请审批。

此致
敬礼!

江青
1966年3月19日

林彪那时在上海。他收到江青派人送来的信及附来的《纪要》大字排印本,知道经毛泽东亲自阅定,他当然双手赞成。他对《纪要》不改一字,批转军委常委们。林彪找来刘志坚、陈亚丁,请他俩起草了一封致贺龙等中央军事委员会常委们的信。

当时,中央军委主席为毛泽东,主持军委日常工作的副主席是林彪,此外还有副主席贺龙、聂荣臻、陈毅、刘伯承、徐向前、叶剑英。常委除包括主席、副主席,还有朱德、邓小平、谭政、罗瑞卿。

林彪的信,全文如下:

常委诸同志：

送去江青同志召开的部队文艺工作座谈会纪要，请阅。这个纪要，经过参加座谈会的同志们反复研究，又经过主席三次亲自审阅修改，是一个很好的文件，用毛泽东思想回答了社会主义时期文化革命的许多重大问题，不仅有极大的现实意义，而且有深远的历史意义。

十六年来，文艺战线上存在着尖锐的阶级斗争，谁战胜谁的问题还没有解决。文艺这个阵地，无产阶级不去占领，资产阶级就必然去占领，斗争是不可避免的。这是在意识形态领域里极为广泛、深刻的社会主义革命，搞不好就会出修正主义。我们必须高举毛泽东思想伟大红旗，坚定不移地把这一场革命进行到底。

纪要中提出的问题和意见，完全符合部队文艺工作的实际情况，必须坚决贯彻执行，使部队文艺工作在突出政治、促进人的革命化方面起重要作用。

对纪要有何意见望告，以便报中央审批。

此致

敬礼！

林彪
1966年3月22日

林彪的这封信，对《纪要》作出了高度评价。信中默认了"林彪同志委托江青同志召开"部队文艺工作座谈会这一提法。信未说"以便报中央审批"，意味着《纪要》要作为中共中央文件印发。

顺便提一笔，林彪在常人眼中，武将也，对文艺外行。其实林彪也颇有文学修养。1942年5月，林彪为了悼念牺牲疆场的战友、八路军副总参谋长左权，写下了一首长诗，这首诗以笔名"凌霄"发表在1942年6月19日的延安《解放日报》上。林彪能写长诗，足见其颇有文才，只是平时深藏不露罢了。

北京针锋相对起草《二月提纲》

1966年春节刚过，大地又是一片银光耀眼，冰封雪覆。

小孩儿照样在放鞭炮，女人照样在穿新棉袄，老头、老太婆照样在吃饺子，小伙子照样在下棋、玩扑克。谁都未曾想到，一南一北，"对台戏"在悄然开张。

1966年的2月，风云突变的前夜。当江青和刘志坚等五个人在上海锦江饭店"座谈"之际，北京钓鱼台也有五个人在开会。

上海的五人会议开始于2月2日，北京的五人会议开始于2月3日。

上海座谈会写出了《纪要》，北京的小组会写出了《提纲》。

《提纲》和《纪要》针锋相对。

北京那五人，便是文化革命五人小组。这个小组，是1964年四五月间根据毛泽东的指示成立的，负责指导当时正在开展的学术批判。这个小组是在起草"九评"的过程中酝酿成立的。所谓"九评"，即九篇评论苏共中央公开信的文章，均以《人民日报》编辑部和《红旗》杂志编辑部名义发表的。"一评"发表于1963年9月6日，即《苏共领导同我们分歧的由来和发展——评苏共中央的公开信》，"九评"发表于1964年7月14日，即《关于赫鲁晓夫的假共产主义及其在世界历史上的教训——九评苏共中央的公开信》。

中央文化革命五人小组这五个人是：中共中央政治局委员彭真任组长；国务院副总理、中宣部部长兼文化部部长陆定一任副组长；中共中央书记处书记康生、中宣部副部长周扬、新华社社长兼人民日报社社长吴冷西为组员。

"五人小组"自成立以来，事务不多，开会也不多。然而，这一次开起会来却连轴转。为姚文元评《海瑞罢官》的文章，在全国掀起轩然大波，作为文化革命五人小组不能不予过问。于是，组长彭真决定召集会议，议题为"对批判吴晗同志所写《海瑞罢官》的情况及继续批判的问题进行讨论"。

"我看，一定要强调'在真理面前人人平等'这一原则。"会议一开场，彭真就明确地谈了自己的意见。

陆定一、周扬、吴冷西都赞同彭真的见解，唯有康生不置可否。

经过几天讨论，由彭真主持制定了《关于当前学术讨论的汇报提纲》。因为会议是在2月召开，这个提纲后来便被称为《二月提纲》。

《二月提纲》共分六个部分：（一）目前学术批判的形势和性质；（二）方针；（三）队伍；（四）左派要互相帮助；（五）关于争论问题要准备质量较高的文章；（六）关于组织领导，即成立"学术批判办公室"，许立群为主任，胡绳负责主持学术方面的工作。

■ 晚年彭真

《二月提纲》的最重要的精神，便是："要坚持实事求是，在真理面前人人平等的原则，要以理服人，不要像学阀一样武断和以势压人。"

五人小组写出了《二月提纲》。不过，后来康生"声明"，他是反对《二月提纲》的——尽管他也参加了会议，据说在会上"沉默"。

2月5日，刘少奇主持中央政治局在京常委会议，讨论通过了《二月提纲》。

2月8日，彭真、陆定一、许立群专程到武昌向毛泽东汇报《二月提纲》。毛泽东问了一些问题，但没有说不同意发表。

于是，2月12日，中共中央把《二月提纲》印发全党。

《二月提纲》显然是针对姚文元的评《海瑞罢官》一文引起的思想界的混乱而提出的一系列政策性意见：要坚持实事求是，在真理面前人人平等的原则；要以理服人，不要像学阀一样武断和以势压人；要提倡坚持真理，随时修正错误；要采取严肃和与人为善的态度；在报刊上公开点名作重点批判要慎重……

"五人小组"的动向，引起江青的注意，难怪她以"有事"为理由，中断了座谈会，赶往杭州从毛泽东那里探听消息。

3月上旬，正当江青忙于修改《纪要》时，在北京爆发了"电话事件"。

那是张春桥为了摸清北京的动向，派了中共上海市委宣传部部长杨永直去京。按照张春桥的布置，杨永直跟许立群、胡绳谈话，提出一些问题，特别是要求解答《二月提纲》中所说的"学阀"指谁。

杨永直在3月11日返沪之际，许立群转告了彭真的答复。那是许立群记下杨永直提出的问题，向彭真汇报的记录，对话如下，颇为微妙：

　　许：杨永直问，学阀有没有具体对象，指的是谁？
　　彭：学阀没有具体指什么人，是阿Q，谁头上有疤就是谁。
　　许：杨永直问，上海要批判一批坏影片，包括《女跳水队员》，行不行？……因为有大腿。
　　彭：你去问张春桥、杨永直，他们游过泳没有？
　　许：杨永直问，重要的学术批判文章要不要送中宣部审查？
　　彭：过去上海发姚文元的文章，连个招呼都不打，上海市委的党性到哪里去了？

许立群把彭真的答复，在电话里告诉了杨永直。

杨永直回沪后，当即如实报告了张春桥。

张春桥听罢，说道："现在有把握了，这个电话说明中宣部和北京市委是反对姚文元文章的，《二月提纲》的矛头是指向姚文元的，也就是指向毛主席的……"

江青加快了《纪要》的定稿进度，她要以《纪要》跟《二月提纲》相抗衡。

《纪要》是江青上台的"宣言"

3月30日，刘志坚[①]和陈亚丁在北京为《纪要》的通过履行最后的手续。因为《纪要》经中央军委常委圈阅通过，刘志坚、陈亚丁为军委起草了致中央、毛泽东的请示报告——

　　中央、主席：
　　　　军委常委同志一致同意《林彪同志委托江青同志召开的部队文艺工作座谈会

---

① 1990年7月22日，叶永烈在北京采访原中央文革小组副组长刘志坚将军。

纪要》，认为这是一个在文艺工作方面高举毛泽东思想伟大红旗的很系统很完善的文件，部队必须坚决贯彻执行。现送上这一纪要和林彪、江青同志的两封信（指江青3月19日致林彪信及林彪3月22日致贺龙等军委常委信——引者注），请审批。

军委
1966年3月30日

毛泽东不在北京，这份报告照理应送中共中央总书记邓小平。邓小平也不在北京。于是，送到了彭真手里——彭真当时是中共中央书记处常务书记。

彭真读罢《纪要》，异常震惊。不过，知道这一《纪要》经过毛泽东三次亲自修改，是"林彪同志委托"的，来头不小，只得"公事公办"。翌日——3月31日，彭真办公室通知刘志坚，为中共中央起草一个批语，以便以中共中央的名义批转《纪要》。彭真说了一下批语的大概意思，无非是例行公事式的几句话。刘志坚急召李曼村、谢镗忠、陈亚丁，起草了批语。也就在这一天，康生向彭真和周恩来传达了毛泽东杭州谈话的内容。

4月1日，彭真把《纪要》、中共中央批语，以传文形式，直送毛泽东、周恩来、朱德、邓小平等中共中央负责人。内中未送刘少奇，是因为自3月26日至4月19日，刘少奇偕夫人王光美出访巴基斯坦、阿富汗、缅甸三国。

毛泽东在4月1日当天，便在杭州写下批示：已阅。

4月10日，《纪要》作为中共中央红头文件，印发全党。这时，中共中央的批语，已换成刘志坚在4月3日起草的另一个批语，新批语对《纪要》作了高度评价。于是，《纪要》迅速下达到"各中央局、各省、市、自治区党委，中央各部委，国家机关和人民团体各党委、党组，人民解放军总政治部"，"军队发至团党委，地方发至县委和文化机关党委"。

对于江青来说，4月10日，是"历史性"的日子。"林彪同志委托江青同志召开……"作为标题，显赫地印在中共中央文件上，这清楚显示江青的崛起。这一文件，阐述了江青的文艺观，并把江青对文艺工作的意见要各地贯彻执行——因为这是中共中央文件，而不是发在报上的一篇文章。

最为重要的，还是在于文件中说明《纪要》是经过毛泽东"三次亲自修改"，是"林彪同志委托"，充分表明了江青的"后台"是何等之硬。

在上海策划发表梁壁辉、姚文元的文章，江青毕竟只在幕后操纵。推进"京剧革命"，抓"样板戏"，江青的那篇《谈京剧革命》，也迟至1967年5月10日才得以公开发表。这一回，江青以一颗"政治新星"的姿态，在全党亮相！

中共中央的批语，对《纪要》作了高度赞许："这次林彪同志委托江青同志召开的部队文艺工作座谈会，是一个高举毛泽东思想伟大红旗的座谈会。经过毛主席三次亲自修改的座谈会纪要，对当前文艺战线上阶级斗争的许多根本问题，作了正确的分析，提出了正确的方针、政策，是一个很好的、很重要的文件。中央完全同意这个文件。它不仅适合于军队，也适合于地方，适合于整个文艺战线。各级党委应当联系本地区、本部门文艺工作的实际情况，认真讨论，认真研究，贯彻执行。"

《纪要》为"文化大革命"的发动,作了舆论准备,说明了"文化"方面非来一个"大革命"不可。《纪要》的核心段落,是这么一段话:

> 文艺界在建国以来,被一条与毛主席思想相对立的反党反社会主义的黑线专了我们的政,这条黑线就是资产阶级的文艺思想、现代修正主义的文艺思想和所谓三十年代文艺的结合。"写真实"论、"现实主义广阔的道路"论、"现实主义的深化"论、反"题材决定"论、"中间人物"论、反"火药味"论、"时代精神汇合"论,等等,就是他们的代表性论点,而这些论点,大抵都是毛主席《在延安文艺座谈会上的讲话》中早已批判过的。电影界还有人提出所谓"离经叛道"论,就是离马克思列宁主义、毛泽东思想之经,叛人民革命战争之道(所谓"离经叛道"论加上前面提及的"写真实"论等七论,后来被称为"黑八论"——引者注)。在这股资产阶级、现代修正主义文艺思想逆流的影响或控制下,十几年来,真正歌颂工农兵的英雄人物,为工农兵服务的好的或者基本上好的作品也有,但是不多;不少是中间状态的作品;还有一批是反党反社会主义的毒草。我们一定要根据党中央的指示,坚决进行一场文化战线上的社会主义大革命,彻底搞掉这条黑线。搞掉这条黑线之后,还会有将来的黑线,还得再斗争。所以,这是一场艰巨、复杂、长期的斗争,要经过几十年甚至几百年的努力。这是关系到我国革命前途的大事,也是关系到世界革命前途的大事。
>
> 过去十几年的教训是:我们抓迟了。只抓过一些个别问题,没有全盘的系统的抓起来,而只要我们不抓,很多阵地就只好听任黑线去占领,这是一条严重的教训。1962年十中全会作出要在全国进行阶级斗争这个决定之后,文化方面的兴无灭资的斗争也就一步一步地开展起来了。……

基于《纪要》对全国文艺界的"左"的估计,一场"社会主义文化大革命"兴起。这场"社会主义文化大革命",后来改称"无产阶级文化大革命"。虽说后来"无产阶级文化大革命"远远超出了"文化"的范畴,但最初便出自于《纪要》。所谓"文革",就是从《纪要》中提出的"坚决进行一场文化战线上的社会主义大革命"开始的。

江青以为,过去抓电影《武训传》、《红楼梦》研究的批判以至批《海瑞罢官》,"只是抓一些个别问题",这一回,要"全盘的系统的抓起来"了!

《纪要》,成了江青上台的"宣言"。虽说在《纪要》中,江青尚无任何头衔,只是"江青同志"罢了,只是作为一名"共产党员,为了党的事业",跟部队的同志"平等地进行交谈";但《纪要》的下达,表明江青要"出山",即将担任要职了。

毛泽东要"打倒阎王,解放小鬼"

1966年3月28日,从北京飞来的一架飞机刚刚降落在上海西郊虹桥机场,一辆红旗牌轿车就把客人直接送往西郊不远处的一座幽静、外人不知的别墅。

来者不是"女客人"。他戴着一副紫色边框的眼镜，留着小胡子，头发已经花白。大抵由于过度的思索，额头有着深深的皱纹，此人便是中共中央书记处书记康生，主管中共对外联络工作。

毛泽东住在上海西郊——他不住锦江饭店，每一回总是住在西郊为他准备的别墅里（如今那里已对外开放，成为高级宾馆。1987年，英国女王访沪，便住在毛泽东当年下榻之处）。

康生此行，是为了向毛泽东汇报最近中日两党代表在北京会谈的情况。

"主席，日共总书记宫本显治再三坚持，不愿在两党联合公报里点名批判苏共。"康生见了毛泽东，便开始汇报了。

"刘少奇同志的意见怎么样？他在出国以前，是怎么处理的？"毛泽东问道。

毛泽东离开北京以后，由刘少奇主持日常工作。两天以前，刘少奇和夫人王光美前往巴基斯坦访问去了。

"少奇同志主持召开了政治局常委会，认为应该尊重宫本显治同志的意见。"康生回答道。

"那就不必发联合公报了吧。"毛泽东的脸上，出现不愉快的神色。

康生迅速记下毛泽东的话，连忙说："好，遵照主席的指示办。"

到此，康生此行的任务，已经完成了。可是，康生依然坐在沙发上，放下手中的笔，压低了声音，对毛泽东说："主席，还有一点情况，要向您汇报。"

看着康生那副神秘的样子，毛泽东问："什么事？"

"是这样的。"康生把身子往前倾，声音变得更低，"3月11日，彭真同志让许立群打电话给上海市委宣传部长杨永直，问上海发表姚文元的文章为什么不跟中宣部打招呼？上海市委的党性到哪里去了？"

康生此人，身为中央文化革命五人小组成员之一，此刻却在背地里向毛泽东告彭真的状。

毛泽东久久地一言不发。这一次康生知道他的告密成功了——倘若毛泽东听不进去的话，会立即予以反驳的。

果真，毛泽东把康生说的情况，告诉了江青。江青立即打电话，找来了张春桥。

张春桥来到了上海西郊。万万想不到，当年上海滩上的恶少"狄克"，如今居然可以坐到伟大领袖毛泽东身边的沙发上。柯庆施死后，他已从中共上海市委书记处候补书记升为书记处书记。市委宣传部长，由杨永直去当。不过，即使成了中共上海市委书记处书记，也没有多少机会可以亲近眼前这位历史的伟人。他，借助于搞"革命样板戏"接近了"第一夫人"，又借助于批《海瑞罢官》接近了毛泽东。49岁的张春桥，已经窥测领袖的脾气、性格多年。在毛泽东面前，他言语不紊，勤于笔记，一副虔诚的信徒的姿态。

张春桥不亚于康生，也是一个"情报专家"。他事先已经从江青那里得知康生密告的情况。他向毛泽东证实，许立群确实给杨永直打过电话。

3月28日至30日，毛泽东在上海与康生、赵毅敏、魏文伯、江青、张春桥等人谈话，尖锐地批评了《二月提纲》,批评了中共中央宣传部。毛泽东称中共中央宣传部是"阎王殿",称姚文元是"小鬼",提出"打倒阎王,解放小鬼"①。

毛泽东说:

> 八届十中全会作出了进行阶级斗争的决议,为什么吴晗写了那么多反动文章,中宣部都不要打招呼,而发表姚文元的文章却偏偏要跟中宣部打招呼呢?难道中央的决议不算数吗?
>
> 什么叫学阀?包庇反党反社会主义的人就是学阀,不读书、不看报、又没有什么学问的、又包庇坏人、包庇吴晗、翦伯赞学阀的人就是大学阀。他们是阎王,姚文元是小鬼,大家怕同你们联系,现在要打倒阎王,解放小鬼,打倒党阀,解放左派。
>
> 我讲的解散中宣部、北京市,你(指康生)告诉彭真没有?
>
> 也不仅是中宣部、北京市,中央有些部不做事,包庇坏人,统统要取消。有些部长、副部长不做事,科长做事,改成科算了。
>
> 我历来主张中央机关做坏事,我就号召各地造反,向中央进攻。各地要多出孙悟空,大闹天宫。
>
> 去年9月中央工作会议时,我问各地方的同志中央出了修正主义你们怎么办?

接着,毛泽东又对魏文伯说:

> 你们为什么不传达?中央出修正主义,很可能出,这是最危险的。
>
> 现在有些人怕孙悟空造反,站在玉皇大帝方面,不站在孙悟空方面,怕字当头,非垮台不可。我们要站在孙悟空方面,保护左派,左派写文章,谁不犯错误。我写《新民主主义论》,改了几次,就是有错误嘛。列宁手稿也改得很多。
>
> 许立群专门搜集关锋的文章,不搜集吴晗的文章,要批评。我们要保护左派。尹达有两句话是对的,学问少的打倒学问大的,年纪小的打倒年纪大的,历史上都是这样。
>
> 我最近同乔木谈,书不可不读,多了也没有用。中国历史书太多了,我们有些军区司令,如许世友他们,也不懂宋元明清,但他们会打仗,会阶级斗争。解放后,我们把资产阶级知识分子包下来,当时是对的,但革命越深入他们越反抗。他们实际掌握了文、史、哲、经、电影、出版等等事业,对他们一个是要驳倒,一个是给他们饭吃,有职无权。
>
> 我也保过吴晗,但是因为不知道他的底,他少年时代就拍胡适的马屁。郭老、范老这两个老要保护。郭老是好人,功大于过。胡适讲共产党不懂学术,郭老搞古代史就很有成就。

有人插话:郭老在海南岛写了两首诗,发点牢骚。

---

① 《建国以来毛泽东文稿》第12册,中央文献出版社1998年版,第31页。

毛泽东说：

> 郭老写两首诗不算什么，他是个杂家、学术批判可找二、三个有代表性的人，不可过多。姚文元关于海瑞修吴淞江的事，海瑞修水利是榜上无名的，修水利还不如张居正。海瑞的平冤策要好好批判，他还画了地图，很反动的，要好好加以批判。
>
> 我们面临着文化大革命。现在写文章的人许多我都没见过。李希凡写一篇文章，调到《人民日报》，做了人大代表，再没有写出好文章。关锋是不是人大代表？……但是也有危险，年轻人要注意，现在学校历史系不出历史，文学系不出文学。报刊编辑、记者很复杂，保皇党很多。中央机关还有保皇党，好比孙中山和康梁。必须进行这场文化大革命，反对修正主义。
>
> 我们走了，下一代能否顶住修正主义，我怀疑。
>
> 文化革命要进行到底，回去告诉彭真同志。中宣部没做过好事，总是被动，压制别人的积极性，不准革命。

毛泽东的这一谈话，大大鼓舞了江青、张春桥和姚文元。

起草《五一六通知》

自从1949年10月1日的开国大典以来，每逢"五一"、"十一"，北京天安门广场举行庆祝典礼，在天安门城楼上主持仪式的，总是北京市市长彭真。

1966年5月1日，这个"惯例"被打破了，在天安门城楼上竟见不到彭真的身影！

这意味着彭真遭到了"麻烦"。

彭真，果真遭到了"麻烦"：自从3月底毛泽东在杭州一连作了三次批评彭真、批判《二月提纲》的讲话之后，4月1日，张春桥迅即写出了《对〈文化革命五人小组关于当前学术讨论汇报提纲〉的几点意见》，给《提纲》罗列了三条"罪状"，朝彭真开了一炮。

4月2日、5日，戚本禹以及关锋、林杰那两篇批《海瑞罢官》"要害"的、"被彭真压了两个半月"的文章，公开见报，对中共北京市委的压力骤然增大了。

康生从上海飞回北京。

康生从北京打长途电话到陕西给正在那里的邓小平："主席要你赶紧回北京，主持政治局会议，下达撤销《二月提纲》的通知。"

邓小平坐飞机赶回北京。

4月9日至12日，中共中央书记处开会，康生传达了毛泽东在上海发布的"最高指示"。既然是毛泽东的意见，邓小平只得照办。于是，书记处决定向全党下达一个撤销《二月提纲》的通知。

康生叫列席会议的王力起草一个通知。当时，王力是康生手下的笔杆子，任中共中央对外联络部副部长。

在中国，有两个同名同姓而又非常出名的王力。其中一个王力，北京大学教授，著名语言学家。此王力不是彼王力，此王力本名王光宾，1939年加入中共。从事地下工作时，化名"王犁"。1943年发表小说《晴天》时，署笔名"王力"，取"王犁"之谐音。由于"力"笔画简单，他从此以"王力"为名。1958年6月1日当《红旗》杂志创刊时，王力担任编委，从此进入中共中央的"秀才圈"内。从1960年起，王力列席中共中央书记处会议。1963年起担任中共中央对外联络部副部长。

据王力接受笔者采访时回忆[①]，由他起草的《通知》，最初只有一句话："中央于2月12日转发的《文化革命五人小组关于当前学术讨论的汇报提纲》现予撤销。"

中共中央政治局会议通过了这一《通知》，送毛泽东审批。毛泽东见了，以领袖的高度说道："通知不应是技术性的，而应当是理论性的。"

也就是说，通知不只是告知全党撤销《二月提纲》，而是应当在通知中从理论的角度批判《二月提纲》。

既然《通知》"应当是理论性的"，毛泽东指定由"理论家"陈伯达另外起草一个《通知》。

陈伯达以为王力"笔头快"，要王力一起写。这样，陈、王二人写出了《通知》的二稿。

中共中央政治局再度开会讨论《通知》，彭真也在座。

康生提出："要加上一句，《二月提纲》是彻头彻尾的修正主义的文件！"

彭真听了，苦笑道："那好吧，说就说个够吧！"

修改后的《通知》，再送杭州。毛泽东见了，仍不满意，以为太简单。毛泽东提议，搞个文件起草小组，在上海再起草。

■ 王力在家中（叶永烈 摄）

[①] 自1988年11月3日起，叶永烈曾多次访问王力，请他回忆"文革"历程。

毛泽东提名陈伯达为组长,小组成员十人,即康生、江青、张春桥、王力、关锋、戚本禹、吴冷西、尹达、穆欣、陈亚丁。

这个小组,人称"中央文件起草小组"。

这时,35岁的姚文元,虽然写了批《海瑞罢官》的大块文章,但是尚未跨入中央,所以成员之中没有他。

江青提议:"增加姚文元为组员。"

组长陈伯达沉思了一下,说道:"恐怕不合适吧。姚文元的父亲姚蓬子是叛徒,很容易叫人抓住辫子!"

关锋愕然——笔者采访关锋时[1],他回忆说,直到这时,他才知姚文元是姚蓬子之子,留下很深的印象。

江青一听"老夫子"的话,生气了,说道:"我请示一下主席,由主席决定。"

每逢这样关键的时候,江青总是要用"主席"来作为王牌打出去。

第二天,中央文件起草小组会议刚开始,江青便宣布:"昨天我跟主席说了,主席同意了。"

既然是主席同意了,谁还敢反对？于是,姚文元进入了中央文件起草小组。

至于江青是否向毛泽东报告过,是否得到毛泽东的同意,那就不得而知了。

姚文元为江青出了大力,"第一夫人"也就为之力荐。江青为姚文元从上海进入中央起了关键性的作用。

4月16日,毛泽东在杭州召开政治局常委扩大会议,讨论彭真的问题,决定撤销原来的文化革命五人小组,重新设立文化革命小组。

也就在这一天,在上海,中央文件起草小组的成员们聚会于锦江饭店。组长陈伯达和组员康生去杭州开会了,小组便由江青主持。

这个小组所起草的文件,亦即以中共中央名义发出的《通知》。这不是一般的通知,而是中共中央的极其重要文件——后来被称之为《五一六通知》!

刚刚完成《纪要》的江青,此刻居于异常显要的地位。

起草小组每完成一稿,当即由张春桥派人送往杭州,直送毛泽东。毛泽东亲自修改。改毕,派人直送张春桥。此时,张春桥也成了显要人物,人们笑称他成了"秘书长"。

在起草小组举行最后一次会议时,陈伯达、康生从杭州回来了。据王力回忆,这两位"大秀才"居然"这以前他们也不知道主席增改的地方"!

4月24日,在杭州举行的中共中央政治局常委扩大会议基本通过了《通知》草稿,决定提交中共中央政治局扩大会议讨论。

5月4日,中共中央政治局扩大会议在北京举行。出席会议的有中共中央政治局委员以及有关负责人共76人,江青居然出现在这样的中共高层、核心会议上——尽管她连中央委员都不是！除了江青之外,张春桥、关锋、戚本禹,也都不是中央委员。这些大"左"

---

[1] 1988年3月3日,叶永烈在北京采访关锋。

派们，以文件起草小组成员的身份，出席会议。江青踏进会场，显得趾高气扬——因为28年前的"约法三章"，也正是由政治局作出的；如今，她居然可以出席政治局扩大会议，不能不说是她的莫大的胜利。

中共中央主席毛泽东却没有在会场露面，他仍在杭州。他已反反复复改定了《通知》，交会议通过就是了，用不着出席会议。主持会议的是刘少奇。他半个月前才从国外访问归来，对于急剧变化着的中国政局有点茫然。

会上唱主角的是两个人：一是康生，向大会传达了毛泽东跟他在杭州三次谈话的内容，批判了彭真、陆定一；另一个则是"新星"张春桥，5月6日作了长篇发言，系统地介绍彭真、陆定一等在中共八届十中全会以后"对抗文化革命路线"的情况。

彭真、陆定一成了会议攻击的主要目标。加上已经遭到批判的罗瑞卿，还有为所谓"窃听器事件"蒙冤的杨尚昆，变成了所谓"彭、罗、陆、杨反党集团"，遭到挞伐。彭真、罗瑞卿、陆定一都是中共中央书记处书记，杨尚昆为候补书记，罗瑞卿任中国人民解放军总参谋长，陆定一任中共中央宣传部部长，杨尚昆任中共中央办公厅主任。

会内会外，火力交叉：

5月9日，《解放军报》发表江青化名"高炬"的文章《向反党反社会主义的黑线开火》。同时，《光明日报》发表关锋化名"何明"的文章《擦亮眼睛，辨别真伪》。

5月10日，上海《解放日报》、《文汇报》同时刊出姚文元的长文《评"三家村"》。今非昔比，与半年前那篇评《海瑞罢官》的文章大不相同的是，5月10日下午，刊登姚文元的《评"三家村"》当天的《文汇报》从上海空运至北京，刚在中共中央政治局扩大会议上散发，翌日送来的《人民日报》已全文转载了姚文元的《评"三家村"》。《红旗》杂志也在第7期全文转载。作为党中央机关报刊的《人民日报》、《红旗》杂志的迅速转载，充分显示了姚文元的"权威性"。全国各报刊（包括各省报）也全都转载了姚文元的《评"三家村"》。5月11日，《红旗》杂志发表戚本禹的《评〈前线〉〈北京日报〉的资产阶级立场》。

5月14日，《人民日报》发表林杰的《揭破邓拓反党反社会主义的面目》。

历史的车轮，终于滚到5月16日这一天——中共中央政治局扩大会议通过了通知。由于是在5月16日通过的，也就被人们称为《五一六通知》。

据戚本禹回忆，《五一六通知》在中共中央政治局扩大会议通过时的情景是这样的[①]："先是主持会议的刘少奇请出席会议的政治局成员表决，未有反对意见。其后，刘少奇再向坐在后排的列席人员说，你们也表表态，这样，列席者也纷纷举手，算是出席、列席会议的人都'一致通过'，但后者应不计入票数。"

《五一六通知》是"文革"的宣言书，是进行"文革"的纲领。历史学家已经把《五一六通知》称之为"无产阶级文化大革命的纲领性文件"；《五一六通知》的通过之日——1966年5月16日，定为"无产阶级文化大革命"的开始之日。

---

① 余汝信：《与戚本禹面对面》，《枫华园》第432期（2004年1月9日）。

主持会议的刘少奇，竟然并不知道《五一六通知》中所说的"赫鲁晓夫那样的人物，他们现在正睡在我们的身旁"，指的就是他！

《五一六通知》中的这一段话，概括了进行"文革"的目标：

高举无产阶级文化革命的大旗，彻底揭露那批反党反社会主义的所谓"学术权威"的资产阶级反动立场，彻底批判学术界、教育界、新闻界、文艺界、出版界的资产阶级反动思想，夺取在这些文化领域中的领导权。而要做到这一点，必须同时批判混进党里、政府里、军队里和文化领域的各界里的资产阶级代表人物，清洗这些人，有些则要调动他们的职务。

……

混进党里、政府里、军队里和各种文化界的资产阶级代表人物，是一批反革命的修正主义分子，一旦时机成熟，他们就会要夺取政权，由无产阶级专政变为资产阶级专政。这些人物，有些已被我们识破了，有些则还没有被识破，有些正在受到我们信用，被培养为我们的接班人，例如赫鲁晓夫那样的人物，他们现正睡在我们的身旁，各级党委必须充分注意这一点。

由于《五一六通知》称"无产阶级文化大革命"，从此"社会主义文化大革命"一词也就从所有的报刊上消失了。

5月18日上午，林彪面对中共中央政治局扩大会议的与会者，作了那次大念"政变经"的著名讲话。林彪摊牌了，诬陷彭真联合罗瑞卿、陆定一、杨尚昆搞政变，一手炮制了大冤案——所谓"彭罗陆杨反党集团"。

如果说，攻廖沫沙、批吴晗、揪邓拓是"文革"的序幕，那么清除"彭罗陆杨"则是"文革"开幕第一仗。从挖"三家村"的后台，抓出了彭真，由彭真牵连罗瑞卿、陆定一、杨尚昆。姚文元为揭开"文革"序幕，立下了"汗马功劳"。

林彪的"五一八讲话"，把"三家村"的"彭罗陆杨"联系在一起，清楚地说明了"文革"的序幕为什么会从对"三家村"开刀开始："罗瑞卿是掌握军权的，彭真在中央书记处抓去了很多权，'罗长子'的手长，彭真的手更长，文化战线、思想战线的一个指挥官是陆定一，搞机要、情报、联络的是杨尚昆。搞政变有两个东西必须搞，一个是宣传机关，报纸、广播电台、文学、电影、出版，这些是做思想工作的，资产阶级搞颠覆活动，也是思想领先，先把人们的思想搞乱。另一个是军队，抓枪杆子，文武相配合，抓舆论又抓枪杆子，他们就能搞反革命政变。要投票有人，要打仗有军队，不论是会场上的政变，战场上的政变，他们都可能搞得起来，大大小小的邓拓、吴晗、廖沫沙，大大小小的'三家村'，不少哩！"

林彪捏紧了拳头，提高了嗓门，拖长了声调，说道："我们同他们斗，但内部要团结，要以毛主席为中心来团结，以毛泽东思想为中心来团结，他们这些家伙的共同点，就是反毛主席，反毛泽东思想。无论是彭真、罗瑞卿、陆定一、杨尚昆、邓拓、吴晗、廖沫沙等等都是这样，材料太多了。"

就这样，"彭罗陆杨"被打成"三家村"的"黑后台"，七个人的名字用一根"黑线"串了起来。哦，"围城打援"是第四步棋，而如今的"挖后台"是第五步棋。

江青出任中央文革第一副组长

"文革"，为江青在政治上的崛起，提供了最好的机会。她再度成为活跃的演员，只是如今她活跃在中国的政治舞台上。

在《五一六通知》中，有这么一段话："撤销原来的'文化革命五人小组'及其办事机构，重新设立文化革命小组，隶属于政治局常委之下。"

这个新的文化革命小组，毛泽东指定陈伯达为组长，要陈伯达"组阁"。

陈伯达知道"第一夫人"的分量，便跟江青商议名单，决定以原《五一六通知》起草小组作为基础，加以增删。

原起草小组除陈伯达组长外，组员共十人：康生、江青、张春桥、关锋、戚本禹、吴冷西、尹达、穆欣、陈亚丁。

内中陈亚丁换成了谢镗忠，因为陈亚丁是总政文化部副部长，而谢镗忠是部长。把陈亚丁列为组员，不列谢镗忠，不合适；倘两人都列入，则总政方面的人太多。因此，删陈亚丁，加入谢镗忠。

在组员之中，把康生列为顾问，江青、张春桥提为副组长。吴冷西被删去。

此外，增加王任重、刘志坚为副组长。增加刘志坚，是因为他参与了《纪要》的起草。增加中共湖北省委书记王任重，除了因为王任重是省委书记中的"秀才"，写了不少杂文（常以笔名"龚同文"发表），而且由于他1966年1月24日在中共湖北省委常委会上关于政治挂帅的讲话，颇受毛泽东重视，于1966年4月10日经中共中央批发下达全党。

江青的目光，仔仔细细扫视着名单，发觉这一回又少了重要的"左"将姚文元。

虽然陈伯达瞧不起姚文元，说他的父亲姚蓬子是叛徒，不过碍于江青的情面，还是让姚文元"忝居末座"——按级别，按资历，姚文元是最低最浅的一个。

"两评"——《评新编历史剧〈海瑞罢官〉》和《评〈三家村〉》的发表，使姚文元连升三级，从《解放日报》的编委，一跃成为中共上海市委宣传部部长。然而，这个把别人的肋骨当作向上爬的阶梯的刀笔吏，还没有到中共上海市委宣传部就任，便飞往北京，出任中央文革小组成员。姚文元第一次成了"京官"。

中央文革小组名单经中共中央政治局常委讨论同意，报毛泽东批准。

1966年5月28日，中共中央下达《关于中央文化革命小组名单的通知》，全文如下：

中央决定设立中央文化革命小组，隶属于政治局常委领导之下。现将中央文化革命小组名单通知你们。

组长：陈伯达

顾问：康生

副组长：江青、王任重、刘志坚、张春桥
组员：谢镗忠、尹达、王力、关锋、戚本禹、穆欣、姚文元
华北、东北、西北、西南四大区参加的成员（四人）确定后，另行通知。

■ 1966年9月15日，毛泽东、周恩来与部分中央文革小组成员（江青、张春桥、姚文元、戚本禹、王力、关锋、穆欣）合影。（孟昭瑞 摄）

从此，江青有了一个重要的实职——中央文化革命小组副组长。这个小组，通常被人们简称为"中央文革小组"或者"中央文革"。

在四个副组长之中，江青名列第一。但在中共中央的文件上，并无"第一副组长"之称。

据陈伯达对笔者说，有一次中央文革小组成员和群众见面时，主持者逐一介绍，介绍到江青时说了句"中央文化革命小组第一副组长江青同志"，由此也就传了开来。

不过，她其实不只是"第一副组长"，连组长陈伯达都怕她三分。后来，她实际上成了中央文革小组说一不二的组长。

四个大区的成员，增补如下：

郭影秋，中共北京市委文教书记（前任邓拓于1966年5月17日深夜自杀），代表中共中央华北局；

郑季翘，中共吉林省委文教书记，代表中共中央东北局；

杨植霖,中共青海省委第一书记,代表中共中央西北局;

刘文珍,中共中央西南局宣传部部长,代表中共中央西南局。

这四人工作仍在原单位,只是在"文革"初期前来北京,参与中央文革小组一些文件的起草。

1966年8月2日,中共中央下达通知,全文只一句话:

> 中央决定陶铸同志兼任中央文化革命小组顾问,特此通知。

这样,中央文革小组有了两名顾问,陶铸排名于康生之前。

这样,中央文革小组成员,增至18人。

据王力回忆:"中央文革小组成立之初,既无机构,也无制度,向中央反映情况,陈伯达靠《光明日报》总编穆欣,穆欣靠《光明日报》的内部刊物。当时办公地点在钓鱼台16楼,就是最初起草文件的那个地方。穆欣当办公室主任,另有收发文件的机要秘书一人。"

最初的中央文革小组,是个真正的"小组",常务机构不过一个组长、一个办公室主任、一个秘书而已,何况组长、办公室主任还是兼职的。

中央文革小组后来大大"膨胀"起来:机构膨胀、权力膨胀。那是在江青从南方回到北京之后。

1966年8月下旬,陈伯达患肺炎,发烧至摄氏40度,不得不住入北京三○一医院。

8月30日,中共中央发出《关于江青代理中央文化革命小组组长职务的通知》,正式称江青为"第一副组长"。这一通知全文如下:"陈伯达同志因病经中央批准休息。在陈伯达同志病假期间或今后离京外出工作期间,他所担任的中央文化革命小组组长职务,由第一副组长江青同志代理。"

待陈伯达病愈出院,江青在中央文革小组的权力已大大膨胀,"代理组长"已成为"实权组长"。

在中共党史上,中央文革小组——中央文化革命小组,是一个空前绝后的怪物。在"文革"中,中央文革小组竟取中央书记处而代之。查遍中共80年的历史,唯有那十年非正常时期,才会有这般非正常的现象。

毛泽东倒颇为赞赏,甚至说了这样的

■ 王力晚年在上海(叶永烈 摄)

话："古之民，不歌尧之子丹朱（丹朱不肖）而歌舜；今之民，不歌中央书记处而歌中央文革。"

江青这位"实权组长"手中的权力越来越大，跃为"中央首长"，成为仅次于毛泽东、林彪、周恩来的人物——虽然她的职务只是那么个"小组"的"第一副组长"而已。这是后话。

毛泽东坐镇杭州

《五一六通知》下达之后，彭真被停职（三个月后被撤职），北京乱得像开了锅：

5月17日夜，邓拓自杀。

5月23日，田家英自杀。

5月25日，北京大学哲学系聂元梓、宋一秀、夏剑豸、杨克明、赵正义、高云鹏、李醒尘七人在校内贴出大字报《宋硕、陆平、彭珮云在文化大革命中究竟干些什么？》。

5月29日，清华大学附属中学学生首先揭起"红卫兵"之旗，声称"保卫毛主席"、"保卫红色江山"。

毛泽东却坐镇杭州。

从1965年春开始，毛泽东不大在北京。他喜欢杭州，常住那里。不过，他行踪常变，难以料测：2月20日至26日，他在长沙。此后回北京。4月29日又来长沙，住23天。5月下旬，则兴致勃勃，来到江西井冈山，写下《水调歌头·重上井冈山》。7月，当前国民党政府代"总统"李宗仁从海外归来时，毛泽东出现在北京，接见李宗仁。11月，他巡视山东、安徽、江苏。12月上、中旬，他在上海主持中共中央政治局扩大会议。会后，来到了杭州……江青呢？来来往往于北京、上海之间，也曾几度去杭州。

据江青自述，从1966年5月下旬开始，她花了一个多月的时间分析主要大学的动态，尤其是南京大学、西安交大和北京大学传出的新闻。

毛泽东长时间不在报刊上露面。他在沉思着，在策划着发动一场政治大风暴。

风暴终于猛烈地袭击着北京。这正是毛泽东所预期的。他坐镇杭州，密切关注着北京的动向。

他天天看《人民日报》。作为中共中央机关报，《人民日报》对于正在来临的政治风暴，似乎缺乏应有的热情。毛泽东日益不满于《人民日报》总编辑吴冷西。

其实，把吴冷西派往人民日报社，也是毛泽东决定的。

吴冷西记得，那是1957年6月1日，胡乔木忽然通知他，说是毛泽东召见。那时的吴冷西，是新华社社长。而人民日报社社长兼总编辑是邓拓。毛泽东不满于邓拓编辑的《人民日报》。那时，一场政治大风暴——反右派斗争，正在兴起。毛泽东调吴冷西进入《人民日报》，担任总编辑，同时又兼新华社社长。实际上，毛泽东以吴冷西取代了邓拓。一年多以后，邓拓调离了人民日报社。

一晃，九个春秋飞逝。眼下，毛泽东对于吴冷西的不满，相当于当年对于邓拓的不满。

正因为这样，吴冷西的大名从中央文革小组的组员名单中删去。如今，发动"文革"，如同当年发动反右派一样，《人民日报》必须改变"四平八稳"、"不冷不热"的状态。

鉴于毛泽东对《人民日报》、对吴冷西的不满意，5月30日，在北京主持中央工作的刘少奇、周恩来、邓小平给毛泽东发去请示信："拟组织临时工作组，在陈伯达同志直接领导下，到报社掌握报纸的每天版面，同时指导新华社和广播电台的对外新闻。"

信，当天就到了毛泽东手里。

毛泽东当天作了批示："同意这样做"。①

一架专机急急从北京直飞杭州。从飞机上下来康生和陈伯达，两位"大秀才"给毛泽东带来了聂元梓等七人的大字报。

专机又急急从杭州飞回北京。

5月31日，陈伯达带领着临时工作组进驻人民日报社。

6月1日，《人民日报》发表了陈伯达授意、改定的社论《横扫一切牛鬼蛇神》，把《五一六通知》的精神捅了出去——正巧，九年前，同样是6月1日，毛泽东找吴冷西谈话，派他去人民日报社。

6月2日，《人民日报》刊登聂元梓等七人的大字报，配发评论员文章《欢呼北大的一张大字报》。

《人民日报》把"文革"之火点燃起来，北京一片混乱。刘少奇和邓小平在6月1日直飞杭州，请毛泽东尽快回京主持工作。毛泽东摇头。他"委托刘少奇、邓小平相机处理运动问题"。刘少奇、邓小平无奈，随即又飞回北京。

北京城头乱纷纷，毛泽东在杭州笃笃定定。6月10日，毛泽东在杭州会见越南主席胡志明，用这样一番话透露了正在中国发动的政治风暴："中国现在也出现了修正主义，彭真、罗瑞卿、陆定一、杨尚昆，都是你的朋友，也是我的朋友。北京市是个独立王国，谁也不能过问。这次是大大小小可能要整倒几百人、几千人，特别是学术界、教育界、新闻界、出版界、文艺界、大学、中学、小学。"②

江青呢？她5月份在北京除了出席中共中央政治局扩大会议之外，还出席了全军创作会议，看了68部国产的、与军队有关的影片。她居然说，内中好的只有7部，即《南征北战》、《平原游击队》、《战斗里成长》、《上甘岭》、《地道战》故事好，但线索粗了点。《分水岭》，复员军人还不够突出。《海鹰》有点小缺点，吉普车上吃苹果，有点吉普女郎的劲头，出征时唱"宁愿出征不愿在家盼断肠"，是小资产阶级情调。

对此外的61部，江青挥舞大棒，骂声连连：

《独立大队》——毒草！整个是描写土匪，宣扬了土匪，丑化了军队！

《战火中的青春》——宣传个人英雄主义，排长军阀主义，歪曲部队生活，丑化军队形象！

---

① 《中国共产党执政四十年》，中共党史资料出版社1989年版，第272页。
② 《中国共产党执政四十年》，中共党史资料出版社1989年版，第273页。

《哥俩好》——写中间人物,充满了低级趣味!

《英雄虎胆》——美化特务阿兰。跳摇摆舞一场是资产阶级生活大展览。

《战上海》——是写国民党的戏,我们没有一个英雄人物塑造出来,都是"面条"。

《五更寒》——违背阶级路线,美化乔凤(地主小老婆、破鞋),充满人性论。

《革命家庭》——歪曲历史事实,歌颂王明路线。

《聂耳》——为阳翰笙、田汉立传,似乎上海地下党是他们领导的,聂耳是他们培养的。

《花好月圆》——片名就没有阶级斗争!写多角恋爱,太低级。

《五朵金花》——尽是吃喝谈恋爱,情歌也很有问题。

《烈火中永生》——严重的问题是为重庆市委书记(叛徒)翻案。

《雷锋》——影片中毛主席画像不好,是政治性的错误。

《怒潮》——美化彭德怀、为彭德怀翻案。

《红霞》——宣扬假投降、美人计。

《生活的浪花》——是暴露社会主义阴暗面的电影。

《人民的巨掌》——为反革命扬帆翻案。

《女篮五号》——没有党的领导,美化了资产阶级小姐,宣扬阶级调和,合二而一。

江青的几句话,便把电影界说成一团漆黑。

在中共中央政治局扩大会议结束之后,江青来到了上海,她跟张春桥一起,起草了《文化部为彻底干净摘掉反党反社会主义反毛泽东思想的黑线而斗争的请示报告》,称文艺界有一条"又长又粗又深又黑反毛泽东思想的黑线",声言要对文艺界"犁庭扫院"、"彻底清洗"。这个报告,于6月20日由中共中央转发全党。

6月16日至18日,江青在上海锦江饭店小礼堂,召开了中央文革小组会议。松散的中央文革小组,这时才正式召开会议。

毛泽东在滴水洞里沉思

6月17日下午4时光景,三辆小轿车、一辆大客车,忽地鱼贯进入湖南韶山的一个山谷里。四周实行了严密的警戒,闲人莫入。

从车上下来身材伟岸的人物,一望而知是毛泽东。在"横扫一切牛鬼蛇神"口号声震天动地、"文革"之火席卷华夏之际,毛泽东居然来到故乡的山间过着"隐居"生活!

那个山谷,人称"滴水洞"。其实,那只是因为附近有个小山洞,不论晴天或下雨,总在滴水,因此得名。后来,修水库时,人们把这小山洞填掉了,可是仍习惯地称那山谷为"滴水洞"。

滴水洞是由龙头山(南)、黄峰山(北)、牛形山(西)三山环抱而成,山间树木蓊郁,夏日清风习习,是个避暑的好去处。如今,滴水洞已经成为韶山一景,向游人开放。笔者在1997年便到滴水洞细细看了一番。

毛泽东对于滴水洞,怀有特殊的感情。他的祖居,原本就在这里。后来,他的祖父同伯祖父分家,他的祖父迁往韶山冲上屋场安家——如今参观者络绎不绝的毛泽东故居,便是上屋场毛泽东祖父的房子。毛泽东是在那里出生的。上屋场离滴水洞大约四公里。毛泽东小时候在这儿放过牛、砍过柴、割过草。他到外婆家，要打这儿经过。他的祖父、祖母的墓，也建在这里后山的虎歇坪上。

1959年6月26日，毛泽东回到阔别32年的故乡，路过滴水洞口，曾对陪同他的中共湖南省委第一书记周小舟说："小舟，你们省里研究一下，在这个山沟里，修几间茅屋子。省里开个会，其他领导同志来，休息一下也可以嘛！"

毛泽东一言九鼎。中共湖南省委筹划着在滴水洞为毛泽东建别墅。此事严格保密，称"二〇三工程"。毛泽东所说是："修几间茅屋子"，下边一执行就大大加码，拨款一亿元，兴建了三栋楼：一号楼是毛泽东专用楼；二号楼是两层客房，有24间，供陪同毛泽东来的负责人居住；三号楼则有好几层，供随行的警卫人员居住。另外，还修建了韶山通往滴水洞的柏油马路。

这个"二〇三工程"从1960年动工，到1962年完工，便时时恭候毛泽东的光临。

足足等了四年，这才终于等来了毛泽东，他于1966年6月15日离开杭州，16日到达长沙，17日到达滴水洞。

陪同毛泽东此行的是中共中央办公厅主任、公安部副部长、8341部队政委汪东兴和中共中央办公厅副主任、中央警卫团团长张耀祠[①]。张耀祠是江西瑞金沙洲坝人，当年，中华苏维埃共和国临时中央政府就设在沙洲坝，毛泽东是政府主席，而张耀祠则在政府门口站岗……他的名字，在"文革"中常被写成"张耀词"，据他告诉笔者，那是江青给他改的，据云"光宗耀祠"乃是"封建意识"。如今，他仍用原名。

毛泽东下榻于一号楼。那是一幢灰顶青瓦白墙的小楼。跟毛泽东的卧室相通，有一套完全一样的房间，只不过卫生间里的澡盆不是白色而是紫红色的，据云那是设计者们为江青准备的。江青却没有来，内中的原因不知是毛泽东不让她来（1974年毛泽东在长沙，江青到长沙，后曾希望去滴水洞，毛泽东劝她"你不要去"[②]），还是江青忌讳到了韶山，当地人总要提起杨开慧。

在滴水洞，照料毛泽东起居的，是两位女服务员郭国群、张玉凤和一位男服务员小周。郭国群23岁，湖南邵阳人，是湖南省委接待处的，从长沙来此照料毛泽东。小周是毛泽东的理发师，也兼生活照料。张玉凤则是毛泽东专列上的服务员，随毛泽东来此。

张玉凤22岁，能够成为毛泽东专列上的服务员，纯属偶然。她出生在东北牡丹江清贫之家，父亲是个小商人，家中有八个子女，张玉凤排行第四。14岁那年，由于家中困难，无法供她上学，正遇上铁路局招工，就去试试看，考上了。于是，她成为铁路客运列车的列车员。

1960年冬，铁道部要调一批列车员到专列上当服务员，16岁的张玉凤被选上。这样，她被调进北京。这时的她，还不知道"专列"是怎么回事。

上了专列，她才明白那是首长和外国国家元首乘坐的专门列车。这时的她，每月工资不过32元而已。先是在别的专列上工作，没多久，她被调往毛泽东专列工作。起初，她简直

---

① 1991年5月19日，叶永烈在成都采访张耀祠。
② 据金振林《毛泽东隐踪之谜》载：毛泽东对江青说："你不要去，你去了，那里不得安静。那是我要去住的地方。"（《花地》1989年5期）

不敢相信,毛泽东会坐在这趟列车上。直至专列抵达蚌埠,毛泽东跟专列上所有工作人员合影留念,她才第一次见到了毛泽东。

张玉凤肯吃苦,工作认真细致。她在毛泽东的专列上工作了两年之后,一天,汪东兴带她去见毛泽东,这是她头一回跟毛泽东交谈。她的心中颇为紧张。

一见面,毛泽东问她叫什么名字,几岁。汪东兴见她神情紧张,就代她作了回答。

毛泽东又问,她的名字三个字怎么写。说着,拿起铅笔和纸,让她写下来。

张玉凤怕自己的字写不好,就答道:"弓长张,玉石的玉,凤凰的凤。"

毛泽东手中正拿着笔和纸,就随手记下了她的名字。

头一回的交谈,没几句,就结束了。

张玉凤走后,汪东兴发觉那张写了"张玉凤"三个字的纸上,一连写了好几个"张玉凤"。汪东兴便征求毛泽东的意见,可否把张玉凤调至毛泽东的车厢当服务员。毛泽东点了点头。这样,张玉凤便来到毛泽东身边,在专列上照料毛泽东的生活。与张玉凤同时调至毛泽东车厢的,还有一位老大姐。

这一回,毛泽东离开专列,进入滴水洞,需人照料,张玉凤也就奉命随行。据云,汪东兴考虑到毛泽东到滴水洞,必定要去附近的韶山水库游泳,而张玉凤水性甚好,这也是要张玉凤同行的缘由之一。

毛泽东在滴水洞里,一住便是11天。他在这幽静的山谷里深思着。每天,一架专机往返于北京和长沙之间,给毛泽东递送着北京最新信息。

就在滴水洞里,毛泽东写就一封文字隐晦、含意深沉的长信。只要翻看一下《毛泽东书信选集》便可知道,毛泽东在解放后诸事冗杂的情况下,信件差不多成了"电报式",百把字、二三百字一封,而此信竟长达近两千字!

毛泽东此信,是写给江青的。他在滴水洞中写好初稿后,便装入信封,要秘书妥为保管——他没有马上发出。

毛泽东给江青写了不寻常的长信

1966年6月28日上午,毛泽东要离开滴水洞了。临走之际,他依依不舍:好几位领导同志要陪同毛主席下山,几次说:主席,走吧! 要上轿车时,毛主席忽然又转过身来往回走,步子迈得很大,很缓,边走边用韶山乡音低低地念叨:"我还不想走呐,我还要再住一夜呐!"回到楼内的办公室,七十三岁高龄的毛主席独自坐在写字台前,默默抽烟,凝神沉思……足足四十五分钟之后,只见他老人家缓缓站起来,喃喃说道:"还是走吧,我也身不由己呐!"[1]

毛泽东的专列,由长沙驶向武汉。他在那里公开露面,接见了尼泊尔王国比兰德拉·沙阿王太子,又接见了亚非作家紧急会议的代表和观察员。

---

[1] 据赵景云:《灵秀聚钟人莫识——韶山滴水洞印象》,1991年1月12日《文艺报》。

在武汉的那些日子里，毛泽东接到江青6月29日从上海发来的信。他把在滴水洞里写就的草稿，加以修改，补写了前面几句，于7月8日发给江青。

这是一封不平常的信。它是毛泽东一篇内涵广泛而又深刻的著作，是关于"文革"的重要著作。可是，它却不像他的别的著作那样容易理解，容易读懂。大抵是由于内中许多思绪还不能公之于众，甚至还不能告知政治局的委员们，而他又以为这些在滴水洞中沉思的结果应当写下来，留存下来。思之再三，最恰当的形式，便是以写给妻子的信的形式来表达——这是一封具有"政治遗嘱"性质的信。

鉴于此函是极为重要的文献，现全文照录于下①：

江青：

6月29日的信收到。你还是照魏、陈二同志（指魏文伯、陈丕显——引者注）的意见在那里（指上海——引者注）住一会儿为好。我本月有两次外宾接见（指前文已提及的尼泊尔王国王太子和亚非作家紧急会议的代表、观察员——引者注），见后行止再告诉你。自从6月15日离开武林（指杭州——引者注）以后，在西方的一个山洞（指滴水洞。韶山在杭州之西，故称"西方"——引者注）里住了十几天，消息不大灵通。28日来到白云黄鹤的地方（指武汉——引者注），已有十天了。每天看材料，都是很有兴味的。天下大乱，达到天下大治。过七八年又来一次。牛鬼蛇神自己跳出来。他们为自己的阶级本性所决定，非跳出来不可。我的朋友的讲话（指林彪5月18日在中共中央政治局扩大会议上的长篇讲话，大念"政变经"，讲述了古今中外各种政变，又称颂毛泽东的个人"天才"，说毛泽东的话"句句是真理，一句超过我们一万句"等等——引者注），中央催着要发，我准备同意发下去，他是专讲政变问题的。这个问题，像他这样讲法过去还没有过。他的一些提法，我总感觉不安。我历来不相信，我那几本小书（指《毛泽东选集》——引者注），有那样大的神通。现在经他一吹，全党全国都吹起来了，真是王婆卖瓜，自卖自夸。我是被他们迫上梁山的，看来不同意他们不行了。在重大问题上，违心地同意别人，在我一生还是第一次。叫做不以人的意志为转移吧。晋朝人阮籍反对刘邦，他从洛阳走到成皋，叹道：世无英雄，遂使竖子成名。鲁迅也曾对于他的杂文说过同样的话。我跟鲁迅的心是相通的。我喜欢他那样坦率。他说，解剖自己，往往严于解剖别人。在跌了几跤之后，我亦往往如此。可是同志们往往不信。我是自信而又有些不自信的。我少年时曾经说过：自信人生二百年，会当水击三千里。可见神气十足了。但又不很自信，总觉得山中无老虎，猴子称大王，我就变成这样的大王了。但也不是折中主义，在我身上有些虎气，是为主，也有些猴气，是为次。我曾举了后汉人李固写给黄琼信中的几句话：峣峣者易折，皎皎者易污。阳春白雪，和者盖寡。盛名之下，其实难副。这后两句，正是指我。我曾在政治局常委会上读过这几句。人贵有自知之明。今年4月杭州会议，我表示了

---

① 《建国以来毛泽东文稿》第12册，中央文献出版社1998年版，第71—75页。

对于朋友们那样提法的不同意见。可是有什么用呢？他到北京5月会议上还是那样讲（"5月会议"指中共中央政治局扩大会议——引者注），报刊上更加讲得很凶，简直吹得神乎其神。这样，我就只好上梁山了。我猜他们的本意，为了打鬼，借助钟馗。我就在二十世纪六十年代当了共产党的钟馗了。事物总是要走向反面的，吹得越高，跌得越重，我是准备跌得粉碎的。那也没有什么要紧，物质不灭，不过粉碎罢了。全世界一百多个党（此处指共产党——引者注），大多数的党不信马列主义了，马克思、列宁也被人们打得粉碎了，何况我们呢？我劝你也要注意这个问题，不要被胜利冲昏了头脑，经常想一想自己的弱点、缺点和错误。这个问题我同你讲过不知多少次，你还记得吧，4月在上海还讲过。以上写的，颇有点近乎黑话，有些反党分子，不正是这样说的吗？但他们是要整个打倒我们的党和我本人，我则只说对于我所起的作用，觉得有一些提法不妥当，这是我跟黑帮们的区别。此事现在不能公开，整个左派和广大群众都是那样说的，公开就泼了他们的冷水，帮助了右派，而现在任务是要在全党全国基本上（不可能全部）打倒右派，而且在七八年以后还要有一次横扫牛鬼蛇神的运动，尔后还要有多次扫除，所以我的这些近乎黑话的话，现在不能公开，什么时候公开也说不定，因为左派和广大群众是不欢迎我这样说的。也许在我死后的一个什么时机，右派当权之时，由他们来公开吧。他们会利用我的这种讲法去企图永远高举黑旗的，但是这样一做，他们就要倒霉了。中国自从1911年皇帝被打倒以后，反动派当权总是不能长久的。最长的不过二十年（蒋介石），人民一造反，他也倒了。蒋介石利用了孙中山对他的信任，又开了一个黄埔学校，收罗了一大批反动派，由此起家。他一反共，几乎整个地主资产阶级都拥护他，那时共产党又没有经验，所以他高兴地暂时地得势了。但这二十年中，他从来没有统一过，国共两党的战争，国民党和各派军阀之间的战争，中日战争，最后是四年大内战，他就滚到一群海岛上去了。中国如发生反共的右派政变，我断定他们也是不得安宁的，很可能是短命的，因为代表百分之九十以上人民利益的一切革命者是不会容忍的。那时右派可能利用我的话得势于一时，左派则一定会利用我的另一些话组织起来，将右派打倒。这次文化大革命，就是一次认真的演习。有些地区（例如北京市），根深蒂固，一朝覆亡。有些机关（例如北大、清华），盘根错节，顷刻瓦解。凡是右派越嚣张的地方，他们失败就越惨，左派就越起劲。这是一次全国性的演习，左派、右派和动摇不定的中间派，都会得到各自的教训。结论：前途是光明的，道路是曲折的，还是这两句老话。

久不通信，一写就很长，下次再谈吧！

毛泽东
1966年7月8日

毛泽东此信一开头，称"6月29日的信收到"，那是指江青在6月29日给毛泽东写了一信,谈论"文化大革命"问题。毛泽东此信,是对江青来信的回复,只是江青6月29日给毛泽东的信至今从未公布过。

毛泽东此信,纵论20世纪中国的过去,评述眼下中国的"左派"、"右派"和"中间派",又预言他死后的中国的未来。这是一篇道出了"毛泽东战略"的不寻常的信。他把这一切写在给江青的信中,既表明了他当时对江青是充分信赖的,又表明了他可信赖的人已不多了。

此信作为中央文件下发时,最初注明:"毛泽东在武汉致江青的信,写成后在武汉给周恩来、王任重看过。"

这表明毛泽东对周恩来、对王任重是信任的。毛泽东多次来武汉,向来只通知王任重一人。毛泽东行动机密,路过一些省、市时,往往不喜欢当地首长迎送。王任重例外,每一回毛泽东路过武汉,总是告知王任重,他前去迎接或欢送。

此信作为中央文件下发时,最初还注明:"原件为毛泽东销毁,以上为毛泽东校阅过的抄件。"

文件没有说明,为什么"原件为毛泽东销毁"。

据传,周恩来阅毕,向毛泽东提出重要建议:此信可否给林彪看一下?因为此信中尖锐地批评了"我的朋友"林彪。周恩来想借助毛泽东此信,提醒一下林彪,不要"吹"得太过分。毛泽东同意了。据称,毛泽东嘱咐:林彪看后,当面烧掉。这样,这封重要的信由周恩来转交给在上海的江青,江青看过之后又由周恩来带此信到大连,交给在那里的林彪看过。

当时林彪正在大连休养。此信曾使林彪吃了一惊。阅后,当即表示悔悟之意。周恩来当着林彪的面(一说当叶群的面),用火烧掉了这封长信。

不过,此信保留了一份抄件。毛泽东当时对机要秘书说,"原稿发出,抄件存档"。据后来看到过这一个"抄件"手稿的徐景贤回忆,"抄件"是抄在"一种直条纸上的","抄信人的字迹很稚拙"。徐景贤的回忆录没有提到这位"机要秘书"是谁,经查,1966年跟随毛泽东的机要秘书是徐业夫。

以上的"据传",是对"原件为毛泽东销毁"而又保留了一份抄件的一种解释。

然而,这一"据传",是否可靠,不得而知。

1998年1月由中央文献出版社出版的权威性的《建国以来毛泽东文稿》第12册在收入毛泽东致江青的这封信时,只注明"根据修改件刊印"。至于"修改件"是否系手稿,没有说明。该书中所收毛泽东其他文稿,倘若是根据毛泽东手稿刊印的,则必定注明"根据手稿刊印"。而该书在对全信所作的13处注释中,也无一处提及"原件为毛泽东销毁"。这表明,该书编者避开了"原件为毛泽东销毁"这一问题。

据戚本禹回答余汝信的采访提问时说[①],"可以肯定地回答你,有这封信。你可以看看这封信的字里行间,完全是毛的风格,而毛的风格,是任何人都难以模仿得神似的。江青收到这封信后,觉得应该在党内最高层部分人中传阅,得毛同意。传阅过程中,周恩来抄了一份,陶铸亦抄了一份。"

---

① 以下戚本禹叙述据余汝信:《与戚本禹面对面》,《枫华园》第432期(2004年1月9日)。

余汝信说，你的回忆，与官方解释有出入。官方的说法是，毛的信在发出前给周恩来、王任重看过，毛叫秘书抄了一份。1972年5月作为批林整风汇报会的会议文件印发的，是毛秘书的抄件。

戚本禹答，当时，我负责毛的文件的保管，没有这样的印象。以后印发的，应该是根据周恩来的抄件。

余汝信问，那么，在江青处的原件呢？

戚本禹答，林彪知道毛有这么一封信（估计江青交党内最高层传阅时，林也是传阅人之一）。在林彪从大连回到北京后的一天，叶群到钓鱼台找江青谈这封信的事。叶群对江青说，林总不放心，为避免以后发生不好的影响，请示了主席，主席说，烧了吧。烧的时候，在江青的住处，江、叶在场，把我也叫去了（叫去的原因，戚推测是怕日后万一说不清楚，好有人作证），江青说了大致情况，我无意看信的内容，怕日后惹麻烦，待信完全烧光，叶才离开。

戚本禹是烧掉毛泽东致江青信的目击者之一，他的回忆有一定价值。据戚本禹的说法，毛泽东致江青信不是周恩来在大连当着林彪的面烧掉，而是林彪从大连回到北京后，在江青的住处烧掉的。

在林彪倒台之后，1972年5月中共中央召开批林整风汇报会，此信作为会议主要文件印发，于是才第一次为世人所知。毛泽东在印发前，在抄件上亲笔修改了两处。其中有一处是"他（指蒋介石）就逃到一个海岛上去了"改成"他就滚到一群海岛上去了"。

关于这封毛泽东致江青的信，由于没有手稿，海外有人以为是在1972年5月为了批林整风的需要，"由康生提议，张春桥执笔，毛泽东首肯"而"补写"的。这只是一种毫无根据的猜测罢了。这封气势磅礴、思想深刻的信，远非康生、张春桥之辈能够写出的。

不论毛泽东出于什么考虑在当时下令销毁了此信原件，此信确系毛泽东手笔，这一点是毋庸置疑的。

毛泽东致江青的这封信，是毛泽东晚年极其重要的著作。有人甚至评价说，这封信可以说是无产阶级文化大革命另一个纲领性文件，其重要性不亚于中共中央的《五一六通知》。

江青点火于北京高校

1966年7月25日，《人民日报》刊载"特大喜讯"，还配发了社论。

其实，这"喜讯"发生在十天前——7月16日，毛泽东在武汉畅游长江。

全国各报也都刊载这一"特大喜讯"。

新华社所发的通讯《毛主席畅游长江》，透露了毛泽东游泳时所讲的话："长江，别人都说很大，其实，大，并不可怕。美帝国主义不是很大吗？我们顶了他一下，也没有啥。所以，世界上有些大的东西，其实并不可怕。""长江水深流急，可以锻炼身体，可以锻炼意志。"[1]

这篇报道，给人造成了假象，似乎毛泽东仍在外地，仍在武汉。

---

[1] 据《毛主席畅游长江》，1966年7月25日《人民日报》。

其实,毛泽东在7月18日晚,已经回到了北京。

正焦头烂额的刘少奇,闻讯急急赶去,却被秘书挡驾——因为康生和陈伯达抢先一步,已在那里向毛泽东诉说刘少奇如何向各大学派工作组,阻止学生们起来造反。

翌日,毛泽东才开始听取刘少奇的汇报,因为毛泽东不在北京期间,中央日常工作是由刘少奇主持的。

听了刘少奇的汇报,毛泽东面露不悦之色,说了一番不悦之言:"回到北京后感到很难过,冷冷清清,有些学校大门都关起来了,甚至有人镇压学生运动。谁才镇压学生运动?只有北洋军阀!""'内外有别'是怕革命,大字报贴出来又盖起来,这种情况不能允许。这是方向错误,赶快扭转。把一切条条打个稀巴烂,给群众走框框不行。北京大学看到学生起来,定框框,美其名曰'纳入正轨',其实是纳入邪轨。"[①]

毛泽东一席严厉的批评,注定了刘少奇倒台的命运。

紧接着,两天之后,江青从上海赶回北京。

1966年11月28日,江青在首都文艺界大会上,说及了自己回京一事:

> 毛主席是7月18日回到北京的,我是7月20日回到北京的。原来应该休息几天,但是听了陈伯达同志,康生同志,以及在京的中央文化革命小组的同志们的意见,我就报告了毛主席。我感到需要立刻跟伯达同志、康生同志去看大字报,倾听革命师生的意见。事实同那些坚持资产阶级反动路线、坚持派工作队的人所说的完全相反……

那阵子,江青频频前往北京大学,"点火于基层"。

她在7月20日才回到北京,22日就和陈伯达等中央文革小组的"秀才"们出现在北京大学。

最初,她的话不多,口气也还算不大。她7月22日首次在北京大学发表讲话,不过这么几句:

> 党中央万岁!北大革命同学万岁!
> 我也没有多少话要讲,因为我对情况不了解,我代表毛主席来看看你们,听听你们的意见,看看你们的大字报,因为情况不清楚,也没有什么话好讲,是不是请伯达同志讲讲。

7月23日,江青二赴北大,话也不多,还算"谦虚":

> 革命同学们:
> 我和陈伯达同志是来做小学生的,我和他一块来听同志们的意见,看一看你们

[①] 据《中国共产党执政四十年》,中共党史资料出版社1989年版。

的大字报。这样我们可以多懂得事,少犯点错误,跟同志们一块来搞文化大革命。我们是一块的,不是脱离你们,你们什么时候有意见叫我们来,我们立即来。现在我们了解还不够,还提不出什么具体意见。总之,一片大好形势,你们的革命热情是好的,干劲是好的,我们都站在你们革命派一边。革命是大熔炉,最能锻炼人。革命派跟我们在一块,谁不革命谁就走开,我们站在革命派一边。……

我们一定把同志们的革命热情、革命干劲带给毛主席。

翌日——7月24日,江青率中央文革小组出现在北京广播学院。这一回,她的调子明显地比前两日提高,声言"我要来放火"了:

我们的组长陈伯达、顾问康生同志,曾到你们这里来讲过话。我刚从上海回来,我完全同意他们两位的意见。关锋、戚本禹、姚文元同志也同意,他们说是你们的学生,向你们学习,你们的革命热情是很好的,热情应该鼓起来,不应该泼冷水。

我代表毛主席问候你们!毛主席很关心你们的革命事业。你们坚决站在无产阶级立场上,进行这次文化大革命运动。也许你们很关心他的身体,他的身体很健康。你们的情况还要继续了解,要向你们学习。……你们的大门关得紧紧的,门口贴着条子:"××不准进来!"比中南海还紧。我要来放火,我要提出抗议!如果你们不改,我就把你们的门涂成黑门!

也就在这一天,在北京广播学院,中央文革小组组长陈伯达当众把江青大大地吹了一番。这番话,迅速被印成传单、抄成大字报,为"树"江青起了不小的作用。当他用令人难以听懂的闽南"普通话"讲话时,由王力担任他的"翻译"。现从当年的传单上,抄录陈伯达的话如下:

最后讲一讲,诽谤中央负责同志的要驳斥,今天递的一个条子,就是诽谤江青同志的。

江青同志是中央文革小组的第一副组长。江青同志是"九一八"事变后参加革命的,有三十五年的斗争历史。江青同志是我党的好党员,为党做了很多工作,从不抛头露面,全心全意地为党工作。她是毛主席的好战友,很多敌人都诽谤她。

江青同志在"九一八"事变后在天津入党(应为在青岛入党——引者注)。我认识介绍江青同志入党的人。

江青同志在文化大革命中起了很大的作用。京剧改革是文化大革命很重要的开端,外国人也承认这一点。好人赞扬这一点,坏人也不得不承认这一点。而京剧革命这件事,江青同志是首创者。

京剧改革前,我到剧院去看,很少人去看戏。京剧改革后发生了很大的变化,要买票定座了,很久很久才能看到,都是满满的,这是文化大革命的很大变化,是开端。

不要小看这个开端,这个改革与每个人的生活都有关系,生活在北京的人,每个人都要看戏吧。

京剧改革引起了一系列的改革问题,京剧改革引起了对三十年代文艺路线的批判,这就引起了要检查我们的文艺路线是否执行了毛主席《在延安文艺座谈会上的讲话》的指示,执行了马克思列宁主义文艺路线?是执行了无产阶级文艺路线,还是执行资产阶级文艺路线?革命是经常从一个地方打开缺口的,现在文化革命是从京剧改革打开缺口的,包括我在内都感激江青同志。

这个条子使我想起了历史上所有革命者没有不受诽谤的,不受迫害的,你们不是有一百多人受迫害,被当成反革命压制了自由,受了围攻吗?一个革命者就是要在这种围攻中站得住。

刚才递条子是揭露诽谤的,可见有人在这里散布流言蜚语,散布诽谤,要警惕!

追溯起来,《纪要》中林彪那几句话,可算是第一次"树"江青,但也只是说她"对文艺工作方面在政治上很强,在艺术上也是内行"。陈伯达这番话,对江青作了全面的歌颂,为江青上台吹响了喇叭。

"把家庭矛盾搞到政治上来"

江青这人,在露"峥嵘"之际,也往往露"真容"。1966年7月26日,她在北京大学露"真容",曾使听众一片哗然。

那是前一日——7月25日,毛泽东接见中央文革小组全体成员,尖锐地指出工作组"起坏作用,阻碍运动"、"统统驱逐之"!

仿佛持"尚方宝剑",江青在26日晚率中央文革小组成员们前往北京大学,万名师生聚集于大操场,"聆听"着他们的演说。会议的主旨,在于批判那"起坏作用,阻碍运动"的北京大学工作组。这个工作组是刘少奇在北京主持中共中央日常工作时,于1966年6月4日派出的,以张承先为首,代行中共北京大学党委的职权——因为在聂元梓等七人的大字报上了《人民日报》之后,原本以陆平、彭珮云为正、副书记的中共北大党委也就垮台了。

1996年3月28日,国家外国专家局退休干部时友人先生曾给笔者来信。他说,他是派往北京大学工作组的第一批成员之一。在信中,他这样回忆道:

我本人即为该工作组的第一批成员,随张承先同志于6月1日晚上进驻北京大学,直至8月初全体撤出。

当时我在高等教育部教学一司工作,6月1日晚上7点多钟在家听完中央广播电台播完聂元梓等人的大字报后,突然接到通知让我到蒋南翔部长办公室,说有重要任务布置,我立即随来人一起回办公楼,蒋南翔部长即向我和其他几位同志宣布,当日下午中央决定以北京新市委的名义向北京大学派出工作组,组长为张承先,副组

■ 1966年7月26日晚江青出现在北京大学

长为刘仰峤（当时任高教部副部长），成员皆为高教部干部共四人，即杨惠文、黄圣骅、白晶和我，并要我们立即出发去北大向张承先和刘仰峤同志报到。我连家里人都没能打招呼就走了。到北大后，当晚就在礼堂召开全校干部大会，宣布北京新市委的决定，由工作组代行校党委职权领导运动。紧接着中央又从国务院部委、各省市和海军航空兵领导机关抽调大批人员参加工作组，形成校、系两级机构。

才过了五十多天，以张承先为首的工作组，又陷入了陆平、彭珮云一样的困境！

陈伯达、康生的讲话，清算了以张承先为首的工作组的种种错误。江青在一片"向江青同志学习"、"向江青同志致敬"声中，侃侃而谈，严厉批判张承先，批判工作组。

渐渐地，江青激动起来，也就说走了嘴。

江青忽地说起了自己家里的事。据当时的传单所载："再看看张承先的干部路线，在领导核心中有一个张少华，是中文系五年级学生，她的母亲张文秋是一个全国通缉的政治骗子，她自己说她是毛主席的儿媳妇，我们根本不承认！"

江青一言既出，举座万人皆惊！

张文秋何许人？怎么她是"政治骗子"？

张少华又是何许人？怎么"自己说她是毛主席的儿媳妇"？

其实，张文秋是毛泽东的亲家，她的长女即毛岸英之妻刘松林（刘思齐）；次女即张少华，毛泽东的次子毛岸青之妻。

刘松林与张少华，是同母异父的姐妹。

张文秋，湖北京山县人氏，本名张国兰，号文秋。1926年她加入中共时，便在武汉结识毛泽东。

1927年4月26日,张文秋和刘谦初在武汉结婚。刘谦初也是中共党员。

1931年4月5日,刘谦初死于国民党刑场。张文秋不久产下遗腹女,即刘思齐——刘谦初曾就读于齐鲁大学,所以预先给孩子取了此名。

刘思齐后来改名刘松林。

1937年冬,张文秋在延安再婚,男方是彭德怀部将陈振亚。翌年秋,生一女,从母姓,取名张少华,后来改名邵华。

张文秋颇为不幸,新婚才一年多,陈振亚遇害于新疆迪化。张文秋又生下一遗腹女,取名张少林。

美国《法兰克福日报》女记者史沫特莱在20世纪30年代曾采访过张文秋,那时张文秋化名珊飞。史沫特莱在所著《中国人民的命运》一书中,其中有一节《共产党员珊飞》,写的便是张文秋。

■ 1986年6月5日,叶永烈在北京采访原北京大学校长陆平谈"文革"经历。

1949年10月15日,刘松林跟毛岸英结婚,从此张文秋成了毛泽东的亲家。

江青与毛岸英常吵架。江青曾经这样说[①]:"毛岸英是主席最宠爱的孩子,这我不反对,父亲爱孩子是理所当然的,无可非议。但是,毛岸英认为自己有文化,懂知识,根本不把我放在眼里,脾气很暴躁,动不动就和我吵架。我虽然大不了他几岁,但从辈分上讲我还是她的继母嘛。每次吵架,主席总是批评我,让着他,这样,他对我就更加放肆了,更不尊重了。有时,我们见了面他连话都懒得说一句,把脖子一歪走开了。"

由于江青与毛岸英关系不好,所以刘松林说,江青从一开始就对她"蔑视、嘲讽、侮辱"。

毛岸英与刘松林结婚没多久,走上朝鲜战场。1951年11月21日,毛岸英被美军轰炸机炸死于朝鲜。

十年之后,张少华跟毛岸青相恋的消息,传入江青的耳朵,江青大为不快。几年前,江青曾为《蝶恋花·答李淑一》一词,跟毛泽东大闹一番。眼下,又担心张少华跟毛岸青相恋,加强了家中"杨家将"的势力。对待丈夫的前妻子女,江青没有王光美那样的胸怀。

江青反对毛岸青与张少华相恋,甚至封锁消息,不让毛泽东知道。江青扣下毛岸青寄往中南海的信件,并烧毁了一部分。毛泽东发觉后,给岸青写信[②]:"你写给我的信,不要经过他人,最好叫松林、邵华或李敏转交给我。"毛泽东说的他人显然指的是江青。

---

① 据杨银禄:《江青的亲情世界》,《同舟共进》2010年第6—7期。
② 据杨银禄:《江青的亲情世界》,《同舟共进》2010年第6—7期。

■ 毛泽东与毛岸英、刘松林在北京西山（徐肖冰 摄）

无奈，毛泽东赞成这一婚事。知道刘松林要带着妹妹到大连看望病中的毛岸青，毛泽东写了一信托她们带去：

岸青我儿：

　　前复一封信，谅收到了。甚念。听说你的病体好了很多，极为高兴。仍要听大夫同志和帮助你的其他同志们的意见，好生静养，以求痊愈。千万不要性急。你的嫂嫂思齐和她的妹妹少华来看你，她们十分关心你的病情，你应好好接待她们。听说你同少华通了许多信，是不是？你们是否有做朋友的意思？少华是个好孩子，你可以好好同她谈一谈。有信，交思齐、少华带回。以后时时如此，不要别人转。此外娇娇也可以转。对于帮助你的大连市委同志，医疗组的各位同志们一定要表示谢意，他们对你很关怀的，很尽力的。此信给他们看一看，我向他们表示衷诚的谢意。祝愉快！

父亲①

毛泽东的信，表明了他对岸青、少华婚事的首肯，江青也就不便再从中作梗。

就在毛泽东写此信之后，毛岸青和张少华在大连结婚。张文秋也就成了毛泽东的"双

---

① 据彬子编：《毛泽东的感情世界》，吉林人民出版社1990年版。

倍"的亲家！毛泽东见到张文秋的三女儿张少林曾笑道："可惜我没有三个儿子,没法让你成为我的儿媳妇,你就当我的干女儿吧！"

张少华和妹妹张少林,双双就读于北京大学,一个在中文系,一个西语系。

"文革"开始后,张少华曾在一张保张承先的大字报上签了名。

正因为这样,江青在北大的万人大会上,点了张少华的名,点了张文秋的名。

在外人看来,江青把家庭内部的矛盾,把"婆媳"之间的矛盾,当众捅了出来,简直不可理解。

在江青说来,她早已恨透张家母女,此时此际借机发泄,倒是完全符合"逻辑"！

江青说"根本不承认"张少华是"毛主席的儿媳妇"。

在当年的传单上,还有下面一段文字：

> 在这当中江青同志讲了过程,讲时非常激动,流了泪,我们未记清,大意是：主席有个儿子,得神经分裂症,让大夫护士看,后来张少华去了,把护士赶走,没有一点儿人道主义,就和他结婚,出来说是毛主席的儿媳妇。

其实,毛泽东那封给毛岸青的信,最清楚地说明了事实的真相。

江青既然"不承认"张少华是"毛主席的儿媳妇",于是张文秋说自己是毛泽东的亲家也就成了"政治骗子"！

笔者多次采访刘松林[①],她回忆道：

> "江青在北大万人大会上放了炮,我们家就倒霉了！
>
> "少华和少林,连夜骑着自行车出走。少华被说成是'钻进毛主席家中的坏分子'！
>
> "北大贴出许多批判我母亲和少华的大字报。母亲没办法,只得带着我两个妹妹,在北京流浪,借住在老战友家,躲避一下风头。
>
> "我母亲是董老（指董必武——引者注）的学生。董老说,少华怎么会成了'主席家中的坏分子'？这是江青把家庭矛盾搞到政治上来了！我实在无法容忍。我给主席写了一封信。主席知道了,保护了我母亲和少华,这才避免了大灾难……"

还应提到的是,江青跟李敏的关系也很不好。

1971年8月上旬,江青在青岛休息。有一天,她在那里见到李敏之后,对秘书说[②]："李敏这个孩子看起来文静贤惠,对我毕恭毕敬的,很少说话,但她是一个很有心计的人。我曾经批评过她站错了队,她不但不服,还到主席那里告我的状。国防科委有个叫钟赤兵的高级干部,这个人恨我,反对中央文革小组,李敏偏偏要保他,她还鼓励主席保他,她这样

[①] 1986年11月25日、12月17日及1990年7月15日,多次采访刘松林。
[②] 据杨银禄：《江青的亲情世界》,《同舟共进》2010年第6—7期。

做明明是对我来的嘛！我说她是个小保皇派，她仗着有主席的支持，竟敢向我拧脖子，厉害得很哪！孔令华也不听我的话，难哪！我们这个家庭情况很复杂，我和主席家的人是很难相处的。李敏就是其中的一个。"

毛泽东的《炮打司令部——我的一张大字报》

江青的轿车，进出于北京西郊。

中央文革小组大员们的轿车，也进出于北京西郊。

坐落在北京西郊玉渊潭附近风景秀丽的钓鱼台，被江青看中，中央文革小组在那里安营扎寨了。

"金主銮舆几度来，钓鱼高欲比金台。"八百年前，金代章宗皇帝看中此地，前来垂钓，开始在此建园林，人称"钓鱼台"。元初，宰相廉希宪在此建了别墅"万柳堂"。

清朝时，乾隆皇帝在此兴建了行宫，挖了人工湖，从此钓鱼台成了北京十大园林之一。就连慈禧太后，也来此垂钓。

1958年，钓鱼台大兴土木，其规模超过了此前的任何朝代。那是因为此处被选定为国宾馆，以高标准建造了16幢别墅式的新楼，以接待外国贵宾——中华人民共和国建国十周年大庆即将来临，大批国家元首要前来北京。

不料，在国宾馆落成之后，这里却变得冷落，并没有出现贵宾如云的景象。那是因为中苏两党的关系日益尖锐，而当时中美又未曾建交，中国跟西方的关系也冷漠。此后，这里的常住贵宾，只有柬埔寨那位一时回不了自己祖国的西哈努克亲王。直至1971年基辛格秘密访华，住进此地6号楼；不久，美国总统尼克松、日本总理大臣田中角荣，以及后来的英国女王伊丽莎白、美国总统布什、苏联元首戈尔巴乔夫住进此地，国宾馆才变得热闹起来，才变得名副其实。

就在钓鱼台冷清的日子里，江青看中了这豪华、幽雅、秀丽的国宾馆。中央文革小组在15、11号楼，都短暂地办公过。从1967年7月中旬开始，迁到16号楼，此后一直住16号楼①。陈伯达住在15号楼。江青先是住5号楼，后来她看中了环境更幽静的11号楼，就住了进来。从此，江青的代号为"11楼"。康生也占了一座楼。后来，张春桥、姚文元也来此，住在16楼中央文革小组办事组的楼上，每人一个套间（一间卧室，一间办公室）。王力、戚本禹也搬了进来，跟他们共住那一层。这样中央文革小组占领了钓鱼台南半部的五座楼，形成一个"独立王国"。一时间，"钓鱼台"成了中央文革小组的代称。一时间，钓鱼台和中南海、毛家湾，成了中国政局的"三角中心"。

中央文革小组原本是个松散的组织，这时，江青把中央文革小组"捏拢"了，变成了掌握实权、大权的组织。后来关锋、戚本禹也迁进钓鱼台。江青差不多天天在钓鱼台16号楼召开中央文革小组碰头会。

---

① 本书初版误为14号楼，经原中央文革小组办事组组长王广宇指出之后改正。

在江青的操纵下，中央文革小组这么个"小组"，一下子膨胀起来。她从军队里调来团以上干部一百多人，以"记者"名义派往全国各地，搜集各地动态，出版《快报》。这样，江青的"触角"便遍及全国，再不是1967年1月那样只有机要秘书一人的状态。

中央文革小组的办公室主任易人。本来的主任是穆欣。穆欣本名杜蓬莱，1937年加入中共，曾任《晋绥日报》采访部主任。解放后，任新华社云南分社社长、中共中央直属高级党校新闻教研室主任，光明日报社党组书记兼总编辑。"文革"之火，烧到了这位《光明日报》总编辑头上。另外，据王力回忆，穆欣倒台的原因之一是有人密告江青，穆欣在"文革"前曾说过江青有精神病。江青改为任命王力担任中央文革小组办公室主任。穆欣、王力都是中央文革小组成员。后来考虑到中央文革小组成员担任办公室主任容易分散精力，在1966年12月，由解放军报社宋琼接替王力，并责成宋琼组建办事组。办事组成员共有五人，他们是：组长宋琼，副组长陈满池（未到任），成员有杨子才、张文荣和王广宇。两个月后，宋琼被打倒，杨子才、张文荣同时离开中央文革小组。中央文革小组办事组的日常工作由王广宇主持，中央文革小组有关领导曾口头任命王广宇为办事组组长。

中央文革小组本是个"小组"。江青在这"小组"之下，又设"文艺组"、"宣传组"等，分管各口，那势头是要把正在受到猛烈冲击的中共中央书记处的权力步步取代过来。

中央文革小组成了"江记班子"。

陈伯达虽然名义上是组长，实际权力已落入江青这位第一副组长手中。

江青坐镇钓鱼台之后，很快就显示了她对中国政治的巨大影响力。

那是1966年8月1日至12日，毛泽东在北京主持召开了中共八届十一中全会。江青不是中共中央委员，但她以中央文革小组副组长身份出席了会议。

这是一次重要的会议。

会议通过了《中国共产党中央委员会关于无产阶级文化大革命的决定》，亦即"十六条"（初稿为"十五条"，刘志坚提出对军队的"文革"应列一条，于是成了"十六条"）。

会上印发了毛泽东写的《炮打司令部——我的一张大字报》。毛泽东称赞聂元梓等七人的大字报为"全国第一张马列主义的大字报"。毛泽东尖锐批评了自6月上旬起派工作组以来的"五十多天里，从中央到地方的某些领导同志……站在反动的资产阶级立场上，实行资产阶级专政，将无产阶级轰轰烈烈的文化大革命运动打下去"，"长资产阶级的威风，灭无产阶级的志气，又何其毒也！"毛泽东虽然没有点名，谁都明白，他所"炮打"的是刘少奇和邓小平！

刘少奇本是中共党内仅次于毛泽东的"第二号人物"，此时成了毛泽东所称的"现正睡在我们的身旁"的"赫鲁晓夫那样的人物"。

毛泽东所写的《炮打司令部——我的一张大字报》，是1966年8月5日写的。最初，他写在一份1966年6月2日的《北京日报》上。那天的《北京日报》头版，转载了《人民日报》社论《横扫一切牛鬼蛇神》。毛泽东随手在社论左边的空白处，写了那张"大字报"（其

■ 1967年8月5日《人民日报》刊发的毛泽东批判刘少奇的《炮打司令部——我的一张大字报》

实是"小字报"），无标题，末尾署"8月5日"。后来由毛泽东秘书徐业夫誊抄，毛泽东又作了若干修改，加上了标题。

《炮打司令部——我的一张大字报》并没有以大字报形式张贴，而是作为会议文件印发。

见到毛泽东写了《炮打司令部》，姚文元紧跟，在中共八届十一中全会上，贴出了一张题为《永远跟着毛主席前进》的大字报："炮打司令部，指的是什么呢？就是用马列主义的炮打，毛泽东思想的炮打，打掉司令部里一切资产阶级的反动思想、反动路线……"

姚文元的大字报，为毛泽东的《炮打司令部》加了注释，说明了在当时成为新名词的"炮打司令部"的具体含义。

刘少奇不再是"第二号人物"，林彪取代了他。于是中共中央政治局常委的名单重新排列。

最初的名单是：毛泽东、林彪、周恩来、邓小平、陈伯达、刘少奇、康生、朱德、李富春、陈云、陶铸。

江青不同意这样的排列。尽管她连中央委员都不是，她找了林彪，要把邓小平的名字往后推，改成：毛泽东、林彪、周恩来、陈伯达、邓小平、康生、刘少奇、朱德、李富春、陈云、陶铸。

这样江青还不满意，又说："'老夫子'陈伯达压不住邓小平，把陶铸提上来！"

这样，当政治局常委名单公开见报时，排列顺序变成了：毛泽东、林彪、周恩来、陶铸、陈伯达、邓小平、康生、刘少奇、朱德、李富春、陈云。

这张政治局常委名单顺序的一改再改，显示了江青的影响力。

"旗手"的登基典礼

1966年11月28日，对于江青来说，是永远难忘的。

北京，人民大会堂里人声鼎沸，那"战斗"的歌声此伏彼起，红色塑料封面的《毛主席语录》在人群中挥舞着。

两万多人把人民大会堂挤得水泄不通,内中有不少人特地从外地赶来。

"首都文艺界无产阶级文化大革命大会"在这里举行。台下的济济人头,是江青"统率"的"文艺大军"。这次大会,是江青作为"文艺革命的旗手"的登基典礼。

在万众欢呼声中,江青踌躇满志地出现在主席台上。

大会由陈伯达主持。

陈伯达发表演说,称颂江青的贡献:

> ……给京剧、芭蕾舞剧、交响音乐等以新的生命,不但内容是全新的,而且在形式上也有很大的革新,面貌改变了。革命的现代剧,到处出现在我们的舞台上。这种无产阶级新文艺空前地吸引了广大群众。但是,反动派,反革命修正主义分子,他们却咒骂它,恨死它。不为别的,就是因为这种新文艺的作用,将大大加强我国人民群众的政治觉悟,将大大加强我国的无产阶级专政和社会主义制度。
>
> 我在这里想说,坚持这种文艺革命的方针,而同反动派、反革命修正主义分子进行不屈不挠的斗争的同志中,江青同志是有特殊的贡献的。

江青接着作长篇讲话。她追述了自己如何在养病中发现《海瑞罢官》、《李慧娘》等"这样严重的反动政治倾向的戏",如何去"争取到批评的权利",然后"才想到要改",

■ 江青在首都文艺界无产阶级文化大革命大会上发言(孟昭瑞 摄)

■"文革"时期江青宣传画

即进行所谓"京剧革命"。

江青在谈及北京京剧一团时,点了一连串的名:

> 至于你们团内某些负责人,他们贯彻执行了旧北京市委的反革命修正主义路线,同彭真、刘仁、郑天翔、万里、邓拓、陈克寒、李琪、赵鼎新以及陆定一、周扬、林默涵等反革命修正主义分子相互勾结,阴一套,阳一套,软一套,硬一套,抗拒毛主席的指示,破坏京剧改革,两面三刀,进行了种种阻挠破坏活动,玩弄了许多恶劣的手段,打击你们,也打击我们。旧北京市委、旧中宣部、旧文化部互相勾结,对党、对人民,犯下的滔天罪行,必须彻底揭发,彻底批判。……

在这里,江青第一次把"旧北京市委、旧中宣部、旧文化部"联系在一起,称之为"三旧"。在她的讲话之后,一下子便在全国掀起批"三旧"的高潮。

江青声称:"紧跟一头,那就是毛泽东思想;紧追另一头,那就是革命小将的勇敢精神,无产阶级的革命造反精神。"

江青在讲话中提及:"大家知道,在三十多年前,鲁迅曾经是领导文化革命的伟大旗手。"此言一出,她手下那班抬轿子、吹喇叭的人物,也就加以"延伸",把她加封为"领导无产阶级文艺革命的伟大旗手"——江青的"旗手"之冠,便是这么来的。

在大会上,谢镗忠宣布:经中共中央军委研究决定,江青担任"中国人民解放军文化工作顾问"。

谢镗忠还宣布:"根据中共中央军委的指示,中共中央文化革命小组的决定,将北京市京剧一团(包括北京戏剧专科学校参加国庆演出的红卫兵演出队)、中国京剧院(包括中国戏曲学校参加国庆演出的红卫兵演出队)、中央乐团、中央歌剧舞剧院的芭蕾舞剧团及其乐队,划归中国人民解放军建制,列入部队序列。"

在这次大会之后,江青的"旗手"之誉"鹊起"。吹吹拍拍者,把"六十年代的江青"跟"三十年代的鲁迅"相提并论。遍于中国大街小巷的宣传画,画着江青高举一面红色大旗"阔步前进",她的身后跟着手提红灯的李玉和、手持驳壳枪的郭建光、穿着皮大衣的杨子荣、挥舞大刀的琼花、穿着蓝色工作服围了白毛巾的方海珍……

第十二章
上海冒出了"造反司令"王洪文

崔家的新女婿

一提起上海,浮现在人们脑海中的印象,要么是高楼耸立、车水马龙的外滩,要么是摩肩接踵、五光十色的南京路……其实,那只是上海的一部分,上海并非都是那样的。

在20世纪50年代,只消越过外滩的外白渡桥北行,当那座22层的上海大厦(解放前叫"百老汇大厦")从你的视野中消失之后,你所见到的便是一番迥然不同的上海:载重卡车成群结队从马路上呼啸而过,长长的、高高的、灰蒙蒙的围墙取代了那琳琅满目、光怪陆离的玻璃橱窗,高耸着的不是大厦,而是一根根瘦长的烟囱,来来回回的是穿着胸前印着"安全生产"的蓝色工作服的人们。

那就是上海的东北角——工业区杨树浦,80万产业工人在这里日夜劳作。

在杨树浦僻远的东头——杨树浦路终点,有一家规模宏大、历史悠久的棉纺厂,解放前叫"裕丰纱厂",解放后成为上海第十七棉纺织厂,人称"国棉十七厂"。这家工厂拥有近万名职工,是上海几十家棉纺厂中数一数二的大厂。杨树浦路尽头南北两侧,都是国棉十七厂的厂房。

就在紧挨着上海国棉十七厂的地方,有一条短小的马路,叫作"定海路"。没有高楼,没有大厦,定海路大都是低矮的平房,住户十有七八是上海国棉十七厂的职工。

定海路194号,是一间20多平方米的平房,上面有一个小阁楼。泥地,竹篱笆墙上抹了点石灰,在屋里吃柿子,隔壁都听得见。没有煤气,用的是煤球炉。没有自来水——要到"给水站"去一桶一桶拎水。

这小屋的主人,名唤崔崇岭[①]。他生于1910年,本是江苏省淮安县的农民。后来到上海

[①] 1986年10月24日,叶永烈采访崔家邻居余凤珍。

裕丰纱厂当木匠,慢慢地积了点钱,买下这小屋。他娶了同厂女工、同乡高小妹为妻。他念过初小,略识几个字。妻子比他小六岁,文盲,在粗纱车间当挡车工。

结婚多年,高小妹竟不生养。夫妻俩担心老来无靠,便领养了一个女孩,取名崔根娣。根娣,"跟弟"的谐音。夫妻俩期望这个大吉大利的名字,会"跟"出几个"弟"来。

不知是这名字果真灵验,还是因为高小妹本来就能生育,自从领养了根娣之后,真的"跟"出了弟妹来。

时来运转。解放后,上海国棉十七厂在定海路造了一批工人宿舍,由于崔崇岭和高小妹双双在这家工厂做工,便分到一间新屋,于是,全家乔迁至几百公尺外的工人宿舍,把空着的小平房出租,每月收得一点房租,辅助家用。

那一带人多屋少,竟有三家房客,挤住在那20平方米的小屋里:小阁楼上住一家。楼下隔成两半,前屋住一家,后屋住一家。

崔根娣渐渐长大。从定海路小学毕业之后,就到里弄办的托儿所里当保育员,算是个临时工。每天工资八角。由于托儿所里差不多都是上海国棉十七厂职工的孩子,后来这个民办托儿所属上海国棉十七厂工会领导,于是崔根娣也就成了上海国棉十七厂的临时工。

1958年,崔崇岭来到小平房收房租的时候,忽然要住在前屋的房客搬走。

"为什么要我搬走?"房客不解。

"我女儿根娣要结婚了,要把前屋作新房。"崔崇岭用一口苏北话答道。

经崔崇岭这么一说,那房客当然不能不搬。

就在那房客搬走之后,崔根娣领着一个小伙子前来打扫前屋。那小伙子倒长得眉清目秀。说一口标准的普通话,从口音里听得出是北方人。进进出出,他总是穿一件没有领章、肩章的军装,一望而知是个复员军人。然而,军服肩上有一根挂肩章用的布条,这小小的布条表明他退伍之前是个军官——因为自从1955年国庆节开始,中国人民解放军实行军衔制,只有军官的双肩上才"扛"着肩章。

小伙子姓王,名洪文,人们都喊他"小王"。

1956年9月,经过在南京集训之后,21岁的王洪文转业了。

王洪文被分配到上海国棉十七厂工作。

他穿着军官服,手里拿着转业军人证件和党组织转关系的介绍信,踌躇满志,跨入上海国棉十七厂那颇有气派的大门。当时,凭着转业军人、党员的身份,安排个工作不是件难事。

他不得不脱下心爱的军官服,穿上蓝色工作服,成天跟满是油泥的纺织机打交道。

"闲茶闷酒无聊烟。"郁郁不得志的王洪文,上班不离烟,下班不离酒。

"你好好学。不懂,我教你,包你学会。"他的师傅是个厚道的老工人,以为王洪文所苦闷的是不懂技术。

王洪文缄默不语,坐在用废旧梭子做成的椅子上,仰天长叹。

"你不要叹气。我教过好多徒弟,他们一进厂,也是什么技术都不懂的。如今,都成了老师傅了。只要你肯学,我一定教会你。"苦口婆心,师傅再三相劝。

王洪文又长长地叹了一口气,这才说道:"师傅,谢谢你的好意。打开天窗说亮话——我不想吃技术饭,我想吃政治饭!"

王洪文眼巴巴地盯着党支部书记的位子。他想"吃政治饭",一旦当上支部书记,就可以脱产,可以不干保全工。凭着他能说会道,"吃政治饭"比"吃技术饭"有出息得多。

非常遗憾,党支部改选的时候,他只被选为支部委员,而支部委员是不脱产的。唉,他还得干那又脏又累的保全工。

他成了个"阿混"。他没心思学技术,混一天算一天。

不满,苦闷,无聊。下班之后,要么一盘接一盘地用"车、马、炮"打发时光,要么困大觉。

他,谈起恋爱来了。他模样儿俊俏,倒也颇招姑娘们的青睐。

他初恋的对象是小Z[①]。小Z的父亲也是在国棉十七厂工作。小Z在民办托儿所里当保育员。谈了一阵子,由于小Z父母觉得王洪文太浮,反对这门婚事,吹了。

在跟小Z谈恋爱的时候,王洪文常常去那民办托儿所,结识了另一位保育员——崔根娣。王洪文跟小Z吹了,便跟崔根娣好上了。虽然崔根娣的母亲对未来的女婿并不太满意,在背地里用苏北话骂他"小侉子"。不过,他跟崔根娣的恋爱越来越火热,木已成舟了。

定海路194号那10平方米的前屋,成了王洪文的新房。

王洪文每月工资64元,崔根娣每月收入24元,双方都还负担着长辈,经济上不宽裕。新房很简单:一只老式五斗橱,一只被头箱,一张木板床。

王洪文把铺盖卷从单人宿舍里扛出来。从此,他总算在上海安家落户了。

王洪文当过五年半的兵

一个小脚女人出现在定海路崔家小屋。

她一口东北口音,长得颇为清秀。听说儿子王洪文已在上海成家,特地从长春赶来探望。她便是王洪文的母亲。

王洪文是在吉林省长春市市郊绿园区西新乡开源村长大的。

王洪文的父亲叫王国盛[②],母亲姓杨,称"王杨氏"。王国盛一辈子务农,耳朵有点聋,家境艰难。

那时农村,崇尚多子多孙。子孙多,家中的劳动力就多。王杨氏生了四个儿子、一个女儿,王洪文是她的长子。按照中国传统的重男轻女的观念,王家骤添四个儿子,使王国盛异常欣喜。

儿子属"洪"字辈。王国盛给用"文武双全"为四个儿子命名:长子王洪文,次子王洪武,三子王洪双,四子王洪全。王洪文的妹妹叫王桂兰。王洪文的弟弟、妹妹及其后代,都是普通工人、农民。

[①] 1986年10月24日,叶永烈采访崔家邻居余凤珍。
[②] 据王洪文的大弟弟王洪武说,其父亲叫王国胜。

当王洪文来到人世,飘扬在那里的已不是"青天白日满地红"的"中华民国"国旗,而是"红蓝黑白满地黄"的"满洲国"的五色国旗。长春成了"满洲国"的"首都",改名为"新京"。

王洪文出生的前一年——1934年3月,溥仪在长春"登基",成为"满洲帝国"的"皇帝",年号为"康德"。所以,王洪文出生于"康德二年"。

王洪文的童年,是在日军铁蹄下度过的。

王家本来就清寒,加上子女又多,日子过得拮据。长子王洪文七岁,本是到了上学的年龄,却不得不到姨父家放猪。

表兄放学归来,在家中做功课,王洪文在旁边看了几眼,便遭讥笑:"你看得懂?还是放猪去吧!"

到了1945年,王洪文十岁,终于迎来抗日战争的胜利。长春街头,出现了苏联红军。

然而,紧接着,战火又在东北燃烧。国共两党在东北展开了大决战——著名的辽沈战役。

1948年,东北人民解放军在毛泽东的部署下,以一个纵队和七个独立师长期围困长春。经过激烈的战斗,10月15日,东北人民解放军攻克锦州,长春震动。17日,长春国民党守军——六十军军长曾泽生率部二万六千余人起义。19日,长春东北"剿总"副总司令兼第一兵团司令郑洞国率四万七千多官兵投降。这一天,东北人民解放军进驻长春。

在饱受长年战乱之后,王洪文一家总算过上安定的生活。然而,父亲王国盛的身体却一天不如一天。

王洪文在家务农。空闲时候,喜欢钓鱼,给全家增添点鲜活的菜肴。

1951年4月,听说解放军在长春招兵,王洪文前去报名。父亲王国盛最初不同意王洪文参军,因为他已经染上肺病,身体虚弱,而王洪文是长子,已经16岁,成了家庭的主要劳动力。但是,王洪文坚决要求参军,父亲也就只好尊重儿子的意愿,同意他参军。

王洪文参军后,在部队当上了通信兵。

王洪文参军前不久,朝鲜战争爆发。王洪文参军之后便随部队前往朝鲜作战。

炮火连天的朝鲜战场相当艰苦,对于王洪文来说,受到了严峻的考验。王洪文在战场上的表现大体上是可以的。

不过,王洪文也显露出一些缺点。比如,爱睡懒觉,爱游山玩水,爱下河摸鱼。散漫的王洪文,在部队点名时,受到机关协理员的批评,他当场跟协理员吵开了。

王洪文在朝鲜作战三年,爬冰卧雪,冲锋陷阵,毕竟坚持下来了。

他戴着大红花回国后,从士兵升为军官,而且加入了中国共产党。

出身贫苦农民之家,从1951年4月到1956年9月又经过五年半部队生活的锻炼,而且又是中共党员,这成为王洪文日后政治生涯中的重要"资本"。

就在王洪文有了点"出息"的时候,劳累了一辈子的父亲王国盛,却在王洪文参军后的第三年,受肺病的折磨,在长春去世。王洪文曾赶回长春,伤感地大哭了一场。

虽说转业之后没有当上"官",但毕竟分配在人人羡慕的上海滩;虽说小屋那么简陋,但毕竟有了自己的家。

母亲风尘仆仆,千里而来,本想享享儿子的福。可是,小小的10平方米,怎能容三人同屋长住?

她离去了,还是回长春老家。

"娘,等以后我出了头,一定接你来享清福!"在上海北站的月台上,王洪文对即将离别的母亲,说出了这句话。

遗憾的是,他在车间里还是"工"字不出头。他不愿吃"技术饭"。干了几年保全工,论技术,他还是原地踏步在学徒水平。

在崇明打鸟、钓鱼、捉蟹

混着,混着,一次意想不到的工作调动,使王洪文差一点气炸了肺:

那是在1960年,我们年轻的共和国从"大跃进"的狂热中,跌入了三年困难时期。棉花减产,原棉供应不足,上海国棉十七厂的生产萎缩了,人浮于事。

就在这个时候,为了扩大农业生产,上海组织了十万围垦大军,奔赴崇明岛。

崇明岛是上海所辖的十个郊县之一,称崇明县。对于上海来说,那是一个最远僻的郊县,上海的"西伯利亚"。

崇明岛位于长江出口处,号称中国第三大岛、第一沙岛。黄浊的长江挟带着大量泥沙,不断沉积在崇明岛的东西两端和北岸。宽阔的滩涂,舒平而肥沃,成了一大片待开垦的处女地。

上海市政府决定在崇明岛拦洪筑坝,围堤造田,从各单位抽调了共十万人前往。上海国棉十七厂正面临着生产淡季,开工不足,于是抽调一批干部、工人,参加围垦大军。

在围垦人员名单之中,有王洪文。

王洪文闻讯,火冒三丈。在他看来,那是厂党委存心跟他过不去:如今,他连保全工都当不成,要到崇明去种田!

1960年10月5日,王洪文无奈地踏上驶往崇明岛的轮船,离开了他的定海路小屋。

虽说刚到崇明的时候,他常常蒙头睡闷觉,终日脸上无笑,扳着手指数着离回沪休假还有几天。可是日子一久,他倒随遇而安,在郁郁寡欢中找到了欢乐:那里的河,有的是鱼,是钓鱼的好地方;那里的海滩,有的是螃蟹,一趟抓个半铅桶,用蟹下酒,美不胜收!

崇明蟹,又肥又大,向来是上海市场上的抢手货。眼下,芦苇丛里,河边滩涂,到处是这"横行"的家伙!

崇明的鸟叫声,也唤起王洪文的喜悦。他从上海带去了小口径步枪,摆下了与鸟儿"宣战"的架势。

"干活磨洋工,打鸟、钓鱼、抓蟹是英雄。"人们用这样的顺口溜,勾画当年王洪文的形象。

有一回,王洪文扛着锹,跟大家一起去挖河泥。夕阳西下,收工的哨声响了,却不见王洪文的影子。

王洪文哪里去了呢?带队的同志在芦苇丛中找到了他。他弯着腰,低着头,正在那里跟螃蟹展开"运动战"呢!

打牌、下棋、喝酒。一回上海就生"病","病"了好久才回崇明。他打发着时光,两年多的时间就这么混了过去。

既然王洪文无意于"技术饭",想吃"政治饭",领导便找他谈话,要他在崇明留下来,当个农场干部。

王洪文的脸顿时煞白,连声说:"要我留下,我不干,我逃也要逃回上海去!"

他终于"逃"回了上海。

科长梦的破灭

这一回,他总算不再当保全工了,当上了上海国棉十七厂第二纺织工厂的治保委员。

1964年,他调到国棉十七厂的保卫科,当上保卫员。这下子,他在进厂八年之后,终于在那幢厂部办公楼里,占有一张办公桌。虽说保卫员只是个科员,毕竟意味着他从工人转为干部。考虑到他是转业军人,厂里还让他担任了基干民兵连连长。他负责训练厂技校的学生。就在这时,技校学生廖祖康成了他手下的"兵"①。

王洪文坐在保卫员的椅子上,巴望着保卫科科长的位置。那时候,保卫科科长的位置空缺,只有一位代科长。

每当厂里来了外宾,王洪文总是把四六分的小分头梳得光光的。外宾一到,他抢前一步上去握手;外宾离去,他也要跑上去握一握手。远远地站在现场的保卫科代科长虽然已提醒过他,保卫员的职责只是保卫外宾的安全,而接待外宾是厂领导的事。可是,每逢这种场合,王洪文岂甘默默无闻。难怪他后来在天安门城楼上要抢着走在华国锋之前。

渐渐地,王洪文的日子越过越艰难。小家庭添丁进口,肩上的担子越来越重:先是生了个女儿,取名亚萍,又生了个儿子,取名亚军;最后,又添了个小儿子,取名亚民。

他呢,又抽烟,又喝酒,入不敷出,捉襟见肘,家庭经济陷入了困境。

他听妻子说,她是崔家领养的女儿,他想寻找她的亲生父母。好在他在保卫科工作,跟公安部门常来常往。

公安部门认真负责地替他寻找崔根娣的亲生父母。过了些日子,传来消息:找到了!

王洪文和妻子一阵惊喜!不过,见面之后,王洪文很快就明白:妻子的亲生父母也很穷。正因为穷,才把自己的女儿送人。

每当回到拥挤的小屋,王洪文长吁短叹。借酒浇愁买不起酒,借烟解闷缺烟钱,拮据的日子使他的脾气变得暴躁,动不动就发火。唯有借下象棋消愁——下棋不花钱!

他极力想从困境中挣脱,而在他看来腾跃之路,唯有"升官发财",或者更准确地说,就是"升官"。

那时的他,"升官"的目标,不过是做个科长罢了。

---

① 1988年4月5日,叶永烈在上海的劳改工厂采访廖祖康。

正当王洪文做着"科长梦"的时候,一盆冷水迎头浇下,使他好梦破碎,恼火之极。

那是上海市委"四清"工作队开进了上海国棉十七厂,"四清"运动开始了。所谓"四清",就是"清政治、清经济、清组织、清思想",后来叫作"社会主义教育运动"。

在"清经济"的时候,有人向工作队反映:

王洪文穿在里面的衬衫,是用厂里的棉布做的,显然是偷的。

王洪文在修理自己的房屋时,用的黄沙、水泥直至门上的弹子锁,是从厂里偷去的。

在外宾走后,王洪文悄悄地把剩下的高级香烟塞进自己的衣袋。

有人看见,王洪文从堆放在定海路上的公家木料中扛走了一根最粗的。

最使王洪文难堪的是,有人要他当场把穿在里面的衬衫脱下来,弄得他的两颊涨得绯红绯红的。

虽说都是些小偷小摸的事儿,算不上大是大非,但是毕竟暴露了王洪文灵魂深处的肮脏。尤其他身为保卫科干部,身为共产党员,这些丑事使他声名狼藉,他差一点连科员都保不住了,当然别指望当科长了。

王洪文不怪自己的不检点,反而倒打一钉耙,心中燃起一股对厂党委的怨恨之火。

他也恨"四清"工作队,还有那个向厂里揭发他偷拿行为的定海街道第五里委会第二居民小组组长余凤珍[①]。他是一个报复之心很重的人,发誓有朝一日要余凤珍"好看"。

就在这个时候,一场"史无前例"的风暴席卷中国大地。

王洪文"造反生涯"的起点

1966年6月12日上午10时,上海国棉十七厂医务室旁,贴出一张气派非凡的大字报。

大字报上方,贴着三条通栏大字标语:

坚决打倒资产阶级反动权威!

坚决打倒资本主义当权派!

坚决挖掉修正主义老根!

大字报的醒目标题是《剥开党委画皮看真相》。长长的大字报,共分三个部分:

一、厂党委不抓阶级斗争;二、执行修正主义路线;三、把群众意见当耳边风。

这便是号称上海国棉十七厂的"第一张马列主义大字报"。

那张"全国第一张马列主义大字报",1966年5月25日下午2时,出现在北京大学大膳厅东墙,标题为《宋硕、陆平、彭珮云在文化革命中究竟干些什么?》,作者共七人,领衔者为北京大学哲学系党总支书记聂元梓。经毛泽东亲自批准,这张大字报于6月1日晚由中央人民广播电台在新闻节目里向全国播出。翌日,《人民日报》在头版全文刊登了这张大字报,加上了耸人听闻的际题:《大字报揭穿一个大阴谋》。同版,还配发了评论员文章《欢呼北大的一张大字报》。于是,"文化大革命"这把火,点燃起来了。

[①] 1986年10月24日,叶永烈在上海国棉十七厂采访余凤珍。

仿佛东施效颦，上海国棉十七厂的"第一张马列主义大字报"，也来了个七人签名，领衔者便是王洪文。

沸沸扬扬，那张大字报刚一贴出，上海国棉十七厂就轰动了。工人们挤在大字报前，想看一看王洪文怎样"剥开"党委的"画皮"……

虽说那时候的王洪文，压根儿不认得聂元梓，然而当他从《人民日报》上读到"全国第一张马列主义大字报"，便打心底里敬慕那个"造反女人"。在私下里，他在保卫科同科员孙一中、内勤董秋芳以及厂党委组织科档案管理员唐文兰一起，议论着如何"揭发"厂党委。

6月11日下午，王洪文要唐文兰打开档案室的门。那是一个"闲人莫入"的地方。王洪文把房门关紧，躲在里面挥笔疾书，写出了那张《剥开党委画皮看真相》的大字报底稿。写罢，他长长地舒了一口气，仿佛吐出了多年来积聚在心头的闷气、怨气、怒气。这张大字报成了王洪文"造反生涯"的起点。

第二天清早，大字报由董秋芳抄毕，保卫科和组织科的五个人签了名，加上执笔者王洪文共六个人。

"六个人不行——北京大学的大字报是七个人签名的！"王洪文颇为遗憾地说。

就在这时，财务科的一个出纳员路过保卫科，王洪文一把拉住他："你敢不敢签？"

就这样，终于凑齐了七个人！

"光是大字报，还不够劲儿。"王洪文又想出了新主意，"再来几条大字标语，造造声势！"

于是，由王洪文口授，保卫科的另一个科员执笔，写了三条通栏大字标语。

"坚决挖掉修正主义老根！"王洪文口授了第三条标语。

可是，写标语的人却写成了"坚决挖掉修正主义根子"。

"不行，写'坚决挖掉修正主义根子'不行，口气太轻了。"王洪文振振有词地说道，"你们注意了没有？前几天《人民日报》的社论说前北京市委的修正主义路线是'盘根错节'，那就不是一般的根子，而是'老根'。我们厂党委的问题跟前北京市委一样严重，所以应该写'坚决挖掉修正主义老根！'"

经王洪文这么一解释，他的那六位"战友"才恍然大悟。

"看不出，小王的肚子里学问不小哇！"

"小王是吃'政治饭'的料子！"

在他的"战友"们恭维声中，王洪文眉开眼笑了。

虽说王洪文"做过工、种过田、打过仗"，集"工农兵"于一身，却从来不是一个好工人、好农民、好战士。然而，在"文化大革命"的"红色风暴"中，王洪文顿时空前地活跃起来，他敏感地意识到：出头的日子终于来到了！

平常不读书、不看报的王洪文，一下子成了一个"学习模范"：他仔细钻研过江青化名"高炬"发表的文章《向反党反社会主义的黑线开火》，反复琢磨过姚文元的《评"三家村"》，逐篇研究过《人民日报》自1966年6月1日以来发表的社论——《横扫一切牛鬼蛇神》、《触及人们灵魂的大革命》、《撕掉资产阶级"自由、平等、博爱"的遮羞布》、《做无产阶级革命派，还是做资产阶级保皇派？》……仿佛有了灵犀似的，他的心跟那位"文化大革命"的"旗手"息息相通,一个蹩脚的保全工,成了一个善于观察政治行情的投机家。他,吃"技术饭"是门外汉,吃"政治饭"成了行家里手。

虽说在王洪文之前,上海国棉十七厂里已经贴出一些大字报,无非是表表态或者揭发一些鸡毛蒜皮之类小事。而王洪文等七人的大字报是一发重磅炮弹,作者之中六人在保卫科、组织科等要害部门工作,深知内情,对上海国棉十七厂产生了强烈的震撼。

大字报在上午10时刚刚贴出,上海棉纺公司党委书记陈志达便于上午11时赶到上海国棉十七厂,来看这张大字报。

保卫科事件

王洪文成了上海国棉十七厂的聂元梓,成了那里的风云人物。

几十张、几百张大字报贴出来了,对王洪文进行反击。

王洪文忽然"病了"。6月16日,他把一张病假单塞到了保卫科代科长王有富[①]手里。

外滩。上海最早的公园——黄浦公园。往日,那里是恋人们双双对对、花前月下的地方。如今,在"横扫一切牛鬼蛇神"的日子里,卿卿我我也被扫荡殆尽。王洪文出现在冷清的黄浦公园里。他的几位共同揭竿而起的"亲密战友"也来了。

自从造反以来,王洪文的定海路小屋每天夜里都成为他的"战友"们聚会之处。不再打扑克,不再下象棋,不再划酒拳,不再开"无轨电车"。他们秘密商量着怎样继续"炮轰"厂党委。

小屋坐落在上海国棉十七厂咫尺之近的穷街,四周也住着厂里的工人。在小屋聚会已经引起邻居们的注意。

于是,他们转移到外滩的黄浦公园。王洪文已经理所当然地成为几个"战友"之中的头头。

经过一番计议,王洪文作出两项决定:第一,到中共上海市委和纺织局党委去告状;第二,继续写大字报揭发厂党委。

请了"病假"去告状,毫无结果。王洪文拖着疲惫的双腿回到小屋,把心中的愤懑倾泻在横格本上。

这一回,由王洪文起草,唐文兰在他家小屋抄写,完成了上海国棉十七厂的第二张"马列主义大字报"。

6月18日清早,一张长长的大字报在厂里贴出后,挤满了观看的工人。那醒目的标题:《再揭厂党委修正主义干部路线!》。"领衔作者"又是王洪文!

上海国棉十七厂里的气氛骤然紧张。针锋相对,有人在王洪文的大字报旁边,贴出另一张引人注目的大字报:《向反党反社会主义分子王洪文猛烈开火!》。

顿时,王洪文成了上海国棉十七厂的"新闻人物"、"争议人物",成为人们议论的中心。

[①] 1986年10月27日,叶永烈在上海采访王有富。

矛盾急剧激化，终于发生了"保卫科事件"。

那是6月19日晚9时，厂党委副书记张鹤鸣路过保卫科门前时，发觉里面亮着灯光。最为奇怪的是，保卫科的门不仅里面锁着，而且门外还用一把挂锁反锁着。

"这么晚了，是谁在里面？"张鹤鸣敲门，无人答应。

保卫科是机要部门，敲门不开，显然不正常。张鹤鸣随即喊来了一些人，乒乒乓乓地敲门，依然无人答应。

9时45分，终于把保卫科的一个工作人员找来。那门，便是他反锁的——原以为门外也用锁锁上，不会有人知道屋里有人。可是，从窗口射出的灯光，却"泄漏"了秘密。

保卫科的门打开了。

人们一拥而入，真相大白：王洪文和另两个人正在里面写大字报！

双方紧张地对峙着。

张鹤鸣发话了，批评王洪文："保卫科是厂里的重要部门。你把门反锁，万一有事，里面的人出不来，外边的人进不去，谁负责？"

王洪文不正面答复张鹤鸣的质问，转移了话题："我们要写厂党委的大字报，你身为党委副书记，带人闯进来，分明压制民主，压制群众，压制革命行动！"

唇枪舌剑，双方争吵起来。

工人们见王洪文蛮不讲理，把他团团围住。激烈的争论声，惊动了厂部办公大楼。

第二天，"保卫科事件"见诸大字报。批判王洪文的大字报，骤然增多了。

王洪文呢，也用笔反击，贴出一张又一张大字报，指名道姓斥骂张鹤鸣，口口声声称他为"反革命修正主义分子"。

那时的上海国棉十七厂党委没有正书记，因此副书记张鹤鸣便是厂里的第一把手。在王洪文看来，要想夺取上海国棉十七厂的大权，张鹤鸣非打倒不可。不过，要打倒张鹤鸣亦非易事：一是张鹤鸣不过四十来岁，没有什么政治历史问题之类辫子可抓；二是张鹤鸣在工人中享有颇高的威信，一大批工人死保张鹤鸣。

王洪文搅得上海国棉十七厂一片混乱，使这家九千人的大厂，成为上海纺织系统最乱的一家工厂。

为了使上海国棉十七厂能够维持正常的生产，1966年6月20日，上海纺织工业局党委决定，派出工作队进驻上海国棉十七厂。

就在局工作队到达的翌日，王洪文以大字报表示"迎接"。那大字报的标题便是：《再揭反革命修正主义分子张鹤鸣》。

6月30日，王洪文又在厂党委扩大会议上作长篇发言，"揭发"、"批判"张鹤鸣。

在这最初的造反岁月里，王洪文显示了他的蛊惑力、煽动力和组织能力。他的定海路小屋，人来人往，像个茶馆一样热闹非凡。

他从孤立之中挣脱出来。他的周围，有了一批支持者。他成了这群支持者的核心。

"我们的目标，是打倒修正主义的厂党委！"王洪文一再向他的伙伴们强调这一点。

从7月7日起，上海国棉十七厂的造反大字报迅速增加。

据当年的该厂"大字报组"的统计：从7月7日至7月19日，全厂贴出批判厂党委的大字报达7525张！

上海国棉十七厂是上海纺织系统第一个亮出造反旗号的工厂。眼下，厂里造反声势如此浩大，在上海数千家工厂之中，也"名列前茅"了。

上海国棉十七厂的动向，引起了中共上海市委的注意。

炮轰工作队

上海国棉十七厂"骑"在杨树浦路上。路南、路北，都耸立着上海国棉十七厂的厂房。1966年7月20日，路南、路北两扇大门旁边，都贴出了巨幅红色标语。这清楚地表明，一定有"红色喜讯"降临这家工厂。

果真，那红纸上写着斗大的黑字："热烈欢迎市委工作队来我厂领导文化大革命！""热烈欢迎以施惠珍同志为首的市委工作队进驻我厂！"

一彪人马，在一个留着短发的四十多岁的女队长的带领下，开进了上海国棉十七厂。

数千工人聚集在厂里的礼堂。

女队长登上主席台，她发表长长的关于如何进行"文化大革命"的讲话，一次又一次引述了中共上海市委的指示。

通过广播，全厂各个角落，都响着她的声音。

"同志们，我们受中共上海市委的委派，前来上海国棉十七厂领导文化大革命……"她一说出这句话，台下便响起一片热烈的掌声。

她，施惠珍[①]，当时的上海市总工会副主席。她带领着副队长张六吉、赵戈、焦凤麟，带领着从上海市纺织、公安、工会等各机关抽调的一百多名干部，组成了上海国棉十七厂新的领导核心。

施惠珍是一个早在1938年入党的老党员。解放前，先是在上海从事学生运动工作，后来到沪西区私营棉纺厂从事工人运动工作。解放初，她是上海国棉五厂的党委书记。此后，她成为上海纺织工会副主席。从1958年起，调往上海市总工会。1964年起，出任上海市总工会副主席。

中共上海市委挑选施惠珍担任进驻上海国棉十七厂的工作队长，显然经过仔细的考虑。她富有群众工作经验，对棉纺厂又熟悉，而与上海国棉十七厂没有什么人事瓜葛。

施惠珍经历过一次又一次政治运动。虽说对于眼下这场"文化大革命"，她并不理解，但她凭借着以往的经验工作着——按党中央的指示办事，按中共上海市委的指示办事。

还没有踏进国棉十七厂的厂门，施惠珍就听说了王洪文的名字，知道他是厂里不可忽视的一个人物。进厂之后，她就着手了解王洪文其人，摸清此人的情况。

万万料想不到，厂门口的红色标语还贴在那里，施惠珍在国棉十七厂还没有站稳脚

[①] 1988年4月7日、11日，叶永烈在上海采访施惠珍。

跟,就在市委工作队进厂的第十天,一张大字报震动了全厂:《市委工作队滚回去!》。

施惠珍读着大字报,心中暗暗吃惊:工作队的内部会议,工作队的动态,大字报的作者怎么一清二楚?

细细一检查,施惠珍这才发觉,自己用老经验办事,出了个不小的漏洞:在工作队领导之下,建立了"材料组"。这是一个要害部门,负责收集全厂运动的材料。施惠珍派了工作队员担任材料组组长,又从厂里的干部中抽调几个人作为组员。按照老规矩,理所当然抽调厂里原组织科、保卫科人员,其中包括唐文兰等。她新来乍到,不知道调来的人员之中,好几个是王洪文的密友。自然,工作队的一举一动,王洪文都清清楚楚。工作队还没有摸清王洪文的情况,王洪文却已摸清了工作队的情况。

"走了个姓孙的,又来了个猴子!"王洪文在他的小屋里,向他的伙伴们作出自己的判断:市委工作队和厂党委是一路货,施惠珍跟张鹤鸣一个鼻孔出气!

王洪文掉过了炮口,从猛轰厂党委转向炮打工作队。

出现在上海国棉十七厂的异常动向,通过工作队迅速地向中共上海市委报告。当时,中共上海市委正忙着向上海重要的单位派驻工作组,听到上海国棉十七厂里发出反工作组的声音,当即引起了注意。

上海与北京存在着"时间差"。在刘少奇的主持下,北京在6月3日派出第一个工作组——以张承先为首的工作组进驻北京大学,取代原北京大学党委书记陆平,领导那里的运动。刘少奇沿用的是"老经验",土改派工作组,"三反"、"五反"派工作组,"四清"派工作组,自然,"文革"也派工作组。从6月8日起,北京出现反工作组的浪潮。7月19日,刚从外地回到北京的毛泽东,已明确地向主持中央工作的刘少奇指出,"派工作组是错误的"。

然而,北京的声音传到上海,并不那么快捷。正因为这样,就在毛泽东指出"派工作组是错误的"第二天——7月20日,施惠珍带领工作队进驻上海国棉十七厂。她压根儿不知道,工作组已经成了"处理品"!

敏感的王洪文关注着来自北京的最新消息。贴出反工作组的大字报,使他又多了一份造反的资本。

在竞选"文革主任"中败北

1966年8月9日,全国各报都在头版头条套红刊登了《中国共产党中央委员会关于无产阶级文化大革命的决定》。这是8月8日经中共八届十一中全会通过的。这个决定共有十六条,人们也就简称之为"十六条"。

热烈欢呼"十六条"之声,震撼着上海国棉十七厂。王洪文也挤在人群之中,高喊着口号:"誓死捍卫'十六条'!""坚决执行'十六条'!"

王洪文对"十六条"中的一条,发生了浓厚的兴趣:"在有条件的单位,成立文化革命委员会……"

显然,"文化革命委员会主任"(人们习惯地简称"文革主任")是一把金交椅。王洪文反对张鹤鸣、反对施惠珍,就是为了夺取厂里的大权。如今,"十六条"规定成立"文化革命委员会",一旦选上了"文革主任",也就名正言顺成了上海国棉十七厂的头儿了。

一场"竞选"开始了。

工作队显然不会支持王洪文。经过酝酿,二纺车间的车间主任受到工人们的拥戴,被提名为"文革主任"的候选人。

造反派们支持王洪文,提名王洪文作为"文革主任"的候选人。

两名候选人,其实代表着两种不同的政治倾向,不同的力量。用当年流行的话来说,也就是代表着"保"字号与"反"字号。

分歧,也在工作队内部产生。在一百多个工作队员中,有三四个队员支持王洪文——在工作队里也出现"反"字号!

"竞选"在激烈地进行。其白热化程度,不亚于美国总统竞选。

就在这个紧要关头,冒出了一张大字报,揭了王洪文的老底。大字报的题目,便叫《王洪文的十大罪状》。

大字报作者,署名"余凤珍"。

余凤珍何许人,敢向王洪文开炮?

几经周折,笔者在上海东北角一座小屋里,找到年近古稀的余凤珍老人[①]。据她自云:原本在乡下种田。1936年,18岁的她来到上海裕丰纱厂(即上海国棉十七厂前身)做养成工。丈夫姓殷,也在这家纱厂当工人。解放后,他们成为上海国棉十七厂的工人。

余凤珍住在上海定海路200号,与王洪文家不过一箭之隔,同用一个自来水龙头。

由于那张大字报《王洪文的十大罪状》已被作为"黑材料"烧毁,无从寻觅。但余凤珍在1977年4月12日《解放日报》上,曾发表《王洪文在里弄里的丑恶行径》,诉说了她写《王洪文的十大罪状》的前前后后,从中可知她的大字报的大致内容。摘录如下:

> 我原是定海街道第五里委第二居民小组长。王洪文自1958年起,就住在我家邻近。他披着工人的外衣,在里弄里为非作歹。一个正在服刑、因病保外就医的劳改分子,经常送大闸蟹、烟、酒给王洪文,是他的酒肉好友;一个现行反革命杀人犯,平时跟王洪文烟来酒去,称兄道弟,就在他作案被捕的前一天,还在王洪文家吃喝到深夜;一个贪污分子免费给王洪文一家大小做衣裳,王洪文待他亲如一家,叫他"娘舅",当我们从这个贪污分子家中查出赃物后,王洪文还利用职权千方百计地进行包庇,使这个贪污分子逃避法律制裁。
>
> 三年自然灾害期间,王洪文在崇明围垦,经常装病回家逃避劳动。有一次,其他同志的家属托他带些食品到崇明,他竟把鸡肉等好的食品偷偷吃掉,把鸡头、鸡脚爪带给人家。1965年,王洪文修理自己的房子,修理材料从弹子门锁到水泥黄砂都是

[①] 1986年10月24日,叶永烈在上海国棉十七厂采访余凤珍。

从厂里明拿暗偷来的。不仅如此,王洪文还在里弄里挑拨离间,制造邻居纠纷,进行打击报复。

王洪文的所作所为,我看在眼里,记在心里,我想,他哪里像一个共产党员,完全是工人队伍里的败类。1966年,文化大革命开始时,我写了《王洪文十大罪状》的大字报,贴到上棉十七厂。

我这一张大字报揭露了王洪文的要害问题,摸了他的老虎屁股,触到了他的痛处。他回到家里,暴跳如雷,恶狠狠地咒骂:"他妈的,老子文革主任的位子被这个老太婆敲掉了,老子决不罢休。""这个老太婆再敢到我家门前转,我就把她捆起来摔死。"

王洪文窃取了市委书记、市革委会副主任的职务后,就感到在定海街道居住的一段丑恶历史是块心病。于是,他就采取种种卑鄙手法,对我进行残酷的政治迫害,妄图把我一棍子打死,从而封住别人的嘴。

王洪文利用职权,先后派人调查我的历史和表现,查祖宗三代。我出身很苦,从小就进纱厂做养成工;我爱人是共产党员;我的子女表现都比较好。王洪文抓不到辫子就变换手法,派人找我谈话,威吓我,逼我说出大字报的幕后策划者。我当场气愤地回答他们:"我写王洪文的大字报完全是根据他在里弄的现实表现写的,都是事实。"1973年,王洪文又派人来威胁我,要我写道歉书,向他认错。我理直气壮地说:"我只读毛主席的书,没学过写道歉书。"王洪文见我不屈服,更是气急败坏,以势压人。我们里弄成立革委会时,里弄的干部、群众信任我,选我当了常委,王洪文指使人蛮横无理地免掉了我的职务,并且规定:余凤珍今后一不能入党;二不能当干部。这样,王洪文还不解恨,他通过人四处放风:"余凤珍这个老太婆是疯子,精神病","这个老太婆写的大字报都是谣言"。他们还寻事挑衅,围攻谩骂我,进行恶毒的人身攻击。

粉碎"四人帮"喜讯传来,我高兴得跳了起来,热泪夺眶而出,心里一块石头落了地。我跟街道、里弄广大群众一起奔走相告,上街游行……

余凤珍还告诉笔者,王洪文曾经要开会斗争她。她不得不一度躲到福州儿子家中。

王洪文在"竞选"中败北——自然,不仅仅因为余凤珍的那张大字报;当时,以王洪文为首的造反派,在厂里还只是少数派。

"北京小将"鼓舞了王洪文

在"文革"的大浪潮之中,大字标语的更换,比如今女人的时装的"推陈出新"更为迅速。

上海国棉十七厂门口,贴出了崭新的对联:"大串连必需介绍信","斗批改全靠本单位"。横批是"请君留步"。

没多久,旁边出现另一副对联:"干革命何需介绍信","砸大门欢迎红卫兵"。横批是"造反请进"。

层出不穷的"新生事物"——"红卫兵"、"大串连",导致了这样针锋相对的对联的诞生。

北京,成了"文革"的中心。"红色电波"不时传来北京的"特大喜讯"。

1966年8月18日,从北京传来了"特大喜讯":百万群众聚集在天安门广场,举行"庆祝文化大革命大会"。在天安门城楼上,北京师范大学附属女中的红卫兵宋彬彬,把一只红卫兵袖章戴在毛泽东的左臂上。

于是,各报以显著地位,刊登了毛泽东佩戴红卫兵袖章的照片。

王洪文端详着毛泽东的照片,立即发出倡议:在上海国棉十七厂的民兵中,成立红卫兵组织。

王洪文也报名参加红卫兵。他想,毛泽东都戴上了红卫兵袖章,他也应该弄个红卫兵袖章戴戴。

不久,来了个文件,使王洪文颇为扫兴:年龄在30岁以下,才可以加入红卫兵。

■ 宋彬彬给毛泽东戴上红卫兵袖章的照片被印刷成宣传画广为传播。

真不巧,王洪文31岁——超龄一岁,无法戴上红卫兵袖章。

就在红卫兵运动席卷全国之后,又一"新生事物"诞生了——"大串连"。

北京的红卫兵是"文革"的排头兵。1966年8月下旬,穿着没有领章的军装,佩着鲜红的袖章,戴着军帽,北京的红卫兵出现在酷暑的上海。

上海人用惊奇的目光,注视着这些手中拿着红色语录的北京红卫兵,用尊敬的口气称之为"小将"。

"小将"们也用惊奇的目光,注视着上海。他们迅速地发觉"时间差":上海的"文革",是那样的"冷冷清清"!北京各单位早已赶走了工作组,而上海各单位还在工作组领导之下进行"文革"。领导各工作组的,则是中共上海市委。

外滩。挂着"中国共产党上海市委员会"白地红字牌子和"上海市人民政府"白地黑字牌子的庄严大厦,被北京清华大学红卫兵刷上一张具有爆炸性的大字报。

标题:《给上海市委一记响亮的耳光》。

署名:清华大学《送瘟神》战斗队。

时间:1966年8月29日。

大字报马上触动了上海市委敏感的神经。北京红卫兵被视为洪水猛兽。须知,在此之前,即便是上海的造反派,还未敢如此明目张胆地轰击上海市委。

施惠珍接到来自上海市委的电话[①],紧急抽调上海国棉十七厂700多名工人赶往上海市

---

① 1988年4月7日、11日,叶永烈在上海采访施惠珍。

委,与其他工厂的工人们一起组成纠察队,提防着那批天不怕、地不怕的北京红卫兵。

王洪文的注意力,也从厂里转向厂外。他也赶往上海市委。他不去当纠察,他去欢迎那些来自"红太阳"身边的红卫兵,欢迎他们来上海国棉十七厂串连。

北京红卫兵在上海越闹越厉害。他们开始明白,外滩那幢挂着两块大牌子的大厦,只是上海市委和市政府一般工作人员的办公楼,上海首脑们是坐在康平路的办公楼里。那儿门口,只是站着持枪的门卫,不见一块牌子。

9月3日清早7时,康平路上聚集着数百名北京红卫兵。天上飘下雨滴,北京红卫兵全然不顾,放声高唱起当年的"流行歌曲":"马克思主义的道理千条万绪,归根结底,就是一句话:造反有理!造反有理!造反有理!"

北京红卫兵们挥舞着红色语录,要求上海市委领导接见。

上午10时,从上海市委传出消息,领导同意接见北京小将,但不能全体接见,只能与代表谈话。

10时14分,二十多名北京红卫兵代表被允许通过由工人纠察队员们组成的人墙,走进上海市委。

北京红卫兵们感到沮丧,出面接见的不是陈丕显,不是曹荻秋,而是中共上海市委常委、上海市总工会主席张琪。

"我们要见陈丕显!我们要见曹荻秋!"北京红卫兵们继续聚集在上海市委门前,不断地高呼着口号。

雨中,北京红卫兵和上海工人纠察队员发生了激烈的争论。王洪文在一侧,倾听着双方的论战。尽管他明显地倾向北京红卫兵,但是他在这种场合,并不出头露面。

针尖对麦芒。双方的论点,尖锐地对立着:

"我们要见陈丕显、曹荻秋!"

"上海市委首长要管理一千万人口的上海市,为什么要接见你们这几十个人、几百个人?"

"我们要炮轰上海市委!"

"上海市委是正确的!我们要保卫上海市委!"

"上海市委跟北京市委一样,都是烂掉的!"

"上海市委跟北京市委不一样,上海市委是革命的!"

在雨水淋湿的墙上,工人们贴出一张刚刚写成的大字报,标题非常醒目:《我们老工人要讲话》。

年轻的红卫兵们并不知道这个标题的深刻含义。经历过1957年反右派斗争的人们牢牢记得:开始反右派时,出现在《人民日报》上的醒目文章便是《我们老工人要讲话》。

显然,1957年的老经验,被用在1966年的"文革"中了——多少人当时对"文革"是那么的不理解啊!

大字报的作者,署着:"上海国棉十七厂老工人"。在一连串的签名中,可以看到刘喜荣、杨林大、王宝余、丁末郎等等。他们确实是上海国棉十七厂的老工人。

大字报清楚地表达了老工人们的观点:"十七年来,市委和柯庆施同志对上海的三大革命斗争抓得很紧。从生产斗争和科学实验中看,是坚决贯彻总路线的,制造出万吨水压机、双水内冷发电机、二十万倍电子显微镜等等。从阶级斗争看,铲除了资产阶级很多毒素,取消了交谊舞。三年自然灾害很快克服了。还有《评新编历史剧〈海瑞罢官〉》也是上海市委组织和讨论的。这些大量的事实证明,上海市委不是修正主义的。北京市委烂掉,不等于上海市委也会烂掉。上海市委是正确的,革命的,对于这一点,中央也是肯定的。……"

大字报刚刚贴出,便招来一群北京红卫兵,跟上海国棉十七厂的老工人展开一场舌战。

雨水很快把大字报的字迹冲得一片模糊。没多久,另一份重新抄好的《我们老工人要讲话》又贴了出来——在上海众多的工厂之中,上海国棉十七厂是一家活跃的厂子。既出了王洪文那样的造反派,也有力量雄厚的老工人队伍。

北京红卫兵越来越多。9月4日,聚集在上海市委门前的北京红卫兵,多达一千余人。

北京红卫兵们批评上海市委没有"高举毛泽东思想伟大红旗",最明显的便是市委大楼前没有挂毛泽东画像。天真烂漫的"小将们"搬来毛泽东巨幅油画像,要挂在上海市委大楼上。这下子,老工人们不能不支持,机关工作人员们不能不支持,忙碌了好几个小时,总算把毛泽东画像高悬在上海市委大楼顶层。

那张《我们老工人要讲话》的大字报,使上海国棉十七厂引起了北京红卫兵们的注意。北京红卫兵冲向上海国棉十七厂。在厂门口,他们被拦住了——因为他们没有介绍信。

于是,在国棉十七厂门口,出现了两副截然不同的对联。

于是,王洪文成了北京红卫兵的战友。北京红卫兵的"造反精神",感染了他,鼓舞了他。

从北京传来最新消息。9月7日,毛泽东在给林彪等的一封信中说:"……组织工农反学生,这样下去是不能解决问题的,似宜中央发一指示,不准各地这样做,然后再写一篇社论,劝工农不要干预学生运动。"

毛泽东的意见,立即得到贯彻。9月11日,中共中央发出了文件,指示各省、市党委不得组织工人、农民反学生。《人民日报》也发表了社论《工农群众和革命学生在毛泽东思想旗帜下团结起来》,明确指出:"学生起来闹革命,把斗争的矛头指向党内走资本主义道路的当权派,指向一切牛鬼蛇神。他们的大方向始终没有错。……"

北京红卫兵士气大振,纷纷建立驻沪联络站,喊出了"学生运动要与工人运动相结合"的口号,杀向上海的工厂。

带头批判"资产阶级反动路线"

上海有着中国第三大岛——崇明岛,那是人们熟知的。硕大的崇明岛,是长江口黄涛浊浪之中的砥柱。当年王洪文摸鱼捉蟹,便在崇明岛上。

在黄浦江里,也有一岛,名叫复兴岛。说是岛,因为一条运河把它与杨树浦切开,四面临水。复兴岛不大,岛上只有一条路——共青路,只有一个公园——复兴岛公园。

它地处上海东北角,远离喧闹的市中心,是个僻静的所在。它倒是王洪文常去的地方,因为走出上海国棉十七厂大门,向东,跨过定海桥,便是复兴岛了。

1966年10月5日,星期三,是上海国棉十七厂的厂休日。王洪文出现在复兴岛公园里。他的四周,围坐着他的造反派战友。

王洪文手里,拿着报纸。他在逐字逐句地琢磨着。眼下的他,已经真的在吃"政治饭"了。他非常注意北京发出的每一项战斗号令。

这一天,王洪文和他的伙伴们在着力琢磨一个新的政治名词——"资产阶级反动路线"。

那是五天前,中国的第二号人物林彪在庆祝国庆17周年大会上,提出了新的见解:"在无产阶级文化大革命中,以毛主席为代表的无产阶级革命路线同资产阶级反动路线的斗争还在继续。"

两天前,富有权威性的中共中央理论刊物《红旗》第13期,发表题为《在毛泽东思想的大路上前进》的社论,又一次强调:"对资产阶级反动路线,必须彻底批判。……要不要批判资产阶级反动路线,是能不能贯彻执行文化大革命的十六条,能不能正确进行广泛的斗批改的关键。在这里,不能采取折中主义。"

全国各报登载了林彪讲话和《红旗》第13期社论。"资产阶级反动路线"是一个从未见诸马列经典著作的新名词。时下如此强调"批判资产阶级反动路线",显然是"无产阶级文化大革命的新的战略部署"。王洪文的目光扫过报上一个个铅字,正在"吃透"着北京新的号召。

其实,关于"资产阶级反动路线"一词的来历,最清楚者莫过于当年中央文革小组成员,"王、关、戚"的那个"关"——关锋。林彪的讲话,他参与起草。《红旗》第13期社论,亦出自关锋笔下。笔者于1988年3月,在北京访问了闭门幽居的关锋。据他解释,产生这一名词的背景是:1966年8月初,毛泽东在《炮打司令部》一文中,猛烈地抨击刘少奇"站在反动的资产阶级立场上,实行资产阶级专政,将无产阶级轰轰烈烈的文化大革命打下去"。毛泽东在这里所抨击的,是刘少奇派出工作组这一做法。顺着毛泽东《炮打司令部》这一思维,一种新的提法产生了:党内存在着"两个司令部"、"两条路线"的斗争。

"两个司令部"的名称易定:"无产阶级司令部"和"资产阶级司令部"。

"两条路线"呢?其中一条的名称,早已见诸报刊,即"毛主席的无产阶级革命路线"。那么,与之对立的另一条路线,叫什么好呢?

这下子,使中央文革小组的秀才们颇费脑筋。按照对偶的规则,最初提出来的,自然是"资产阶级反革命路线",正好与"无产阶级革命路线"相对应。

不过,"反革命"是有着专门的政治含义的。"资产阶级反革命路线"一词,似乎火药味太浓了点,容易产生误解,即把执行这一路线的人都说成"反革命"。

王力思索良久,加上两个字,变成"资产阶级反对革命的路线"。这么一来,固然区别于"反革命",但是念起来十分拗口。林彪在1966年10月的中央工作会议的讲话中,用过这样的提法:"一条压制群众、反对革命的路线。"

反复揣摩了毛泽东的《炮打司令部》一文,关锋从其中的"站在反动的资产阶级立场上"一句得到启示,提议改为"资产阶级反动路线"。

关锋等为林彪起草国庆讲话及《红旗》第13期社论,用上了"资产阶级反动路线"

这一名词,送毛泽东、林彪审阅,他们都画了圈。于是,"批判资产阶级反动路线"的口号,便响彻中国大陆。

坐在复兴岛上,手中拿着报纸,王洪文虽然并不明白"资产阶级反动路线"一词的来历,但是他已有着"高度"的"路线斗争觉悟"。如同大彻大悟一般,他说出了自己的"学习体会":"过去,我反工作组,只是因为工作组要整我;现在,学习了林副主席讲话、《红旗》社论,我的觉悟大大提高了,我们要从路线斗争的高度,在厂里立即掀起一个批判工作组的高潮!"

一张大字报的底稿,在复兴岛上拟就了。

两天之后——10月7日,上海国棉十七厂里贴出王洪文等署名的长篇大字报,那标题颇有气派:《就目前形势谈看法》。

大字报指出:"目前,我厂的无产阶级文化大革命出现的这种局面,曲折和阻力仍然来自那些走资本主义道路的当权派,同时也来自工作队某些人。……"

上海国棉十七厂的工人分化为两大派:一派保工作队,一派反工作队。

厂礼堂里响起洪亮的声音。辩论会在那里一次又一次举行。保有保的理由,反有反的依据。每一个上台的人在发言之前,都要念一通毛主席语录。辩论会有时成了"语录战"。令人百思莫解的是,双方都把"最高指示"作为信条。

就在大字报、大辩论乱哄哄之际,却不见王洪文的身影。

据说,王洪文病了,托人交来了"病假单"。不过,令人奇怪的是,在定海路的小屋里,也不见他的踪迹。

王洪文到哪里去了?他在干什么?

10月11日,王洪文出现在厂医务室,要求厂医再给他开几天病假。

"王洪文,你这几天到哪里去了?"一个工人当面质问王洪文。

"你是保卫科的?你管得着?"

"你在装病!你在骗病假单!"那位工人大声嚷嚷。

"你是医生?你管得着?"

"我就是要管——你反对工作队!"

"工作队执行资反路线,就是要反!"

你一言,我一语,在医务室里展开了大辩论。

辩论声惊动了四周,一百多个工人涌进了医务室。王洪文被围在当中。

据王洪文回忆:"有人扯我的衣襟,我一还手,就打了起来。"

王洪文不吃眼前亏,拔腿溜了。

王洪文第一次见到"红太阳"

王洪文"失踪"了。

入夜,仍不见王洪文回到定海路小屋。

王洪文的许多伙伴,也"失踪"了。

他们到哪里去了呢?

一直到两天之后——10月13日清早,上海国棉十七厂厂内大道旁,贴出了大字报《给全厂革命同志的一封信》,人们才知道王洪文一伙的行踪。

《给全厂革命同志的一封信》是王洪文等15人联名签署的。这封信的底稿,迄今仍可从档案材料中查到:"亲爱的同志们、战友们:我们抱着誓死保卫党中央、誓死保卫毛主席、誓死捍卫毛泽东思想、誓死将无产阶级文化大革命进行到底的决心和必胜信念,暂时跟你们分别了。我们到无产阶级文化大革命的中心、党中央和毛主席的身边——首都北京去了。……"

哦,一连串写了四个"誓死",原来他们学着北京红卫兵的样子,去"大串连"了!

哦,王洪文请"病假",原来是在准备去北京呢!

自从北京红卫兵来上海大串连以来,王洪文发觉,北京红卫兵的见解,大大"超前"于上海。他便暗暗下了决心,要到北京去串连,到"文革"的中心去"取经"。

从1966年8月18日毛泽东在天安门广场接见红卫兵以来,各地红卫兵涌向北京。毛泽东一次又一次登上天安门城楼,向红卫兵们挥手致意。王洪文也盼望着亲眼见到"红太阳"。无奈,他不是红卫兵。红卫兵们已经"停课闹革命",要走就走。他毕竟要去厂里上班,不上班,就要被扣工资。

他用十分羡慕的目光,送走了廖祖康[①]。作为厂里技校的学生,廖祖康佩戴着红卫兵袖章,到北京串连去了。

10月10日,廖祖康带着一肚子的"北京消息"回来了。他说:"北京住满了前来串连的红卫兵,还有机关干部、工人……"

"工人也能去?"

"他们是上北京告状的!中央办公厅、国务院都设立了接待站,专门接待上京告状的机关干部、工人。"

"北京消息"使王洪文下定了去北京的决心。第二天——10月11日,他就到医务室开病假单。厂医知道他这个保卫科的干部是不好惹的,总是能够按照他的需要给他开病假单。前几天他开病假单,为的是想集中精力写批判工作队的大字报。这一回,他是为了去北京而请"病假",万万没想到,他在医务室一露面,竟惹起了那场意外的风波。

当天晚上,王洪文秘密地来到唐文兰家中。

那是王洪文难忘的夜晚:他的十几个伙伴,先后悄然来到那里。王洪文提出的三项建议,都顺利地得到通过。他曾说过,这三项建议,都是"历史性"的。

哪三项建议呢?

头一条,王洪文以为,造反派必须建立自己的组织,才有力量。

这一建议当即得到热烈的响应,伙伴们公推王洪文为头头,唐文兰为副手。王洪文为自

---

① 1988年4月5日,叶永烈在上海的劳改工厂采访廖祖康。

己的组织，取了一个长达19个字的名字——"誓死将无产阶级文化大革命进行到底战斗队"。

如此冗长的名字，表明王洪文实在"略输文采"。当这个名字在大字报上出现之后，群众不得不简称为"誓死队"，变得不伦不类。

第二条，王洪文提议赴京上告，告厂党委的状，告工作队的状。当即有14个人表示愿与王洪文同上北京。

第三条，以"誓死队"的名义，写一封《给全厂革命同志的一封信》。这一建议，当然全体通过。

于是，王洪文口授，唐文兰笔录，当场写成这封信。大抵因为王洪文格外喜欢"誓死"的缘故，那封信一开头就来了四个"誓死"！

翌日——10月12日，下午3时，王洪文出现在上海一条闹中取静的小马路东新民路，走到115号，那里是泰山电影院。他的"誓死队"的14名队员，也从不同的路途到达那里。

到齐之后，他们又分散开来，步行前往就在附近的上海北站，踏上了那拥挤不堪、满载着红卫兵的列车，前往北京。

当留厂的"誓死队"队员们贴出那封《给全厂革命同志的一封信》时，王洪文乘坐的火车已经行进在长江以北了。

10月14日凌晨，在极度的困乏与极度的兴奋交织的心情之中，王洪文一行15人，终于随着红卫兵洪流，涌出北京站。

北京，拥挤不堪。到处是穿着没有领章的军装的红卫兵。北京站的长椅上，歪着、躺着的，都是红卫兵。

到处是毛泽东的画像和毛泽东的语录。高楼上，围墙上，公共汽车车身上，都刷着"最高指示"。就连自行车的龙头上，也挂着一块块"语录牌"。

上车已不必买车票。因为红卫兵是"毛主席请来的客人"，就连住学校宿舍、住招待所，也不花钱。王洪文一行，当然向红卫兵"学习"。

下车之后，他们直奔国务院接待站。那里简直成了"旅店介绍所"。一听说是"来京告状"，工作人员便给王洪文开了一张条子。于是，王洪文一行住进了北海公园附近的北京商业招待所。王洪文住在西楼222室。自然，住宿是不花钱的——"干革命"嘛！

在北京的那些日子，王洪文带着他的"誓死队"，简直马不停蹄。

像朝圣似的，王洪文一伙前往北京大学"取经"。那是全国"第一张马列主义大字报"的诞生地。他渴求一见仰慕已久的聂元梓。她是他当时心目中的英雄。他的第一张大字报硬要凑齐七人签名，便是出于对聂元梓的效仿。不过，这时候的聂元梓，已是北京名声鼎沸的"造反英雄"，而他，仅仅是上海的一支小小的"誓死队"的头头，够不上聂元梓接见的资格！不过，北京大学校园里那铺天盖地的大字报，那雪花一样飘舞的传单，毕竟使王洪文一行大开眼界。

出了北大，来到清华。密密麻麻的大字报，使他们目不暇接。

京棉一厂、京棉二厂，也留下了王洪文串连的脚印。他向那里的造反派认真"取经"，因为比起北大和清华来，那里的经验更加适用于上海国棉十七厂。

国务院接待站留下了王洪文一行三次上访的记录。接待他们的，是那里的工作人员朱贵玉。他们反映了上海国棉十七厂党委的"严重问题"，反映了那里的工作队如何"镇压群众运动"。

对于王洪文来说，北京之行最为难忘的日子是10月18日，他平生头一回亲眼见到了毛泽东！

10月18日，这是毛泽东第五次接见红卫兵的日子。一大早，王洪文就挤进红卫兵的行列，久久盼望着"幸福时刻"的到来。

当时的报道，记录了10月18日那如痴如狂的场面：

> 今天，首都碧空万里，灿烂的阳光普照全城。当太阳从东方地平线上喷出万道霞光的时候，英姿焕发的红卫兵和革命师生们，高举红旗和毛主席像，从四面八方汇集到天安门广场，汇集到和广场相连结的宽广大道上。小将们人人手持闪着红光的《毛主席语录》，整个队伍绵延达五十华里，结成了一条极其壮观的红色巨流。小将们一遍一遍地朗读毛主席语录。
>
> 中午十二时五十分，庄严的《东方红》乐曲声响起来了，人们日夜盼望的最幸福的时刻来到了！
>
> 我们最最敬爱的领袖毛主席和他的亲密战友林彪同志，以及中央其他负责同

■ 来自全国各地的红卫兵云集天安门广场，等待毛泽东接见。（孟昭瑞 摄）

志……分乘九辆敞篷汽车,来到了广大红卫兵和革命师生中间。这时,天安门广场和宽广的大道上,激起无比欢腾的声浪。千万双手臂挥舞红光闪闪的《毛主席语录》,千万双眼睛迎向心中最红最红的红太阳。"毛主席万岁"、"毛主席万岁"的欢呼声,震响云霄。

当毛主席乘着敞篷汽车从革命师生的队伍面前驶过以后,许多学生赶紧打开《毛主席语录》,在扉页上写下了同样的语言:"10月18日下午一时十分,是我一生中最最幸福、最最难忘的时刻,我见到了永远不落的红太阳毛主席。"

夹杂在红卫兵队伍中的王洪文,也激情似沸。当年的他,也是千千万万个毛泽东的虔诚的崇拜者中的一个。

他和红卫兵一样,在"红宝书"的扉页上写道:"1966年10月18日下午1时20分,我在北京和平街上见到伟大领袖毛主席。毛主席身着军装,站在敞篷车上,离我只有十五公尺。这是我一生中永远难忘的最最幸福的时刻!"

在见到毛泽东之后,王洪文跟着红卫兵们冲向电报局,排起长长的队伍。他学着当时的最流行的做法,给留在上海的"誓死队"队员发去电报:"我在18日下午1时20分见到我们心中最红最红的红太阳毛主席!"

■ 1966年10月17日,毛泽东第五次接见红卫兵。(孟昭瑞 摄)

成为"永远忠于毛泽东思想战斗队"头头

"十天北京行,胜读十年书。"从10月14日到10月24日,王洪文在北京度过那10天,一下子接受了那么多最新信息,顿时大大提高了"政治觉悟"。

背着一大包中央首长讲话传单,笔记本上记满北京大字报摘录,王洪文带领14名"誓死队"队员,挤上南去的列车。

10月25日晚上8时,王洪文出现在上海北站月台,受到上海国棉十七厂的造反派们的热烈欢迎。王洪文选择这一时刻返回上海,是经过精心考虑的:因为10月26日是星期三,厂休日,便于召集造反派开会,传达北京之行的"收获"。

王洪文一见到留守上海的"誓死队"队员,便急切地问厂里的近况。哦,他离厂才十天,厂里发生了两桩大事。

由于"誓死队"的主力前往北京,厂里的造反派重新组合,在18日拉起了一支新的战斗队,名曰"永远忠于毛泽东思想战斗队",选举了新头头。这支战斗队简称"永忠队"。许多"誓死队"队员加入了"永忠队"。

"永忠队"的成立,促使厂里保工作队的工人们也成立自己的组织。10月24日,上海国棉十七厂"捍卫毛泽东思想委员会"在一片锣鼓声中宣告诞生,人们简称之为"捍卫会"。在"捍卫会"成立大会上,工作队队长施惠珍上台讲话,表示祝贺①。

上海国棉十七厂的工人,已明显地分裂为对立的两大派。一派宣称"永远忠于毛泽东思想",一派宣称"捍卫毛泽东思想",可是一见面便吹胡子、瞪眼睛。

情况紧急,王洪文顾不上回家,马上带领手下的核心成员,直奔强玲英家中,连夜开会。因为"永忠队"的成立,显然架空了王洪文,大大削弱了"誓死队",这不能不使王洪文焦急万分。

"我建议,明天下午召开'誓死队'、'永忠队'全体会议。"王洪文说道,"造反派本身,不能分为两支队伍。这样会影响造反派内部的团结。'誓死队'和'永忠队'应当合并……"

"永忠队"的头头,答应了。

第二天下午,"誓死队"、"永忠队"聚集在复兴岛公园。

"团结才有力量。团结就是力量。我们的目标完全一致——造厂党委的反,造工作队的反。我们应当团结。'誓死'和'永忠'应当合并,捏成一个拳头打出去,这样才有力量……"王洪文富有鼓动性的话,赢得了一片掌声。

"誓死队"和"永忠队"当场宣布合而为一。合并后,鉴于"誓死将无产阶级文化大革命进行到底战斗队"的名字实在太啰嗦,绝大多数队员赞成用"永远忠于毛泽东思想战斗队"这一名称。虽然王洪文仍欣赏他的"誓死队",到了这时也不再坚持了——因

---

① 1988年4月7日、11日,叶永烈在上海采访施惠珍。

为重要的是他已达到了目的,他被公推为新的"永忠队"的头头。从此,他成了上海国棉十七厂的"造反领袖"。

当选为头头之后,王洪文便从挎包中掏出刚从北京带来的传单。在他的眼里,这些传单仿佛成了中央文件似的。他不时地引述着传单上的话,那模样,如同引述马列主义经典著作一般:

"毛主席说过,工作组起坏作用,阻碍运动,应当统统驱逐之。"

"康老说过,'毛主席一个工作组也没派'。"

"陈伯达同志指出,工作组是障碍物。"

"江青同志在批判工作组时指出,要甩掉保姆,踢开绊脚石,自己解放自己,彻底革命。"

真个是"士别三日,当刮目相看",到北京去了10天,王洪文的水平仿佛猛然提高了。他接着说道:"在北京,工作组早已被扔进历史的垃圾堆。可是,在我们厂,还是工作队的天下。老保们成立'捍卫毛泽东思想委员会',其实是'捍卫工作队委员会'!今天,我们成立'永忠队',我们的首要任务就是赶走工作队!"

他的讲话,马上成为"永忠队"的行动指南。

王洪文当即定下一系列炮轰工作队的计划。

王洪文从北京回来才一天多,上海国棉十七厂里的火药味骤然变浓了。

10月27日凌晨3时,"永忠队"便出动了。队员们手提浆糊桶,在厂的南、北大门口,都刷上大字标语,每一个字都有乒乓球桌面那么大:"火烧施惠珍,炮轰工作队!"

在杨树浦路上,他们也刷出一条条大字标语:"彻底打倒以施惠珍为首的市委工作队执行资反路线!"

每条大字标语末尾,都写着:"上海国棉十七厂永远忠于毛泽东思想战斗队"。

上午8时,当施惠珍刚刚来到工作队办公室,马上被一群"永忠队"队员包围。他们手中拿着《永远忠于毛泽东思想战斗队宣言》,要求施惠珍签字,然后由厂广播台广播[①]。

施惠珍拒绝了。"永忠队"的队员们呼喊着口号:"打倒工作队!""打倒施惠珍!"顿时,施惠珍成了批斗对象。"永忠队"队员们你一言、我一语,斥骂着施惠珍。直到"捍卫毛泽东思想委员会"的工人们闻声赶来,这才使施惠珍解围。

这时,王洪文进厂了。他一出现在厂门口,又陷入了"捍卫会"的包围之中。"捍卫会"的工人们质问王洪文:这些人为什么不上班?溜到哪里去了?廖祖康闻讯,带着技校的"革到底"战斗队杀入重围,救出王洪文。

上海国棉十七厂陷入一片混乱之中。

当天夜里,乘着"捍卫会"工人下班回家,"永忠队"在王洪文指挥下,发动了突然袭击:闯进工作队办公室,抢走材料,查封工作队的抽屉……

斗争,日紧一日:

---

① 1988年4月7日、11日,叶永烈在上海采访施惠珍。

10月29日,"永忠队"在厂最高处刷出大副对联——"大炮轰走施惠珍其人,材料烧尽工作队威信",横批是"SOS"。

"捍卫会"奋起反击,也来个"上纲上线",指着"永忠队"说:"'SOS',是向外国人求援的信号。你们写上'SOS',是叛国行为!"

于是,五六百人簇拥在上海国棉十七厂大门口,就"SOS"展开大辩论。

行人们驻足围观,上千人挤在那里,使杨树浦路交通阻断,震动了杨树浦工厂区。

11月1日,"永忠队"贴出了《工作队十大罪状》大字报,刷出"工作队靠边站"大字标语。

11月4日,"永忠队"强占厂里"大字报管委会"办公室,夺走所有大字报底稿。紧接着,又强占厂广播台。施惠珍赶往广播台,受到"永忠队"的围攻,被"捍卫会"越窗救出。施惠珍刚刚离开那里,全厂的广播喇叭里,响起了《"永忠队"通令》:"从今天起,工作队靠边……"

从北京回来一个多星期,王洪文领导着"永忠队"大闹上海国棉十七厂。他说:"我到北京见了世面,再也没有什么可怕的了!"

他,不光把上海国棉十七厂搅得天翻地覆,而且开始冲出厂门,杀向社会了。

王洪文结识王秀珍

上海延安西路200号,幽雅的会场,西式的小楼。在那里高悬多年的"文艺会堂"四个大字,已被红卫兵用铁锤敲得粉碎,罪名是"文艺会堂"即"裴多菲俱乐部"。虽说裴多菲是匈牙利著名诗人,而"裴多菲俱乐部"在中国的名声却不妙,几乎成了"反革命"的同义语,诚如毛泽东在那关于文艺界的著名批示中所说:中国文艺界的协会差不多"要变成像匈牙利裴多菲俱乐部那样的团体"。

由于那里地处市中心,在"文革"初期,成了中共上海市委接待站的所在地。那里的墙壁,几乎没有一块是空着的,贴满了各种各样的"北京消息"、"最新动态"之类大字报和传单。当然,也贴着北京红卫兵对这里的愤怒的斥责:"磨牙站"、"骗子站"、"长舌洞"……

1966年10月28日下午,王洪文和一位姓王的"永忠队"队员来到那里,为的是向市委接待站告施惠珍的状,告工作队的状。

"王秀珍!"与王洪文同去的姓王的队员,大声地朝一位30出头的女同志喊了一声。

"老王!"那粗眉大眼的女同志一回头,答应了一声,王洪文以为是喊他。

真巧,三"王"在那里碰面。

"我来介绍一下,她是我的老同学,叫王秀珍,国棉三十厂的老造反;他是我们厂造反派头头,王洪文!"经姓王的队员这么一介绍,王洪文第一次与王秀珍握手,认识了。

"认识你很高兴。你是我们的'邻居'呀——从国棉十七厂骑自行车,十来分钟就到你们厂了。"王洪文一听对方是"老造反",又是东北口音,显得颇为亲切。

■ 前排左起：张春桥、王洪文、王秀珍。

"老王刚从北京串连回来。"姓王的队员说道。

"太好了，太好了。王洪文同志，请你到我们厂谈一谈北京的情况，给我们厂的造反派鼓鼓劲，好不好？"王秀珍一听，马上向王洪文发出了邀请。

"行，随便谈谈吧，也算是串连！"王洪文一口答应下来。

"时间定在明天下午行不行？"王秀珍问道。

"行！"王洪文爽快地点了头。

这一次偶然邂逅，竟使王秀珍从此成为王洪文忠实的造反盟友。

细细审视王秀珍的人生道路，可以发现，她与王洪文有着许多共同之点。

在辽宁省沈阳与鞍山之间，太子河中游，有一座古城，名叫辽阳。1934年11月17日，王秀珍出生在辽阳安平村一个贫苦农民家里。

"又是一个丫头！"她的父亲王崇勤期望着生个胖小子，将来为家中添个壮劳力。可是，王崇勤一次又一次地失望了：妻子刘玉兰一连生了六胎，竟然清一色全是丫头！

论排行，王秀珍算老三。她的二姐从小就死了。

父亲种西瓜、种香瓜，填不饱那么多的小嘴。王秀珍从小就跟大姐去挖野菜，拾柴禾。大姐14岁那年，大水把西瓜、甜瓜全泡了汤，家中揭不开锅，父亲只得把王秀珍的大姐卖了，换来一点钱。后来，她的大姐在那一家饿死。于是，王秀珍成了长女。她的三个妹妹分别叫秀梅、秀荣、秀芳。

在乡下实在混不下去，王崇勤带着一家子，躲进辽阳城里的一座破房子。他和妻子摆小摊，卖花生米、梨、香烟。王秀珍则带着妹妹们去拣煤块。她没钱读书，只好眼巴巴看着有钱人家的孩子背着书包进校门。

新中国的阳光，驱散了往昔的凄酸。1950年3月，16岁的王秀珍，跨进了辽阳纺织厂的大门，成为织布车间的工人。

那时候，她的父亲因高血压病倒了，她挑起了全家的生活重担。她最初只知道埋头干活，以供养家庭。

在工厂里，她慢慢地懂得一些革命道理。1952年9月，她加入了新民主主义青年团。四个月之后，18岁的她加入了中国共产党。王秀珍变得朝气蓬勃，生产上很积极。她被评为车间的社会主义建设积极分子。紧接着，她成为厂里、市里、省里以至东北地区的社会主义建设积极分子，先进生产者，劳动模范。

她，年纪轻轻，被选为辽阳市人民代表。不久，又被选为辽宁省人民代表。她走过了一段进步、向上的路。她确实是曾为社会主义建设作出了贡献的先进分子。

她只在11岁至13岁时，上过两年小学。这时，她在业余补习文化。她终于达到了高小班毕业的水平。

1956年8月，王秀珍拿着一封这样的介绍信，前往上海：

上海纺织局负责同志：

兹有王秀珍同志确系我校高小班毕业，学习成绩总平均八十五分，出身良好，能够模范遵守学校各种制度，请予报考是盼。

主任　苏福金

没多久，王秀珍胸前挂起了"上海纺织工业学校"的校徽。她考入"机织科"，四年制。

最初，她的学习成绩不尽如人意，她的文化底子毕竟太差。但是，从成绩报告单上可以看得出，她的成绩每学期在逐步提高。到了毕业那学期，总共六门功课，她四门五分，两门四分（注：当时采用苏联的五分制），该算是不错的了。她当年的老师也反映，她在学习上确实是刻苦、用功的。

在学校里，她一直担任干部，诸如副班长、班长、团支部委员、团支部书记、总支委员、民兵排长。她开始发牢骚了，觉得做学生干部吃亏，花费很多时间，影响学习。她自称是"豆饼干部——上挤下压"。她开始厌倦社会工作。不过，她当过省人民代表、劳动模范，名气不小，所以怎么也无法推脱社会工作。

1960年8月，24岁的王秀珍毕业了。从此，她的文化程度一栏，写上了"中专毕业"四个字。

毕业之后，她被分配在上海纺织工业局设计室实习。不久，她与那里一个干部结婚，在上海成家了。

一年实习期满，王秀珍离开了那离外滩不远的上海纺织工业局大楼，前往工厂林立的杨树浦报到。

她被分配到上海第三十棉纺织厂，人称"国棉三十厂"。比起上海国棉十七厂，这家厂要小一些，但也是一爿老纱厂。解放前，那里挂着"仁德纱厂"的招牌。厂里许多技术骨干是老人马。王秀珍作为"工人阶级知识分子"进入了这家老纱厂。

新来乍到，王秀珍被暂时安排在厂里的档案管理处管理技术档案，让她对新的工作岗位有个熟悉的过程。

这时候，在人生道路上顺风顺水的王秀珍，遇上了种种不快。

她上中专之前，在1956年，已是副工长，每月工资79元3角。

念完中专，她本以为一定会加薪提级。不料，在1961年，她按技术员定级，每月工资为79元2角——比上中专之前反而少了一角钱！

她还以为，到了上海国棉三十厂，起码会当个车间主任。谁知在管了一阵子技术档案之后，只是任命她为织布车间的工长！

她想不通，念了四年书，工资反而少了，职务不过是从副工长调为工长，如此而已。

她又接连生了两个孩子，如同背上了沉重的包袱。她要照料吃奶的孩子，哪有那么多的精力搞生产？

不用说，劳动模范是当不上了。人地生疏，也没人选她当人民代表。

厂长甚至在大会上批评王秀珍工作不负责任。

王秀珍气了，急了，火了！她离开了工厂，借调到局里管资料，想借此脱离工厂。不料，半年之后，厂里仍坚持要她回厂工作。万不得已，她怀着一肚子的怨气，回到了上海国棉三十厂。

在1964年开展"四清"运动时，王秀珍"积极"过一阵子。不过，她白费气力，就连原以为可以到手的车间副主任之职，也被别人当了。

1966年，她依然是工长。就在这个时候，"文革"爆发了。

一张，两张，一百张，一千张……"文革"之火在上海燃烧，上海国棉三十厂里贴出了上千张大字报。

厂党委成立了大字报组，忙着给大字报编号，逐张抄录、分类、整理。

最初的这些大字报，除了空洞的表态拥护"文革"之外，差不多都是对准原"仁德纱厂"的私方人员开火，把他们当作"牛鬼蛇神"加以"横扫"。厂里的一位厂医，向来喜欢投稿，给上海的《新民晚报》的"科学与卫生"副刊写点"豆腐干"文章，一时成为全厂大字报围剿的重点人物，甚至把他的文章与邓拓的《燕山夜话》挂起钩来"批判"。

厂党委的委员们抽着烟，悠然自得地在大字报前踱来荡去。

1966年6月11日，编号为"1051"的大字报，在上海国棉三十厂卷起一阵狂飙。那标题锋芒毕露，寒光逼人：《厂党委在文化大革命运动中冷冷清清！》。

这是上海国棉三十厂第一张造反大字报。作者质问厂党委：为什么捂阶级斗争的盖子？为什么把厂里的"文革"运动搞得冷冷清清？

"1051"号大字报，还分三个专题，批判厂党委：一、修正主义建党路线；二、修正主义干部路线；三、对无产阶级文化大革命的态度。

"1051"号大字报末，签着11个人的名字。列在首位的，便是"王秀珍"三个字。比起王洪文来，王秀珍的造反大字报还早一天。只因为上海国棉三十厂不是像上海国棉十七厂那样的大厂，在上海纺织系统的影响不大，所以王秀珍的大字报并未立即引起局党委的注意。但是，过了些日子，王秀珍的大字报被抄报局党委，上海国棉三十厂的动向惊动了局党委。

与上海国棉十七厂"同步"，1966年7月20日，中共上海市委也向上海国棉三十厂派驻了工作队。

工作队决定在该厂成立"文化革命委员会"。与王洪文一样，王秀珍也投入了竞选"文革"主任的角逐。她没有王洪文那样的"十大罪状"。凭着她的苦出身、老劳模、省人民代表、中共党员，凭着她的口才和中专文化水平，她当上了上海国棉三十厂的"文革"主任。像她这样的造反派当上"文革"主任，在当时的上海是十分罕见的——那时候的

"文革"主任,几乎清一色的"保"字号人物。

王秀珍扬眉吐气了——她成了一厂之"主"!

不过,"文革"主任是在工作队的领导下工作的。王秀珍是桀骜不驯的造反派,她与工作队之间,不时发生尖锐的矛盾。

王秀珍趁着批判资产阶级反动路线之际,举起了反工作队之旗。

她从杨树浦赶往延安西路200号,为的是向上海市委接待站控告本厂工作队的种种"罪状"。不料,她遇上了当年上海纺织工业学校的老同学——也就是王洪文手下的那个姓王的队员,从而结识了王洪文。

都是"老造反",都是中共党员,都是纺织厂干部,都是东北人,这一连串的共同点,使王洪文和王秀珍一见如故。

果真,10月29日下午,王洪文来到了上海国棉三十厂。王秀珍把他迎入厂工会办公室。在那里,已有十六七个"造反派战士"聚集恭候了。

这是王洪文平生头一回到外厂"作报告"。他眉飞色舞,滔滔不绝地讲述着北京最新消息:派工作组是刘少奇决定的,是错误的,是执行资产阶级反动路线……

王洪文也介绍了上海国棉十七厂的"造反经验":建立造反派组织,与工作队对着干。

王洪文一席话,在上海国棉三十厂点起了一把火。

王秀珍不再当厂"文革"主任了,她召集全厂的造反派,成立了"捍卫毛泽东思想战斗队"。

11月4日,当王洪文在上海国棉十七厂策划"永忠队"从工作队手中夺取厂广播台和大字报管委会办公室的时候,王秀珍以"捍卫毛泽东思想战斗队"的名义在上海国棉三十厂贴出长篇大字报《一对宝贝——工作队和厂党委》。当天,王秀珍领着"战斗队"进行了一番战斗:把工作队队长和厂党委负责人拉出去游街。这支"战斗队"一路上呼喊造反口号,从临青路到平凉路、隆昌路、长阳路。顿时,杨树浦工厂区轰动了。王洪文对王秀珍的"革命行动"表示"坚决支持"。

也就在王洪文结识王秀珍的时候,一个穿着蓝色工作服的工人前往上海国棉十七厂向王洪文"取经"。此人名唤黄金海,乃是上海国棉三十一厂的车工、造反派头头,与王洪文同龄。

上海国棉三十一厂是万人大厂,规模比上海国棉十七厂还大,坐落在杨树浦长阳路上,与上海国棉十七厂相距几站路而已。王洪文与黄金海挂上了串连之钩。

"如今,我们'三点一线',互相支援,共同造反。"王洪文对王秀珍、黄金海说道。

王洪文所说的"三点",即上海国棉十七厂、三十厂、三十一厂,"一线"也就是8路有轨电车——这"一线"把"三点"串在一起。

与"首都红三司"挂钩

在"永忠队"一次又一次猛烈的冲击下,市委工作队在上海国棉十七厂已经近乎靠边了。

11月6日"永忠队"冲进施惠珍的办公室。大轰大嗡,施惠珍遭到了批斗[1]。

"我们勒令你明天向全厂作检查!""永忠队"的队员拍着桌子,向市委工作队队长提出最后通牒。

"好吧,我明天作检查。"迫于无奈,施惠珍只得答应下来。

令人奇怪的是,在如此"热闹"的场面,却不见王洪文。

王洪文哪里去了呢?

他踏上那叮当叮当作响的8路有轨电车,穿过杨树浦工厂区,再从外滩向市中心前进,过了静安寺,终于来到愚园路的一幢小洋房。

那里原本是资本家的房子。在扫"四旧"的时候,红卫兵的一纸"勒令",便把房主赶走了。眼下,那里已成为"首都红三司"的驻沪联络站所在地。

"首都红三司",全称"首都红卫兵第三司令部"。大抵是受毛泽东那篇《炮打司令部》的影响,原本是军事专有名词的"司令部"一词广为"外延",红卫兵们既然是"兵",也就把自己的组织称为"司令部"了。首都的红卫兵,本来只有一个"司令部",骨干是高干子弟。不久,另一个"司令部"冒了出来,与高干子弟们抗衡。于是,便分为"一司"、"二司"。清华大学工程化学系三年级学生蒯大富在清华园里因反工作组打成反革命,平反后成为红卫兵中的"名人",成为清华大学红卫兵组织"井冈山兵团"的首领。蒯大富不愿俯就"红一司",也不愿加入"红二司",他联合了北京地质学院"东方红"头头王大宾,另树一帜,自封"司令",王大宾则成了"副司令"。为了区别于"红一司"、"红二司",蒯大富的这支红卫兵队伍,便命名为"红三司"——"首都红卫兵第三司令部"。

大抵因为蒯大富名声颇大,他的"红三司"迅速扩大,许多原属"红一司"、"红二司"的红卫兵,也纷纷改换门庭,加入"红三司"。因此,"红三司"成为首都红卫兵中实力最强的"司令部"。

聂元梓、蒯大富、韩爱晶、谭厚兰、王大宾,在当时并称为"首都高校红卫兵五大领袖"。

蒯大富仗着有康生、江青、张春桥做后台,不光称霸于北京,而且把自己的触角伸向全国。于是,"首都红三司驻沪联络站"的牌子,也就在上海愚园路上挂了出来。别以为红卫兵小小年纪,这么个"联络站"就微不足道。这个"联络站"与中央文革小组之间,有着热线联系。北京红卫兵在上海大闹市委,就是这个"联络站"干的。

在"首都红三司驻沪联络站"中,有一个姓包的红卫兵,当时相传他原名包得福,后来他自述原名包常甲,乃中央美术学院的学生。出于对毛泽东的那篇《炮打司令部》的敬慕之情,他改名"包炮"[2]。此人虽然只有二十出头,可是,戴着一副近视眼镜,显得老成、沉着。据云,他的父亲是工人,因此他属于"红五类",有着天不怕、地不怕的气概。又据传他的母亲,当时在北京某中央首长家当保姆。由于这么一层特殊关系,包炮的消息十分灵通。这位中央首长何人?乃康生也。因此他在上海的种种活动,有着特殊的背景。包炮当

---

[1] 1988年4月7日、11日,叶永烈在上海采访施惠珍。
[2] 包炮,现用艺名包泡,雕塑家,曾参与毛主席纪念堂、中国人民抗日战争纪念馆的雕塑创作。

时带着中央美院附中的两个学生李永存和武晋安一起来上海,住在上海音乐学院。

北京红卫兵虽然对上海市委进行了几次"炮轰",反响很大,震动了全上海,可是只伤了上海市委的一点皮毛而已。上海市委依然未倒。上海市委派出的工作组还在领导着各单位的运动。

该怎么办呢? 从中央文革小组传来最新指示,为他们指点迷津:"你们应该好好学一学毛主席的《青年运动的方向》这篇光辉著作!"

于是,在"首都红三司驻沪联络站"里,响起了这样的声音:"打开《毛主席语录》,第二五一页,第三段……"

红卫兵们掏出"红宝书",齐声朗诵着毛泽东在1939年5月所写的《青年运动的方向》一文中的一段名言:"看一个青年是不是革命的,拿什么做标准呢? 拿什么去辨别他呢? 只有一个标准,这就是看他愿意不愿意、并且实行不实行和广大的工农群众结合在一块。愿意并且实行和工农结合的,是革命的,否则就是不革命的,或者是反革命的。……"

那时候的学习,讲究"立竿见影"。包炮点出了中央文革小组的"指示"的含义:北京红卫兵只有与上海工人造反派相结合,才能打倒上海市委。

于是,11月1日至4日,"首都红三司"连同"炮司"(即"炮打司令部"兵团)的红卫兵们下厂串连,专找造反派,特别是找那些因反工作组,反上海市委而挨整的人。

1月5日——星期六晚7时半,上海一些工厂的造反派头头应邀来到上海愚园路311号"首都红三司驻沪联络站",计议在翌日正式召开"上海工人串连交流经验会"。

"光是串连、光是交流经验还不够,我们应当成立上海工人造反派的全市性组织!"有人这样提议,马上得到了热烈的响应。

于是,你一言,我一语,补充着"上海工人串连交流经验会"出席者的名单,以求尽量把上海各厂的"老造反"请来,共商大事。

就在这你一言、我一语之中,有人提到了上海国棉十七厂"永忠队"头头王洪文。

就这样,在11月6日——星期日中午,王洪文远道赶去,前往出席"上海工人串连交流经验会"。

王洪文掼出三块响当当牌子

"串连会"的签到本上,出席者的名字不断增加:

上海良工阀门厂陈阿大(钳工)

上海玻璃机械厂潘国平(工人)

上海第三十一棉纺织厂黄金海(车工)

上海合成纤维研究所叶昌明(化验工)

上海铁路局装卸机械厂谢鹏飞(锻工)

上海第十七棉纺织厂王洪文(保卫科干事)

上海八二二厂岑麒麟(技术员)

……

到了下午3时半,来自17家工厂的30多个造反派头头,总算陆续到齐了。

大抵因为职业的敏感,在保卫科里工作的王洪文拿过签到本,刷刷地抄下了名单。从此,他手中有了一份至为重要的"联络图"。因为这天到会的,是一批在上海滩翻天覆地的草莽"英雄"。王洪文的造反,从上海国棉十七厂到"三点一线",如今大开眼界,与各路"好汉"们结识了。

北京红卫兵领着大家念了一通"最高指示",说了一通"向工人阶级学习"之后,会议便正式开始了。

第一个站起来发言的,看上去像个学生,20岁而已。他,风流倜傥,一双眼睛透着灵气。虽说"嘴上没毛",稚气未脱,可是口齿伶俐,思维敏捷。他便是上海玻璃机械厂的青工潘国平。他列举厂党委对他进行迫害的种种"罪行",声泪俱下,给人留下颇深的印象。

潘国平带了个头,"串连会"便变成了"诉苦会",各厂都纷纷诉说工作队、厂党委怎样把造反派打成现行反革命。拍桌子的,骂娘的,此起彼伏。特别是陈阿大,骂不绝口,倒出了一肚子的怨气。

王洪文在一旁静静地听着,不时往笔记本上记两句。

佩戴"首都红三司"袖章的包炮,终于提醒与会者,应该讨论一下昨天商议过的大事——成立上海工人造反派全市性组织。

王洪文一惊。因为他没有参加过昨天的会议,显然,他晚了一步,而在他看来,这一议题是至关重要的。

"我建议,成立上海市工人造反联络站。"会议的话题,转向了第二项。

"不,联络站这名字没气派。向'首都红三司'学习,也叫'司令部'——'上海工人造反司令部'。"

"一定要加上'革命'两个字——'上海工人革命造反司令部'。没有'革命'两个字,容易叫人抓住小辫子。"

"好,好,'上海工人革命造反司令部'这名字好!"与会者异口同声赞成道。

北京的红卫兵们,也都说好。

就在这个时候,王洪文发话了:"我觉得,'上海工人革命造反司令部'这名字还不够好。"

顿时,与会者的目光,都朝王洪文射来。

"我建议加一个'总'字,叫'上海工人革命造反总司令部'。"王洪文从容不迫地说道,"加了这么一个'总'字,表示全上海的工人造反派,都归这个'总司令部'领导。我是转业军人。中国人民解放军就设'总司令部',设'总司令'。"

王洪文的话,一锤定音。全场响起一片掌声,一致赞成王洪文的意见。

王洪文确实棋高一着。当时,在全国的红卫兵、造反派组织之中,叫"司令部"的满处都是,而叫"总司令部"的却十分罕见。

王洪文后来曾吹嘘过自己加的那个犹如点睛之笔的"总"字。不过,据查证,以杭州丝绸印染联合厂工人翁森鹤为"司令"的"浙江工人革命造反总司令部"先于"上海工人革命造反总司令部"宣告成立。

既然有了"总司令部",就得选举"司令"。王洪文一语惊人之后,就开始操纵会议了。他说:"今天出席会议的17个单位的造反派组织,理所当然是'上海工人革命造反总司令部'的发起单位。'总司令部'核心组成员,从发起单位中产生。"

王洪文的这一建议,又获得一致通过。

紧接着,便是选举核心组成员了。王洪文是个聪明人,提议道:"今天,我们大家都是初次见面,彼此不了解。我建议,大家都来一个自我介绍,报一下家庭出身、政治面目、职务,便于选举。"

如此合情合理的建议,大家当然赞同。

于是,与会者一个个自我介绍,无非是:"政治面目——群众,职务——工人"。那时所说的"群众",也就是"非党员"的意思。

轮到王洪文了,他一下子掼出了三块当当作响的牌子:"中共党员"、"转业军人"、"保卫科干部"。

出席会议的三十多人之中,除了王洪文是中共党员之外,只有另一个人自报"中共党员",那便是岑麒麟。不过,他所在的八二二厂,是直属公安部的保密厂,连单位的电话号码、地址都保密,使他带有浓厚的神秘色彩——尽管他是技术员,又是"老造反",各方面的条件并不比王洪文差。

王洪文的三块牌子,使他赢得了与会者的拥戴,被选入核心组。包炮后来回忆说[①]:

> 王洪文是复员军人,党员,扛过枪,参加过抗美援朝,又当保卫科干部,年龄比较大。所以那天的倾向性,我觉得应选王洪文当工总司的头。因为这个会是我拉起来的,我总要找一个可靠一点的。当时会上也出了点意外,岑麒麟竟然先拿出一个什么图章,大家马上就要把他抓出(起)来。

能说会道的潘国平,在部队当过两年兵,是复员军人;父亲潘一志是老工人,按家庭出身也不错,于是,潘国平也以甚高的呼声当选。

王洪文为他的"三点一线"中的"一点"——上海国棉三十一厂的黄金海鼓吹了一番,使黄金海进入了核心组。

23岁的叶昌明,在科研部门工作,也当选为核心组成员。

岑麒麟没有当选。王洪文成为核心组里唯一的中共党员,也就成了核心中的核心——"司令"。此后王洪文的发迹,便源于这次当上"造反司令"。

既把"司令"当,便把令来行。王洪文说道:"我们要造声势,召开上海工人革命造反总司令部成立大会。要贴海报,发宣言,要叫上海市委第一书记陈丕显,上海市市长、市委

[①] 据金大陆、金光耀:《包炮:上海工总司的"产婆"》,《世纪》2012年第3期。

书记曹荻秋到会。我们要把成立大会,开成批判上海市委,批判陈、曹的大会!"

关于成立大会召开的时间,谁都认为事不宜迟,但又得有几天着手准备。王洪文选定了11月9日,这一天正值上海棉纺系统厂休日,他可以从厂里多拉一些人出来,以壮声势。

"我们总司令部需要有个办公的地方!"潘国平说道。

"我们支援你们。"那些"首都红三司"的"小将"们马上答应道,"我们还占了巨鹿路691号一座房子,给你们当司令部。我们还可以帮你们起草宣言,印海报……"

"我们应当有自己的袖章!"又有人说道。"首都红三司"的红卫兵,每个人都肩佩红袖章,这不能不使这些穿蓝色工作服的上海工人造反派产生羡慕之感、效仿之情。

■ 红卫兵袖章

"可是,我们没有红布……"有人为难地说,"从哪里去弄那么多布票、钱去买红布?"
"要布票?要钱?你还配当造反派?"王洪文一扬手臂,大声喊道,"我们造反去!"
在浓重的夜色中,"造反司令"带着黄金海、陈阿大等呼啸而去。

"工总司"深夜抢红布

在上海,协大祥绸布商店是著名的老字号商店之一。在南京东路,在西藏南路,在金陵中路,那些最为繁华的地段,都可以看见"协大祥绸布商店"醒目的招牌。

11月6日子夜时分,位于西藏南路25号的协大祥绸布商店,门户紧闭,店堂里一片漆黑。突然,响起了急骤的乒乒乓乓敲门声。

"什么事?"值班的店员赶紧上前问道。

"买布!"

"半夜来买布?"

"买红布,做袖章。"

"明天来买行吗?"

"革命需要,马上就要做袖章!"

"你们是哪个单位的?"

"上海工人革命造反总司令部!"

那年月,一听说是什么"造反司令部"的,便知道不好惹,店员只得支吾一声,打开一扇小门。

王洪文领着十几个哥们，闯了进去。店堂里的灯亮了。王洪文说了声："找，找红布！"众哥们便四下翻找起来。据黄金海称，众哥们之中，有上海保温瓶二厂的范佐栋、五一电机厂的丁德法等人。

没有红布，只找到几匹红色府绸。

"府绸也行——只要是红的就行。"王洪文说罢，就叫哥儿们拿走红色府绸。

"布票呢？钞票呢？"店员急忙拉住王洪文。

"你找曹老头儿要去！"

店员明白，王洪文所说的"曹老头儿"，就是曹荻秋。他马上说："我这儿有电话，你给市委打电话！"他一边说着，一边夺下了红府绸。

无奈，王洪文只好给上海市委拨电话。深更半夜，曹荻秋怎么会在办公室？

"你们明天从市委打了证明，再来取布。"店员坚持道。

"革命不是请客吃饭！"王洪文说罢，哥儿们便从店员手中抢红府绸。

店员怎敌得过这班"好汉"？只得眼睁睁看着他们扬长而去。

"这点红府绸，只有几十尺，恐怕不够用。"有人说道。

"跟我来！"王洪文说道。

到底是在棉纺系统工作的，王洪文知道前面不远处，在金陵东路和四川南路交叉口，是上海纺织品公司第一批发部。不言而喻，批发部里一定会有大量的红布。

这一回，王洪文有"经验"了：把门叫开之后，吩咐两个哥们看守大门，两个哥们看守电话。他自己带人进入批发仓库。果真，抢到一大批红布。

这时，已是11月7日凌晨1时多了，王洪文毫无倦意，对哥们说："这是我们上海工人革命造反总司令部的第一次革命行动，旗开得胜！"

王洪文的"革命行动"，就是从抢红布开始的。

抢红布的"胜利"，使上海工人革命造反总司令部（此后人们简称之为"工总司"）大受鼓舞。

11月8日上午，"工总司"从抢红布发展到抢档案。那是王洪文打算在"工总司"成立大会上，拿出一枚"重磅炸弹"，用来轰击上海市委。据说，上海铁路局装卸机械厂的造反派头目谢鹏飞，被打成反革命，那些"黑材料"在厂档案室。"司令"王洪文正在为筹备成立大会忙得不亦乐乎，便派遣核心组成员黄金海和谢鹏飞等带着四十多人奔赴江湾，闯进上海铁路局装卸机械厂档案室，抢走了有关档案。王洪文得意扬扬，称之为"工总司"的第二次"革命行动"。

王"司令"忙得团团转：

忙着成立秘书材料组、组织保卫组、总务组、宣传组；

忙着审看"宣言"、"海报"；

忙着安排做袖章，做大旗；

忙着安排大会发言；

最重要的是，忙着与上海市委谈判……

向曹荻秋下达"最后通牒"

上海市区西南，15层的米黄色大厦，大门口高悬"衡山宾馆"四个大字。这座建于1936年的大型宾馆，坐落在衡山路上，与中共上海市委所在的康平路只相隔数百公尺。

头发花白、年近六旬的曹荻秋，此刻正坐在衡山宾馆里。虽说上海市委第一书记是陈丕显，但是因为他当时查出患鼻咽癌，处于休养之中，于是，曹荻秋站在第一线，他已经成为全市造反派炮轰的目标，便从康平路转移至此办公。

他原名曹仲榜，号健民，1909年8月2日，出生在四川资阳县南津驿镇。他改名曹荻秋，取义于白居易《琵琶行》中的诗句："枫叶荻花秋瑟瑟。"

■ 曹荻秋

早在1929年，曹荻秋便加入中国共产党。1930年出任中共四川温江县工委书记。1931年初，担任中共重庆市委宣传部长。1931年3月，他来到上海，担任上海学生赴京请愿团总指挥。1932年3月17日，他与弟弟曹心哲在沪西被捕，1937年8月下旬被党营救出狱。1939年任华东支前司令部副司令。

解放初，曹荻秋担任重庆市市长、市委书记。1955年，调任上海市委书记、副市长。1965年4月，柯庆施病逝，曹荻秋成为解放以来继陈毅、柯庆施之后的上海市第三任市长。然而，他受命于危难之时，因为出任市长不久，"文革"之火便在上海燃烧，他这个市长如同坐在火上执政！

秘书进来了，送来的不是中央文件，却是正在上海街头巷尾张贴的一份海报：

海 报

我们上海工人革命造反队定于1966年11月9日（星期三）中午十二点正在文化广场举行上海工人革命造反总司令部成立大会。会上将彻底批判和控诉上海市委压制革命运动、迫害革命群众的罪行，粉碎上海市委推行的资产阶级反动路线。

我们希望全市各工矿企业的革命造反派和革命群众支持我们，支援我们，积极参加大会，并热烈欢迎一切革命群众参加大会。

我们通令上海市委以及各工矿企业的领导，不得用任何借口阻止、刁难革命造反派来参加这次大会，不准戴帽子、扣工资，不准挑动群众斗群众。违令者就造你们的反！

上海工人革命造反总司令部筹备组
1966年11月7日

这张海报的口气倒不小。一个尚未成立、还在筹备之中的群众组织，居然可以对上海市委下"通令"，而且"违令者就造你们的反"。

曹荻秋查阅了中共中央关于工业交通企业如何开展"文化大革命"的文件，上面写得清清楚楚："坚守生产岗位，不要到厂外串连"，"不要成立跨行业的组织"。

显然，"工总司"违反了中央的精神。

曹荻秋给中共中央常务书记陶铸挂了长途电话，陶铸的答复也很明确：成立"工总司"是不适当的。

11月8日上午，从康平路办公厅——"康办"打来电话，告诉曹荻秋，"工总司"代表已经来到那里，要求见他。

"请刘冠同志接待他们。"曹荻秋答道。

刘冠，中共上海市委办公厅副主任，按照曹荻秋的意见，出面接待了来访者。

"我们要见曹荻秋！"来访者用咄咄逼人的口气说道。

"我可以把你们的要求，转告获秋同志。"刘冠回答道。

"我们对上海市委提出三项严正要求。"这些穿蓝色工作服的来访者，口气跟那海报一样大。

"你们说吧。"刘冠掏出工作笔记本，记下了他们的"三项严正要求"：

一、上海市委必须承认"上海工人革命造反总司令部"；

二、曹荻秋必须参加9日的大会，接受批判；

三、提供宣传工具。

最后，来访者仿佛在那里提交最后通牒一般，说道："限于今天下午2时前答复！"

在这些"代表"走后，刘冠迅速把那"三项严正要求"转告住在衡山宾馆的曹荻秋。

面对王洪文的挑战，中共上海市委主要负责同志开会研究了那"三项严正要求"，同意曹荻秋提出的对策——"三不"，即"不参加、不承认、不支持"。市委还通知全市各工厂，要求工人们坚守工作岗位，不要去参加"工总司"的成立大会。

当时在北京的中央文革小组副组长张春桥，还兼着中共上海市委书记处书记的职务。上海市委把有关决定打电话转告了张春桥，他也表示同意。

"最后通牒"的时间——11月8日下午2时到了，上海市委仍没有答应"工总司"的"三项要求"。

上海上空乌云密布，眼看着一场暴风雨就要来临。

喧闹的"工总司"成立大会

11月9日，上海国棉十七厂的厂休日，照理厂里安安静静。这一天一反往常。上午10点多，三辆"巨龙"型公共汽车停在厂门口。"永忠队"的八百来名队员，拥挤在三辆"巨龙"之中。有些队员已佩上崭新的红袖章，上面印着一行小黄字："上海工人革命造反总司令部"，下面是三个大字"造反队"。

"巨龙"车沿着杨树浦路西去,直奔位于上海陕西南路的文化广场。当时的上海最大的露天广场是市中心的人民广场;最大的室内广场,要算文化广场了。扇形的会场,阶梯形的座位,既是上海最大的剧场,也是召开各种全市性会议的地方。

王洪文的胸前,挂起了写着"主席团"的红布条。他穿起那件肩上有一根小带子的军官服。他的心忐忑不安,因为他从来没有主持过这么样的万人大会。他推举"副司令"潘国平作为大会的执行主席,因为这种场合没有小潘那样的口才是不行的。再说,即便是在厂里,各种大辩论的场合,他也总是在幕后操纵,不大出头露面。

这是一次乱哄哄的会议。各路造反兵马陆陆续续到来,头儿们彼此都不熟。他们的对立面——"保"字派的工人也大批涌入。各色袖章、分属于不同"司令部"的红卫兵们,也活跃于会场。

虽然海报上写着"中午十二时正"开会,可是,拖拖拉拉,直到下午两点多,潘国平才跑到话筒前,宣布大会开始。

潘国平的话音还在大厅里回荡,一群红卫兵便跳上了主席台,夺走了话筒。顿时,大厅里响起红卫兵的声音:"潘国平是政治扒手!他冒充北京红卫兵,在外边招摇撞骗……"

这一突然袭击,出乎潘国平的意料。他那张能言善辩的嘴,顿时像哑巴似的,竟答不上来。

台下马上有人起哄,呼喊"揪出政治扒手",会场大乱。

王洪文坐在台上,吃了一惊,随即采取紧急措施:撤下潘国平,临时叫上海建工局基础公司的工人张宝林充当大会执行主席。

一场风波刚刚平息,会场安静下来,上海国棉十七厂的一群工人又挤到主席台前。王洪文一看,糟了,来的正是厂里的对头——"捍卫会"的工人。他们大声呼喊:"王洪文也是政治扒手!把王洪文揪出来!"

苗头不对,王洪文赶紧扯下胸前那主席团红布条,躲到后台去,成了名副其实的幕后指挥。

这两阵骚乱,使会场乱得像一锅粥。

王洪文赶紧叫人把大会发言名单塞到张宝林手中。张宝林来到话筒前宣布:"现在,大会发言开始!"

台下有人带头鼓掌。很快,掌声响成一片。紧接着,有人领呼口号,高叫"打倒中国的赫鲁晓夫"、"批判上海市委执行的资反路线",这下子,会议才算真正开始。王洪文长长地吐了一口气。

第一个上台的,便是上海铁路局装卸机械厂的代表:"战友们,同志们!我要控诉,控诉上海市委,控诉厂党委,他们把我打成'反革命',打成'右派分子',把我关押,把我毒打……"他一边说着,一边拿出了"血衣",声嘶力竭地咒骂起来。

台下有人呼喊:"把曹荻秋揪出来!勒令曹荻秋到会接受批判!"

后台,王洪文马上叫人给上海市委挂电话,说是"群众强烈要求曹荻秋到会接受批判"。

曹荻秋严词拒绝。他对秘书说:"今天的大会社会上的渣滓都出来了。我就不参加,我参加就是犯错误了!"

紧接着上台的是上海国棉十七厂的"永忠队"的代表。他拿着经过王洪文"审定"的发言稿,慷慨激昂:"文化革命既然是革命,就不可避免地会有阻力。上海无产阶级文化大革命中的强大阻力,完全来自于以曹荻秋为首的上海市委!曹荻秋等一小撮人,纠合了各种旧的社会习惯势力,对抗以毛主席为代表的无产阶级革命路线。他们站在反动的资产阶级立场上,反对群众,压制群众,压制不同意见,压迫革命派,充当党内走资本主义道路的当权派的辩护士和卫士,贯彻执行了一条彻头彻尾的资产阶级反动路线,实行了资产阶级专政。""以上海市总工会副主席施惠珍为首的市委工作队在国棉十七厂的所作所为,正是这一反动路线的典型缩影!……"

这时,台下的"永忠队"队员们高呼:"打倒曹荻秋!""打倒施惠珍!"

又有人高呼:"勒令曹荻秋到会接受批判!"

后台,王洪文附在执行主席张宝林耳边吩咐如此如此。

……

你方唱罢我登台。当"永忠队"代表结束了长长的"控诉"之后,叶昌明上台了。他的发言角度与众不同。他在上海合成纤维研究所一个小组工作,这个小组是上海市委树立的先进典型。他揭发说,这个小组是"假典型"、"黑标兵",对上海市委进行了一番"批判"。

会议如同马拉松赛跑,冗长的发言一个接着一个。出席会议的人数,有人说四万,有人说只几千,但比较可靠的估计是两万人,因为整个文化广场都坐满了。有几个学校的红卫兵来得晚,吵吵闹闹要冲进会场,几次三番引起会场骚乱。好在王洪文这时已经有了"经验",遇上会场秩序大乱之际,便叫人领呼"打倒中国赫鲁晓夫"、"打倒曹荻秋",口号声如同"镇静剂",稳住人们的情绪,使会议能够开下去。

薄暮降临,文化广场里的电灯亮起来了,这个嘈杂的成立大会总算接近尾声。

会场里响起宣读"上海工人革命造反总司令部宣言"的声音:"今天一小撮党内走资本主义道路的当权派,企图在我国实现资本主义的复辟阴谋。上海市委也贯彻执行了一条资产阶级反动路线,……我们坚决不能坐视不管。"

那么,"工总司"要怎么"管"呢?"宣言"讲得明明白白——夺权!

会场里回荡着充满杀气的声音:"我们要大造资产阶级反动路线的反,大造党内走资本主义道路当权派的反!大造一切牛鬼蛇神的反!我们要夺权。就是要把人民的权从党内走资本主义道路当权派手里夺回来牢牢掌握在无产阶级手中!我们要把那些企图篡党、篡政、篡军的赫鲁晓夫式的修正主义分子一个不漏地揪出来,斗臭,斗垮,斗倒!再踏上一只脚叫它永世不得翻身!"

那最末一句话,原本出自毛泽东1927年3月写的《湖南农民运动考察报告》:"农会权力无上,不许地主说话,把地主的威风扫光。这等于将地主打翻在地,再踏上一只脚。"

经过王洪文的"活学活用",把三十多年前毛泽东用在地主身上的话,用到了上海市委、用到了曹荻秋身上去了!

会场里响起了《国际歌》歌声。在那年月,群众大会总是以《东方红》开始,以《国际歌》结束，几乎成了固定的会议程序。

《国际歌》毕，正当人们准备散场的时候，响起了执行主席的话音："同志们，战友们，请不要走。我们'工总司'虽然已经宣布成立，但是上海市委并没有答应我们的三项要求，并没有承认我们'工总司'，我们还要继续战斗！""本来，曹荻秋答应参加我们今天的成立大会，但是到现在还没有来。""请同志们不要走，我们坐在这里等曹荻秋，要他承认'工总司'！"

已经站起来的人们，又坐了下来。

王洪文造了曹荻秋的谣言，说曹荻秋答应过前来参加大会而食言不来，陡然煽起了许多不明真相的群众对曹荻秋的不满。

前来参加大会的人，各种各样。有看热闹的，有来听听的，有随大流的，这些人纷纷散去，一下子使会场里的人数去掉一半。

王洪文派人去"揪"曹荻秋，却把中共上海市委组织部副部长张文豹拉来了。他们逼着张文豹承认"工总司"，而张文豹的头一句话，便使他们恼怒而失望："我不代表市委！"

时间一小时又一小时地过去，会场里的群众，像冰块似的不断消融，越来越少。派出去的人，依然找不到曹荻秋的踪影。

晚上9时多，眼看着会场里只剩下四五千人了，王洪文决定：到市委去，要求曹荻秋接见！

于是，"上海工人革命造反总司令部"崭新的大旗，出现在上海的马路上。一路游行，一路呼喊口号，王洪文着意于扩大事态。

半个多小时以后，游行队伍聚集在延安西路上海市委机关大楼前。

夜，10点多，下起了冷雨。雨越下越大，许多人想回家了。

忽然有人传出消息："曹荻秋在友谊电影院接见大家！"

雨中，造反队员们以急骤的步伐，奔向上海展览馆。那里一律俄式建筑，是苏联援建的，原名中苏友好大厦。随着中苏交恶，改名上海展览馆。不过，那象征着中苏友谊的友谊电影院，仍照原名。只有一千来个座位的友谊电影院，顿时显得十分拥挤。为了鼓舞士气，唱起了"下定决心，不怕牺牲"，唱起了《工人阶级硬骨头》。担任领唱和指挥的，便是"首都红三司"的红卫兵。

上海交通大学"反到底"兵团、"革命造反"兵团赶来声援。红卫兵们不断地演讲着，总算填补了那等待着的空白的时间。

一小时又一小时过去了，仍不见曹荻秋。曹荻秋恪守着上海市委的"三不"决定。

凌晨2时，上海市委常委、总工会主席张琪来到友谊电影院，劝说工人们回家休息，不要影响生产。

有人质问张琪："你承认不承认'工总司'？"

张琪答道："这个组织，是'十六条'上没有的！"

张琪马上受到了围攻。他的劝告无效，只得离开了友谊电影院。

王洪文陷入进退维谷之中。再等下去吧，即便是在友谊电影院等到天亮，曹荻秋也未必改变他的态度；就这么散伙吧，实在不甘心。

王洪文一而再、再而三要求曹荻秋接见,为的是要上海市委承认"工总司"。一旦承认了,也就给他这个"司令"打了保票。他毕竟比潘国平大十多岁,而且在保卫科干过,知道"反革命"意味着什么。

半个月前的北京之行,使他对"上告"、"串连"有了"经验"。当"工总司"的核心组成员们讨论下一步棋该怎么走的时候,王洪文亮出了他的主意:"上北京去告曹老头儿!"

一呼百应,王洪文的意见,马上得到了热烈的响应。

黎明,湿淋淋的柏油马路上,一夜未睡的"工总司"造反队员们举着红旗,向上海北站进发了。那些参加大会不过是为了看热闹的人,此刻正在家里酣梦正香。说实在的,这批一夜未睡的,倒是上海各工厂的造反派骨干。

第十三章
张春桥在安亭"发现"了王洪文

车停安亭

往昔,张春桥和姚文元坐在上海,望着北京。如今,他俩坐在北京,望着上海。上海,毕竟是他们经营多年的"基地",万万不可因为做了"京官"而丢了上海。

就在张春桥和姚文元私下里庆贺《评新编历史剧〈海瑞罢官〉》发表一周年的日子,从上海传来"特大喜讯":历史竟有这样的巧合,也就在11月10日这一天,清晨,"上海工人革命造反总司令部"率领两千多名上海工人截车北上,要进京告状,被堵于上海远郊的安亭车站。工人造反派切断铁路交通,发生震惊全国的"安亭事件"。

高呼着"跟着红旗上北京","天大地大不如毛主席的恩情大","工总司"数千人的长长的队伍,行进在上海街头,打破了凌晨的沉寂。

走在队伍最前面的,是"副司令"潘国平。此时,用不着担心再有人揪他"政治扒手",他不住地领呼口号,神气活现。

王秀珍也走在队伍的前列。尽管家里还有两个孩子,但她托付给了邻居,走了。她带着厂里"捍卫毛泽东思想战斗队"的120多人,参加"工总司"成立大会,眼下走在"北上告状"队伍中的连她在内只剩十名。

王洪文居中,他的800来名"永忠队"队员出席大会,此刻剩下396人。

队伍的尾部稀稀拉拉,犹如彗星的尾巴,大都是散兵游勇,慢慢地在后面跟着。

"先锋"潘国平率队冲进北站时,一路冲,一路砸,检票员无法抵挡。

一趟赴京的红卫兵列车,靠在月台,车头正冒着浓烟和水汽。潘国平说了声"上",一千多造反队员冲上列车,挤得满满的。

当王洪文、张宝林率队来到北站时,已经无法再挤入红卫兵列车。有人发现旁边一列驶往郑州的列车正空着,反正去郑州也是北上,王洪文率领一千多造反队员呼隆而上,把这列空车也挤满了。

后续队伍也来到北站,约莫也有千把人,已经无车可上。他们嚷嚷着要找上海铁路局头头,为他们增发北上列车。

北站,也乱成了一锅粥。

善于"活学活用"的造反队员们,正在念诵着毛主席语录:"发扬勇敢战斗、不怕牺牲、不怕疲劳和连续作战(即在短期内不休息地接连打几仗)的作风。""马克思主义的道理千条万绪,归根结底,就是一句话:'造反有理'……"

清晨5点,忽然传出一片欢呼声。原来,红卫兵列车发出"呜"的一声尖叫,车轮转动了。这趟列车离开上海之后,一路顺畅,在中午到达南京。

第一批造反队员离去时的欢呼声,使坐在那趟郑州列车里的造反队员们焦急起来。这趟属于郑州机务段的列车,原定10日晚23点发车,这未免太晚了。王洪文与胸前挂着"郑61"号码牌的姓王的列车长谈判,要求提前开车。

列车长报告了调度室,调度室报告了上海铁路局。

出乎意料的顺利。调度室通知:这趟列车改作69次特别快车,于上午7时开车!

消息传出,车厢里欢腾起来。那些后到的队员,本在等待第三趟列车,这时也纷纷拥上这趟列车。

上午7时,一声鸣笛,列车启动了。王洪文紧握着那个与他同战斗的"首都红三司"红卫兵包炮的手,庆贺北上告状迈出了胜利的第一步。

列车以每小时90公里的速度前进,树木、电线杆闪电般从车窗前掠过。这时,王洪文满脸兴奋,与包炮商量着到达北京以后,怎样在北京举行炮轰上海市委的游行,给曹老头儿以难堪。

列车有节奏地摇晃着,一夜未睡的造反队员们,即便是站在过道上的,也合上了双眼。

车过南翔,忽地放慢了速度,以每小时20公里的速度前进。

车厢里出现了骚动。一问列车长,王洪文吃了一惊:接上海站调度通知,这趟列车从69次特别快车改为602次慢车!

所有打瞌睡的人,都醒了。

列车还没有开出上海,正在上海所属的嘉定县境内行驶。

慢吞吞地从南翔开到黄渡,前面是嘉定县内的一个小站——安亭。

上午8时17分,车抵安亭站之后,随即倒开,进入了一股卸煤的岔道。站长扳好扳道之后,当即锁上。列车停止前进了。列车所停的地方,离安亭车站有几公里。

列车四周,是一片旷野,没有一间房子,旁边堆着一堆木材、一堆煤。

"怎么回事?怎么回事?"王洪文派人奔往几公里外的安亭车站,向上海挂电话询问。

从上海方向传来消息:留在上海北站的第三批造反队员,已抢占一趟北上列车,原定上午10时10分开车。接到调度室通知,这趟列车不开了。

从南京方向传来消息:那趟红卫兵列车在中午驶入南京站之后,也停在那里一动不动。

"这是阴谋！这是上海市委的阴谋！"王洪文猛抽了一口烟，牙齿咬得吱咯吱咯作响。

王洪文拦车卧轨

曹荻秋也一夜未合眼，连日的劳累，使他又添新的白发。

"工总司"召开大会之际，文化广场里的一举一动，都有人随时报告给曹荻秋。此后，王洪文领着队伍去市委大楼请愿，去友谊电影院要求接见，直至冲进北站，强占列车，曹荻秋都随时知道动态。

他守在电话机旁。在得知种种情况之后，他不时与中共中央华东局、与中共上海市委的负责人保持联系，商议对策。有关同志也不断把上海"工总司"的动向，向中央文革小组报告。

"工总司"冲入北站、列车驶离上海之后，事态已经越闹越大。

上海市委采取了紧急措施：已经开出的两趟列车，一列停在南京，一列锁在安亭；未开出的第三趟列车，不再开出。

上海市委出于这样的考虑：大批上海工人进京告状，不仅会给上海工业生产造成严重损失，而且也将严重扰乱首都的社会秩序。

上海市委已经不能不采取紧急措施了。

上海市委给停在安亭的602次列车挂了电话，劝告"工总司"的造反队员，不要北上，应立即回沪"抓革命、促生产"，有关问题在上海解决。如果"工总司"同意，602次列车可以由安亭开回上海。

安亭岔道，许多"工总司"造反队员下车了，聚集在堆着木材、煤块的料场上，争论着何去何从。

不少人主张回上海。他们的头脑已渐清醒，意识到数千人上京告状，确实不妥当，说道："还是回上海去解决吧！"

"回上海去？右倾！"马上有人气势汹汹地反驳，"如果在上海能解决问题，我们怎么会跑到这儿来？"

"唉，出师不利。看来，'工总司'的头一仗，就吃了大败仗。"有人沮丧，拉长了脸。

"回上海——死路一条！"有人煽动，蛊惑人心，"回到上海，你们一个个都会被打成反革命！"

"司令"呢？他正在跟"首都红三司"的红卫兵商量，作出了决策："拦车北上！"

来了，来了，铁道上出现一列从上海开出的客车。王洪文带了一批人来到铁轨旁。

后来王洪文成为"英雄"，"卧轨拦车"成为他的"英雄篇章"。其实，据几位当事者回忆，是这样的：他们在铁路两侧，有的挥舞着帽子，有的脱下上衣挥舞着。司机以为出了什么事，来了个急刹车。在车子停住之后，很多人才跑上铁轨，站着的、坐着的、躺着的都有。实际上是"拦车卧轨"，并非"卧轨拦车"！

停下来的是648次客车。列车长下来了，听说这一千多人要挤上车，理所当然地拒绝了。他说："车上有电话。你们派代表来打电话。没有上海铁路局的同意，我不能让你们上车！"

电话打了一个多小时，上海铁路局坚决不答应，而且反复传达了上海市委的意见。

这时，几辆小轿车急急驶来。上海市委派出的轻工业局局长来了，机电局局长来了，上海市公安局和铁路公安局也派人来了。

648次火车头连连鸣笛，造反队员们退下了铁道。滞留了将近两小时，648次的车轮终于又开始转动，驶离了安亭。

在上海市委代表的劝说下，不少造反队员回到602次车厢，等待着铁路局安排驶回上海。

王洪文急了。602次一旦开回上海，将意味着"司令"领导的这次造反归于失败。

"好马不吃回头草。一不做，二不休！"王洪文看了看手表，对他的"部下"说，"等一会儿，上海到北京的14次特别快车要经过这里。我们拦住14次，要他们把602次挂在14次后面，直上北京！"

王洪文豁出去了！

从上海站始发的客车之中，14次向来最受重视，因为它是上海与首都之间的特别快车。不光是头头脑脑们要坐这趟车，外宾们也常坐这趟车。

又是一次"拦车卧轨"。11月10日中午12时2分，14次特快那飞转的车轮不得不骤然刹住。车上许多外宾拉开了车窗，不解地望着车外成群成群戴红袖章的拦车者。

列车长气喘吁吁地跑到拦车者们面前，当他听说拦车者要求把602次挂在14次后面，坚决回绝了："从未有过这样的先例！不行，绝对不行！你们赶快放行，否则你们要承担一切严重后果！你们要明白，这是14次特别快车！"

列车长格外强调了最后一句话。

"我们就是要拦你14次特别快车！"王洪文哼了一声。

14次特快列车僵卧在铁道上，无法动弹。那时，沪宁线上虽然大部分路段都已铺了双轨，而安亭这一段恰恰是单轨。拦截14次特快，等于卡断了沪宁线，卡断了中国铁路的大动脉。

一列又一列客车、货车，不得不停止了运行。

上海站北上的所有客车、货车，全部停发。

北方南下的所有客车、货车，也都堵塞在安亭附近。

上海市委派汽车送来上千份当天的报纸，上面登着《人民日报》当天的社论《再论抓革命促生产》。

报纸变成了手纸，被扔得到处都是。

安亭告急！上海告急！

切断沪宁线二十小时

陈伯达是个"老秀才"。毛泽东见了他，不称"伯达同志"，笑称"老夫子"。在中共八届十一中全会上,他当选为中共中央政治局常委。

"安亭事件"爆发之后,上海市委几度向中央文革小组告急。"老夫子"戴着近视眼镜,看着上海市委的告急电报。"老夫子"马上找来副组长张春桥,因为有关上海事务,他必须听听这位副组长的意见。

张春桥也是一位"秀才",曾任上海《解放日报》总编兼社长,也曾当过中共上海市委书记柯庆施的政治秘书。张春桥运笔如飞,拟就了一份电报草稿。"老夫子"过目之后,便以陈伯达、张春桥的名义,致电中共中央华东局第三书记韩哲一[①]:"立即会见工人同志,同他们好好商量,希望他们回沪,坚守生产岗位,有问题可以就地解决。有重要问题不能解决的,可以派代表去北京。"

夜,602次列车附近的堆料场,造反队员用碎木料燃起了篝火。

几辆大卡车从上海赶来。车上装了一万五千只面包,还有棉大衣、棉被。那是上海市委组织几家工厂送来的。

中央文革小组的电报,急速传到安亭。王洪文看了陈伯达、张春桥的电报,心情紧张万分。因为那份电报表明,中央文革小组并不支持"工总司"北上告状。他知道,一旦中央文革小组投了反对票,这意味着什么?

紧接着,大批的电报纷至沓来。这些电报,大都是京沪线各车站发来的,有的是受堵的旅客发来的。每一份电报,都发出强烈的抗议声:

"目前沪宁全线停车,是上海一小撮别有用心的政治扒手一手制造的。他们任意离开工作岗位,违反'十六条'所规定的'抓革命,促生产'的精神,在安亭闹事,破坏国家经济命脉,中断交通。这是一个重大的反革命政治事件,我们提出最强烈的抗议!"

"中断交通是造谁的反?千万不要忘记阶级斗争,严惩一小撮破坏交通的暴徒!"

"揪出上海'工总司'的坏头头,对他们实行无产阶级专政!"

■ 安亭事件的见证者、原中共中央华东局书记韩哲一(叶永烈 摄)

[①] 1988年8月22日,叶永烈在上海采访韩哲一。

一份份电报，使王洪文触目惊心。尽管他把电报撕得粉碎，但是耳边仿佛响着一片抗议声。

"首都红三司"的笔杆子起草了《安亭告急——告全国同胞书》，声称"工总司"是被上海市委逼得上京告状的，一切责任都应由上海市委承担……王洪文看了之后，这才略微定心，叮嘱道："赶快用电话把稿子发到上海，请你们'首都红三司'驻沪联络站连夜印发！"

夜深，野外寒气逼人，造反队员们只得拥挤在车厢里。一节节车厢，如同一盒盒沙丁鱼罐头。椅背、行李架、茶几下，都挤满了人。

切断铁路的时间越长，交通阻塞越发严重。沪宁线全线瘫痪。华东地区许多客车停驶。安亭附近被堵的列车，不时拉响汽笛，发出一声声尖利的抗议，在夜空中回荡，此起彼伏。

14次列车上的旅客，斥骂拦车的"工总司"造反队，骂他们是暴徒，是反革命。夜深，那斥骂声仍不绝于耳。

14次列车软卧车厢里的外宾，也提出了抗议。尤其是几个苏联乘客，抗议的措辞更为强硬。

各地的抗议声不断传来——抗议电报，抗议电话，抗议传单。

上海市委已经一次又一次派人前来安亭，要求"工总司"立即恢复交通。

不少造反队员也意识到阻断交通的严重性，纷纷要求撤除障碍。"再这么干下去，'工总司'真的会成了反革命！"许多老工人向"司令"提出了忠告。

听说韩哲一要来安亭，王洪文终于决定放行14次列车。

沪宁线大动脉被切断20小时21分①之后，在11日上午8时23分，14次特别快车终于转动了车轮。

"呸！呸！"旅客们用睥睨的目光，鄙视着铁道两旁戴"工总司"红袖章的那些造反队员。

通车后一个多小时，中共华东局书记韩哲一②和上海市副市长李干成坐轿车来到安亭。

"华东局和上海市委一鼻孔出气！我们还是要去北京告状！"王洪文听不进韩哲一劝他们回上海的话，仍然坚持北上，"就是走，我们也要走到北京！"

韩哲一规劝没有效果，只得与李干成回到上海。

"走，我们走到北京去！"在"司令"的指挥下，造反队员们开始整队。

"走到北京去？"两天两夜未曾安眠，许多造反队员困乏不堪，说道，"走回上海还差不多！"

"走到北京去！"也有那么一批造反劲头十足的队员，坚决支持"司令"的决定。

就在意见争执的关头，一纸电文自北京发来，震动了安亭。

---

① 据上海铁路分局调度所于1979年12月8日提供的证明材料称，14次列车从11月10日上午9时20分至11月11日下午4时54分止，共中断行车31小时34分。

② 1988年8月22日，叶永烈在上海采访韩哲一。

陈伯达发来急电

"中央文革小组来电报啦！"

"陈伯达同志来电报啦！"

11日中午，陈伯达发急电至安亭。陈伯达是中共中央政治局常委，又是中央文革小组组长，他的电报表达了中共中央、中央文革小组对于安亭事件的意见。显然，这是一份举足轻重的电报。

■ 陈伯达（左一）与红卫兵在一起

据陈伯达告诉笔者[①]，告急电话最初是打到李富春那里。李富春是中共中央政治局常委、国务院副总理，当时主管工交。倘若发生在安亭的交通中断事故仅仅因为自然原因，如脱轨、相撞、地震、水灾等等，李富春亲自处理也就可以了。可是，这一回却是因为"彻底批判资产阶级反动路线"引起的，李富春不能不急告中央文革小组组长陈伯达。陈伯达当即给安亭发去一份急电。

王洪文以急切的目光，看着陈伯达发来的电报——

工人同志们：

10日夜我们听说你们有几千人要求来北京。在安亭同铁路局争执不下，我们打

---

① 1988年12月19日、20日，叶永烈在北京采访陈伯达。

了电报给华东局韩哲一同志,请他劝你们回上海,就地解决问题,以免影响本单位生产任务和京沪铁路运输。刚听到消息,有部分同志已经回去,这样做是很好的,很对,很对。据说有些工人同志,还是在车站不愿回去。我们认为工人闹文化革命是很需要的。但是必须牢牢记住毛主席、党中央再三强调的关于"抓革命、促生产"的指示,坚持生产岗位,把生产搞好,完成国家计划。

　　毛主席经常告诉我们,大道理管小道理,小道理服从大道理。搞好生产这是大道理。我们的国家是社会主义的国家,是无产阶级专政的伟大国家,全世界的一切人们都在注视着我们的活动,注视着我们经济发展的动态。工人同志是为我们祖国争光的先锋队,时时刻刻都不能忘记搞好生产这个大道理,如果你们不是在业余时间搞文化革命,而是中断生产、停止生产,那么你们的文化大革命也一定不会搞好。并且在停止生产的情况下,即使有多少道理,有这样那样的道理,有千条万条的道理也站不住脚了,因为你们忘记了最重要的大道理。

　　工人同志们,我们的行动时时刻刻都要注意对社会、对国际的影响,时时刻刻要顾全大局,时时刻刻都要顾全整个工人阶级的大局。我们绝对不能因为一部分利益,因为有些人意气用事,而损害全国全局的利益,损害我们国家的威望,即使是小小的损害,也是不好的。

　　事实上你们的这次行动,不单影响本单位的生产,而且大大影响全国的交通,这是一个非常大的事件,希望你们现在立即改正,立即回到上海去,有问题就地解决,中央文化革命小组的张春桥同志立即会见你们,你们有意见可以同他当面商量。

　　这是我们再三再三考虑才发出的电报。我热烈希望你们接受我们的意见,向你们致以最高的无产阶级敬礼!

看罢电报,王洪文的脸色是惨白的。他几乎不相信这是陈伯达打来的电报!
"会不会是上海市委伪造的?"他问包炮。
"那口气,像陈伯达的。"包炮说,"我马上去挂长途电话到北京,问一问真假。"
"问谁?"
"问中央文革小组!"
包炮匆匆走了。

在王洪文看来,陈伯达的电报出乎意外:这份电报,等于给了"工总司"一记耳光!电报不仅批评了"工总司"上京告状的行动,而且批评了"工总司"安亭拦车。领导"工总司"上京告状、安亭拦车的,不是别人,正是作为"司令"的他。他可以骂上海市委,骂华东局,但是他怎敢骂陈伯达,骂中央文革小组?

陈伯达的电报还意味着,"工总司"即便能够上京告状,也不会有好结果。因为上京告状,向谁告?无非是向中央文革小组告状。陈伯达的电报,已经把中央文革小组的意思说得一清二楚。

陈伯达的电报,像炸弹一样在安亭爆炸。"工总司"军心动摇。"刚听到消息,有部分同志已经回去,这样做是很好的,很对,很对。……"电报里的这些话,打动了许多造反队员的心。尤其是那些原先就主张回上海的队员,更是嚷嚷着要求回上海。

上海市委动员各工厂,派出一大批空的大卡车,来到安亭。宣传车不断地念着陈伯达的电报,不断喊着口号:"欢迎工人同志回上海!""抓革命,促生产!""要回上海的,赶快上车!赶快上车!"

"工总司"的队伍开始瓦解,好多造反队员爬上了大卡车。有的还站在车上大喊:"上来呀!上来呀!回上海去!回上海去!"

"呸!叛徒!逃兵!可耻!"也有一批"坚定分子",唾骂着那些回上海的队员。

"谁是叛徒?谁是逃兵?"车上的队员,与车下的"坚定分子"们争吵起来,人心更乱了。

眼看着,"工总司"大势已去。

王洪文心急似火。包炮终于跑来了。这位神秘而广有联系的人物,带来北京最新消息:"电报是中央的意见,以陈伯达的名义发来的。据说,如果以'中共中央'或者'中央文革小组'的名义发来,会对'工总司'压力太大。正因为这样,上面有一句'这是我们再三再三考虑才发出的电报'。"

"这么说,电报是真的。"王洪文益发忧心忡忡。

"张春桥马上要来!"包炮接着说道。

"坐火车来?"

"坐飞机来!"

"马上召开核心组会议。"王洪文说道,"我们唯一的希望,寄托在与张春桥的谈判上!"

核心组会议,作出了几项紧急决定:第一,包炮马上回上海,去迎接张春桥,向张春桥反映"工总司"的艰难处境和意见;第二,给南京发电报,要"副司令"潘国平马上赶来,参加谈判;第三,稳定军心,要队员们留在安亭,等待张春桥的到来。

"工总司"的命运,捏在张春桥手中了!

张春桥从天而降

1966年11月11日,在黧黑的夜色之中,在呜呜呼叫的寒风之中,一架军用专机穿云南来,从北京直飞上海。

机舱里坐着张春桥。平生头一遭,他享受坐专机的待遇。望着脚下茫茫大地,犹如无涯的大海,在翻腾着黑色的浪潮。他的心中,忐忑不安,未知此行是否会覆舟灭顶于上海。

虽然穿着一身军装,仍掩不住秀才本色,他怎么看都不像一个军人。不过,在那样非常"革命"的年月,在"全国学习解放军"的时代,军装不仅"时髦",而且是一种"保护衣"。正因为这样,在"文革"初期,他穿惯了的中山装压在箱底,却天天穿着绿军装。

在他急急动身之前,陈伯达作为中央文革小组组长,已于这天中午发急电到上海西北远郊、嘉定县内一个位于沪宁线上的铁路小站——安亭站,告知在那里拦截火车、中断交通、吵着要北上的一千名上海造反派工人:"中央文化革命小组的张春桥同志立即会见你们,你们有意见可以同他当面商量……"

笔者在采访陈伯达时,他回忆说①,他当时与李富春商量,马上派人前往安亭,劝阻工人不要拦断交通。派谁去呢?陈伯达提出派张春桥,因为张春桥既是中央文革小组成员,又是中共上海市委书记处书记。李富春同意了。据陈伯达回忆,当时并未意识到"安亭事件"的严重性,派张春桥去是他匆匆决定的,没有请示过毛泽东,不是张春桥后来所吹嘘的那样是"伟大领袖毛主席派我去安亭"。

事情紧急,张春桥必须坐飞机赶往上海。

笔者采访了中央文革小组成员王力,据他回忆②,是陈伯达要他挂电话给空军司令吴法宪,调来一架军用专机。王力送张春桥到机场。张春桥上了专机,于11月11日晚8时离开北京,飞往上海。在上海机场接张春桥的,是韩哲一。

短短的一天多时间,安亭的知名度急剧上升。这个小站,一下子闻名全国,外电也纷纷报道:"上海爆发'安亭事件'。沪宁线交通被造反派工人在安亭切断……"浓云密布的夜空,没有一丝星光。

对于张春桥来说,此行非同小可。诚如他后来所说:"处理安亭事件,要么立一大功,要么犯一大罪。"此刻,这位"狗头军师"正忧心忡忡,因为摆在他面前的,是一盘错综复杂的棋:"工总司"必须从安亭撤回上海,这是中央的意见,陈伯达的电报也是遵照这一意见发去的,他急急赶往上海,也是为了执行这一意见;可是,这么一来,等于证明上海市委是正确的,曹荻秋是正确的,而且很容易会使他处于"工总司"的对立面。

张春桥处心积虑的,便是如何打倒上海市委,干掉陈丕显、曹荻秋。不把他们干掉,他无法取而代之,无法成为上海的一代新主。"工总司"是反陈、曹的一支劲旅,显然,利用这支力量是至关重要的。

张春桥处于"三夹板"之中:中央、上海市委和"工总司"。

所幸,他是一个比别人多一个心眼的人。他早已与"首都红三司"的那位蒯司令有了联系。通过"首都红三司"驻沪联络站,他不断获知关于"工总司"的种种内情。

11日夜10时,在冷雨飘洒之中,张春桥的专机悄然降落在上海北郊的大场军用机场。这时,沪宁线刚刚恢复通车,受阻的大批列车仍未疏散,一长串一长串停在轨道上。张春桥披着咖啡色海虎绒领的军大衣,刚刚走下专机,两路人马已在停机坪前等候。上海市委的代表韩哲一抢先一步③:"春桥同志,什么风把你吹来了?"

张春桥淡然一笑:"是无产阶级文化大革命的东风!"

韩哲一紧接着说:"请上车,先到衡山宾馆,上海市委的领导同志向你汇报……"

这时,另一路人马——"首都红卫兵第三司令部"驻沪联络站的代表江涛也在机场等张春桥。

---

① 1988年12月19日、20日,叶永烈在北京采访中共中央政治局原常委陈伯达。
② 1988年12月16—18日,叶永烈在北京多次采访中央文革小组成员王力。
③ 1988年8月22日,叶永烈在上海采访安亭事件重要当事人、原中共中央华东局书记处书记韩哲一。

"不，我不去衡山宾馆！"张春桥甩开了上海市委的代表。

"首都红卫兵第三司令部"的"司令"是21岁的清华大学工程化学系三年级学生蒯大富。蒯"司令"那时已经与张春桥有了单线联系。张春桥把"首都红卫兵第三司令部驻沪联络站"视为他可信赖的耳目。

"首都红卫兵第三司令部"驻沪联络站的江涛，闪身上了张春桥的轿车，直奔安亭。

夜雨敲打着车窗玻璃，雨刷来回摆动着。司机拧亮大灯，吉普车在雨帘中飞奔。后座，张春桥不住地"嗯"着。江涛在他的耳际低语。间或他问了几声，然后，又是细细倾听着。

向西，向西，轿车朝着安亭急驶。一路上，从江涛的嘴里，掏得了关于"工总司"和"安亭事件"的最准确的情报。张春桥向来是很重视情报的。兵书云："知己知彼，百战不殆。"张春桥确信这是古人经验之谈。

从大场经真如、南翔、黄渡，直入安亭。

"不要去车站。到上海无线电专用机械厂！"江涛提醒司机道。

轿车在凌晨驶入安亭上海无线电专用机械厂。

一个挂着一根拐棍、穿着棉大衣的红卫兵，第一个跟张春桥握手。江涛介绍说，此人是"首都红卫兵第三司令部"驻沪联络站的包炮。

多年之后，包炮回忆说[①]：

> 工总司开成立大会是在文化广场。那天有几个事。一个是保守派去了，会场乱糟糟，后张宝林出来控制会场。那天会场很乱，发生抢话筒的情况。王洪文基本没有动静。主持会的是潘国平。会议闹到最后的时候，曾经全体去过市委，在市委待了一会，结果没有人出来接待，那么就往火车站去了。这个决定我和王洪文，还有潘国平都是一致的。
>
> 到了火车站我们三个人都上火车了，但不是一个车厢。到了安亭之后，因为大家已经一天一夜了，没有水，没有吃的，我记得后来送去的面包都是长条形的。结果火车一停大家就气愤，所以我觉得安亭事件我要负责。火车一停里外外都是人，而且大家在煤堆那边辩论，我一看辩论就跑过去了，朝煤堆跑的时候我就摔倒了，结果把膝盖给摔破了，缝了几针。当时我跟张春桥见面的时候，我是挂着一根拐棍，穿着棉大衣……

包炮1940年出生于长春，而王洪文、王秀珍也都是东北人，所以特别讲得来。在筹备成立"工总司"的那些日子里，王洪文把包炮当成了自己的谋士。

张春桥在细雨中刚刚下车，一个清瘦的穿了一身褪色军装、没有领章帽徽的年轻人，马上用雨伞遮住飘落在张春桥脸上的冷雨。

"春桥同志，他就是王洪文。"经包炮这么一介绍，张春桥向那年轻人伸出了手。

这是张春桥第一次与王洪文握手。于是，因搞"革命样板戏"而江张携手，因批《海

[①] 据金大陆、金光耀：《包炮：上海工总司的"产婆"》，《世纪》2012年第3期。

瑞罢官》而江张姚结谊，这一回又因"安亭事件"增加了一个同伙——虽说四人结帮而左右中国政局是在好几年之后。

"这是小潘，'工总司'的副司令。"包炮又把一个20出头的小伙子介绍给张春桥。

"春桥同志，我们一直盼望着，总算把您盼来了——您是来自毛主席身边的亲人！"小伙子紧紧、紧紧地握着张春桥的手，一边握，一边上下摇动着。

"哦，我知道，你是潘国平！"张春桥马上说出小伙子的大名，使这个上海玻璃机械厂的青工感到分外高兴。

一场全国瞩目的谈判，便在一家不大为人们所知的工厂——上海无线电专用机械厂楼上进行。

谈判的一方，是足智多谋、久经沙场的"中央大员"张春桥。

谈判的另一方，是能言善辩却乳臭未干的潘国平。王洪文在一旁坐着，不断地抽烟，只是专注地听着，不吭声。

包炮居中，偶尔插几句，为张春桥帮腔。

"伯达同志的电报，你们都看了。电报虽然是伯达同志以个人名义打来的，但是代表着中央文革小组的声音，代表着党中央的声音，代表着伟大领袖毛主席的声音。"张春桥先发制人，在谈判桌上发动了强大的攻势，"我对你们的要求，那就是按照伯达同志的电报指示精神，立即带领造反队员，从安亭、从南京，撤回上海，有问题到上海去解决……"

"到上海能解决问题吗？"潘国平毫不畏忌地反驳张春桥，"我们正是因为在上海不能解决问题，这才北上告状，这才被半途甩在安亭、南京。如果在上海能够解决问题，我们就不会在安亭拦截火车了！"

"如果你们要北上告状，只能派少数代表。大队人马必须回上海'抓革命，促生产'。"张春桥继续说道，"你们是'工总司'的负责人，你们应该负起这个责任。"

"正因为我们是'工总司'的负责人，所以我们必须对'工总司'全体造反队员负责！"潘国平毫不妥协地说道，"北上告状，是'工总司'全体造反队员的意愿。派少数代表去北京，没有声势，是告不倒上海市委的！"

面对着这么个"造反精神"十足的"副司令"，张春桥心里暗暗着急。因为如果"工总司"不撤回安亭和南京，那么他将无法回京复命。他不由得连连抽烟，把目光投向那个沉默不语的"司令"。

"王洪文同志，你的意见呢？"张春桥问道。

"春桥同志，我拥护你的意见。'工总司'应当撤回上海，就地闹革命！"王洪文的话让张春桥的脸上泛起了笑容。

"但是，有几个问题，要请春桥同志表个态。不然，我们难以说服队员，难以打消队员的顾虑。"王洪文到底比潘国平年长11岁，是个干部、党员，在政治上要成熟得多。

潘国平代表王洪文向张春桥提出了五个问题——这是包炮与王洪文、潘国平事先商量过的：

第一,上海"工总司"是不是一个革命的合法的组织?

第二,我们北上控告上海市委,是不是革命行动?

第三,"安亭事件"的责任由谁来负?

第四,能不能答应我们的要求——曹荻秋作公开检查?

第五,能不能给"工总司"提供工作方便?

潘国平、王洪文提出的五个问题,张春桥一路上已经料想到了。他早已打好主意:借助"工总司"之力,扳倒陈丕显、曹荻秋,扳倒上海市委。

正因为这样,他很痛快地支持了王洪文:"我认为,'工总司'是革命的合法的组织,北上告状是革命的行动……"

"口说无凭,写下来,你签字!"潘国平说道:"别开空头支票!"

"你们先带领造反队员撤退。"张春桥说,"你们明天撤回上海,不,不,现在已是凌晨3点,应该说是今天了——你们今天撤回上海,明天我在上海文化广场,给你们签字!"

"好,好。"王洪文站了起来,向张春桥伸过手来。这意味着谈判顺利结束。

潘国平还在嘟嘟囔囔,囔囔着要继续北上。张春桥以亲切的口气对王洪文说:"你再做做小潘的工作!"

第一次见面,第一回较量,王洪文便博得了张春桥的好感。

后来,包炮这样回忆当时的情况[①]:

> 江涛陪着张春桥到安亭,就把我、王洪文、潘国平找去。江涛没说什么话。第一次和张春桥是在安亭的无线电厂谈的,我们积极地和他辩论。我记得是在楼上,那时吃着包子,这我记得。我认为主谈的是潘国平,一切主事当时是潘国平。我是拿主意(的),这点我自己清楚。潘国平起草了五条,我肯定是明确这个态度,而且支持这五条。张春桥到安亭是半夜,谈到第二天早晨。第二天下雨了。那时我和潘国平、王洪文、张春桥在车上对话,内容就是要承认那五条,不能回去。这点潘国平是很有条理的,因为当时你要是不承认这是个革命组织、革命行动,那你要回去就肯定是不行的,因为当时赤卫队还在的,回去之后工厂里肯定是打成反革命了。我记得陈伯达电报里最不能接受的就是"抓革命、促生产"这点。张春桥当时基本同意了这五条。在这点上,我同意张春桥的,叫他们先回去。王洪文在整个安亭事件里是不抛头露面的,很小心。从工总司的成立大会到安亭事件,潘国平起着主要作用,再到签下这五条。当然,后来真正起作用的还是王洪文。

王洪文与张春桥第一次合作

风更大了,雨更猛了。

安亭堆料场,站在木堆上,坐在602次列车车顶上,挤在吊车上,上千名造反队员在那

[①] 据金大陆、金光耀:《包炮:上海工总司的"产婆"》,《世纪》2012年第3期。

里等候张春桥的到来。

红色的造反大旗,蓝色的工作服,绿色的没有领章的军装,这三种颜色组成了这支造反大军。

12日上午8时,一辆大卡车在泥水中驶来。

人群骚动起来,发出一阵阵口号声:

"我们要听毛主席的声音!"

"我们要听中央文革小组的声音!"

"毛主席万岁!万岁!万万岁!"

大卡车一身泥浆,在堆料场停下。人们朝大卡车聚拢。

卡车上站着一群人,那个披军大衣、戴眼镜的,便是从天而降的张春桥。他的左边站着王洪文,右侧站着潘国平,后面站着包炮。王洪文给张春桥打着黑布伞。这时,张春桥推开了王洪文手中的伞,因为他见到造反队员们都在雨中淋着。王洪文当即收下手中的伞,以表示与大家"有苦同当"。

"同志们,战友们,毛主席派来的亲人、中央文革小组副组长张春桥同志来了!"潘国平用他响亮的嗓子、清晰的吐字,一下子在堆料场上激起一阵欢呼声。

在欢呼声中,张春桥开始讲话了。顿时,全场寂静无声,人们伸长脖子听着这"来自北京的声音"。

"同志们,我是代表中央文革小组特地从北京赶到这里,是来解决大家的问题的,是来向大家学习的。"

顿时,"向中央文革小组学习!""向中央文革小组致敬!"的口号声响成一片。

"同志们,伟大领袖毛主席说过,'整个革命历史表明,没有工人阶级的领导,革命就要失败,有了工人阶级的领导,革命就胜利了。'"张春桥引述的毛泽东语录,使场上的听众受到鼓舞。他继续说,"文化大革命的成败,取决于工人阶级。现在,同志们起来造反了,工人阶级起来造反了,这是上海文化大革命形势大好的重要标志!"

张春桥的这几句话,赢得了一片掌声。

"但是,工厂的文化大革命怎么搞,我们没有经验。党中央和毛主席非常关心大家,他老人家也在成天地想着大厂怎么搞?中厂怎么搞?小厂怎么搞?三班制怎么搞?"很自然的,张春桥的话被热烈的"毛主席万岁"的口号声所打断。

说完一通开场白之后,张春桥言归正传。他掏出了陈伯达的电报,念了一遍,然后接着说:"伯达同志的电报,就是中央文革小组的声音,就是党中央的声音,就是毛主席的声音……希望同志们尽快回上海,就地闹革命!"

这时,会场上的热烈气氛迅速消退了,人群中出现骚动。

就在这时,王洪文开腔了。他以"司令"的名义,大声地说道:"'工总司'的战友们,同志们,张春桥同志是伟大领袖毛主席派来的亲人。春桥同志对我们的关心,就是毛主席对我们的关心。春桥同志对我们的支持,就是毛主席对我们的支持。春桥同志已经明确表态……"

张春桥马上插话说:"我认为,'工总司'是革命的合法的组织,北上告状是革命的行动。你们是被上海市委逼到安亭来的!'安亭事件'的责任,应当由上海市委来负。同志们,你们回到上海,回到自己的工厂,如果谁因为参加'安亭事件'受到迫害,你们来找我张春桥,我为你们平反!"

全场的情绪,顿时由冷转热,掌声再度响起。

王洪文趁机发出了号召:"同志们,战友们,我们的目的已经达到,我们应当听春桥同志的话,马上返回上海!"

张春桥也提高了声调,再一次表态:"这一次,我到上海来,中央文革小组告诉我,要我很好地向你们学习。你们这里有很多有才干的人,要我很好地依靠你们。我向大家保证,一定要把这件事情处理好。如果不处理好这个震动全国的'安亭事件',我绝不回北京!"

在一片欢呼声中,张春桥结束了讲话。由于有王洪文与他唱"双簧",使他的讲话大大增强了鼓动力。这是王洪文第一次与张春桥合作,再一次给张春桥留下好感。

张春桥走了。王洪文和潘国平跳下了卡车,动员着造反队员返回上海。

"王洪文右倾!王洪文出卖了'工总司'!"王洪文受到了一群人的围攻。

"工总司"的队伍分化了,分成了两部分:一部分愿意回上海,跟着王洪文走了;另一部分人仍坚持北上,"不到北京不回头",上海铁路局装卸机械厂锻工谢鹏飞成了他们的头头,率队步行,沿着铁路,朝着苏州方向前进了。

王洪文昆山历险记

12日中午,王洪文率领着一千多造反队员,高呼着"革命无罪,造反有理"的口号,回到了上海。

上海街头,贴着针锋相对的大字标语:

"安亭事件是反革命事件!"

"安亭事件好得很!"

"工总司是暴徒!"

"工总司岿然不动!"

下午4时,张春桥也回到了上海。

张春桥马上打电话给"工总司":"王洪文吗?你立即赶到昆山去!你要把继续北上的造反队员拦在昆山,劝回上海……"

奉张春桥之命,王洪文跳上一辆银灰色的轿车,朝江苏昆山急驰。一上车,他就闭上双眼,在疲惫不堪中睡着了。

昆山,位于安亭和苏州之间。当王洪文率领一千多人回上海的时候,谢鹏飞率一千来人步行离开安亭,傍晚抵达昆山,在昆山中学"安营扎寨"。

当轿车驶过安亭,驶过天福庵,王洪文才被人叫醒。车窗外,已是一片漆黑,只有远处的灯射出一缕缕昏黄的光。

"车子不要进昆山中学,靠在远处,我下车走过去。"王洪文这位"司令"初次坐轿车,生怕队员们说他"变修",便如此这般吩咐司机。

王洪文下车后,独自朝昆山中学走去。

刚刚走进校门,便给"尖刀班"撞见了。

这"尖刀班",是由十几个二十来岁身强力壮的青年组成的,他们差不多都认得"司令"。

"你来干什么?"青年们一拥而上,用冷冰冰的口气盘问"司令"。

"我来找谢鹏飞,找周宝林,找总部的人。"王洪文答道。

"找他们干什么?"

"春桥同志要我来找他们。"王洪文把张春桥这张牌甩了出来,吓唬青年们。

"尖刀班"的青年们用充满敌意的目光注视着王洪文。有人骂王洪文右倾,有人骂他叛徒,他们像押犯人似的,把王洪文押去见头头。

说实在的,这一千多人是一群乌合之众。他们来自各家工厂,每家工厂的造反派头头,都算是这支队伍的头头。谢鹏飞名义上是总头头,大约只是因为他参加过"工总司"的筹备会议,在成立大会上作过"控诉",算是"总部"的人。

另一个"总部"的人,叫周宝林[①],21岁的小伙子。连他自己也说不清楚,他怎么会卷入"安亭事件",会成为"总部"的人。他1964年从海军航空学院毕业,分配到上海市仪表局,在一家无线电厂劳动。"工总司"成立那天,他看热闹,在会场里坐了一会儿,晚上便回家了。第二天,"安亭事件"爆发了,上海市委派了一些人坐着轿车前往安亭,以了解现场的动态。市委办公厅的一个同志与小周相熟,遇见了他,便把他也拉上轿车。于是,他就到了安亭。先是在旁边看看,后来,他被那里的大辩论吸引了。年轻好动的他,听着,听着,按捺不住,居然也加入了辩论。他才讲了几句,立即有人厉声喝问:"你是什么成分?"原来,他还不懂"辩论规则",开口之前要先报成分——因为"什么阶级说什么话"!他只得如实报告:"周宝林,共青团员,复员军人,大学毕业生!"他的话,马上引起王洪文的注意。王"司令"手下,正缺"成分好"而又肚子里有墨水的人,便把他吸收到"总部"工作,负责联络、负责宣传。……就这样,阴差阳错,他竟成了"总部"的人。

王洪文向头头们传达了张春桥的意见之后,说道:"希望大家听从总部的决定,听从春桥同志的意见,明天回上海去。"

"你算总部?你代表总部?"马上有人指着王洪文的鼻子质问。

"你是叛徒!右倾!"

"张春桥算老几?他能代表中央文革小组?"

"张春桥也是上海市委的,跟曹荻秋是一伙的!"

王洪文的脸变得雪白。他想不到,远道赶来,竟成了批斗对象。

唯一表示赞同王洪文的是周宝林。

"把王洪文关起来!"

[①] 1988年4月14日,叶永烈在上海采访周宝林。

"把周宝林也关起来！"

有人这么一说，"尖刀班"便一拥而上。于是，王洪文与周宝林被关了起来。那"牢房"，是昆山中学的一间教室。

刚刚还在坐轿车，转眼之间进"班房"，王洪文感到沮丧。没有床，没有被，把课桌一并，披上棉大衣，王洪文和周宝林躺了下来，却怎么也无法入眠。

过了子夜之后，昆山中学的灯一盏盏熄灭了，从一个个教室里传出一阵阵鼾声。

大抵是一连几夜未得安眠，就连看守"牢房"的"尖刀班"的小青年，由站着到蹲着，到坐着，终于也发出了鼾声。

王洪文和周宝林蹑手蹑脚地走出了"牢房"。关押了四个多小时，王洪文算是"自由"了。

周宝林送他，走了一里多地，才在路边看见那辆银灰色的轿车。

王洪文坐进轿车，不住地向周宝林挥手。

银灰色轿车迅速地消失在黑色的夜幕中。

张春桥答应了五项要求

一夜"历险"，王洪文一溜烟逃回了上海。

王洪文挂通了张春桥的电话。他没有完成张春桥的使命，从电话耳机中传出的声音听得出，张春桥很不高兴。但是，当王洪文问张春桥，原定下午在文化广场与"工总司"造反队员见面，是否如期举行，张春桥以非常坚决的口气说道："照样举行，我当众签字，答应你们的五项要求！"

消息飞快地从"工总司"传出来，造反队员们在互相通知：下午，张春桥在文化广场"接见"我们！

消息飞快地从"工总司"传到上海市委，传到曹荻秋耳中。

中午，上海市委决定召开书记处紧急会议。中午开会，在往常是几乎未曾有过的。

张春桥仍兼着上海市委书记处书记的职务。接到曹荻秋的电话，张春桥只得去开会。他心中明白，中午开会，显然是为了针对下午的"工总司"的会议。不过，张春桥有恃无恐，因为他已连夜与江青通了长途电话。

上海市委书记处，曹荻秋与张春桥面对着面。

曹荻秋申述着自己的意见："'工总司'是一个全市性的跨行业的群众组织，根据中央的指示精神，根据市委讨论的意见，我们对于'工总司'仍然应当坚持不参加、不承认、不支持的态度。……"

料定曹荻秋会说这番话，张春桥一支接一支地悠闲抽烟。

曹荻秋继续说明自己的态度："'工总司'在安亭拦截火车，阻断交通，这是什么行为？这难道是革命行动？""'工总司'在安亭闹事，造成沪宁线中断二十多个小时。这是很严重的破坏生产的事件。这个事件的责任应当由谁来负？难道由上海市委来负？明明白白，清清楚楚，责任只能由'工总司'来负！……"

张春桥依然笃悠悠地吞云吐雾,那双三角眼乜视着曹荻秋。如今,他是以双重身份出席会议:作为上海市委书记处书记的他,受曹荻秋的领导,因为曹荻秋是上海市委书记;可是,作为中央文革小组副组长的他,则是在曹荻秋之上。

显然,曹荻秋也察觉到了这不寻常的双重身份。虽然他的意见受到了上海市委书记处其他同志的支持、赞同,但他还是当场接通了打给陶铸的长途电话。

陶铸,中共中央政治局常委、国务院副总理、中央文革小组顾问,是当时仅次于毛泽东、林彪、周恩来的第四号人物,在那位中央文革小组组长陈伯达之上。曹荻秋当着张春桥的面,向陶铸说明了上海市委对"工总司"、对"安亭事件"的意见。

从电话里传出陶铸清晰的话音:"我同意你们的意见!"

曹荻秋对着电话话筒说了一句:"陶铸同志,张春桥同志在这里,请你跟他也说明一下。"

曹荻秋要张春桥听电话。

"嗯,嗯,嗯,知道了。好的,好的……"张春桥一边听着电话,一边点着头。

"照陶铸同志的意见办吧!"等张春桥听完电话,曹荻秋说了这句话,紧急会议就结束了。

张春桥把烟头往烟灰缸里用力地一捻,站了起来,不言不语走了。

当张春桥的轿车终于出现在上海陕西南路,站在文化广场门口久等的王洪文,这才松了一口气。

"工总司"的造反队员早已在文化广场那扇形大厅里等候,一遍又一遍地念着"最高指示"。张春桥迟迟未到,使队员们的心越来越着急。

一次次打电话给张春桥,才知道他在上海市委开会。据告,会议重要,不接电话。王洪文不由得坐立不安:张春桥会不会变卦了呢?如果张春桥变卦,站到曹荻秋一边去,那么"工总司"就面临着总崩溃!

张春桥在王洪文的盼望之中毕竟来了。文化广场顿时响起一片口号声:"向中央文革学习!""向中央文革小组致敬!"

张春桥在欢呼声中登上主席台,站到话筒前。

张春桥说些什么呢?当年的"工总司"印发的传单《特级报导》(大抵因为太急,所以把标题中的"特急"误写成"特级")尚可查到。兹照录于下:

特级报导

11月13日下午三时半,中央文革小组副组长张春桥同志在上海文化广场,接见"工总司"由安亭返回上海的部分造反队员,作了重要讲话。

张春桥同志说:

"同志们,大家在这里等了很久。刚才在这里跟你们总部的同志商量了几个问题。现在说明一下——

"头一个问题,就是上海工人革命造反总司令部是不是一个革命的合法的组织?

"我认为上海工人革命造反总司令部是一个合法的革命的组织。

"第二个问题,11月9日的大会后,有人要到北京去控告上海市委,这是什么性质?

"我说,这是一个革命的行动。

"第三个问题,安亭事件造成的后果,你们的代表提出,责任应由上海市委和华东局负责。

"我也同意这个意见。

"第四,要求曹荻秋同志公开向群众做检查。

"这个要求我同意。有的同志关心我的安全问题。其实,我到这里来,对你们是没有怀疑的。我不是把你们当成坏人。如果你们都是坏人,我就不会一个人到安亭去了。曹荻秋同志的安全问题,倒是要注意的。我希望你们有事讲理。曹荻秋同志一次检查不行,还可以来第二次。

"第五,给上海工人革命造反总司令部提供方便。

"这一条我同意……"

就在这《特级报导》刚刚印发时,上海的大街小巷马上又贴满糨糊未干的新传单,标题为《张春桥签名同意五项要求》。

大抵反复传抄的次数太多,种种"版本"的《张春桥签名同意五项要求》传单文字互有出入。笔者从当年的"一月革命胜利万岁"展览会所保存的展品中查到张春桥签字原件。传单写在一张笔记本的横格纸上,字迹幼稚,大抵出于"工总司"哪个头头之手。末尾,有蓝黑墨水所签"张春桥十一月十三日"。

现照手稿抄录,全文如下:

一、承认《上海工人革命造反总司令部》是革命的,合法的组织。

二、承认11月9日大会以及工人被逼去北京是革命行动(以后碰到类似的情况应派少数代表)。

三、这次所造成的后果全部由华东局、上海市委负完全责任。

四、曹荻秋必须向群众作公开检查。

五、对《上海工人革命造反总司令部》今后工作提供各方面的方便。

张春桥
十一月十三日

张春桥签字的这"五项要求"的传单,飞快地传到了中共华东局书记魏文伯手中,传到了中共上海市委第一书记陈丕显手中,传到了中共上海市委书记曹荻秋手中。上海的"三巨头"聚集在一起。

"老陈,你看过张春桥的传单了吗?"魏文伯扬了扬手中的传单。

"早就看过了!"陈丕显指了指桌上放着的传单说道,"张春桥算是什么?谁给他那么大的权利,可以签发这种'五项要求'?"

"他完全违背了市委在中午作出的决定,违背了陶铸同志今天中午在电话里对他的指示!"曹荻秋怒形于色。

"三巨头"越说越生气。

陈丕显提议:"给北京挂电话!"

魏文伯、曹荻秋双手赞成。

电话占线——那是打给中央文革小组组长陈伯达的电话。因为陈伯达正在给张春桥打电话!

过了一会儿,电话接通了。大抵是陈伯达那福建式的"普通话"很难令人听懂,他便让王力替他接电话,充当"翻译"。

"张春桥在'五项要求'上签字,你知道了吗?"陈丕显劈头便问陈伯达。

"知道了,知道了。"王力替陈伯达回答道。

附:张春桥接受造反派五项要求的签名件

> 五项要求
> 1. 承认《上海工人革命造反总司令部》是革命的、合法的组织。
> 2. 承认11月9日大会以及工人被迫去北京控告是革命行动。(以后遇到类似情况应派少数代表)。
> 3. 这次所造成的后果全部由华东局、上海市委负完全责任。
> 4. 曹荻秋必须向群众作公开检查。
> 5. 对《上海工人革命造反总司令部》今后工作提供各方面的方便。
>
> 张春桥
> 十一月十三日

■ 张春桥在上海工人造反派的五项要求上签名

陈丕显向陈伯达提出了一系列"为什么":"原先中央说过不承认建立全市性工人造反组织,为什么张春桥擅自承认了?卧轨拦车,明明是破坏交通,为什么张春桥说这是'革命行动'?'安亭事件'的严重后果,明明应当由'工总司'负责,为什么张春桥反而说由华东局、上海市委负责?魏文伯、曹荻秋都在我这儿,他们都不同意张春桥的意见。今天中午,上海市委书记处还开过会,张春桥也参加的,他为什么违反组织的决定?"

陈伯达的答复,像做大报告似的,从宪法规定工人有结社自由讲起,一直讲到要正确对待群众运动……他冗长的回话,清楚地表明,他站在张春桥一边。

陈丕显啪的一声挂上电话!

张春桥呢?他在1966年12月23日下午与上海"工总司"代表的谈话中,曾回忆道:

> 我同上海市委早就有分歧。11月13日下午,我在文化广场给你们签了字。回去以后,我给陈伯达同志挂了电话,汇报了情况。晚上,陈伯达同志打电话给我,他表示完全同意我的做法。他显然是在下午接到我的电话之后,已向中央作了请示,所以给我打电话的。我们通话结束之后才一分钟,据陈伯达同志后来告诉我,陈丕显给他打去了电话。陈丕显代表他们三个人的意见。这样,中央文革小组就听到了两种不同的意见。伯达同志同意了我的意见,批评了他们的意见。……

■ 1966年,陈丕显在上海西郊宾馆。(陈东棋 摄)

在陈丕显给陈伯达挂了电话之后,曹荻秋说道:"我给陶铸同志挂电话!"

电话里传出陶铸清晰的声音:"张春桥签署'五项要求',是错误的!张春桥是一个没有群众运动经验的人!"

陶铸的鲜明的态度,给了魏文伯、陈丕显、曹荻秋以鼓舞。

就在上海"三巨头"与陶铸通话的时候,张春桥打电话找王洪文。

王洪文在干什么呢?他正在跟"工总司"的一班小兄弟们"庆贺胜利"。因为张春桥签署了"五项条件",就是"工总司"的"辉煌胜利"。

此刻,王洪文眉飞色舞。平时总是遮遮掩掩的他,这时口吐真言。他对手下的小兄弟们发表一番感慨万千的话:

"文化大革命是什么?文化大革命就是天下大乱,就是乱世出英雄!如今,我们都是英雄了!

"政治斗争,其实是最残酷无情的。杀人不用刀。搞政治斗争,婆婆妈妈不行,心慈手软不行。要有无毒不丈夫的气概,要六亲不认才行!

"古语说得好,'胜者为王,败者为寇'。即使你是天底下最好的人,如果失败了,天下人都会骂你。即使你是个强盗,如果你当了皇帝,别人就拍你的马屁,不敢说一个不字。

"现在,安亭出了个'王司令',全国都知道了。谁见到我都喊'王司令'。你们要大刀阔斧地干!

"文化大革命,就是造反,就是造反有理。造反造到市里去,弄个市长当当;造到部里去,弄个部长当当。

"我如果当上市长,你们嘿嘿,将来都是'长'——弄个局长、区长当当,那是不在话下的!……"

王洪文正说得唾沫横飞,有人附在他的耳边,轻声说道:"春桥同志来电话。"

王洪文赶紧去接电话。张春桥给了他新的任务:"明天去苏州!"

"去苏州?"王洪文一听,有点紧张。他知道,"工总司"那一支步行北上的队伍,已经从昆山抵达苏州。张春桥要他去苏州,显然是完成昨天他在昆山没有完成的任务。一想到昨夜被关在昆山中学的滋味,王洪文刚才那股兴高采烈的劲头,全都没有了。

"我和你一起去苏州!"听到耳机里传出张春桥的这句话,王洪文才松了一口气。

毛泽东作了"终审判决"

话分两头,各表一枝。一夜醒来,"尖刀班"发觉王洪文已经逃走,互相埋怨了一顿。

听说夜里走了王洪文,昆山中学里乱哄哄。

"头头不行。我们要求改选头头!"造反队员们吃过早饭之后,集中在昆山中学礼堂,发出了强烈的呼声。

于是,改选开始了。

"报成分!报成分!"台下有人喊道。

于是,"候选人"一个个"报成分"。

那个被关了一夜的周宝林,到底是"总部"的人,此时也被人推到台上"报成分"。他只得又一次自报家门:"周宝林,共青团员,复员军人,大学毕业生。"

完全出乎意外,周宝林竟被推选为头头——因为他的"成分"比别的"候选人"要好得多,受到多数造反队员的拥戴。

"我还只是一个共青团员,怎么能够领导这支队伍?"周宝林站在台上大声呼吁,"是共产党员的,站出来!"

台下上千人,无人吱声。

"是共产党员的,站出来!"另一个被推选为头头的上钢五厂工人孙玉喜,也大声在台上喊道。孙玉喜也不是中共党员。

"我是共产党员!"一个四十来岁的工人,突然在台下大声答道。

"上来,上来,共产党员快上来!"台上、台下发出一片嚷嚷声。

那个中等身材、壮实的男人,穿着一身蓝色工作服,走上台去。在众目睽睽之下,他不慌不忙。大声地"自报家门"[①]:"我,耿金章,共产党员,上海井冈山造纸厂副工长,复员军人。"

说罢,他又补充了几句:"井冈山造纸厂,也就是原先的中泥造纸厂。我的家庭出身,是贫农。我5岁死了爹,8岁死了娘。我从小给地主家割草、放猪。我1949年入党,在部队里当过班长、分队长、副排长……"

在他报完"成分"之后,全场轰动。像他这样"红透了"的"成分",又是苦出身,又是参过军,又是党员,又是副工长,在造反队员中凤毛麟角。

"我们选耿金章为头头!"台下有人喊道。

马上响起一片掌声。

就这样,耿金章当场就被选为头头。

"同志们,我们的总部是一个右倾的总部!"耿金章在一分钟之前,还不过是一名普通队员。此刻,他站在台上,以头头身份,发表"就职演说","我认为,回上海去就是右倾!我们要继续北上,到北京去告状。千万不要上上海市委的当——回上海是解决不了问题

[①] 1986年10月30日,叶永烈在上海采访耿金章。

的。同志们信任我,选我为头头。我认为,我们现在就应该离开昆山,向苏州前进!向南京前进!向北京前进!红军不怕远征难!"

顿时,台下响起热烈的欢呼声:"红军不怕远征难!"

造反大旗迎风猎猎。队伍出发了。走在队伍最前面的,是周宝林、耿金章和孙玉喜。

当日——11月13日下午,当张春桥在文化广场签署"五项要求"的时候,周宝林和耿金章率一千多造反队员步行抵达苏州。

当张春桥离开文化广场,消息从苏州传来,使他大为不安:这一千多造反队员如果在苏州闹事,再来一个"苏州事件"的话,会把他从中央文革小组副组长的宝座上掀下来!因为他已经说过,"安亭事件"是"革命行动"。照此类推,倘若这批造反队员在苏州拦车卧轨,也是"革命行动"。一旦"苏州事件"爆发,沪宁线再度中断,那严重后果显然只能由张春桥负责,再也无法朝华东局和上海市委身上推了。

急急如律令。张春桥给王洪文打电话,请"王司令"同往苏州。

古城苏州,虽说离上海不远,但是那时还没有像上海那样混乱,保持着往昔的平静,一千多上海工人造反队员涌入这座古城,顿时使古城也受到了"文革"浪潮的猛烈冲击。造反队员占领了几家澡堂,在一张张竹躺椅上歇脚,权且把那里充当"免费旅馆"。

上海工人造反队员的到来,马上惊动了苏州市委。他们通知苏州铁路中学让出校舍,给上海工人造反队员安营扎寨。

入夜,苏州市委忽然派人前来铁路中学传话:"请派一党员负责人前往苏州市委招待所,春桥同志接见!"

虽说周宝林[①]是"第一把手",因为不是党员,不能去。全权代表自然是"第二把手"耿金章。

头头们经过紧急磋商,由周宝林执笔,依据"工总司"在上海已由张春桥签订的"五项要求"作了一点修改,写在印着"苏州铁中"字样的绿色横格纸上,交给耿金章带去。

耿金章坐上苏州市委派来的轿车,直奔苏州市委招待所。在小会议室,张春桥一身戎装,已经和王洪文一起坐在那里,等候耿金章的到来。

眼下,耿金章已把自己手下的一千多造反队员,称为"工总司苏州大队"。他已是这支队伍举足轻重的首领。张春桥与这位陌生的新首领握了握手。

张春桥在询问了耿金章的个人情况之后,便转入正题。他的话,是耿金章事先料到的:"你们要听毛主席的话,就地闹革命——回上海去。你是党员,要起带头作用。"

耿金章掏出了周宝林写好的"五项要求"。

张春桥一看,心里顿时轻松起来。那"五项要求"已经签过,如今不过重签一下罢了。他飞快地旋开自来水笔,签下了"张春桥,1966.11.14.于苏州"。

耿金章收好了那张纸头,却又说道:"春桥同志,光是你签字还不行,还要请魏文伯和曹荻秋签字!"

[①] 1988年4月14日,叶永烈在上海采访周宝林。

张春桥感到意外,问道:"为什么?"

"因为其中有一条,'这次所造成的后果全部由华东局、上海市委负完全责任',必须有华东局和上海市委领导签字才有效。还有'曹荻秋必须向群众作公开检查'这一条,也必须经曹荻秋签字才有效。要不,你替他签了,他赖账,不承认,那怎么办?"耿金章说得头头是道。

王洪文在一侧听了,不由得一惊。

张春桥那双眼珠子透过眼镜片,不由得从头到脚把耿金章打量了一番。他意识到,这位大队长不可小觑,并不那么容易对付。

好在张春桥可以借耿金章来给魏文伯、曹荻秋施加压力,他又何乐而不为呢?他眨了眨三角眼,一口答应了:"我向华东局、上海市委转达你们的要求!"

加在华东局、上海市委身上的压力,明显加重了。这不仅仅来自张春桥,来自"工总司"苏州大队,而是来自北京。

1月14日,中共中央政治局常委在北京开会。陈伯达、江青向陶铸步步进逼,导致常委会同意了中央文革小组对"安亭事件"的处理。

1月15日,中央文革小组王力给中共上海市委打了电话。电话是王一平接的。王力明确告知王一平:"中央文革小组全权委托张春桥处理安亭事件。中央文革小组同意张春桥签字的那'五项要求'!"王一平接完电话,怒气冲冲道:"王力支持张春桥,支持那'五项要求',是放屁。要中央文革小组的老爷自己下来处理问题吧!"王一平把来自北京的动态,急告曹荻秋。

就在这一天,"工总司"苏州大队急电上海市委:"强烈要求把曹荻秋揪到苏州来!"

就在这一天,上海交通大学"反到底"兵团和上海"炮打司令部"兵团的红卫兵大闹康平路,要求曹荻秋到苏州去"检讨"。

"去就去!"曹荻秋和韩哲一[①]坐上轿车,直奔苏州。

耿金章拿出了一份重新写过的"五项要求"。

"你签不签?"张春桥用咄咄逼人的口气问曹荻秋。

"我不签!"曹荻秋坚决地回答道,"我不能承认'上海工人革命造反总司令部'是革命的组织!我不能承认'安亭事件'是革命行动!"

"你不签,那你到苏州来干什么?"张春桥恶狠狠地问。

"我来苏州,是准备让他们把我押到北京去!"曹荻秋正义凛然地回答。

张春桥后来在1966年12月23日的讲话中,这么谈及:"在苏州那天,我和曹荻秋吵了两个小时。那时斗争很激烈。要他签字他不签。我说,你不签,我签!后来,他没办法,只好签了字。韩哲一也签了字。"

于是,笔者在如今保存的档案中,见到了第三份手稿,即《上海工人革命造反总司令部赴京控告队的五项要求》。文末,签着"张春桥1966.11.15.于苏州"。在张春桥的签

[①] 1988年8月22日,叶永烈在上海采访韩哲一。

字旁边,签着曹荻秋、韩哲一的名字。

"我保留意见!"曹荻秋签完字,仍声明道。

"我也保留意见!"韩哲一同曹荻秋一样,这样声明道。

11月16日,张春桥在苏州对上海"工总司"部分工人发表谈话时,这样谈及陈伯达的电报:

> 陈伯达写了那么一封信(即电报——引者注),讲了那么一番道理,现在说这封信是大毒草,是修正主义的,这些话我通通在电话中告诉了伯达同志……这个电报讲得不完全对,不适合情况,因为那时满脑子是交通,交通,交通,而对你们在文化大革命中遇到的问题不清楚……
>
> 同志们提出的对伯达同志的批评,我刚才讲我已经告诉他了,在电话里交换了意见,他表示心里不安。他要我有机会的话告诉同志们,这封信写得太仓促了。伯达同志是个很革命的同志,是一个很虚心的同志。他说:"怎么办呢?想什么办法来弥补呢?"我讲:"现在已经造成这样的结果,请你想一想,既然那天很仓促,不要再来一个仓促的事情了。"伯达同志又说:"是不是写第三封信?"我说:"你如果要写的话,我赞成。再写一封信表示一下自己的观点,可以考虑一下,不要马上写,你想一下这个问题,索性把工厂文化革命问题能不能说得完全一些?"因为他现在正忙于调查工厂文化大革命情况,中央呢,也正在考虑这个问题,对伯达同志的批评已转告了。今天我又听到一些意见,我还继续转告。我相信同志们会相信他。他一定能采取必要措施把那封信所造成的不好影响能够纠正……

消息飞快地传进了林彪的耳朵。据陈伯达对笔者说[①],林彪尖锐地批评了他:"大道理管小道理,这是毛主席说的,当然是对的。可是,你把生产当成了大道理,这完全错了。大道理是什么?大道理是革命!革命才是第一位的。革命管一切!"

面对林彪的批评,陈伯达赶紧承认自己的电报写错了。陈伯达马上转为支持王洪文,支持张春桥在上海跟王洪文谈定的五项协议。

张春桥在1966年11月16日的谈话中,也讲到这一过程:"我把五条协议以及对这个问题的认识报告给他(注:指陈伯达)。这样中央文革小组就讨论我在文化广场所讲的五条。到了晚上,文革小组给我打电话来,我在文化广场对这个问题的判断,认为对这个问题的处理,认为是完全正确的,是应该这样做的。对你们的认识,你们的行动,作出了判断,是完全正确的。陈伯达同志,江青同志都参加了会议,他们认为我这样做是正确的……"

张春桥签发的这"五项要求"的传单,飞快地传到了中共上海市委。

显然,能在针尖对麦芒之间对双方作出裁决的,唯有毛泽东。

[①] 1988年12月19日、20日,叶永烈在北京采访陈伯达。

11月16日,毛泽东召开了政治局会议,明确地表了态。毛泽东说:"可以先斩后奏,总是先有事实,后有概念。"

毛泽东,对"安亭事件"作出了"终审判决":支持张春桥处理"安亭事件"的"先斩后奏"。王力传达了毛泽东的"最新最高指示"。消息飞快地传到上海。

张春桥笑了。他"先斩后奏"成功了!他对"安亭事件"的处理,得到了毛泽东的认可和支持。

王洪文笑了。"最新最高指示"等于承认了"工总司"的"五项要求"。"工总司"胜利了!王"司令"胜利了!

"安亭事件"成为张春桥和王洪文勾结的开始。陈伯达在晚年曾经这么回忆说[①]:

上海安亭事件,虽然当时王洪文等来北京未成,却造成了一个很大的消极作用,使张春桥获得同王洪文结合的机会,搞了一个所谓"一月风暴",夺得上海的权力。

随后张春桥又把王洪文引到北京。我有一回在大会堂,走路时碰到他们,张春桥介绍了一下。张春桥、王洪文在北京种种情况,我完全不知道。估计江青必然会同他见面。

在九届二中全会一个比较大的批判我的会上,张春桥同王洪文坐得很近,我离他们不远,我听到张春桥轻声跟王洪文说道:"他(指我)那次给上海写的那张传单上,就是唯生产力论。"王洪文笑着点头。

王洪文在各派纷争中剪除异己

王洪文笑了。

笑容一转眼就从王洪文脸上消失了。

王洪文陷入了"工总司"内部尖锐的各派纷争之中。

从上海愚园路218号的红都剧场,不断传出使王洪文坐立不安的消息。

那个在一夜之间跃为头头的耿金章[②],是个桀骜不驯的人物。此人把那一千多造反队员带回上海,并不解散,却在红都剧场聚集,酝酿着成立新的工人造反组织,脱离"工总司"!一旦另立门户,那就要从王洪文手下"独立"!

原本叫"工总司赴京控告队",又称"工总司苏州大队"。此刻,耿金章想换名为"苏州兵团"。他的队伍在迅速扩大。须知,从苏州返回上海的那一千多造反队员,大都是各工厂的造反队骨干。他们一回厂,招兵买马,扩大势力,只不过短短几天之内,耿金章手下便拥有几万之众。

在"工总司"内部,"副司令"潘国平不时跟"司令"王洪文闹摩擦。好在小潘不过毛头小伙子,怎么闹,也跳不出王洪文的手心。

---

① 1988年12月19日、20日,叶永烈在北京采访陈伯达。
② 1986年10月30日,叶永烈在上海采访耿金章。

耿金章毕竟不是潘国平。耿金章已经41岁，有着丰富的社会经验和颇强的组织能力。何况论"牌子"，论"成分"，耿金章不比王洪文差，他也是党员、复员军人、干部。他已成了王洪文的心腹之患。

好不容易"胜利"了。在"胜利"面前，分裂又严重地威胁着王洪文的"司令"宝座。

不安的消息，不断传来：张春桥派人、派车前往红都剧场，把"苏州大队"第一把手周宝林[1]接往兴国路招待所，与他密谈。张春桥居然给周宝林派了一辆专车，要他前往南京，召回"工总司"滞留在南京的一批造反队员。

张春桥派周宝林去南京，却不派王洪文去南京，这不由得使"司令"吃醋了！或许是那次昆山之行，王洪文显得太无能了，张春桥再也看不中他。

二十出头的周宝林，没有王洪文那么多的心眼。他从张春桥那里出来，就给王洪文挂电话："春桥同志要我去解决南京问题，你跟我一起去吧！"

王洪文一听"你跟我一起去吧"，心里就冒火了。我是"司令"，怎么变成了"跟"你去的人物？虽然王洪文在电话里漫而应之："行啊！"可是，当周宝林的"专车"驶抵巨鹿路"工总司"的"司令部"，却找不到王洪文。

"刚才他还在这里嘛！我的电话是打到这里的。"周宝林问那里的人。

"不知道。我们不知道王洪文到哪里去了！""司令部"的工作人员摇头道。

重任在身，周宝林不敢久等，驱车直奔南京。他在安亭受了寒，正发高烧，便带弟弟同去南京。

对于这位小伙子来说，平生还是头一回坐"专车"，头一回接受"中央首长"的使命。他显得很兴奋。

车子还没有抵达南京，江苏省委、南京市委已接到张春桥的通知。周宝林一到南京，马上受到了江苏省委领导许家屯的接见。

滞留在南京的"工总司"造反队员在戴祖祥的率领下，坐上火车，返回上海。王秀珍也坐上了火车，只是她那时尚未崭露头角。

由于周宝林去南京的缘故，戴祖祥率领兵马回到上海，便前往红都剧场。

耿金章与戴祖祥紧紧握手，筹划成立"联合兵团"，最初的名字，打算叫"苏州·南京联合兵团"。

一旦这个"联合兵团"崛起，必然要与王洪文唱对台戏。

不过，耿金章与戴祖祥也都是"独立性"很强的人，他们的"联合"迅速告吹。

于是，他们各自宣告"独立"：戴祖祥宣告成立"北上返沪第一兵团"。耿金章宣告成立"北上返沪第二兵团"。

还有四十来个人，在苏州冲上火车，居然到了北京。他们回到上海之后，也扩大人马，宣告成立"北上返沪第三兵团"。

"工总司"顿时分裂为四：王洪文的"总部"和那三个"兵团"。

---

[1] 1988年4月14日，叶永烈在上海采访周宝林。

"兵团"的头头们也自封"司令"。虽然他们都挂着"工总司"的牌子,可是并不听命于王洪文。

"一兵团"、"二兵团"的势力猛然膨胀。特别是"二兵团",实力很快超过了王洪文的"总部"。

这时候的"工总司",犹如春秋战国的诸侯们一般,你争我夺,都想成为霸主。

王洪文这"司令"贬值了。尽管他斥责别人搞"分裂主义",也无济于事。

"司令"突然下令召开"总部"会议。

"一兵团"的头头们来了,"二兵团"的头头们来了,"三兵团"的头头们也来了。王洪文微笑着,跟他们紧紧握手。

会议开始了,照例,要先念一通"最高指示"。

这一回,王洪文领读的一段"最高指示",是头头们往常几乎没有念过的。王洪文精心地从毛泽东的《〈关于胡风反革命集团的材料〉的序言》中,选出了这么一段"最高指示":"就胡风分子的许多个别的人来说,我们所以受他们欺骗,则是因为我们的党组织,国家机关,人民团体,文化教育机关或企业机关,当着接收他们的时候,缺乏严格的审查。也因为我们过去是处在革命的大风暴时期,我们是胜利者,各种人都向我们靠拢,未免泥沙俱下,鱼龙混杂,我们还没有来得及作一番彻底的清理。"

冷不丁的,念起了这么一段"最高指示","二兵团"和"三兵团"的头头们愕然。会场的气氛顿时紧张。

王洪文收起了笑脸,板起面孔,开始发言:"刚才念的这段毛主席语录,就是我们今天会议的主题。毛主席所说的'泥沙俱下,鱼龙混杂'的现象,不光是在过去的革命的大风暴时期有过,在如今的文化大革命中同样存在。我们的'工总司',就有'泥沙俱下,鱼龙混杂'的严重问题。"

王洪文讲毕,"总部"有人接过他的话说道:"戴祖祥就是混进革命队伍里的败类!"

戴祖祥一怔。

显然,"总部"已经整了戴祖祥的材料。那人拿出一叠纸头,一张接一张念着,历数戴祖祥的劣迹,从历史的到现行的。

这一突然袭击,使戴祖祥一时无法招架。

王洪文当即宣布:"戴祖祥撤职查办!"

这下子,"一兵团"顿时瘪了。

王洪文的目光转向"二兵团"。周宝林[①]以为,王洪文大约要揪"二兵团"哪个头头的小辫子了。

"周宝林也不是好东西!"王洪文居然点周宝林的名,使周宝林大吃一惊。

周宝林会有什么问题呢?

"总部"有人发言,宣读了《周宝林五大罪状》!

[①] 1988年4月14日,叶永烈在上海采访周宝林。

周宝林会有什么"罪状"呢？这小伙子做梦也想不到，"总部"的人指责他在南京游山玩水，指责他的女朋友有复杂的海外关系，如此等等，总共列出五大项。

周宝林据理逐步加以反驳。耿金章也火了，拍着桌子跟王洪文吵。

"好吧，那就把周宝林调到'总部'来工作！"王洪文最后作出了这样的决定。

于是，"二兵团"从此"丢了"第一把手。周宝林调到王洪文的"总部"，派了个闲差——在"宣传组"工作，从此被架空了。

不过，这么一来，倒使周宝林离开了"泥潭"，没有越陷越深。当笔者去访问周宝林时，他如今已成为两项专利的发明者，在科学技术上有所成就。

在那次会议上，王洪文暂时还不敢碰耿金章。他已悄然派人到井冈造纸厂，收集关于耿金章的材料……

在"工总司"内部剪除异己，王洪文这位保卫科干部已经显示了自己的手腕。

稳定"后院"

在上海国棉十七厂，已经很难见到王洪文的身影。

"司令"已成了大忙人，常常夜以继日在上海巨鹿路那个"司令部"里忙碌着。

有时，他总算回到定海路小屋。"永忠队"的那些"战友们"，便在他的小屋相聚。

"我已经顾不上厂里的事情了。"这位"永忠队"的队长，对"战友们"说道，"'永忠队'由唐文兰负责。"

唐文兰是上海国棉十七厂第一张"马列主义大字报"的七个签名者之一，是厂组织科的档案管理员，王洪文的"亲密战友"。王洪文的意见，得到"永忠队"队委们的一致赞同。

"上海国棉十七厂是我的'老家'，是我的后方。如果十七厂的'文革'搞不好，我这个'司令'在外面也当不好。后方巩固了，我也就放心了。千万可别后院起火！"王洪文在小屋里，一次又一次叮嘱过他的"战友"。

"将来，我这'司令'当上了市长，我们十七厂就成了'干部仓库'！我要从十七厂调出一大批造反派，到市里、到局里去当干部！"王洪文这么一说，"永忠队"的队委们的眼里，射出了兴奋的光芒。

在小屋里，王洪文听到许多厂里的"新闻"：

厂里的造反派开了盛大的欢迎会，欢迎从安亭归来的造反队员。

厂党委副书记张鹤鸣已经完全靠边。他胸前挂着"反革命修正主义分子"黑牌，在厂里扫马路。风一吹，常常把黑牌从他的胸前吹到背后，那绳子勒在他的喉头，痛得他哇哇叫。

工作队长施惠珍也靠边了，向全厂作了一次又一次检查[①]。

"捍卫会"还在那里跟"永忠队"作对。

[①] 1988年4月7日、11日，叶永烈在上海采访施惠珍。

王洪文关注着自己"后院"的一举一动。

"我想,从厂里抽一个小青年,给我跑跑腿。"有一回,王洪文向唐文兰提出了这一要求。

毕竟是当上了"司令",忙得不可开交。住在"司令部"里,有时候需要从家里拿件衣服,从厂里要点材料,没个人跑腿不行。

"行啊,你看中谁,就调谁。"唐文兰当然一口答应。

"把小廖给我吧!"虽然廖祖康并没有参加"安亭事件",王洪文却指名道姓,要了廖祖康[①]。

就这样,廖祖康从最初的跑跑腿,变成王洪文的秘书,变成王洪文的贴身秘书,竟在王洪文身边工作了十年。

据廖祖康告诉笔者,王洪文选中了他,当然因为他在"文革"中死保王洪文;他如此死保王洪文,最初是出于感激之情。

那是1966年盛暑,廖祖康和技校的几个学生一起,在黄浦江里游泳。

游着,游着,廖祖康看见前面停泊着一艘轮船,便游向前去,爬上了舷梯。

谁知那是一艘外国轮船。廖祖康当即被船上的中国边防人员扣留。

廖祖康被押回上海国棉十七厂。他吓坏了,生怕落了个"偷渡"的罪名,从此永世不得翻身。尽管他当时登上外轮是出于好奇,可是,"文革"正在轰轰烈烈开展,这类事情一旦见诸大字报,马上就会招来全厂的批判。

王洪文作为保卫科干事,负责处理廖祖康问题。因为廖祖康是造反派,又是他当年基干民兵连的"兵",王洪文就把他悄然保了下来。

"救命"之恩,使廖祖康对王洪文感激万分,从此跟定王洪文,死保王洪文。

难怪,王洪文看中了廖祖康。何况,廖祖康头脑灵活,办事能力也强。于是,就从跑跑腿开始,成为王洪文的影子。不论王洪文日后如何升迁,他始终把廖祖康带在身边。

江青从北京调来"大炮"聂元梓

张春桥在上海点起了一把火。火势熊熊,正在烧向陈丕显、曹荻秋、魏文伯。此时此际,张春桥却想滑脚了:第一,他只想"借刀杀人",借助于王洪文干掉上海市委;第二,北京正处于大动荡之中,争夺在中央的地位比上海更重要。

16日晚,在"最新最高指示"下达之后,张春桥给江青挂长途电话:"我想回北京了。"

"我给你派一员女将到上海。她是一尊大炮,用她准能轰垮上海市委。"江青的语调,那么地洋洋得意。

张春桥一转眼珠子,马上猜着了谜底:"是聂元梓吧?"

"不错!"江青哈哈笑了起来。

聂元梓,这个45岁的女人,在1966年6月1日晚上,通过中央人民广播电台的无线电

[①] 1988年4月5日,叶永烈在上海的劳改工厂采访廖祖康。

波,名震中国。

此人原是北京大学哲学系中共党总支书记。她颇有点来历:17岁的时候,便在山西晋城的华北军政干校加入中国共产党。不久,进入延安,在那里结识康生之妻曹轶欧……1966年3月4日起,曹轶欧进驻北京大学,据说是搞"调查研究"。聂元梓因在"社会主义教育运动"中,反过北京大学校长兼党委书记陆平,与校党委结下深仇。

曹轶欧与聂元梓一拍即合。在"曹大姐"的指点下,聂元梓联合六名老师,于5月25日在北京大学贴出大字报

■ 北京大学造反派头头聂元梓

《宋硕、陆平、彭珮云在文化革命中究竟干些什么?》。宋硕,中共北京市委大学部副部长;彭珮云,北京大学党委副书记。大字报经康生推荐送给正在武汉的毛泽东。6月1日下午,毛泽东在长途电话中同意康生的建议,由中央人民广播电台广播这张大字报……于是,聂元梓这个普通的女人,一夜之间成为中国的新闻人物。6月2日,《人民日报》全文刊载了聂元梓等写的大字报,还配发了评论员文章《欢呼北大的一张大字报》。

此后,1966年8月5日,毛泽东在他那篇著名的《炮打司令部》一文中,称聂元梓等的大字报为"全国第一张马列主义大字报",聂元梓名声鼎沸了!

江青和张春桥决定对上海采用"北京模式":攻下中共北京市委这"堡垒",从北京大学轰开局面。看来,要把华东师大当作上海的"北京大学",把常溪萍当作"陆平"而"放炮"的依然是聂元梓。

聂元梓来沪之前,忽地"失踪"了几天。那阵子,她叱咤风云,每天有许多"左派"围着她团团转。可是,她突然不知去向,在北京大学校园里消失了。

直到1977年9月19日,聂元梓在由北京大学保卫部监管审查期间,这才交代了其中的奥秘:"……我正在考虑串连的时候,突然一天晚上,中央文革小组办事组W打电话来,说江青为了你的安全,要我们接你离开家里,到另一个地方去。我不同意,认为没有必要。W说:这是江青给我们的任务,我们一定要接你去。我问发生什么情况了?为什么一定要我离开?W说他也不知道,只是指示他要接我住在另一个地方,并把我认为最重要的材料带上,以免在家里丢失。还说希望我也一定执行江青的指示。这样,我被接到中央文革小组对外不开放的一个地方(花园街×号)。到这里后,住了三四天……"

就这样，在北京大学传出了聂元梓"失踪"的消息。

聂元梓所说的"花园街×号"，也就是花园街一号，中央文革小组记者站所在地。据原中央文革小组办事组组长王广宇在《谈"纪实文学"的史料价值——〈"四人帮"兴亡〉读后》一文中说，W就是他。王广宇说，事情的来龙去脉是这样的：

> 大约是1966年11月中旬一天的晚饭后，王力把我叫去（关锋也在场）。对我说："我们获得可靠情报，聂元梓现在的处境很危险，有人要暗害她。为了保护聂元梓的人身安全，也是为保护'左派'的骨干力量，我们中央文革小组决定对聂元梓采取保护措施。"王力又说："花园村一号不是筹办得差不多了吗？可以暂时把聂元梓接到那里住几天，那里比较安全，这件事要严格保密，不能泄露出去。"他说："告诉聂元梓今晚必须离开北大，她如果有什么重要材料，怕丢失可以随身带来。"
>
> 王力叫我马上就去找聂元梓，把她接到花园村一号。
>
> 我立即要车赶到北大，向聂元梓传达了中央文革小组关于保护她人身安全的决定。聂元梓说：感谢中央文革小组对她的关心和爱护。但她要求回家取点随身生活用品和重要材料。我同她一起去她在北大的宿舍。她进里间卧室收拾东西，我在外间等她。她磨蹭了半个多小时也不出来。直到她的十几岁的儿子回家，她才出来。然后，她对我说，她要找的材料没有找到，还要再找，另外还要把孩子安顿一下，今天晚上先不和我一起走了。我提出担心她今晚不离开家不安全，她说她今晚不住在家，一会儿她就和她孩子去她姐姐家，对聂元梓突然变卦，我也无奈，我不能强迫她必须当晚离开家。
>
> 我们商量好，明天早晨八点钟我来接她，我提出去她姐姐家接她，她不同意，她还让我来她的宿舍接她，我只好回钓鱼台向王力汇报，王力听后也无可奈何。
>
> 第二天早晨七点多钟，聂元梓突然给我打了一个电话，让我不要去她家接她了，她已经进城了，让我到沙滩中宣部图书馆楼前接她。八点我准时到达中宣部图书馆楼前。聂元梓已经在图书馆楼前等我。我看到她正和中宣部的阮铭一起谈话。她让我当着阮铭的面把她接走。聂元梓违反了中央文革小组对她的行踪要保密的要求，她向阮铭透露了她的行踪，暗示中央文革小组把她接走了。

又据王力回忆，保护聂元梓的指令来自毛泽东、江青：

> 聂元梓的事是我经手办的，我比较清楚，那时我兼中央文革小组办公室主任。11月中旬有一天，江青突然到我那里，说得到可靠情报，有人要绑架聂元梓，而且时间就在今天夜里。她说她报告了主席，主席的意思要立刻找到聂元梓，让中央文革小组把她保护起来。江青给我这个任务，我马上请王广宇，要他立即找到聂元梓。他说找不到，我叫他开车到处找，一定要找到。王广宇很晚才找到聂元梓，安排她住快报组（花园村）。下半夜我和徐学增到花园村找到聂元梓，传达江青的意见，叫她住着

休息几天,不必出面,有事可打电话。……

在花园街一号,决定了聂元梓的上海之行。软卧车票送到了她的手中。张春桥打电话,关照了上海的中共中央华东局。

聂元梓交代说:"在一两天之内,动身赴上海了。临走前,王力来看我,说了些恭维话,又谈到去上海串连的问题。他说可以介绍我们认识上海记者站的负责人,请他帮助我们介绍、了解上海的一些情况。我问了王力,如果我们有事或有重要情况需要向中央文革小组汇报时,怎么写法?王力说,交给记者就可以了……"

哦,原来聂元梓是江青手中的一颗棋子,如今杀到上海,矛头所向,直指常溪萍。1966年11月20日,13次北京至上海特别快车旋风般驶入上海北站。

硬席车厢如同筷子笼似的,挤满了串连的红卫兵。列车靠上月台之后,一扇扇车窗成了出口,一个个红卫兵从窗口跳下,踏上了上海的土地。这时,从宽敞的软卧车厢里,从从容容走下一男一女,都戴着雪白的大口罩,身穿一件草绿色的棉军大衣。那中年女人,戴着眼镜,便是聂元梓;男的是北京大学哲学系中年教师孙蓬一。

这两人来沪,非同小可。就在他们动身之际,中央文革小组办事组给中央文革小组驻上海记者站打了电话:"给予方便。"

正因为这样,中央文革小组驻上海记者站记者甄某带着几个红卫兵,前来接站。半小时之后,聂元梓和她的"副帅"孙蓬一便住进了衡山宾馆,它所在的衡山路,与张春桥家所在的康平路100号,相距只几百公尺。

当天,在中央文革小组驻沪记者站的小楼上,张春桥和聂元梓由甄某安排了秘密会见。

聂元梓提出"打倒曹荻秋"的口号,问张春桥可不可以?张春桥说可以[①]。

"从常溪萍身上,炸开上海市委的缺口!"张春桥向聂元梓交代了战略:"你要深入常溪萍的老窝——华东师大,在那里放一把火!"

张春桥思索了一下,补充道:"在上海,你必须跟王洪文见一次面。你只有依靠'工总司'的力量,才能在上海打胜仗……"

对于王洪文来说,1966年11月21日,是个不平常的日子——他终于见到了他所崇拜的一个女人。

王洪文从写第一张大字报起,就模仿着她;到北京串连,也特地赶到北京大学,期望着见一见她。无奈,作为上海一家工厂的小小的造反队队长,在一个月以前,还不在她的眼中。

"久仰大名!久仰大名!"王洪文见了她,说的并非客套话,因为他确实对她"久仰"。

"哦,王'司令',认识你很高兴。"聂元梓一见面,便放炮了,"你们'工总司'怎么只知道轰曹老头儿,不轰常溪萍?"

[①] 聂元梓:《聂元梓回忆录》,香港时代国际出版公司2005年版,第186页。

"就等你这门大炮来轰常溪萍啦！"王洪文道。

"你们上海的'文革'，有一个很大的缺点。"聂元梓直言不讳。

"什么缺点？"王洪文连忙问道。

"你们工人造反派对学生运动重视不够！"聂元梓指点道，"你们应当联合上海的红卫兵，结成'统一战线'，共同作战。这样，你们才会更有力量！"

"行。"王洪文点头道，"我们明天就和红卫兵联合召开大会，请你点火！"

"一言为定！"聂元梓爽快地说道。

应王洪文之邀，她当天出席了上海造反派在文化广场召开的"批判上海市委执行资产阶级反动路线"大会。

她在大会上的讲话，清清楚楚地印在次日出版的《师大简讯》上。

她说来沪的目的是："揪出出卖北大社教运动的大叛徒、大刽子手常溪萍，代表新北大全体革命师生来和他算账。常溪萍的问题上下都有根子，上面的根子是邓小平、彭真，下面的根子是以陈丕显、曹荻秋为首的上海市委。"

11月22日，"工总司"和"红革会"（全称是红卫兵上海市大专院校革命委员会）、"上三司"（全称为上海市红卫兵革命造反第三司令部）、"炮司"等上海红卫兵组织在静安区体育馆联合召开大会。

不可一世的女人——聂元梓出现在主席台时，体育馆里响起狂热的掌声。在人们的眼里，她仿佛是"中央首长"一般。当人们欢迎她讲话时，她马上走向话筒前，作了一番指点："上海的运动，从安亭事件开始，有了起色。原先太'温'了。不过，就现在的情况来说，也还是不能令人满意的。第一，工人运动必须紧紧地和学生运动相结合；第二，必须集中力量打倒上海市委，首先是打倒常溪萍！"难怪，这次会议之后，聂元梓在上海博得一个雅号，曰"保姆"！她那讲话的神态，她那讲话的口气，确实像一个保姆在那里数落着、开导着不懂事的孩子。

"如果我们要罢陈丕显、曹荻秋的官，中央同意吗？"会场里，居然有人提出如此这般的问题，把她当成了"中央"。

聂元梓大言不惭，竟然也就以"中央"的身份，加以答复："现在的罢官，不是由中央来罢免，而是先由群众提出来。中央要罢谁的官，有这个意思，但不能讲出来。群众提出来了，中央就按照群众的要求，罢他的官。你们要罢陈丕显、曹荻秋的官，那就集中力量炮轰上海市委，打倒上海市委。中央会支持你们的！"

"保姆"的这番话，使上海的造反派茅塞顿开。

11月24日，在上海市中心的友谊电影院里，张春桥向上海的造反派讲话时，点了常溪萍的名："我一到北京，第一次到北京大学开群众大会，他们给我送来了大字报。常溪萍在北大问题很严重，这个我知道。但详细情况我不清楚。大字报是我接过来的。我才明白，常溪萍在北大社教工作中，犯下么严重的罪行……"

这是"导演"在提示，这是阴谋家在煽动。一席言毕，张春桥不见踪影。

他出现在机场，飞向北京了。

就在他离开上海的第二天——11月25日,上海文化广场挤满了红卫兵。本来,这天是召开"上海市红卫兵革命造反总司令部"的成立大会。聂元梓建议,"在战火中诞生"。于是,成立大会改名为"批斗常溪萍,炮轰上海市委"大会。聂元梓和王洪文肩并肩坐在主席台上。叽叽喳喳的"喧宾"——聂元梓,反客为主,在大会上作了长篇讲话:"上海乱了几次,但是还没有真正乱起来。这一次我到上海来,就是要上海大乱。乱,就是革命。乱而后治。不乱,就无法革命。现在,上海正在乱起来。这乱,乱得好。要继续乱下去,大乱特乱。要乱掉上海市委的阵脚,要乱出个红彤彤的新上海!"

聂元梓在说了这番"乱论"之后,指着被迫到会的曹荻秋,骂骂咧咧起来:"上海市委是什么东西?上海市委跟以彭真为首的北京市委是一路货,都是反革命的!上海市委执行了一条不折不扣的资产阶级反动路线,必须彻底打倒上海市委,打倒曹荻秋⋯⋯"

她高呼:"打倒常溪萍!炮轰上海市委!上海必须大乱!"

此后,关于她的行踪,外人莫知。

她到哪里去了?

她,悄然住到了华东师范大学第三宿舍三楼,神不知,鬼不晓!

第三宿舍本是留学生宿舍。那年月,不收外国留学生,那幢宿舍楼空着。她住进去以后,红卫兵们为她守卫大门,"闲人莫入"。

她一般昼伏夜出。外出时总是戴大口罩,总是坐那辆"宣传车",很少惹人注意。

华东师范大学的"最早造反的老工人",成了她的"保镖",替她带路,替她联系。有几次,"宣传车"另有任务,当她深夜返回华东师大时,跳上了"保镖"的自行车。这时,"保镖"既成了她的"两轮车夫",又成了时时提防"保皇派"袭击她的忠实卫士。

她为什么不住衡山宾馆,却在华东师大住了一个月?

她的上海之行,据说是"串连"。

她来上海,打的是"新北大捍卫毛泽东思想战斗团"的旗号。

她秘密地"下榻"于华东师大,会见了一批又一批华东师大的红卫兵,发动了对常溪萍的猛烈攻势。

果真,上海处于大乱之中。

上海"赤卫队"的崛起

王洪文最担心后院起火。他的后院,果然起火了!

上海国棉十七厂毕竟是近万人的大厂。"永忠队"的力量固然强,"捍卫会"的力量也不弱。

就在"上海市红卫兵革命造反总司令部"宣告成立的时候,一支近两千人的游行队伍走出上海国棉十七厂的大门,浩浩荡荡上街,从杨树浦朝着市区进发。工人们肩扛着巨大的大字横幅:"火烧张春桥!""取消双五条!"("双五条"指张春桥在上海和苏州两次签署的"五条")

那面"捍卫毛泽东思想委员会"红色大旗在游行队伍前面开路,清楚地表明"捍卫会"在上海国棉十七厂拥有相当雄厚的实力。

这支队伍一路上呼喊"火烧张春桥"的口号,惊动了沿途的成千上万的市民。队伍长驱直抵上海市委接待站,高喊"张春桥滚出来"、"火烧张春桥","双五条是大毒草"……

又一绝密情报:这天上午,在上海市西北那条并不引人注目的武宁路上,在那座并不引人注目的沪西工人俱乐部里,举行了一次重要的秘密会议。

据悉,上海国棉十七厂保卫科干事马骥[①],参加了这次会议。马骥,原本与王洪文脚碰脚,在保卫科共事。"文革"的浪潮使两人分道扬镳,一个成了厂里"捍卫会"的头头,一个成了"永忠队"的头头,两人成了死对头。

据悉,良工阀门厂、上海国棉三十一厂等38家工厂的一百多名工人代表,出席了那里的秘密会议。

据悉,曹荻秋出席了会议,还发表了讲话!

那是一个什么样的会议?

哦,这是一个与"工总司"命运攸关的会议:"工总司"成了上海工人造反派的全市性组织,反对派们也急于联合起来,以求共同对付"工总司"。

这个新组织的名字,叫作"捍卫毛泽东思想赤卫队"。"赤卫队"这名字,在《毛泽东选集》第1卷《中国红色政权为什么能够存在?》一文提到过。那是在第二次国内革命战争时期,中国共产党领导的革命根据地内县一级、不脱产的群众武装组织,于1928年1月首创于井冈山革命根据地。那部描写贺龙革命丰功的电影《洪湖赤卫队》,也曾给千千万万观众留下深刻的印象。"赤卫队员真英勇,红旗飘扬打胜仗",那电影插曲,几乎家喻户晓。于是,这富有革命色彩的名字,加上"捍卫毛泽东思想"的定语,便成为新的上海全市性工人组织的响亮的名称。

"赤卫队"在沪西工人俱乐部召开了筹备会议。

据密告,"赤卫队"的总头头,名叫王玉玺,是上海市铁路局调度所代理主任。

在"赤卫队"常委之中,有李诗音、金瑞章等人。

跟"工总司"不同的是,"赤卫队"中共产党员、共青团员多,老工人多,劳动模范多,先进工作者多,工厂的基层干部多。

作为"工总司"的对立面,"赤卫队"显然是一个强劲的对手。

又据密告,"赤卫队"从一开始,就得到了中共上海市委的支持。

王洪文收到了密告者所记下的曹荻秋的讲话:

"上海工人赤卫队总部成立,我们是支持的。

"我赞成你们现在搞筹委会,因为搞筹委会比较主动。如果中央一旦决定下来,说不建立这样的全市性工人组织,那我们还是一个筹委会嘛,随时可以取消,没有什么大关系。

"只要你们成立了这样的组织,我们会承认你们,支持你们。当然,你们可以发袖章。

[①] 1986年10月24日,叶永烈采访上海国棉十七厂工会副主席马骥。

需要红布,我们会给予支持。

"你们的筹委会正式成立的时候,我们市委一定派负责同志参加你们的会。所以你们建立这个组织,我们完全表示支持的态度。"

密告者还记下了曹荻秋谈及张春桥的一些话:

"张春桥以中央文革小组副组长的身份来处理安亭事件,他有多大的权力,我不知道。他是代表中央文革小组来的,错了也是代表中央文革小组,并不代表上海市委。"

"张春桥签署那'五条',他是根据安亭工人的情绪和要求,以及他根据北京处理的一些情况来签订的,当然时间比较仓促,他的调查研究不那么详细的。"

"我后来在苏州也不得不签字,那是根据中央的指示,我作为一个党员,组织上应该服从,但是我思想上想不通。"

曹荻秋谈及"工总司"的几句话,使王洪文更为紧张:

"上海市委承认'工总司',是被迫的,是因为张春桥代表中央文革小组签了字,我们不得不也签字。那是暂时的。

"'工总司'的人员很复杂,组织严重不纯,其中有些人是社会渣滓!……"

王洪文气得七窍生烟坐在主席台上魂不守舍。

大会刚刚结束,"司令"王洪文便召集"工总司"常委紧急会议,商量怎样对付"赤卫队"。

第二天——11月26日,"上海市捍卫毛泽东思想工人赤卫队总部筹委会"果真公开宣告成立,召开了成立大会。中共上海市委书记处候补书记王少庸出席了大会,向"赤卫队"表示祝贺。

"赤卫队"的队伍迅速扩大。仅仅是做袖章的红布,便用去了1000匹,号称拥有80万之众。

"赤卫队"有着上海市委提供的印刷厂。顿时,在上海街头,"赤卫队"的铅印传单满天飞:

《安亭事件真相!》;

《上海工人革命造反总司令部的一张王牌》;

《一个造反队员的控诉》。

王洪文翻阅着"赤卫队"成沓的铅印传单,咬牙切齿道:"我们'工总司'也要大造舆论!"

爆发《解放日报》事件

一场舆论争夺战,在上海苏州河畔矗立着的大厦——邮电大楼里进行着。

那是一场舌战。发生在11月29日晚10时,三百来名戴着"红卫兵上海市大专院校革命委员会"("红革会")袖章的年轻人,冲进了邮电大楼。

在上海各造反派组织之中,"红革会"是最早有着自己舆论工具的一个。他们主办了《红卫战报》,已经出版第9期了。

在第9期《红卫战报》上，以醒目的位置刊登了长文《〈解放日报〉是上海市委推行资产阶级反动路线的忠实工具》。"红革会"提出中外报刊史上罕见的要求：把第9期《红卫战报》和《解放日报》一起发行。《解放日报》送到哪里，第9期《红卫战报》就发行到哪里，为的是"彻底肃清《解放日报》的流毒"！

在中国，《解放日报》原是中共中央的机关报，1941年5月16日创刊于延安，1947年3月27日停刊。上海解放以后，在1949年5月28日创办中共上海市委机关报，便以《解放日报》命名，也兼作中共中央华东局机关报。

作为中共上海市委机关报的《解放日报》，怎么能与一张红卫兵的报纸同时发行？《红卫战报》怎么可以对《解放日报》进行"消毒"？

这种"天下奇闻"，居然由一大群红卫兵向上海市邮电局报刊发行处提了出来。

算起来，红卫兵们已经是第二次来到邮电大楼了。

头一回是27日那天来的。报刊发行处的负责人面对一群充满"造反精神"的年轻人，只好打起了"太极拳"——要向上海市委和《解放日报》请示之后，才能定下来。

第二天，红卫兵们冲向市委——因为第9期《红卫战报》在这天出版。上海市委断然拒绝了红卫兵们近乎荒诞的要求。

终于，第三天，红卫兵们又冲进了邮电大楼。

一场软顶硬磨开始了。

"你们为什么不把《红卫战报》和《解放日报》同时发行？"

"没有这样的先例。"

"文化大革命本身就是史无前例的！"

"我们要请示上海市委。"

"上海市委烂掉了，还请示？"

"《解放日报》是党报。"

"《解放日报》是毒草丛生、群魔乱舞的黑报！大毒草《南包公——海瑞》、《魏征与李世民》就是《解放日报》登的！《解放日报》还是上海市委推行资产阶级反动路线的工具！"

"对不起，关于《解放日报》的问题，请你们向《解放日报》提出。这儿是报刊发行处，只管发行。"

"我们就是要求《红卫战报》和《解放日报》同时发行！"

"没有这样的先例。"

"文化大革命本身就是史无前例的！"

"我们要请示上海市委。"

……

这场辩论陷入了循环不已的圆圈！

报刊发行处的负责人似乎精通"太极拳"，尽管红卫兵们怒发冲冠，可是他们始终笑脸相迎，与之进行"循环辩论"，简直哭笑不得。

他们居然还找出了一大堆有趣的理由：

"哦，《红卫战报》和《解放日报》一起发行，邮递员的邮包装不下！"

"对啦，两种报纸一起发行，自行车的轮胎也吃不消！"

红卫兵们磨到30日凌晨，仍毫无进展。

"到《解放日报》去！"头头一声令下，红卫兵们一哄而走。

黑魆魆的四川路桥，横跨在冰凉的苏州河上。杳无人影，唯有北风吹着路边的大字标语哗哗地响。红卫兵们向南急急走去，过了苏州河，过了南京路，冲向位于汉口路的解放日报社。

印刷机正在飞快地印着11月30日的《解放日报》，印刷厂里灯光通明。编辑部里却一片漆黑，连夜班编辑也休息了。

这群不速之客的到来，使报社负责人不得不赶紧从睡梦中起床。

一场新的马拉松谈判开始了。

"红革会"向《解放日报》提出了三项要求：一、《红卫战报》第9期夹在11月30日的《解放日报》里一起发行；二、《解放日报》必须马上全文转载《红卫战报》上的《〈解放日报〉是上海市委推行资产阶级反动路线的忠实工具》一文；三、把上海市委有关资产阶级反动路线的问题，以及上海市委对报社的指示告诉"红革会"。

解放日报社负责人理所当然地拒绝了"红革会"的三项要求。

谈判僵持着。

大批印好的30日的《解放日报》，照样从印刷厂运往邮电局。

红卫兵们急了。说是为了看报社里的大字报，红卫兵们闯进了《解放日报》编辑部。

就在这个时候，"工总司"宣传组的头头来了。"工总司"为了对付"赤卫队"的传单，筹办了《工人造反报》。他们要解放日报社印刷厂排印《工人造反报》。见到"红革会"的红卫兵们在那里闹事，"工总司"马上表示支持。事态扩大了。

在30日下午，"红革会"在《解放日报》大楼里，宣告成立"火线指挥部"。

这个"火线指挥部"声称：

"我们不忍看到华东地区的党报如此堕落下去，我们有责任为恢复《解放日报》的革命青春而造反，有责任为使《解放日报》回到毛主席的革命路线而斗争。

"现在的主要矛盾变了，不仅是发行《红卫战报》的问题了。我们现在是要占领解放日报社，批判《解放日报》的资产阶级反动路线！"

红卫兵们这么一闹，王"司令"出马了。12月1日，王洪文带领着几百名"工总司"造反队员（其中有300名是上海国棉十七厂的）来到解放日报社，支援"红革会"。这天，《解放日报》的造反派来了个里应外合。文汇报社的造反派"铁骨红心"兵团也过来支援。这下子，声势大振，《解放日报》成为全上海关注的热点。

"工总司"也在解放日报社里成立"火线指挥部"，王洪文出任"总指挥"。

12月2日，"工总司"副司令潘国平又领着几百人前来增援。《解放日报》大楼被上千红卫兵、工人造反队员团团围住。

"赤卫队"也出动了。

"赤卫队"总部筹委会印发了"四点意见"：一、《解放日报》是华东局、上海市委的党报。"红革会"因为《红卫战报》不能夹在《解放日报》内发行而封闭解放日报社的做法是错误的；二、支持上海人民要看《解放日报》的要求；三、撤出后，《红卫战报》的递送，由华东局、上海市委、"红革会"、"工总司"、"赤卫队总部"会同一起协商解决；四、"红革会"如无视我们的声明，我们将采取必要的行动。

这是"赤卫队"在上海的第一次公开亮相。它的"四点意见"，清楚地表示了它的立场和观点。

"工总司"的司令王洪文一见到"赤卫队"的"四点意见"，马上唱起了对台戏，发表了"工总司"的"四项要求"，与"赤卫队"针锋相对：一、《红卫战报》第9期与《解放日报》同时发行，发到每个订户；二、责成解放日报社党委交出文化大革命中的黑材料；三、责成解放日报社党委公开检查和交代执行资产阶级反动路线的严重错误；四、《解放日报》事件产生的一切严重后果，由上海市委负责。

你"四条"，我"四条"，"工总司"和"赤卫队"真的唱起对台戏来。

"工总司"调兵遣将，占领《解放日报》大楼。《解放日报》停止发行。

"赤卫队"召集人马，举行盛大的抗议游行。一连几日，上海街头上百万人示威，反反复复呼喊的口号是这么两句：

"我们要看《解放日报》！"

"《解放日报》是党报！"

不论游行队伍从东面来，从南面来，从西面来，从北面来，都要朝汉口路进发，都要在《解放日报》大楼附近走一圈。一边走，一边呼喊口号。在那些日日夜夜，汉口路一带一直可以听见撼天动地的口号声：

"我们要看《解放日报》！"

"《解放日报》是党报！"

针对"工总司"的"四条"和"赤卫队"的"四条"，中共中央政治局常委陶铸打长途电话给上海市委，作了四条指示：一、群众组织的报纸和党报是两种不同性质的报纸，不能夹在一起发行；二、如果红卫兵冲击，要说明，这是个原则问题，要顶住，要坚持原则；三、可以分开发行；四、造反派的文章，要按中央"十六条"的规定，不能在报上乱点名。

王洪文拿着《陶铸同志四点指示》的传单，冷冷一笑，掷在地上。作为"火线指挥部"的"总指挥"，他在跟来自北京的那员女将密谈。聂元梓成了他的"高参"："要抓住《解放日报》。《解放日报》是上海市委的'窗口'。《解放日报》倒了，上海市委才会倒。《解放日报》事件，主要是权的问题。上海市委的权要夺，但难夺，因为宣传机器不在你们手里。要夺《解放日报》的权！"

"高参"的一席话，使王洪文的"认识"大为提高。他在"火线指挥部"提醒人们："现在，已不再是《红卫战报》和《解放日报》一起发行的问题，而是抓住《解放日报》这个要害，卡住上海市委的喉咙！"

形势越来越严峻,乱子越捅越大。解放日报社在上海闹市区,《解放日报》事件对上海的震动超过了"安亭事件"。"工总司"和"赤卫队"剑拔弩张,几十万工人、红卫兵在汉口路闹个不停,随时都可能爆发大规模的流血事件。

从12月3日起,华东局和上海市委不得不派出代表韩哲一[①]、王一平、宋季文,前往《解放日报》大楼,与王洪文举行谈判。

又是一场马拉松谈判,足足进行了两天两夜。王一平和宋季文被迫在"红革会"的"三项要求"和"工总司"的"四项要求"上签字。

12月10日,曹荻秋被迫签字。上海市委不得不印发如下文件:

中共上海市委文件
沪委(66)第12号通知

现将曹荻秋同志12月10日签复上海工人革命造反总司令部的四条印发,请按照执行。

中共上海市委员会
1966年12月10日

一、市委公开承认"解放日报事件"是上海市委的执行资产阶级反动路线的严重事件,造成群众之间的对立和分化。市委支持革命造反派批判市委的资产阶级反动路线,认为任何人保市委都是错误的,围攻造反队更是错误。

二、市委认为参加"解放日报事件"的造反派工人的行动是无产阶级革命的行动。各单位对造反派人员占用的生产时间以公假论。

三、曹荻秋要亲自向伤员及其家属公开道歉,伤员的一切医疗费用均由市委负责。

四、市委支持"红革会"的革命同学下厂同工人结合,参加工厂的无产阶级文化大革命。

曹荻秋(签字)

王洪文拿到这份中共上海市委红头文件,得意地笑了:这是中共上海市委第一次向"工总司"举起了白旗!这是曹荻秋第一次向"王司令"举起了白旗!

经历了漫长的九天九夜,《解放日报》事件总算平息了。虽说是为了防止事态的恶化,中共上海市委才不得不让步,曹荻秋才不得不让步,而王洪文得寸进尺,倍加疯狂了。

张、姚为"工总司"撑腰

就在曹荻秋签字的翌日——1966年12月11日下午,离南京路不远的上海人民广场

[①] 1988年8月22日,叶永烈在上海采访韩哲一。

上,红旗飞舞,人声鼎沸。60万人拥立在那里,内中十有七八戴着"工总司"袖章。

王洪文披着海虎绒领的军大衣,双手叉腰,一派"司令"风度,只差胸前挂副望远镜、腰间别一支手枪了。他迈着胜利者那种阔步登上主席台。

主席台上方,高悬红色横幅,写着"迎头痛击市委资产阶级反动路线新反扑大会"。

曹荻秋又被拉来批判,又一次当场签字。这一回,是在"工总司"关于要求出版《工人造反报》的纸条上签字。

从此,"王司令"手中有了舆论工具。《工人造反报》成了"工总司"的"机关报",发行量上百万份。它一降生,那《创刊词》就充满杀气腾腾的声音:

> 上海工人革命造反总司令部是在压迫、围攻中经过血的洗礼诞生的。它从诞生的第一天起就高高擎起无产阶级革命造反的大旗,代表着无产阶级文化大革命中上海工人阶级革命的大方向。……
>
> 以曹荻秋为代表的顽固地执行资产阶级反动路线的上海市委,正在策划新的阴谋,组织新的反扑。继安亭事件之后,上海市委又一手制造了《解放日报》流血惨案,……真正的革命造反派紧密地联合起来,高度警惕上海市委的分裂阴谋,我们要团结一致,集中目标,万炮齐轰以曹荻秋为代表的上海市委!
>
> 我们上海工人革命造反总司令部的全体造反队员,向一小撮反革命修正主义分子发出最严重的警告:我们誓死保卫毛主席,誓死保卫林彪副主席,誓死保卫中央文革小组。谁要反对毛主席和林彪副主席,我们就砸烂他的狗头!攻击中央文化革命小组就是炮轰无产阶级司令部!挑动群众斗群众制造流血事件就是反革命,我们要坚决镇压,坚决对他实行无产阶级专政!有言在先,勿谓言之不预也。……

不过,就在王洪文日益得意之际,"赤卫队"的势力也在不断扩大,成为"工总司"的劲敌。

王洪文手中有《工人造反报》,"赤卫队"手里有《革命战斗快报》(原拟报名为《工人赤卫报》)。《革命战斗快报》由《解放日报》印刷厂排印,发行数十万份。"赤卫队"发表声明,不承认"红革会"的"三项要求"和"工总司"的"四项要求"。邮电工人中,有许多人是"赤卫队"队员。奉"赤卫队"总部之命,这些邮电工人拒绝在《解放日报》中夹送《红卫战报》。

戴着"工总司"袖章的工人和戴着"赤卫队"袖章的工人在街头相遇,你白我一眼,我瞪你一眼。你刚刚贴好"工总司"传单,我马上把一张"赤卫队"通告贴在了上面。上海工人分为两大阵营。几乎每一家工厂,都有"工总司"分队和"赤卫队"分队。

王洪文意识到不吃掉"赤卫队","工总司"站不稳脚跟。

张春桥、姚文元给王洪文撑了腰。

据《工人造反报》所载《张春桥同志姚文元同志接见上海工人革命造反总司令部赴京代表团讲话纪要》,清楚地表明,张春桥、姚文元已成为"工总司"的后台——

地点：北京政协礼堂。

参加人员：上海工人革命造反总司令部赴京代表团共二十人。

时间：1966年12月6日晚十时三十分至凌晨一时十五分。

张春桥：上海国棉十七厂情况如何？他们打了几个电报叫我回去检查。

代表：上海国棉十七厂里成立了赤卫队，游行时大叫要"造张春桥的反"，"抗议张春桥在上海执行一条资产阶级反动路线"。上海国棉十七厂派了十七个赤卫队代表到了北京，还讲总理已经接见了他们。

张春桥：这个我知道。总理单独接见他们是不可能的，那是前两天的接见大会，不是单独接见。游行我不知道。他们连打了三次电报叫我回去检查，否则一切后果由我负责。

代表：你走后，上海成立"赤卫队"。

张春桥：我是（11月）25日中午走的。

代表：他们25日下午就筹备起来。还提出了这样的三个观点——

一、要罢张春桥的官；

二、收回"双五条"，宣布上海工人革命造反总司令部是反革命组织；

三、炮轰上海市委。

张春桥：赤卫队有多少人？

代表：大约有四十万人（这里，"工总司"代表故意少说"赤卫队"的人数——引者注）。他们有四十多人到北京，住在左家庄。

张春桥：他们来了，怎么没有找我？

代表：他们是来找总理告你的！

姚文元：来告？我们也不怕！

代表：当前运动可能有大反复，中央文革小组处境也很为难。

张春桥：（笑）不要估计得太高，你们不要替我们担心。

姚文元：不要把问题看得太严重。

代表：有人说，要挖掉毛主席身边的定时炸弹！

张春桥：有林彪同志，还不能保卫毛主席？

代表：我们用总司令部的名字好不好？

张春桥：我们国家是武装斗争起家的，大家喜欢用这种名字。名称没什么关系。

姚文元：协会形式怎么样？

代表：不能，群众对司令部这个名字有感情了，改了群众有意见。

张春桥：现在大家都用"红"字，情况很复杂。有人利用文化大革命搞复辟活动，也有些人抓着生产来进攻。革命搞不好，生产怎么能搞好呢？生产搞得再好，国家还是要变颜色。现在我跟你们这个司令部有共同的利益了。我没想到他们会有这么多人打电报要我回去作检查。近来我收到控诉我的、骂我的信特别多。当然我不怕。现在有人要炮打中央文革小组，要解散中央文革小组。……

张春桥、姚文元的"接见",给王洪文打了气。《工人造反报》发出欢呼:"这次接见使我们深深感到,张春桥同志是支持革命造反派的,中央文革小组、我们的伟大领袖毛主席都是坚决支持我们革命造反派的。"

"工总司"与"赤卫队"两军对垒。一个受张春桥、姚文元支持;一个受陈丕显、曹荻秋支持。一个大喊"打倒曹荻秋",一个高呼"火烧张春桥"。一场新的大拼搏,眼看着要在上海展开……

两军对垒争夺上海

"工总司"与"赤卫队"原本旗鼓相当。但1966年12月18日,天平猛然倾斜,倒向了"工总司"一边。

那是"机关炮"响了,剧烈地震撼着上海。

"机关炮"是在上海市委机关里射出来的。一份以《机关炮》命名的小报创刊了,上面印着一个新冒出来的造反组织的名字:"上海市委机关革命造反联络站"宣传组编印。

大抵秀才们跟工人、红卫兵气质不同,不习惯于什么"司令部"之类,于是便取名为"联络站"。这个"联络站"的骨干力量,是原中共上海市委写作组以及《支部生活》编辑部,头头乃徐景贤(原中共上海市委写作组支部书记)、王承龙(原《支部生活》造反队负责人)、郭仁杰(原中共上海市委写作组支部副书记)。

自"文革"以来,曹荻秋的种种"检查",是徐景贤代为捉刀的。张春桥、姚文元策反了上海市委的笔杆子们。从11月28日起,这种暗中的联系,已在姚文元和徐景贤之间不断用长途电话进行。

王洪文所率"工总司"只能在外面攻打上海市委,久攻难克。"联络站"揭起造反大旗,来了个里应外合,内外夹攻,中心开花,后院起火,顿时使上海市委的根基摇晃,分崩离析。

12月18日下午,"上海市委机关革命造反联络站"第一次在上海公开亮相——在文化广场(那时已改名为"文化革命广场")召开万人参加的"批判上海市委的资产阶级反动路线大会"。

秀才造反,到底与众不同。他们发表"造反声明",提出了文绉绉的新口号:"革命方觉北京近,造反才知主席亲";刷出了用不同修辞装饰的新标语:"火烧陈丕显!揪出曹荻秋!打倒杨西光!砸烂常溪萍!炮打上海市委!"

"工总司"马上与"联络站"结成统一战线。他们里外夹击上海市委,一下子就使上海市委陷入了深深的困境,濒临垮台的边缘。

"赤卫队"也被逼入了进退维谷的地步。"工总司"在街上刷出一条又一条矛头直指"赤卫队"的大字标语:

"赤卫队是保皇队!"

"赤卫队是陈、曹的御用工具!"

"赤卫队死保上海市委,大方向错了!"

"取缔赤卫队!"

"解散赤卫队!"

"赤卫队"这时也不得不提出了"炮轰上海市委"、"炮轰曹荻秋",表白自己并不"保皇"。

12月23日,"赤卫队"在人民广场召开了声势浩大的"批判市委资产阶级反动路线大会",也把曹荻秋"揪"来,当场向他提出"八条要求"。曹荻秋签了字。

就在这天下午,张春桥在北京又一次接见上海"工总司"的代表,对他们进行了一番"指点":

"现在,我看你们要集中目标攻上海市委,不要分散精力。集中攻市委才能发动群众,争取中间派。不攻市委,中间派就跑了。

"陈丕显这个人物是值得研究的。他是幕后指挥。我们认为他还是有实力的。上海市委保常溪萍、保杨西光,保得很厉害。在中央工作会议上(指1966年10月9日至28日在北京召开的中央工作会议——引者注),我对他讲了,叫他站到毛主席的革命路线上来。江青同志也要他把工作抓起来,对他说:'我和春桥同志做你的参谋。'但是他没有这样做。特别使我吃惊的是,在发生'安亭事件'的时候,他打电话到中央,问了那么多的问题:'到底中央文革小组给了张春桥多么大的权力呀?''他为什么不和我商量?'他的态度很坏。马天水这次表态还好。我批评了他,他在会上表示:'我改,我改。'

"我要告诉大家,我同上海市委的分歧早就有了。我到上海去,是以中央文革小组副组长的身份去的,并不代表上海市委。

"我还可以告诉大家,中央文革小组本来是中央常委的秘书班子。我个人可以'火烧'。但是,炮打中央文革小组,意味着把矛盾指向哪里,那是很清楚的。

"现在,上海的情况很复杂。谁胜谁负的问题,还未定局。你们'工总司'要提高警惕,当心胜利的果实被别人夺走。……"

张春桥这番当众讲的话,已经把底牌清清楚楚地亮了出来,只是没有公开点"赤卫队"的名。

张春桥给王洪文挂了长途电话,把话讲得明明白白:"你要当心'赤卫队'把'打倒曹老头'的革命口号接过去,乘机捞取革命造反派英勇奋战得来的胜利果实,取'工总司'而代之!"

"军师"的话,使王洪文幡然猛醒。于是,"工总司"在12月25日下午,再度在上海文化革命广场敲响了"批判上海市委资产阶级反动路线大会"的锣鼓。曹荻秋被"揪"来了。"工总司"逼着曹荻秋宣布"赤卫队"的"八项要求"是"非法"的,是"无效"的,要对"赤卫队"实行"无产阶级专政"。

"赤卫队"闻讯,当天晚上召集了总部委员紧急会议,商量对策,与"工总司"决一雌雄。

上海上空乌云翻滚,一场大战已迫在眉睫了。

急令耿金章回沪

北京大学，未名湖畔的招待所里，响起了急促的电话铃声。

"马上找一下上海'工总司'的耿金章同志！"

"你哪里？"

"有要事找他，快！"

那是1966年12月26日晚，刚刚吃过庆贺毛泽东生日的寿面，耿金章回到招待所，便接到张春桥秘书打来的电话："春桥同志要你立即回上海！"[①]

"什么事？"

对方不予答复。

耿金章正在给聂元梓打电话要车，上海又打来长途电话，响起王洪文的声音："春桥同志要我转告你，马上回上海！"

"什么事？"

"来了就知道！"王洪文同样卖关子。

作为"工总司"的"北上返沪二兵团"头头，在周宝林被王洪文架空之后，耿金章拥有强大的实力。"二兵团"的人马，几乎占了"工总司"的一半。当时的王洪文，面临严重的挑战：在外面，"赤卫队"与"工总司"相匹敌；在内部，耿金章与他脚碰脚。

耿金章是在12月20日坐火车到达北京的。那是张春桥给王洪文打电话，要耿金章赶往北京，处理两桩急事：

一是那个"北上返沪一兵团"的头头戴祖祥，虽然曾被王洪文一闷棍打了下去，但后来带了一支人马来到北京，打着"工总司"的旗号，冲击中南海。

二是北京冒出了一个上海"工总司"的假联络站，居然用上海"工总司"驻京联络站的名义在北京印传单、发声明。

耿金章一到北京，就找聂元梓，住进了北京大学招待所。

耿金章派人四处寻找戴祖祥，却不见他的踪影。一打听，原来他已经走了。

至于解决那个假联络站问题，耿金章叫人拟了个上海"工总司"通告，送到聂元梓那里。北大印刷厂哗啦啦印出上万份通告，红卫兵把通告贴遍北京的大街小巷，声明那个所谓联络站绝非上海"工总司""正宗"。

耿金章刚刚把两件急事办妥，正准备驱车前往钓鱼台向张春桥汇报。不料，上海又发生火烧眉毛的急事。张春桥要"耿司令"速速返沪。

27日清早，耿金章便跳上聂元梓派来的小轿车，直奔飞机场。

[①] 1986年10月30日，叶永烈在上海采访耿金章。

中午,耿金章的双脚刚刚踏上上海机场停机坪,王洪文派来的车已在那里等他。

轿车驶往衡山宾馆。一个多月前,当"安亭事件"爆发时,这个宾馆成为曹荻秋的临时办公处。眼下,王洪文和徐景贤肩并肩坐镇那里,气氛显得异常紧张。

"老耿,有要事商量!"王洪文、徐景贤一见到"耿司令",赶紧离席相迎。

如此急急匆匆为哪般?

异常的动向,来自"赤卫队"总部。25日"赤卫队"召开总部委员紧急会议之后,"赤卫队"给中共中央和国务院发出特急电报,要求中央马上派专人来沪,解决上海问题。

"赤卫队"还制订了新的行动计划。这计划很快被"工总司"获悉,急报王洪文,而王洪文迅即报告张春桥。于是,张春桥密令耿金章火速返沪,而王洪文则与徐景贤已开始联合行动。

从12月27日起,上海的康平路情况异常。

在上海四千多条大小马路之中,康平路本是一条"知名度"不高的马路,远不如南京路、淮海路那样名噪上海滩。康平路旧名麦尼尼路,位于上海市西南角,邻近交通大学。康平路不长,充其量不过公共汽车两站地。这条马路上几乎没有一间商店,也不通公共汽车,平时很安静,行人稀少。马路两侧,大都是花园洋房,如此而已。

可是,康平路却是上海的政治中心,是中共上海市委的所在地,住着上海党政要员。柯庆施、张春桥那时都住在那里。

突然,大批的"赤卫队"队员涌向康平路,据说是要找曹荻秋"算账",要求重新承认他们的"八项要求"。

那时候的曹荻秋,简直成了一颗算盘珠,被"工总司"和"赤卫队"随意拨来拨去,双方都喊"打倒曹老头"——尽管"赤卫队"的心中是要保曹荻秋的,可是在那样的非常时刻也得在嘴上高喊"打倒曹老头",以防被"工总司"说成"保皇派"。

28日晚,已有一万多名"赤卫队"队员拥立在康平路那一棵棵光秃的梧桐树下。这条小马路陡然涌入这么多的人,连自行车都难以从路上通过。然而,入夜,仍有众多的"赤卫队"队员潮水一般涌向康平路——"赤卫队"此举,目的是向上海市委施加压力,以求曹荻秋废除25日给"工总司"的签字,重新认可23日答应"赤卫队"的"八项要求"。

29日,康平路上人头攒动,密密麻麻的全是"赤卫队"队员,这条马路成了一条"人龙"。往昔幽静肃穆的康平路,如今人声鼎沸。这条小马路,一时间成为上海的"热点",成为人们注意的中心。

"赤卫队"的这一着棋,取得了成效。29日上午,曹荻秋果真在康平路上海市委机关里,接待了"赤卫队"的代表。曹荻秋答应了"赤卫队"的要求。

于是,"赤卫队"开始散去——因为他们已经达到了预期的目的。

然而,高度"浓缩"于康平路以及附近的衡山宾馆的三万多"赤卫队"队员无法散去。他们所有的去路,都已经被"工总司"堵死。他们像饺子馅似的,陷入了"工总司"的重重包围之中。

这个网,是张春桥撒下来的,是王洪文撒下来的。

就在与康平路毗邻的衡山宾馆里，根据张春桥关于"不能让'赤卫队'抢夺胜利果实"的密令，以王洪文的"工总司"和徐景贤的"联络站"为首，与上海二十多个造反派组织联合成立了"上海革命造反派联合指挥部"。

这个"联合指挥部"设立了一个"前线指挥部"。"指挥"何人？耿金章！

毕竟是"耿司令"拥有实力，张春桥、王洪文急调耿金章返沪，至此才点穿谜底。

自然，张春桥与王洪文，各有各的一本账：张春桥调耿金章，为的是对付"赤卫队"；王洪文呢，乐得把耿金章推为"指挥"，把"二兵团"推上"火线"。对于王洪文来说，既要对付"赤卫队"，也要对付"二兵团"——他借助于"二兵团"之力，去干掉"赤卫队"！

耿金章呢，行伍出身，荣任"指挥"，兴高采烈。他披着军大衣，坐镇"前线指挥部"，调来十万人马，把康平路围得像铁桶一般。

"赤卫队"处于重围之中，犹如四周堆满了干柴，一颗火星跳出来，就会燃起一场熊熊大火，使他们葬身火海。

这颗火星，是从张春桥的家里蹦跳出来的。

从张春桥家传出谣言

虽然张春桥已是中央文革小组副组长，但他的家仍在上海康平路。

张春桥之妻，原名李若文、李淑芳、李岩，后来改名文静。据其自述："我和张春桥于1943年秋确定恋爱关系后调离工作，同年12月反扫荡中，我被俘自首叛变。这段历史，我曾写信告诉张春桥，对他丝毫没有隐瞒。张与我于1946年结了婚。……"

另外，在1963年"四清"运动（即"社会主义教育运动"）中，文静在亲笔填写的《干部履历表》中，承认自己有过叛变行为。

文静在《干部履历表》的"何时何地被捕、被俘过，经过情形及表现如何"一栏中写道：

1943年12月8日在晋察冀边区平山县郭苏区担任区委宣传委员，日寇大扫荡中被俘（在园坊村）负伤。由平山被压（押）到石家庄，先在石家庄日寇司令部，后解到日寇1417部队，在监狱中关了半年，后动摇自首，叛变了革命，为敌人作宣传工作，达半年之久。

与文静同时被捕的王晓初（汪雨菲）在1976年12月26日写道：

我叫王晓初，河北平山县人。1943年投敌，1944年春被扣到日寇驻石家庄宪兵特别警备队番号甲第一四一七部队，与李淑芳关在一个木笼里。后来我们一起参加了宣传班，日本矢野中尉宣布李淑芳为班长，为敌搞反共宣传，积极编写宣传材料，记起的有"我们不再受骗"、"李老太太的悲哀"、"弃暗投明"、"玩火自焚"等。她还为敌出谋划策，搞策反宣传。李亲自讲演，宣扬"中日提携"、"共存共荣"，谩骂共

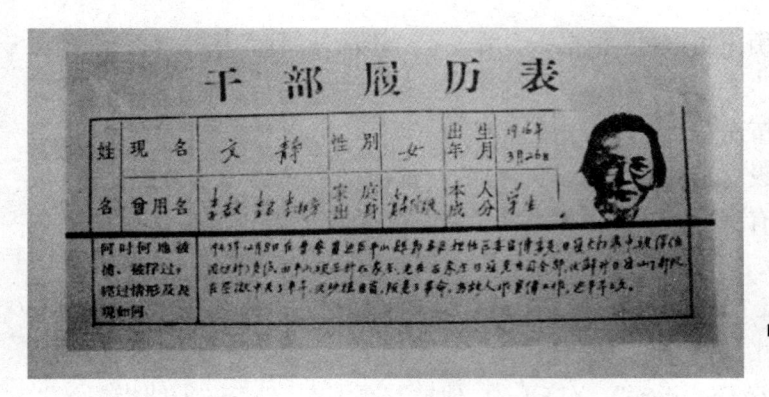

■ 文静在1963年亲笔填写的干部履历表中承认自己曾经变节

产党、八路军,作过广播宣传,与日寇中西少尉秘密外出散发传单。她参加了日寇组织的"反共同盟"。她对日寇抓捕的我方工作人员,特别是年轻的女干部,她总是对日寇说这个是废物,说那个思想不良,而被关进木笼。由于她忠实为日寇效劳,受到三好大佐、矢野中尉、中西少尉的称赞,称她是"巾帼英雄"、"新派绅士"、"女中豪杰"、"东方的摩登女士"。给她的薪金多,待遇也高。

此外,天津市公安局在相关材料中也写及:

> 文静于1943年12月8日被捕,被捕前担任中共平山县郭苏区委员会宣传委员。同时被捕的还有另外几位女同志。
>
> 文静被捕以后变节投降,被日本侵略军编在日本华北驻屯军石家庄宪兵特别警备队,番号甲1417部队,归日寇宪兵中尉矢野一郎管辖。文静在变节期间,为侵略者撰写大量反动宣传文章、为日军的侵华行为做辩护,鼓吹"中日满、永亲善",她不仅在电台上播音,还参加演出,主要反动作品包括《弃暗投明》、《玩火自焚》、《李老太太的悲哀》。

陈丕显也说[①]:

> 张的老婆李文静抗日战争时被日寇逮捕,屈膝投降,为日寇做宣传工作,是个货真价实的变节分子。柯却违反组织原则把她调到市委要害部门工作。
>
> 我长期负责上海市委干部组织工作,还兼管过审干领导小组组长,非常熟悉李文静历史问题,多次提醒柯庆施,但柯庆施就是不听。

文静在1963年就亲笔写下自己"叛变了革命",可是在"文革"大幕拉开之后,随着张春桥的升迁,"夫贵妻荣",文静也随之变"红"了。三天两头,张春桥从北京打电话给

[①] 陈丕显:《陈丕显回忆录——在"一月风暴"的中心》,上海人民出版社2005年版,第21页。

妻子文静，这条"热线"竟成为一根指挥棒，指挥着上海的造反派的行动。文静俨然成为上海的"张办主任"！

在"赤卫队"蜂拥康平路的时刻，张春桥那"热线"通话频频，遥控着上海局势。文静一接到张春桥的电话，或即告张春桥秘书何秀文，或转告徐景贤、王洪文，马上便成为上海造反派的行动指令。康平路上的一举一动，也由文静借助"热线"随时报告张春桥，使张春桥了若指掌。

就在康平路上两军对峙、一触即发的时刻，从张春桥家传出了意外消息，导致了一场流血惨案。这便是继"安亭事件"、"《解放日报》事件"之后在上海上演的"文革"大戏的第三幕——康平路事件。

"师出有名"，历来讲究这一点。一旦有"名"，便可召唤群众，动员群众。阴谋家们原本无"名"，总是依靠造谣，制造借口：1931年9月18日夜10时20分，日本关东军自行炸毁沈阳北郊柳条湖村附近的一段铁路，指责这是中国军队干的，以此为出师之"名"，突然发动了"九一八"事变；1932年1月18日下午，住在上海江湾路山妙发寺的日莲宗和尚天崎启升等五人，在江湾向中国义勇军寻衅，死一人。十天之后，日军又以此为"名"出师，在上海发动"一·二八"事变。

"工总司"出师横扫"赤卫队"，其"名"乃"赤卫队"抄了张春桥的家！

据《工人造反报》载：

> 就在这一天（12月28日），"赤卫队"竟冲入张春桥同志的家中，大声叫嚷："我们就是要造张春桥的反！"说什么：在"安亭事件"上，我们早和张春桥有分歧，他也不一定没有问题。可见他们"威逼"曹荻秋是假的，造张春桥同志的反才是真的。这些家伙中间少数是别有用心，大多数是受了陈、曹之流的毒害和蒙蔽，来造无产阶级司令部的反，走上了炮打中央文革小组的危险道路。
>
> ……
>
> "赤卫队"的一小撮坏头头仍然一意孤行。这天（12月29日），"赤卫队"又冲了张春桥同志的家，恐吓张春桥同志的爱人说："如果中央负责同志不来，到六点钟问题还不解决，那上海就要停水、停电、停车了！"真是不打自招，一语道破了以陈、曹为首的一小撮走资本主义道路的当权派炮打中央文革小组的反革命计划！

于是，《赤卫队抄了张春桥同志的家》以至《赤卫队抄了柯庆施同志的家》之类造谣传单满天飞，在康平路上卷起了狂澜。"工总司"一言以蔽之："赤卫队抄了张春桥、柯庆施同志的家，大方向错了，大错特错了！"

所谓"抄家事件"的真相，张春桥的秘书何秀文后来曾说得清清楚楚：

12月29日下午，何秀文风闻张春桥家被抄，立即赶去。文静对何秀文说道："开始，有几个'赤卫队'队员进到家里，是想找个地方坐下来。但是，看到是住家，家里有老小，所以很快就退出去了，就在门外走廊上和楼梯口站立或坐在地下，以后没有再进屋。于文兰同志（注：柯庆施夫人）给我打过电话，也说有人先敲门进屋，但一进屋看到柯老的遗像，随即退出来了，以后也没有再进去。"

"红革会"常委马立新、戴定宪、劳元一等，后来也曾清楚说明了自己当时所作的调查：

29日夜，突然到处谣传："'赤卫队'冲砸敬爱的春桥同志的家。"我们特地来到康平路100号，在张春桥家门口问了文静："赤卫队有没有抄你的家？"她亲口回答："他们要找陈丕显，敲了我家的门。我对他们说，这是张春桥同志的家，他们就走了。"

一个小时之后，张春桥从北京打来的长途电话，一下子就使文静改口。黑白从此颠倒了！

电话最初是张春桥的女儿张维维接的。张维维记得，张春桥头一句话便是问家里情况怎么样，女儿如实答道："'赤卫队'并没有抄我们的家。"

张春桥让文静接电话。文静一边听电话，一边不住地"嗯"、"嗯"，说"知道了"、"知道了"。

张春桥面授机宜之后，文静来了一百八十度的大转弯，从此一口咬定："赤卫队"抄了张春桥的家！

有文静作证，谣言变成了"事实"。于是，上海满城风雨，街头巷尾刷满大字标语：

"'赤卫队'抄张春桥同志的家，就是炮打中央文革小组！"

"'赤卫队'抄张春桥同志的家，罪该万死！"

这种大字标语，还非常讲究用色——其中"张春桥同志"用红色颜料书写，而其他的字则用墨汁来写，真是朱墨分明！

向"赤卫队"发起总攻

在黄浦江东岸杨家渡附近，有一条鲜为人知、长度只有几百公尺的马路——荣昌路。荣昌路60号，原是中共上海市委文革小组的所在地。此刻，成了王洪文和耿金章的"前线指挥部"。

1966年12月30日凌晨，从这"前线指挥部"发出命令：向"赤卫队"发起总攻！

夜色黛黑，寒风飒飒，三万多名处于重围的"赤卫队"队员正困倦难熬，吃着饼干充饥。突然，"工总司"的造反队员冲了过来，高喊："'赤卫队'是保皇队！""受蒙蔽无罪，反戈一击有功！"

那从成千上万的喉咙里发出的呼喊声，震天动地，摇晃着康平路。一场大规模的武斗爆发了！

由徐景贤、朱永嘉等编写的《上海一月革命大事记》，曾有这样一段话，记述"工总司"的"战功"：

30日凌晨二时左右，工人造反队员开始向康平路的赤卫队员冲击，到六点多钟，康平路书记院内的赤卫队员全部投降。七点钟，近二万名赤卫队员排成单列，分成六路，到四马路上集中，袖章缴下来六大堆。这天共有九十一人受伤送至医院治疗。工人造反队员还缴获几百箱饼干。

康平路一役,使"赤卫队"的主力被歼。30日下午5时45分,"赤卫队"总部头头王玉玺率数万"赤卫队"队员步行北上,声言进京控告。步行的队伍到达昆山时,王洪文和耿金章率"工总司"造反队员追来,在昆山又发生一场混战。

王玉玺是上海铁路局代理调度主任。他手下的调度所的80多人中,有70多人是"赤卫队"队员。这批"赤卫队"队员跟随他去康平路,然后又北上,造成上海铁路局无人调度,中枢神经瘫痪。从30日凌晨至31日的26小时里,26列客车停开,5万多旅客无法上车,5万多旅客受阻于中途;货车有38列停开,积压货物数万吨。

康平路事件和昆山事件,又一次震动了上海,震动了全国。

王洪文乘机把"破坏生产"、"破坏交通"的罪名加在"赤卫队"头上,发出了"工总司"《紧急通告》,要把"赤卫队"各级组织的负责人抓起来。于是,"赤卫队"的市、区两级负责人240多人被捕。顿时,"赤卫队"土崩瓦解!上海国棉十七厂的"赤卫队"负责人马骥曾对笔者谈及[①],王洪文指派一批"工总司"造反队员和一群北京红卫兵,突然闯进大队部,抓走了他。连拉带搡,马骥被推上一辆冷藏车,从国棉十七厂开到提篮桥,然后押上一辆小轿车,直送上海市公安局。在那里,马骥无端被关押了一个多月。

就在马骥被捕的时候,上海国棉十七厂"赤卫队"骨干24人也被押进了市公安局。

这下子,王洪文如同拔掉了眼中钉,肉中刺。

张春桥"高度"评价"工总司"的这一"胜利"。他颇为得意地说:"我打电话叫造反派赶快参加战斗,这次较量是个转折点。这一仗一打,市委瘫痪了,垮了,讲话没人听了。'赤卫队'也垮了,造反派占优势了。"

就在张春桥那"胜利"的微笑尚未消失的时候,出乎意外,在他的家里发生了一场风波。

1966年的最后一天,亦即"赤卫队"覆灭的这一天,一张题为《造谣派破产》的传单在上海广为流传,引起了人们的关注。

传单的作者不是别人,却是张春桥的女儿张维维。传单上印着她的签名手迹。

那传单说:"我是张春桥的女儿张维维,我向大家介绍一下情况,赤卫队员是到我家来过,也到柯老家去了,但他们并没有抄家。"

这一回,王洪文不敢说《造谣派破产》这张传单是造谣,因为在电话中文静告诉他:"维维是那么说的!"

张维维的声明,戳穿了"工总司"的谎言,使王洪文颇为尴尬。他不敢反击张维维——她毕竟是张春桥的女儿。可是,这张传单说出了真话,无疑使已经败北的"赤卫队"占了理!

幸亏,幕后指挥亲自出面了。张春桥把他的"家庭矛盾"向王洪文交了底,而且驳斥了女儿的话:"什么叫抄家?非得砸烂了才算抄家?你们要从阶级斗争的观点来看问题。柯老家有什么理由进去?我的家又有什么理由进去?进去了,就是一个很严重的政治问题!"

[①] 1986年10月24日,叶永烈在上海国棉十七厂采访马骥。

王洪文壮胆了。于是,"工总司"与"上海炮打司令部联合兵团"、"首都红卫兵三司驻沪联络站"等共同发表了《联合声明》,居然毫不客气地斥责起张维维来了:

> 张维维和她的父亲张春桥同志不是一路人。……张春桥同志是坚定的革命左派,而张维维是铁杆保皇分子。
> ……
> 为了澄清事实,我们特此联合声明,张春桥同志家确实被工人赤卫队闯进过,并且工人赤卫队曾经在张春桥同志家静坐示威。工人赤卫队的大方向肯定错了,而且一错到底。

紧接着,文静也发表声明,说道:"有人指望从这里捞取稻草,死死抓住赤卫队没有抄张春桥同志的家来表明赤卫队的大方向是正确的,这是绝对办不到的,赤卫队不抄张春桥同志的家,他们的大方向也是错误的。"

左一个声明,右一个声明,总算把张维维的嘴巴堵住了,总算把《造谣派破产》掩盖了。

第十四章
张、姚、王发动"一月革命"

一张大字报背后的尖锐斗争

张春桥选取了"砸烂"常溪萍作为推倒中共上海市委的突破口,是经过精心策划的。

1966年7月25日晚,一辆又一辆小轿车驶入北京大学校门。

此刻,北京大学大操场上灯火辉煌,万名师生集聚那里,批判以张承先为首的工作组的群众大会即将开始。但是,主席台上依旧空空如也,意味着可能会有重要人物出场,全场只得以高唱革命歌曲来暂且填补等待的时间。

一连串小轿车在夜幕中驶入北京大学幽静的燕南园,停在64号前。

一个又一个"中央文革小组首长"从轿车里出来了:顾问康生,第一副组长江青,副组长张春桥,组员戚本禹等。

聂元梓早就在门口迎候他们的光临。

这么多"中央文革小组首长"倾巢而至,当然决非寻常。待"首长们"坐定之后,聂元梓手下的一员大将C,见张春桥在座,抓紧时机,挑出了一个与当晚大会并不相干的问题——常溪萍问题。

C问江青:"6月份,我们给上海市委转去一份常溪萍的材料,不知道是否收到?"

江青把脸转向张春桥:"春桥同志,你们收到了吗?"

张春桥马上答话:"收到了,正在市委领导中传阅。"

C趁机说:"我们给常溪萍写了一张大字报,中央文革小组的领导能不能帮我们转一转?"

江青当场拍板:"可以帮助你们转,你们把大字报拿来吧!"

C赶紧离开燕南园,奔向哲学楼,从办公室里拿了一卷黄纸头。

那是一份事先已经写好的大字报。17个人签名,打头的名字便是聂元梓。

当C风风火火赶回燕南园64号,"首长们"已在大操场的主席台上就座了。

C连忙赶到会场,奔上主席台,把那卷黄纸头塞到张春桥手中。张春桥接过黄纸头,说了一句话:"保证转到!"

这一过程,不仅C后来在1979年9月24日作了详细交代(C是那张大字报的17个签名者之一),而且张春桥1966年11月24日在上海友谊电影院,也谈道:"我一到北京,第一次到北京大学开群众大会,他们给我送来了大字报。常溪萍在北大问题很严重,这个我知道。但详细情况我不清楚。大字报是我接过来的……"

张春桥的面孔,通常是不笑的。但是,当他回到钓鱼台,打开这卷黄纸头,他眉开眼笑——他钓了一条大"鱼"!

这张大字报的标题是:《常溪萍是镇压北大社教运动的刽子手,是暗藏的反革命黑帮》。大字报一开头,那语气便咄咄逼人:

> 最近,我们得知常溪萍负责领导上海的高等学校的文化大革命运动,十分震惊!
> 常溪萍究竟是什么人?他是扼杀北大社教运动的反党反社会主义的黑帮分子,是三家村黑店的新伙计,是暗藏在前北大社教工作队中的政治投机家……

张春桥不由得拍案叫绝,他处心积虑,日夜盘算着如何轰倒上海市委,正愁炮弹不够,而这卷黄纸头正是一发重磅炮弹!

须知,原北京市委,正是被一张大字报轰倒:在康生的妻子曹轶欧"指导"下,聂元梓等七人在1966年5月25日贴出那张"全国第一张马列主义大字报",炸开了北京大学这个缺口,导致6月3日"撤销北大党委正副书记陆平、彭珮云的一切职务,改组北大党委",导致同日"中共中央决定改组北京市委"。6月4日,《人民日报》为此发表社论,欢呼"新胜利"。

如今,张春桥手中的这张大字报的"第一作者",正是"全国第一张马列主义大字报"的"第一作者"。或者可以说,这是"全国第二张马列主义大字报"!

能不能把上海的华东师大,变成第二个"北京大学"?能不能把常溪萍,变成第二个"陆平"?

轰倒上海市委,看来要从常溪萍身上打开缺口!

顿时,张春桥仿佛觉得,那卷轻飘飘的黄纸头在膨胀,变成了一颗硕大无朋的巨型炮弹。

怎样把这颗重磅炮弹,从北京发射到上海呢?

如果让张春桥自己来发射,未免过分暴露。他向来颇为谙熟借刀杀人之法。

真是难得的巧妙机会:上海市委书记处书记、市长曹荻秋前来出席中共八届十一中全会,正住在北京饭店。张春桥以中央文革小组副组长的身份,也出席会议。

眉头一皱,计上心来。张春桥出了难题给曹荻秋,叫曹荻秋把大字报带回上海去:如果曹荻秋同意带回上海,借曹荻秋之手,炮轰上海市委,当然很妙;如果曹荻秋不同意,那

受张春桥迫害的上海华东师大党委书记常溪萍夫妇

将落个"包庇常溪萍"的罪名。

1971年6月14日，曹荻秋在一份材料中，写及此事经过："1966年7月25日晚间，北大师生开群众大会，中央文革小组的负责人去参加了这次会议。在会议过程中，聂元梓等人把写就的一张对常溪萍的大字报交给张春桥。次日，张春桥把这张大字报送给我。对这张大字报如何处理，我和张春桥研究结果，决定去请示康生。26日见到康生，谈这张大字报如何处理时，他临时被别的人找去了，没谈下去。几天和他相约都没有空，我感到这张大字报老摆在我这里不是办法，这时我想到北大社教问题是邓小平处理的，决定去找他……"

康生避而不见曹荻秋，其中的原因显而易见——他的妻子正"指导"着聂元梓的工作，而他的妻子又是根据他的意旨在办事。有着如此微妙的关系，他不会对那张大字报明确表态。他跟张春桥一样，在这种场合都喜欢打"太极拳"。

曹荻秋让秘书糜欣祥给邓小平的秘书挂电话。

8月1日上午8点多，糜欣祥挂了电话。很干脆，将近11点，邓小平的秘书就来电话，请曹荻秋马上去中南海。

曹荻秋立刻赶到邓小平家。

邓小平抽着烟，听着曹荻秋讲述那张大字报。邓小平对常溪萍在北大社教运动中的情况十分了解，干脆利落地作了答复。

曹荻秋回忆道：

我到了邓小平家，向他提出对北大关于常溪萍的这张大字报如何处理。他的答复是北大社教问题已经中央书记处作了处理，这个问题不要再挑起，大字报不要送回上海。

他叫我不要再去找康生。他会告诉康生。

这样，那张关于常溪萍的大字报就扣押在我那里，这就起了保护常溪萍的作用。

邓小平的意见，很快就从康生那儿传到江青耳朵里。

江青恼怒了，说道："上海市委不贴这张大字报，我去贴！"

曹荻秋写下这样的回忆：

> 不几天，江青在会场上见到我，对我说：常溪萍这张大字报你们如不送回上海，你们市委要被动的。

原中共华东局书记魏文伯当时在侧。他于1977年6月11日也写下这样的回忆："1966年八届十一中全会期间，有一天散会的时候，当曹荻秋和我出会场门外的时候，江青赶上来质问曹荻秋说：'北大写给华东师大常溪萍一张大字报，如果不在华东师大很快地贴出来，你们上海市委就要被动。'江青讲这话的时候，我在场亲耳听见的，也看见的。"

曹荻秋迫于无奈，回到北京饭店，只得嘱咐秘书："把那张大字报交机要交通员带回上海，在教卫部和华东师大两个单位贴一贴就行了。"

曹荻秋还打长途电话到上海，把情况告诉了中共上海市委候补书记杨西光。

就这样，本来在那年月，"大鸣、大放、大字报、大辩论"这"四大"盛行，谁都可以刷一把糨糊，贴一张大字报，而聂元梓等写的一张大字报，却要牵动那么多高层人物，要借中央文革小组的"虎威"，转到上海。

中共八届十一中全会充满着火药味儿。刘少奇在中央政治局常委中的名次，由原来的第二位降到第八位。林彪取而代之，名列第二，并成为党中央唯一的副主席。

毛泽东在8月5日写的《炮打司令部——我的第一张大字报》，震动了全会。

毛泽东还公布了他在8月1日给清华大学附属中学红卫兵的一封信。从此，红卫兵运动如潮涌，在全中国卷起狂澜。

全会通过的《关于无产阶级文化大革命的决定》，成为"文化大革命"的纲领性文件。诚如后来《中国共产党中央委员会关于建国以来党的若干历史问题的决议》所指出，八届十一中全会是"文化大革命"全面发动的标志。

就在会议结束的那天——8月12日，曹荻秋收到了张春桥的一封亲笔信，所谈的又是关于常溪萍。全文照录如下：

荻秋同志：

> 北大的斗陆平计划，有一条要把常溪萍揪回来斗争，已经贴出去了。据康生同志告诉我，江青同志有一次在毛主席那里也说要把常溪萍揪回来斗。此事，请你回去后同市委同志好好议一议，不然很被动。
>
> 春桥

江青说"你们市委要被动的"，张春桥也说"不然很被动"，如出一辙。显然，他们私下商量过怎样整常溪萍。

曹荻秋一回到上海，就把来自北京的信息转告上海市委的常委们，常溪萍一下子成了众所关注的中心。上海市委商议了对策。如同杨西光所回忆的："北大提出要把常溪萍搞去，上海市委亦只得同意，但我们商量要常溪萍到北京后住到上海驻京办事处去……过不久，中央文革小组又通知说，不要常溪萍去了。"

常溪萍怎么会成为聂元梓的眼中钉、肉中刺？怎么会成为江青、张春桥必欲置于死地的冤家对头？

我们把时间拨回到1964年11月至1965年6月，那时常溪萍担任了北京大学社教工作队党委副书记。

1965年1月，北京大学社教工作队队长兼党委书记张磐石，正坐在他的办公室——北大专家招待所里，皱着眉头，翻阅着常溪萍所写的一份工作报告。看罢，他提起笔，在报告的天头上写了一个很大的"右"字！

张磐石和常溪萍本来素昧平生，只是这次搞北大社教，才一起共事。张磐石对常溪萍的印象是："开始还以为他是稳，其实是右！"

张磐石和常溪萍在对待北大社教运动问题上，产生了明显而又深刻的分歧。

社教运动，就是"社会主义教育运动"，从1962年起逐步在全国展开。最初，在农村叫"四清"运动，即"清工分、清账目、清财物、清仓库"；在城市叫"五反"运动，即"反对贪污盗窃、投机倒把、铺张浪费以及反对分散主义、官僚主义"。

社教运动走过了曲折的路——1964年初，毛泽东主持制定了《农村社会主义教育运动中目前提出的一些问题》，共二十三条，简称"二十三条"。这个文件对于纠正"左"的错误、缩小打击面，起了一定的作用，但是错误地提出了运动的重点是"整党内走资本主义道路的当权派"。

社教运动的面越来越宽，从农村扩大到工厂，到学校。北京大学被确定为全国大学中的社教运动试点单位。1964年11月，党中央从各地高教部门调集了200多名干部，组成了"北京大学社教工作队"。上海当时共有24所高等院校，每校各抽一名院级、一名处级干部，作为北大社教工作队员。上海市委指定常溪萍带队。到了北京之后，工作队成立党委，设一名书记、四名副书记，常溪萍是副书记之一，兼北大西语系工作组组长。

张磐石和常溪萍在工作中产生了分歧。在常溪萍看来，张磐石太"左"；在张磐石看来，常溪萍太右！

他们分歧的焦点，又集中在北京大学党委书记陆平身上。张磐石要把陆平打成坏人，而常溪萍则认为陆平是好人犯了些错误。

在一年多之后，由于北京大学成为"文化大革命"第一炮轰击的单位，陆平成为"全国第一张马列主义大字报"集中攻击的目标，常溪萍和张磐石当年在北大社教运动中的分歧，也就随之成为众所瞩目的大是大非。

陆平经过十年磨难，得以幸存。1981年10月，陆平写下一段对常溪萍的带泪的回忆：

1964年冬，社教工作队在北京大学发起社教运动，把北大当作"烂掉了"的单位，打击了一大批校系领导干部，使北大陷于半瘫痪的状态。乌云笼罩了北大，所有正直人们的心中都感到沉重的压力，敢于坚持真理的同志随时可能遭到无情的打击，被打成所谓的"敌人"。我和溪萍同志就是在这种恐怖的形势下相识的。

大约在1965年1月，北大党委办公室通知我，社教工作队党委副书记常溪萍同志要找我谈话。当时，我和溪萍同志只有一面之识，对他还不了解，加上社教工作队在北大的错误做法，不能不使我对谈话怀着很大的疑虑。

我和溪萍同志谈了两个半天……我按照他的要求，如实地一一作了介绍。在介绍的过程中，他始终认真地倾听并提出许多询问。在有些问题上，他还与华东师大作比较和分析。他总的认为，这些年来北大党委是执行了党的教育路线的。同时也有若干缺点错误，甚至有的是严重的，但成绩仍是主要的。我认为，他的观点是对北大多年来的工作公正的历史评价。我从谈话中切实感到溪萍同志观察问题是全面的，实事求是和一分为二的；态度是和蔼可亲并允许别人讲话的。这和那些搞"一言堂"，以"帽子"压人的"钦差大臣"、"整人能手"真有天壤之别。我起初的疑虑很快就消除了，并对他敢于顶歪风，坚持实事求是的高尚行为十分敬佩……

不言而喻，陆平所说的"钦差大臣"、"整人能手"，指的就是张磐石。

1965年12月，常溪萍回上海过春节，他向当时分管文教工作的上海市委候补书记杨西光、市委书记张春桥作了汇报，着重谈了他与张磐石之间的重大分歧。

杨西光1977年6月6日所写的回忆材料中说：

那个时期张磐石在北大社教运动中确实很主观，作风上也独断独行。我在1964年在北京和张磐石一次谈话中已经感到，后来也陆续听有些同志谈过……1965年春节常溪萍回沪后，首先向我汇报，我相信常的意见是对的。当时市委是我和张春桥共同分工管文教工作的，我就约了张春桥一起听常的汇报，当时张春桥也同意常溪萍的意见，我们一致意见是要常溪萍按"二十三条"办事，有意见可以在工作队中间提，也可向组织反映。在这一点上，张春桥没有讲过一句和常溪萍或者和我有什么不同意见。

常溪萍回到北京大学后，于3月4日给张春桥、杨西光写了一封非常重要的信。信中说：

昨天中央书记处开会讨论文化革命问题，对北大问题作了明确的指示，批评了北大工作队的领导……小平同志说："运动一开始即应三结合，要肯定成绩，克服缺点，北大运动要总结。总之，有毛病，一去即夺权，斗争方式不正常，陆平被斗得神志不清，不是党内斗争的方法，陆平犯错误不是犯了一切错误，只是某些错误，搞得万里见了陆平要躲开，把市委放在一边。同意市委帮助北大党委总结过去工作的方法，这方法很好……"……如果张磐石等老是这样，我想向中央写信反映一下（他们自以为是很严重,有许多做法很不对头,作风也很不民主),不知可否?

常溪萍决定迈出重要的一步——向中央写信。

张春桥拿起铅笔,在常溪萍的这封信上开头所写的"春桥同志"的"春"字上,画了个圆圈,表示他已"圈阅"。这是当时领导层中流行的办公习惯。

张春桥还在信的天头上写下批语:"西光阅后送丕显、荻秋、一平同志一阅。"

常溪萍终于发出了致邓小平的信

常溪萍着手起草写给中央的信。

他毕竟是上海市委派出的。他的3月4日的信,尚未见到复函。他有点焦急,在3月11日又给张春桥、杨西光写了一封信。

在这封信中,他除了谈了张磐石最近如何抵制邓小平的意见之外,还重申了他要给中央写信的决心:"在总结工作中,我提了一些意见,基本上都遭拒绝。我没有再说什么,以免形成顶牛,但,我想,应当向中央反映一下情况,否则会犯自由主义,不知可否? 请速示。"

常溪萍在信末加了七个着重号,反映了他当时的心急如焚。

张春桥又拿起铅笔,在"春"字上画了一个圆圈。

上海市委书记处的书记们聚集在康平路会议室里,研究常溪萍的两次来信。

杨西光很详细地写及这一过程:"常溪萍对北大运动有些意见,要向中央反映,我和张春桥都认为这是正当的,同意他这样做。为了更慎重起见,我们还把常信的内容向市委书记处所有成员汇报了。在一次书记处办公会议上,由陈丕显同志主持谈了一下,都认为按照组织原则,常这样做是可以的,不但可以写信反映,也可以向有关组织口头反映。在工作队内部可提出问题是我和张春桥与他个别谈话时也已告诉他。这样,我就通知当时教卫部办公室负责人邱敏珠同志把市委的意见告诉常溪萍了。"

张春桥对于常溪萍给中央写信一事,是非常清楚的,是同意、支持的。这是有着确凿的人证、物证的。

常溪萍是一个组织观念颇强的人。他在征得上海市委同意之后,找北京市委书记处书记万里谈了自己的意见。万里的意见与他一致。他又找张磐石当面交换意见,谈了自己的看法,张磐石与他如针尖对麦芒,怎么也谈不拢,没有商量的余地。

考虑再三,常溪萍终于在3月17日,写定致中央的信。考虑到中央是邓小平分管北大社教工作,考虑到彭真是中共北京市委书记,考虑到陆定一是中宣部部长、张子意是中宣部副部长(北大社教工作队受中宣部和北京市委双重领导),常溪萍的信是这样写的:

小平、彭真、定一并子意同志:

我向中央和宣传部反映一个情况。

张磐石在领导北大的社教运动中,采取了一系列的对中央书记处、中央文化革命五人小组、中宣部和北京市委的错误态度和做法……

这里提及的中央文化革命五人小组，是1964年根据党中央、毛泽东主席的指示建立的，由彭真、陆定一、康生、周扬、吴冷西组成，彭真为组长，陆定一为副组长。在1966年5月16日《中国共产党中央委员会通知》中，中央文化革命五人小组被撤销，建立了以陈伯达为组长、江青为第一副组长的中央文革小组。

常溪萍在信中批评了张磐石的一系列错误，肯定了北大陆平、彭珮云、宋硕的意见。（请注意，一年多以后，聂元梓等七人抛出的那张震惊全国的大字报，标题便是《宋硕、陆平、彭珮云在文化革命中究竟干些什么？》）

3月19日，常溪萍发出了这封观点鲜明的信。

3月20日，中共中央办公厅秘书室约见常溪萍，他详细地谈了自己的意见。

这时，万里也向邓小平反映了意见，与常溪萍的见解一致。

万里曾回忆道："我曾在中央书记处会后，将我召开北大系总支书记会的情况向邓小平作了汇报，其中把张磐石的情况向邓小平汇报了。邓问我常溪萍怎样？我曾向他介绍常是正派人。"

3月30日，邓小平在常溪萍的信上，作了重要批语："我看张磐石同志在北大工作中，表现作风不正派，对'二十三条'是患得患失的，抵触的，似乎要考虑改换工作队领导问题，否则就只能调换陆平等人的工作，再这样顶牛下去，北大工作要受损失。"

就在邓小平作了批示后不久，张磐石被调换了工作，中央另外任命一位同志担任了北大社教工作队领导。这样，北大社教运动"左"的倾向得到了纠正。

对于常溪萍在北大社教工作队七个多月的工作，万里曾写下了这样的印象：

常溪萍是个好同志，这个同志在北大社教运动中表现得很好。

在北大社教期间，我跟小平同志说过，张磐石把北大社教运动搞得很不好。

常溪萍同志写信向中央反映张磐石的问题是符合事实的，完全是正常的，常溪萍同志信写得很好。

聂元梓把陆平说成是坏人，而陆平是个好同志，聂元梓才是混入党内的坏人。

常溪萍同志就是坚持党的政策和革命路线……

正是因为常溪萍"坚持党的政策和革命路线"，秉公直言，向邓小平等如实反映了北大社教运动中"左"的错误，聂元梓把利箭对准了他。

聂元梓等17人的大字报《常溪萍是镇压北大社教运动的刽子手，是暗藏的反革命黑帮》，经中央文革小组转交，终于在上海市委教卫部和华东师大同时贴出来了，一时成了上海一大"新闻"。

常溪萍在华东师大担任党委书记达十年之久，工作踏踏实实，在师生中享有颇高的威信。

刘佛年教授对他的印象是:"我初见他的时候,发现他穿着很朴素。他仿佛对个人生活很不关心。身上一年四季总是几件旧衣服。共事十多年,几乎没有看见过他添过什么新衣服,如果不知道他的身份,很容易把他当成一位农村的小学教师。"

华东师大党委干部姚柞训记得:"我有将近五年的时间,住在他的宿舍的一个房间里,经常发现常校长只睡五六个小时的觉,运动期间只睡三四小时,通宵达旦的工作是常有的事,他一心扑在党的工作上。"

夏鹤龄、孙殿林等同志回忆了常溪萍的"工作日程表":"常溪萍同志每天是这样工作的:清晨,他打扫自己包干的垃圾箱,然后来到共青操场,和同志们一起做广播操,每天上午,如果没有会议安排,他就到教室和同学一起听教师讲课,或者到系里参加教研室的活动;午饭的时候,我们又经常看到常校长在食堂了解情况;下午,一般是他学习、办文或开会的时间。到下午4点半,他总来到共青操场或文史楼旁的操场和师生们一起打球;晚饭以后,常校长又出现在学生宿舍、图书馆……"

膳食科冷海天记得:"学校里淹了大水,常溪萍同志亲自撑船,把烧好的姜茶送给伙房的工人吃,使大家很感动。"

司机庞学友则记得[①]:"在汽油供应紧张的年月,常校长为了节约汽油,宁愿骑自行车去嘉定看望同学,不坐小汽车。后来,他学骑摩托车,想不坐小汽车,结果摩托车摔在沟里,他断了腿骨……"

在"文革"大旗哗啦啦飘的那些日子,尽管人妖颠倒,尽管常溪萍已调离华东师大一年多,但是想一下子从师生们的心中抹黑常溪萍的形象,还不那么容易。

在"文革"初期,华东师大关于常溪萍的大字报并不多。揭来批去,无非是些"大路货":《常溪萍是修正主义教育黑线的推销员》、《常溪萍抓卫生、抓篮球为了什么?》、《常溪萍重用资产阶级反动学术权威》、《常溪萍阶级斗争观点到哪里去了?》、《常溪萍推行智育第一》。

这些大字报不仅标题一般,而且内容也空空洞洞,无非开头引几句语录,中间举几个例子,结尾喊几句口号,如此而已。

聂元梓等人的大字报,却如重磅炮弹,在华东师大炸开来了!

不过,虽然爆炸的冲击波过去之后,常溪萍的脸上只落上一些灰尘,并没有被抹黑。因为那张大字报,除了一连串"黑帮分子"、"政治投机家"之类大帽子之外,并没有多少足以动摇人心的货色。它的冲击波,充其量只不过是中央文革小组和作者"聂元梓"在当时所享有的特殊名声而已。

一阵风过去了,华东师大又恢复了平静。

再轰!聂元梓在1966年9月20日,再向常溪萍发射一炮:还是17人签名,写了第二张大字报,题目——《常溪萍在北大社教运动中是个叛徒,是前北京市委反革命修正主义集团镇压北大社教运动进行反攻倒算的急先锋》。

[①] 1986年4月12日,叶永烈在上海采访常溪萍司机庞学友。

第一张大字报不过千把字。这一回，洋洋数千言，竭尽诬、骗、骂之能事，硬给常溪萍安上了个"大叛徒"的罪名。

在第二颗炮弹的冲击下，华东师大师生对常溪萍的态度起了变化，分化为"反常"和"保常"两派。

"反常"派唱着聂元梓的调调，咒骂起"大叛徒常溪萍"来了。但是，"反常"派毕竟只是少数派。"保常"派占多数，高举"心向党"大旗，跟少数派论战。

平静的校园里起风波了：这边，"鬼见愁"战斗组的大字报在批判常溪萍的"叛徒行径"；那边，"天安门警卫连"战斗队贴出大字报《常溪萍是好人犯错误》；紧接着来了个"刺刀见红"战斗组"刺"向了"天安门警卫连"；"红色钢铁"战斗队上台了，跟"刺刀见红"来了个"刺刀见红"。

在众多的大字报中，中文系四（3）班"红旗"战斗队贴出了《一论常溪萍》、《再论常溪萍》、《三论常溪萍》这样的系列大字报，引起了人们的注意。

幸亏当年大字报的底稿尚在，现在读来，时隔二十年，仍颇为感人。

这是"红旗"战斗队在1966年10月3日贴出的批驳聂元梓的大字报，以理服人，写得很有水平。

常溪萍是大叛徒，这在一些人心目中似乎已成为不可动摇的结论了。

他们说，常溪萍在给中央和中宣部的信中以及和中共中央办公厅秘书室的同志的谈话，是出卖北大社教运动的大叛徒。

事实果真如此吗？

……我们的看法是，向党的上级机关通过正常的途径反映意见是每一个党员的权利，是正当的，是合法的，是无可非议的。有的人把这种行为称为"告密"，是毫无道理的，极端错误的。

这封信是写给中共中央书记处和中宣部的。根据党章规定，作为一个共产党员应该履行这样的义务："向党的领导机关直到中央委员会报告工作中的缺点和错误。"他也有这样的权利："向党的任何一级组织直到中央委员会提出声明、申诉和控诉。"有些人竟把这种党员的正当的合法的行为，称之为"告密"，不知道这些同志是怎样看待我们党的领导机关的？

聂元梓的第二张大字报，仍未"打倒"常溪萍。她有点焦急了，咒骂华东师大是"常家王国"、"常家王朝"，咒骂常溪萍是"常霸天"。

骂也无济于事。华东师大的"保常"势力"顽固"得很哩！

终于，江青电召聂元梓来到花园街×号；

终于，聂元梓坐着软卧专程来沪"揪常"；

终于，华东师大校园里出现那个戴着大口罩的神秘女人。

张春桥和聂元梓合演"反常"双簧

写"打常",不可不写那个"狗头军师张"。

就在聂元梓到达上海之前——11月11日,张春桥坐飞机不可一世地回到上海。张春桥仿佛"钦差大臣"一般,凌驾于华东局和上海市委之上,赶往安亭,签署了"五项要求"。

在如此"忙碌"的时候,张春桥仍"拨冗"与到达上海的聂元梓联系。

11月24日,张春桥已决定当天飞回北京。就在离开上海的匆忙之际,他在那华丽的俄式建筑物——上海友谊电影院,接待了华东师大的造反派,对常溪萍问题发表了长篇大论。

这时候,他一副"左派"面孔,以中央文革小组副组长的身份,为聂元梓"揪常"鼓劲撑腰。

幸亏当年的造反派们用录音机录下了张春桥的讲话——本来是作为"中央首长指示",如今却成了不可多得的反面教材。

且看张春桥在台上是怎样演戏的:

> 我对常溪萍也不是一开始就认识清楚的。过去听说他比较好,我又没有与他同过事,坐在桌面上,见见面,这对干部是不能了解的。我觉得看一个干部应看全部历史,全部工作,不能以一时一事的表现来判断好坏,这是对的。但是……

张春桥在谈完自己的"认识过程"之后,在"但是"后面说出了本意:

> 但是,在一些重大关键的问题上,虽然是一个时候、一件事,但这个事比较大,是关键问题,是在关键时刻,是在关键问题上,这就不能与平时所说的一时一事表现等同了。
>
> 在过去,我们对北大那件事,还仅仅认为是一个孤立的事,就那么一个学校的事。但是文化大革命后,揭发出大量事实证明,那就要与彭真、陆定一联系起来看。原先我还没有把彭真、陆定一当作坏人,问题没有揭出来。而现在揭出他们的问题,再来看常溪萍的问题,觉悟就提高了。这不是个别的事,而是彭真镇压文化大革命采取的第一步骤。
>
> 在任何一个地方,任何一个方面突破了,就要把别的问题统统带出来。当时批《海瑞罢官》一个剧本,为什么彭真那样震动?当时不能理解。现在理解了,了解了。因为批《海瑞罢官》就要带到吴晗,提出吴晗就要提到邓拓。把邓拓提出来,三家村就提出来了,那么彭真问题就提出来了。彭真问题提出来了,那么,对常溪萍的问题,我觉得应该重新研究。

经过张春桥这么一"拎高",常溪萍的问题上"线"了,上"纲"了。

不过，光是把常溪萍跟"彭、陆、罗、杨"的"彭、陆"联系在一起，"拎"得还不够高。张春桥又继续往新的高度上"拎"，又"但是"起来了：

> 但是，在那个时刻，还没有谈到邓小平的问题。常溪萍给中央的信，是邓小平批的，彭真抓的，是这样的问题。在当时，我对邓小平同志根本没有任何想法。在最近时期，两条路线斗争揭开了，就不能不想到在北大的问题上，邓小平是错误的，完全错误的，他支持了彭真。
>
> 我对这个问题，就是这样一个认识过程……
>
> 现在，常溪萍的全部材料，我还没有来得及看。少数派给我送来的材料很厚，你们今天又给我一叠。我看一部分就很好了。我以前，一直没有把常溪萍当作一个重大问题，现在我感到这是一个重大问题了，要把这个问题完全搞清楚。
>
> 如果你们要我今天讲，常溪萍是什么性质，我今天还不能用最简单的语言来讲。但是在北大问题上，他的错误是相当严重的。具体情况，具体分析，因为事物不是以人的意志为转移的。在阶级斗争的大风大浪中，一下子卷进去了，你想扮演一个正确的角色，结果扮演了一个特务……
>
> 我希望能从阶级斗争的角度，不把常溪萍的问题作为一个孤立事情，把当时阶级斗争形势，把两条路线斗争，与彭真联系起来看，这个问题的认识可能就比较统一了。

经过张春桥这么一番"上挂下联"，从"阶级斗争"的观点进行分析，常溪萍的问题一下子变得严重起来，成了"特务"，成了"大叛徒"。

也就在这个时候，聂元梓在上海公布了她离京之前"炮打"邓小平的一张大字报。这张大字报写于11月8日，把常溪萍和邓小平联系在一起进行"批判"："要彻底镇压北大社教运动，就必须夺工作队的领导权。于是邓小平就利用出卖北大社教运动的头号叛徒常溪萍的告密书，下令召开了镇压工作队革命派的民族饭店黑会，撤了队长张磐石同志，换上了黑帮分子许立群，常溪萍也被塞进了工作队的九人领导小组。革命的工作队于是成了反革命的还乡团。1965年我国的一个极其严重的反革命事件，伴之就在我校发生了。常溪萍至今还有恃无恐，恃的就是邓小平。"

张春桥和聂元梓一唱一和，顿时使华东师大的"反常"派声势大振，以致使"反常"扩大到上海全市，街头巷尾随处可见"打倒大叛徒常溪萍"的巨幅标语。

"反常"，一切反常！

策动徐景贤"后院起火"

犹如下棋一般，张春桥已经对以陈丕显、曹荻秋为首的中共上海市委，将了两军：
第一回，借助于"安亭事件"，扶植了王洪文的"工总司"，将了一军；
第二回，借来"大炮"聂元梓，猛轰常溪萍，扶植"上三司"、"红革会"，把上海中学、大学红卫兵组织起来,策划"《解放日报》事件",又将了一军。

深谋远虑的张春桥,正筹划着下一步棋,以求把上海市委将死。

"看来,一定要来个'内外夹攻'。"回到北京,张春桥跟姚文元说出了自己的意思。

"是呀,光靠王洪文、聂元梓从外面进攻,上海市委还是倒不了的。"姚文元这个"秀才",如今居然也满口军事术语了。

"我看,这一着棋,要由你出面——争取丁学雷和罗思鼎起义,来一个'后院起火,中心开花'。"张春桥说着,划了一根火柴,点起了香烟,"丁学雷、罗思鼎都是你脚碰脚的文友。你给他们打电话,比我方便……"

"行。"姚文元很痛快地答应下来。

从1966年11月29日起,姚文元与上海丁香花园之间,架起了"热线","丁学雷"和"罗思鼎"要出马了。

丁香花园旁边,有一幢小洋楼,是中共上海市委写作组的所在地(严格地讲,那座楼不属于丁香花园范围)。写作组建立之际,正是毛泽东发出"向雷锋同志学习"的号召的时候。秀才们也真会动脑筋,取丁香花园的"丁"为姓,以"学雷"为名。于是,上海报刊上常常出现署名"丁学雷"的文章。不知内情的人,还以为真有"丁学雷"其人呢!

丁学雷写作组负责人,便是徐景贤。

至于"罗思鼎",取义于雷锋的名言"做一颗永不生锈的螺丝钉",亦即"螺丝钉"的谐音。罗思鼎写作组的负责人即朱永嘉。

此处单表徐景贤其人。笔者曾于1984年11月,在上海市监狱,对徐景贤作了录音采访。徐景贤出狱之后,笔者也与他多次见面。

徐景贤,上海人叫他"徐老三"。其实,他并非排行第三,却是因"文革"中,上海的"老大"乃张春桥,"老二"乃姚文元,他是"老三"。

徐景贤比姚文元小两岁。论笔头,他不比姚文元差;论口才,远远胜于姚文元。他长着"奶油小生"般的脸,颇有风度。作起报告来,一口气讲三四个小时,滴水不漏。倘若把他的报告整理成文字,便是一篇思路很清楚的文章。

徐景贤的人生经历,与姚文元有许多相似之处。

徐家原在上海郊区奉贤县县城——奉城镇。在镇的东街8号,开过一家名叫"东王成"的布店,后来改为百货店,那便是徐景贤的老家。双开间的门面,雇两三个伙计,日子小康。

1904年,徐景贤之父徐宗骏出生在那

■ 徐景贤

里。徐宗骏又名徐雅平，1917年小学毕业以后，就离家到松江上中学。1921年，他考入南京的东南大学化学系。1926年夏天，他从东南大学毕业之际，正值中国处于大革命的高潮之中。他回到了奉城老家。在这县城里，大学毕业生并不多见，22岁的徐宗骏受到了乡亲们的尊敬。

就在这个时候，徐宗骏在镇上结识了当地豪绅之子李主一。李主一也是个知识分子，与徐宗骏情趣相投。不久，徐宗骏才知道，李主一是中共党员。在李主一的介绍下，徐宗骏在1926年加入了中国共产党。而姚文元的父亲姚蓬子则在潘汉年介绍下，于1927年加入中国共产党。徐、姚的父亲的经历，也是那么的相近。

经李主一提议，借助于徐宗骏在当地的影响，于1927年在奉城创办了私立曙光中学，徐宗骏出任校长。学校里来了两位湖南口音的老师，皆姓刘，人称"大刘"、"小刘"。大刘名叫刘德超，又名刘柄；小刘则是大刘的堂弟，名叫刘先齐。

在今日中国，刘先齐这名字，几乎无人知道。这个当年的"小刘"，后来变成了"刘晓"——把"小刘"颠倒了一下。刘晓是中共著名人士之一，1931年任中共江苏省委秘书长，1942年任中共上海市委书记。解放后，出任中国驻苏联大使、外交部副部长。

徐宗骏手下，除了"大刘"、"小刘"之外，还有李白英、王厚生、姜兆林、姜辉林、范纯、范志超、张模、周务农等进步教师，其中大都是中共党员。曙光中学成立了中共党支部。后来，这个党支部扩大为淞浦特委，负责人之一便是刘晓。李主一则出任曙光中学校董。

曙光中学成了"共产党老窝"，这消息传入奉贤县县长的耳朵。

1928年4月，趁学校放春假之际，国民党县政府逮捕了李主一，查封了曙光中学。

1928年4月7日，上海《申报》第3版刊登了徐宗骏的"自首申白"。

不久，李主一被国民党枪决，为革命流尽了最后一滴血。

徐宗骏逃往上海，起初在一所中学任教，后来到上海交通大学化学系担任教师。从此，他埋头业务，脱离了共产党。这一段经历，又大致与姚蓬子类似，但徐宗骏没有像姚蓬子那样成为叛徒，为人也比姚蓬子老实。

1928年8月徐宗骏与戴秋楠（前妻）结婚。1933年，戴秋楠生下一子，取名徐景贤。

徐景贤小学毕业后，正值父亲在上海南洋模范中学兼任化学教师，他考入了这所在上海赫赫有名的老牌中学。父亲的政治生涯，毕竟给了他以影响。在中学里，他接触了中共地下党支部。

解放后，头脑灵活、笔头又快的徐景贤，成了中共华东局宣传处的一名干事。写写总结，起草文件，替领导拟个发言稿，这些工作锻炼了他的政治才干。

1957年，在反右派的时候，上海《解放日报》上最活跃的是姚文元，而张春桥则用各种各样的笔名发表文章。这时，也冒出几篇署名"徐景贤"的文章，向右派分子发射几发炮弹。

此后，徐景贤写了一些报告文学。他的父亲是"老交大"，在交通大学当了20来年的化学教师。这使徐景贤熟悉交大，了解交大。他以交大学生运动的领袖人物穆汉祥的事迹为题材（迄今，上海交大校园里，仍屹立着穆汉祥纪念碑），写了人物传记《穆汉祥》，连载于《中国青年》杂志。

他写起杂文、政论、影评来了。他的发迹跟姚文元一样，关键的一步棋，是被张春桥看中，调入上海市委写作班子。从此，他可以不断地从张春桥那里听到柯庆施的声音。他关心政治，胜于关心文学。他花大量的工夫，用来揣摩、猜度柯庆施的脑子里在想些什么。

作家的名声是与作品紧密联系在一起的。徐景贤很想成为一个作家，无奈，他在报上所发表的杂七杂八的文章，很难算得上是正儿八经的作品。

机会终于来临。听说上海戏剧学院排演了陈耘的话剧《年青的一代》，很不错，柯庆施去看，他也赶紧随之同去。柯庆施正在大力提倡"写十三年"，《年青的一代》正合他的心意。于是，柯庆施派人帮助提高这出戏的质量，以求在全国打响，树为"写十三年"的"样板"。柯庆施派谁去呢？派的便是市委写作班支部书记徐景贤。

徐景贤在"提高"的过程中，参加了创作，成了作者之一。于是，随着《年青的一代》在1964年3月成为文化部的获奖优秀话剧，随着话剧搬上银幕，徐景贤名声大振。

1965年，作家出版社上海编辑所出版了徐景贤的书《生命似火》。他兴高采烈地在样书上题字，广赠文友。

就在这个时候，姚文元不声不响地在那里写《评新编历史剧〈海瑞罢官〉》。那篇大块文章突然在《文汇报》上冒出，曾使徐景贤感到震惊，感到嫉妒，也感到失落——姚文元太不够朋友了，连半点风声也不漏！

"姚文元"这名字变得炙手可热。一时间，徐景贤无法靠上张、姚那条船。他毕竟是市委写作班子的核心人物，在张、姚看来，他是陈、曹线上的人物。于是，当"安亭事件"风起云涌之际，徐景贤所忙碌的事，竟是为陈、曹起草检讨书！他受到造反派的大轰大嗡。

眼看着陈丕显、曹荻秋大势已去，败局已定，善于随机应变的徐景贤，已在向张、姚暗送秋波了。他已准备好扯起白旗，反戈一击了。

形势不断吃紧。1966年11月25日"罗思鼎"头头——上海市委写作班罗思鼎写作组负责人朱永嘉被复旦大学红卫兵揪回学校，进行批斗。红卫兵送给他一个雅号，叫做"黑秀才"。红卫兵勒令朱永嘉交代，在市委写作班里，接受过陈、曹什么"黑指示"，替他们写过什么"黑文章"。反正什么都要加一个"黑"字：黑线，黑帮，黑话，黑笔杆。

27日夜，丁香花园附近出现复旦大学红卫兵的身影。他们前来捉拿"丁学雷"，要把"黑秀才"们一锅端掉。

火烧眉毛，徐景贤终于在28日清晨，拨通了北京中央文革小组的长途电话，向张、姚求救。

"时候到了！"刚从上海返回北京的张春桥，与姚文元计议了争取"丁学雷"、"罗思鼎"的"起义"之策。

明暗两线，通向徐景贤：明里，姚文元从中央文革小组给徐景贤拨电话；暗里，张春桥挂电话到上海康平路家中，把意见告诉文静，再由文静转告徐景贤。

姚文元的一个电话，就救了朱永嘉。姚文元在长途电话中，嘱令徐景贤转告复旦大学红卫兵："朱永嘉同志在批判《海瑞罢官》中，做了许多工作，是姚文元同志的助手。你们马上释放朱永嘉同志……"

果真,朱永嘉跳出了"牛棚"。

徐景贤深有所感。真是此一时,彼一时。当年脚碰脚的文友姚文元,如今一个电话就那么管用。中央文革小组,有着无形的、庞大的权力。在"《解放日报》事件"的猛烈冲击下,上海市委已变得岌岌可危了。徐景贤已经意识到,张、姚取代陈、曹,一统上海,是大势所趋了。

姚文元一次次通过电话,催促徐景贤亮出"起义"之旗。

1966年12月12日晚上,姚文元打电话给徐景贤,催促秀才们赶紧"上火线"。姚文元问了一句至关重要的话:"在打倒上海市委之后,写作班子能不能成为我们的工作班子?"

政治"灵敏度"非常高的徐景贤,马上意识到,这是封官许愿之言。一旦打倒上海市委,在陈丕显、曹荻秋下台之后,张春桥、姚文元理所当然会坐上上海的第一、第二把交椅。但是,他们的目标,是在中央立足,是坐在北京遥控上海。正因为这样,他们需要在上海挑选一个信得过的"老三",建立一套"工作班子"。这样,写作班子的秀才们一旦"起义",就会一一封官。

第二天下午,徐景贤紧急召集写作班子的全体秀才,传达了姚文元在电话中透露的重要信息。秀才们都是聪明人,真的可以说是"心有灵犀一点通"的人物。决定写作班子命运的这次会议,从下午一直开到子夜,秀才们越谈越兴奋,文绉绉的话语里充满火药味:"我们不再做旧市委的'奴隶'!""我们要照中央文革小组的指示办事。""我们要杀回马枪!""我们要来个'里应外合'!""我们要向外抛出陈、曹的'核心材料',从内部攻破堡垒!"

会议的温度升到沸腾之际,市委写作班党支部副书记郭仁杰站了起来,他激动万分,说出了一段"名言":"革命方觉北京近,造反才知主席亲。现在到了决定我们写作班命运的时候了,现在正需要一面从市委内部杀出来的旗帜——那就是我们!"

后来,"革命方觉北京近,造反才知主席亲"这一"新潮"口号,在上海广为流传:成为街上的大字标语,成为游行时高呼的口号,成为大会主席台两侧的对联。

不过,秀才们喜欢钻牛角尖。有人反复推敲着,觉得"造反才知主席亲"一句语病甚为严重:第一,"主席"指谁?须知,当时主席是毛泽东,而国家主席是刘少奇,怎么可以只写"主席"呢?第二,即使写成"造反才知毛主席亲",也不行。试问,你什么时候造反?还不就是在"文革"中才造反的。难道在此之前,你就一点也不知"毛主席亲"?

这两点,不用"上纲",就已经在"纲"上了。于是,赶紧加以修改,改成:"革命方知北京近,造反倍觉毛主席亲。"如此这般,才终于"无懈可击"。

市委写作班的动向,被《支部生活》(中共上海市委内部刊物,全市党员几乎人手一册)的造反派头头王承龙获知,遂与写作班建立"联合阵线"。这两支秀才队伍,在中共上海市委内,竖起一面造反大旗,名曰:"市委机关革命造反联络站"。

聂元梓来串连了。她与徐景贤初次见面,便非常投机。他们这次会面产生的成果,就是拟定了全上海造反派的行动"战略"口号:"炮打上海市委!""火烧陈丕显!揪出曹获秋！打倒杨西光！砸烂常溪萍！"

秀才很注意修辞的不重复性。徐景贤和聂元梓分别用"炮打"、"火烧"、"揪出"、"打倒"、"砸烂"，体现了"政策"的不同。

12月18日下午，这个口号在上海文化革命广场高喊着。这是一个"后院起火"的大会。扇形的会场，宽大的主席台，上面高悬横幅："批判上海市委的资产阶级反动路线大会"。召开这个大会的，便是"市委机关革命造反联络站"。这是"联络站"的第一次公开亮相。

坐在主席台上的，有徐景贤、王洪文、孙篷一（聂元梓于16日离沪返京）等等，大会主席为郭仁杰。坐在台下接受批判的有陈丕显、魏文伯、曹荻秋。杨西光和常溪萍作为"反党分子"，押上了主席台。

徐景贤以他悬河般的口才，在大会上作了长篇讲话，历数上海市委的"反对毛主席革命路线"的罪行。这是徐景贤第一次以造反派身份出现在大庭广众之中。

几乎每一个步入文化广场的人，都得到一份传单。这份传单可以说是"秀才造反宣言"。

现把传单全文照录于下：

最高指示

马克思主义的道理千条万绪，归根结底，就是一句话："造反有理。"

中共上海市委写作班造反声明

上海无产阶级文化大革命的怒涛，正沿着毛主席的革命路线指引的方向，冲开一切暗礁、险滩，奔腾澎湃向前猛进。

今日上海，"革命造反有理万岁"的口号响彻云霄。革命工人群众奋起造反了。革命造反派小将在斗争中锻炼得更勇敢、更坚定、更聪明、更成熟了。革命学生同工人群众开始相结合了。广大受蒙蔽的干部和群众，也正在觉醒，在挣脱反动路线的枷锁，开始站到毛主席的正确路线一边来了。上海市委内部的一小撮赫鲁晓夫式的坏蛋的末日到了。

上海在大乱。这样革命的大乱好得很！

我们——中共上海市委写作班全体工作人员和市委文革小组成员徐景贤（丁学雷小组负责人）、朱永嘉（罗思鼎小组负责人）郑重声明：我们要造反，我们要造上海市委顽固推行的资产阶级反动路线的反，我们要造上海市委内部一小撮走资本主义道路当权派的反！大反特反，一反到底！

上海市委中的老爷们，我们这个反是造定了。你们把那些惯用的什么打击迫害、造谣中伤、欺骗拉拢、分化瓦解等等卑劣手段，统统使出来罢。我们有毛主席撑腰，有革命造反派小将支持，有广大工农兵革命群众的支持，什么都不怕。我们上了梁山，就决不再回头。而你们，除了搬起石头砸自己的脚外，休想捞到半根稻草！

炮打上海市委！火烧陈丕显！揪出曹荻秋！打倒杨西光！砸烂常溪萍！

消息飞快地传到中央文革小组，江青笑了，张春桥笑了，姚文元笑了。

张春桥要姚文元打电话给徐景贤："口号提得很好，四个人分四档，表示是有区别的。"

就在这时，刚刚返回北京的聂元梓给张春桥打来电话，要汇报她的上海"放炮"之行。张春桥已处于"百忙"之时。

张春桥秘密约见蒯大富

1966年12月18日，就在张春桥遥控着上海，指令徐景贤实行"中心开花"之际，他在北京又干了一桩"大事"。

下午，北京中南海西门，一辆草绿色的吉普车开到门口，停了下来。从车上下来三个穿军大衣的男人。其中一个戴眼镜的小伙子对门卫说："我是蒯大富。春桥同志打电话约我来的。"

门卫接通了张春桥的电话，听见张春桥说道："让蒯大富一个人进来。"

于是，吉普车只好停在门外，两个男人———一个是司机，一个是蒯大富的秘书，留在车上。蒯大富独自进入中南海，张春桥与他单独谈话。

这是一次极为机密、极为重要的谈话。张春桥从来没向别人透露谈话的内容。所幸，谈话的另一方——蒯大富，总共三次说及此事。

第一次，那是1970年12月，蒯大富被作为"五一六"分子受到审查。他在"交代提纲"中，写及："1966年12月18日，春桥在中南海西门小屋子召见，号召反刘少奇。25日'一二·二五'打倒刘少奇大行动。"

第二次，是在1971年1月15日，蒯大富在给清华大学党委的信中，有一句："春桥同志号召我们反刘少奇大行动。"

以上两次，语焉不详，事出有因：张春桥当时正在台上，蒯大富怎敢详细透露谈话内容？可是，他又不能不把张春桥这张王牌掼出来，以便堵住审查者的嘴。

只有在1980年11月27日，当张春桥被押上被告席，蒯大富这才写下自己的真实证言。

■ 清华大学红卫兵头头蒯大富

现照蒯大富亲笔写的回忆,摘录于下:

> 在西门内靠北的传达室内,张春桥领着我从南门进,往右拐的套间内,我和他谈了有一小时左右的话。整个谈话过程中,除了张春桥和我以外,没有其他任何人在场……
>
> 张春桥说,中央那一两个提出资产阶级反动路线的人,他们仍然不肯投降,他虽然作了检查,态度还是不好嘛,你们革命小将应该联合起来,发扬彻底革命精神,痛打落水狗,把他们搞臭嘛,不要半途而废……
>
> 我一听就很明白,张春桥要我们去反对刘少奇同志和邓小平同志……要把刘邓搞臭……

张春桥成了道地的教唆犯。他单独召见蒯大富,面授机宜,为的是借蒯大富之手,向刘、邓开炮。

蒯大富在证言中继续写道:

> 我当时是清华大学学生,又是井冈山红卫兵的头头,在12月25日那一天,我发动了清华大学群众五千多人,开了两辆广播车,带了大批大字报、大标语、传单到北京城里天安门广场、王府井、西单一带放高音喇叭,刷大标语贴大字报,撒传单,还进行游行示威,中心口号就是"打倒刘少奇"、"打倒邓小平"。这个所谓的"一二·二五"大行动,实际上是在全国范围内第一次打倒刘少奇同志的运动,推向社会造成了极其严重的后果……张春桥在我们围攻和诬陷刘少奇同志、邓小平同志的过程中,扮演了一个幕后操纵者的角色。

张春桥,郭沫若称之为"狗头军师张"。张春桥找蒯大富单独密谈,授以锦囊妙计,充分显示了他"狗头军师"的伎俩。刘少奇被彻底打倒,就是从这次密谈开始的。

本来,虽然在1966年8月的中共八届十一中全会上,毛泽东写了《炮打司令部——我的一张大字报》,轰了刘少奇一炮。但是,后来刘少奇写了检查,毛泽东看了,在10月召开的中央工作会议上说:"基本上写得好,很严肃,特别是后半部更好。"毛泽东的话,在那时"一句顶一万句",刘少奇似乎度过了政治危机,可以喘一口气了。在党内,刘少奇还名列第八位。

张春桥深知,要干掉刘少奇、邓小平,唯有借助于红卫兵。正因为这样,他亲自给"蒯司令"挂了电话。

密谈后的一个星期,上万红卫兵涌上北京街头(除清华外,北大各校也纷纷响应),"打倒刘、邓"之声震撼首都,雪片般的传单撒向全国,掀起"打倒刘、邓"的高潮。

12月30日,江青和姚文元来到清华大学,当众紧紧拉着"蒯司令"的手,讲了许许多多鼓励的话。顿时如同火上加油,清华大学红卫兵"打倒刘、邓"的声调变得更高了。诚如蒯大富当时所言:"江青同志和姚文元同志这次亲自来清华看我们,大大提高了我们清华井冈山的威望和影响,说明我们打刘少奇对了,干得好、干得漂亮。"

清华大学红卫兵们沸沸扬扬,江青、姚文元发表演说叽哩哇啦,唯有张春桥像"隐身人"一般神不知、鬼不晓:他与蒯大富密谈时,再三关照,只是"随便聊聊,不要往外说";江青去清华时,张春桥不去,却要姚文元替他去……他是一个擅长摇鹅毛扇的人物。倘若借用毛泽东当年写的《文汇报的资产阶级方向应当批判》中的话来形容张春桥,倒是非常妥切:"或策划于密室,或点火于基层"。

如果不是后来蒯大富成了阶下之囚,作了交代,那么谁也不知"打倒刘、邓"之火,是张春桥点起的。

张春桥的阴险,也就在于此。

"上海不可能属于陈丕显"

"当,当,当……"新年钟声在上海上空回响。

没有欢歌,上海滩一片萧瑟,人们在愁苦之中,迎来新的1967年。

新的一年将是大灾大难的一年,这已在元旦前一天的中央人民广播电台新闻联播节目里透露。播音员以刻板、冰凉的口气,念着《人民日报》和《红旗》杂志联名发表的元旦社论《把无产阶级文化大革命进行到底》,提出了新的一年的战斗任务:"向党内一小撮走资本主义道路的当权派和社会上的牛鬼蛇神,展开总攻的一年。"

据参加起草这篇社论的中央文革小组成员关锋对笔者谈及[①],这一段关于"战斗任务"的内容,是从毛泽东的话中得到启示的。

那是五天前——1966年12月26日,毛泽东73岁寿辰。中央文革小组的"秀才"们,包括张春桥、姚文元,来到中南海毛泽东家中吃寿面。

入席之际,"秀才"们举起酒杯,异口同声道:"祝毛主席万寿无疆!"

这时,毛泽东也举起酒杯,出语惊人:"祝展开全国全面内战!"

毛泽东的话,使"秀才"们惊诧。

回去之后,"秀才"们议论着毛泽东的这句话,认为体现了毛泽东新的战略部署的方针。有人提议,以毛泽东的这句话,作为《人民日报》、《红旗》杂志1967年元旦社论的题目。

在那年月,虽然凡是从毛泽东嘴里说出来的、笔下写出来的,都被作为"最高指示",可是毛泽东随口而讲的那句祝酒词,毕竟太直太露,用作元旦社论太"凶"。于是,改以《把无产阶级文化大革命进行到底》为题,文中贯彻了毛泽东祝酒词的含义——"秀才"们坚信,毛泽东是经过深思熟虑才说那句话的,反映了他对"文化大革命"战略部署的新见解。

元旦社论的发表,把已经进行了半年多的"文革"推向更激烈、更残酷的阶段。

已经够激烈、够残酷的了,那半年多的"文革",已经把上海"革"得气息奄奄。

上海已经成了一个烂摊子。元旦前夜,上海一片告急声:

[①] 1988年3月3日,叶永烈在北京采访关锋。

沪宁线上，57趟客车、货车停驶，上万名旅客饥寒交迫；

黄浦江，100多艘轮船静静地靠在码头，无人装卸，海港积压的物资达40多万吨；

上千家工厂停工或者半停工；

上海库存的煤很快要用光，杨树浦发电厂的煤只够用两天了。如果煤再不运来，发电厂只好停电。

……

拥有60万工人的"工总司"和拥有80万工人的"赤卫队"之间的一场大战，怎不使上海——中国最大的工业城市陷入一片混乱？

除了"工总司"、"赤卫队"之外，五花八门的"司令部"也应运而生："上海红色工人革命造反总司令部"——所谓"红色工人"，即临时工，包括合同工、外包工、轮换工；"上海工人支农回沪革命造反司令部"——由那些被下放农村的工人组成的"造反司令部"；"上海市个体劳动者革命造反总司令部"；"上海市学徒造反革命委员会"；"红卫军"——由转业、复员、残疾军人组成的，其中绝大部分是工人。

这样名目繁多的工人"造反司令部"，竟有七十多个。这些"造反司令部"代表各自的经济利益而造反："红色工人"要转正（王洪文的妻子崔根娣便属"红色工人"），支农工人要回沪……这些"造反司令部"推波助澜，使已经混乱不堪的上海更加混乱。

新年钟声刚刚响过，凌晨1点半，王洪文接到了张春桥从北京打来的电话，告知重要动向：周恩来给陈丕显打电话，要陈丕显把上海的工作抓起来，尽快把生产搞上去。

"曹荻秋是不能再出来了。你们已经把曹荻秋搞臭、打倒。所以总理只能叫陈丕显出来主持工作。"张春桥说，"其实，陈丕显有陈丕显的账，你们照样要和他清算。别以为总理叫陈丕显出来，上海就是陈丕显的了。那只是临时性、过渡性的措施。上海不可能是属于陈丕显的！"

刚刚接完张春桥的电话，又从上海东湖路的市委招待所打来电话。东湖路也是一条不足千米的短小马路，紧挨着繁华的淮海中路，是个闹中取静的所在。自从康平路一下子成为不平静的马路后，陈丕显便把东湖路的市委招待所（人称"东湖招待所"）作为临时的办公处。陈丕显的秘书通知王洪文，马上到东湖招待所开会。

凌晨3时，王洪文的轿车驶入东湖招待所。"二兵团"的"司令"耿金章已在那里了，正与陈丕显低声交谈，在商量什么[①]。王洪文的眼帘中摄入了这么一个镜头，顿时使他颇感不快。

徐景贤来了，朱永嘉来了，"工总司"的黄金海、王胜利来了，交通大学"反到底"兵团的杨小兵来了，还有"首都三司驻沪联络站"的红卫兵代表，哈尔滨、西安驻沪联络站的红卫兵代表也相继到会。

会议开始了。自1966年3月因病退居二线的陈丕显，此刻奉周恩来之命主持上海工作。陈丕显向造反派们传达周恩来的电话指示。王洪文掏着笔记录着，眉头紧皱。在他看来，由一个"走资派"向造反派传达周恩来指示，心里不是个滋味儿。当陈丕显传达完毕，

[①] 1986年10月30日，叶永烈在上海采访耿金章。

有人提议起草一份告全市人民书,王洪文便走开了。

王洪文要通了北京的电话,向周恩来的秘书念了一通刚才的笔记。

"是这样的。总理是有这样的指示。"周恩来的秘书证实,刚才陈丕显所传达的是周恩来的原话。

"好,就这样。"王洪文无可奈何挂上了电话。他原以为可以挑出点毛病来,给陈丕显安上个"伪造总理指示"之类的罪名,不料,周恩来秘书却证明陈丕显的传达并无讹误。

当王洪文披着军大衣回到座位,会议已推定中央音乐学院的红卫兵舒泽池执笔起草告上海人民书。代表们你一言我一语,正在凑着告上海人民书的内容。

看着陈丕显在那里主持会议,徐景贤造反了。他指着陈丕显说道:"我们造反派不听你陈丕显的,要你出来工作是给你一个考验的机会,问题由我们造反派来解决!"

徐景贤的话音未落,王洪文马上帮腔,他说出了张春桥在电话里跟他说的话:"你陈丕显有你陈丕显的账。你的账,我们造反派迟早要跟你算的!别以为总理给你打电话,你就神气活现。你跟曹荻秋一样,都是走资派,都是'赤卫队'的后台老板!上海市委的资产阶级反动路线,就是以你和曹荻秋为代表的!"

徐景贤和王洪文这么一闹,会议乱了套。上海,正濒临崩溃的边缘。周恩来要陈丕显出来主持工作,为的是挽救大乱中的上海。东湖招待所的会议,本是为了贯彻周恩来的指示,眼下会议开上了岔道,变成了批判陈丕显的会议。

王洪文声称陈丕显在"玩弄阴谋",没有开完会议就拂袖而去。

张、姚从幕后走到台前

1967年1月3日夜,北京平安里3号,解放军报社的办公楼。

一辆从西郊北京大学驶来的吉普车,载着四五位男子,驶入报社[①]。他们刚刚在二楼小会议室坐定,张春桥、姚文元一身军装,踱了进来。

"春桥同志!"为首的三十来岁的男子,亲热地跟张春桥握手。

"这是文元同志,"张春桥介绍道:"这是王洪文同志!"

王洪文介绍了同行者,25岁的陈阿大和18岁的"小廖"。

陈阿大是上海良工阀门厂的工人,此时已成为上海"工总司"常委,王洪文的小兄弟。至于那个"小廖",就是廖祖康,上海国棉十七厂技工学校的学生,此时成了王洪文的"秘书"[②]。

王洪文、陈阿大、廖祖康是前一天乘飞机抵达北京的。他们直奔北京大学,聂元梓安排他们住在学校招待所,随即给中央文革小组办事组王广宇挂了电话。据王广宇回忆,聂元梓说,上海的王洪文等人来北京串连,现在住在北大招待所。他们想向张春桥汇报上海

[①] 本节根据原中央文革小组办事组组长王广宇的《谈"纪实文学"的史料价值——〈"四人帮"兴亡〉读后》一文做了修改。
[②] 1988年4月5日,叶永烈在上海的劳改工厂采访廖祖康。

"文化大革命"运动情况,请张春桥同志接见。

王广宇向张春桥报告了聂元梓的电话内容,张春桥答应接见,但要求人不要多,只让王洪文等主要负责人来谈就可以了。时间定在当天晚上,新任办事组长宋琼将接见地点安排在解放军报社。

当天晚上,王广宇乘坐解放军报社的吉普车到了北大招待所,找到了王洪文,由王叫了四个人,一起乘车去解放军报社。

据王广宇回忆,王洪文等人向张春桥、姚文元谈了上海市各工人造反派在运动中的情况,介绍各派头头的能力、优缺点、威信以及在运动中方向是否正确之类,也谈了和"走资派"斗争批判资反路线的情况。

"春桥同志、文元同志,上海群龙无首,只有你们出马,才能压住阵脚!"王洪文在汇报了上海发生的第三次风潮——康平路事件之后,说出了这句话。

"是的,我们也准备马上去上海——《文汇报》明天就要夺权,这是整个上海夺权的先声。"张春桥停顿了一下,说道,"如果我和文元这时候不回上海,将来大权旁落,就很难挽回!"

"你也马上回上海——现在上海到了关键时刻。"姚文元对王洪文说道。

就这样,决定发动"一月革命"的密谈,在北京解放军报社二楼悄然进行着。

翌日,出现在上海街头的《文汇报》,突然用整版篇幅重新刊登《人民日报》1957年7月1日社论——出自毛泽东手笔的《文汇报的资产阶级方向应当批判》。《文汇报》的造反派以这样特殊的形式,宣告《文汇报》"新生"。

就在《文汇报》撒向四面八方之际,张春桥和姚文元正奉毛泽东之命在九千米的高空,朝上海疾飞。姚文元原本是张春桥一手提拔和倚重的。从这时起,张姚成为上海的共主,张姚在许多场合总是一起亮相。当然,在张姚二人之中,张春桥永远的第一提琴手,姚文元则听命于张春桥。

10时,他们刚刚降落在上海机场,就钻进轿车,直奔兴国路上高墙围绕的兴国招待所。这家名为"招待所",其实,绿茵草地簇拥着一幢幢西式小楼,比高级宾馆还高级。此处在"文革"中,曾经长期成为张、姚在沪的据点。

张春桥行魂甫定,头一桩事情便是打电话给几百公尺处的丁香花园旁的小楼,那是徐景贤的据点——武康路2号,为了免遭意外,徐景贤把"市委机关革命造反联络站"的牌子,挂到淮海中路最热闹的地段——622弄7号原中共上海市委党校里,而把武康路2号的小楼作为他的秘密办公处。

下午2时半,当张春桥、姚文元出现在这幢"丁学雷"小楼,徐景贤、郭仁杰、王承龙、朱永嘉等一班秀才早已到齐了。

"一月,是关键性的一个月。"张春桥对上海的形势进行分析,"陈、曹的垮台,已经是大势所趋。我和文元这次回到上海,目的就是在推倒陈、曹之后,在上海建立崭新的政权,而你们——'市委机关革命造反联络站',将是新政权的工作班子……"

张春桥的话不多,每一句话都很有分量。他的话,使秀才们陷入无限的兴奋之中。"工

■ 1967年1月3日，上海《文汇报》造反派开会庆祝夺权成功。

作班子"，意味着秀才们手中不光握笔杆，而且要掌大权。一席密谈，张、姚定下了"一月革命"的步骤。

紧接着，第二天，张、姚与王洪文、潘国平密谈，给"工总司"布置了任务。

紧接着，第三天，由"市委机关革命造反联络站"和"工总司"联合召开了十万人大会——"打倒以陈丕显、曹荻秋为首的上海市委大会"，通过电视向全市传播。徐景贤和王洪文在台上慷慨激昂地作长篇讲话，而"主角"并未出场——张、姚躲在兴国招待所里，目不转睛地看电视。

大会结束之后，上海外滩的一幢十几层大楼上，出现四条从顶至底的红色巨幅标语，据说是反映了上海人民的"心声"。上海，一下子为之轰动了。这四条巨幅标语是："欢迎张春桥同志当中共上海市委第一书记！""欢迎姚文元同志当中共上海市委第二书记！""欢迎张春桥同志当上海市市长！""欢迎姚文元同志当上海市副市长！"

这四条大标语挂出之后，上海人为之瞠目结舌：张春桥、姚文元什么时候已经成了上海的总管！不然，怎么来个"欢迎"呢？怎么职务已经写得那么清楚，那么具体？

原来，那大标语是"工总司"挂的，而标语的字句都是徐景贤拟的！所谓"上海人民的心声"，竟是"丁学雷"的声音！

四条大标语，一下子传遍上海滩。

羞答答，主角终于从幕后走到台前亮相了。

上海的局势剧变。

1月5日，《解放日报》宣告"新生"，开始为革命造反而"大喊大叫"。

《文汇报》和《解放日报》这两家大报落进革命造反派手中,占了舆论优势。诚如毛泽东所言:"要推翻一个政权,必须先抓上层建筑,先抓意识形态,做好舆论准备,革命的阶级是这样,反革命的阶级也是这样。"

上海的《文汇报》、《解放日报》,原先只是刊登一些"活学活用"毛泽东著作的先进事迹之类报道,几乎不触及上海"文革"的实际情况。就在《解放日报》事件爆发的那些日子里,从《解放日报》上也查不到一条关于《解放日报》事件的报道。

两报造反了,再也不顾过去关于宣传报道的条条框框。1月5日,《文汇报》开创了从未有过的先例——刊登了一张传单!

这张传单,题为《抓革命、促生产,彻底粉碎资产阶级反动路线的新反扑——急告全市人民书》。

这张传单指出:

> 党内一小撮走资派和顽固坚持资产阶级反动路线的人,……运动初期,他们以"抓生产"为名,来压制革命,反对抓革命。我们革命造反派的工人要起来革命,要批判资产阶级反动路线,他们就以生产任务压工人,给我们扣上"破坏生产"的大帽子。
>
> 他们真的是"抓生产"吗?不是的。他们是为了保他们自己的乌纱帽,企图阻挠我们革命。我们戳穿了他们的阴谋诡计,勇敢地起来造反了。
>
> 于是,他们又抛出了另一种花招,以极左的面目,以漂亮的革命词句,煽动大批被他们蒙蔽的工人赤卫队队员借口北上"告状"为名,破坏生产,破坏交通运输,以达到他们破坏无产阶级文化大革命、破坏无产阶级专政的目的。……

传单的末尾,排列着11个参加起草、签名的造反派组织的名称,依次为:上海工人革命造反总司令部,红卫兵上海市大专院校革命委员会,上海市反到底联络总部,上海新闻界革命造反委员会,上海市炮打司令部联合兵团,同济大学东方红兵团,上海交通大学反到底兵团,首都第三司令部驻沪联络站,北航红旗战斗队驻沪联络站,哈尔滨军事工程学院红色造反团驻沪联络站,西安军事电讯工程学院文革临委会驻沪联络站。

这么多造反派组织的名字上了"大报"(那时通常把红卫兵、造反派等群众组织办的报纸称为"小报"),这是第一次。在"大报"上点了"赤卫队"的名,这是第一次。在"大报"上提到"批判以曹荻秋为代表的上海市委所执行的资反路线",这也是第一次。

这张传单,是元旦凌晨东湖招待所会议的成果。当时由中央音乐学院红卫兵舒泽池拟出草稿。虽然这份传单的一些观点,陈丕显不尽同意,但毕竟主旨是安定上海局面,号召工人回到工作岗位上去"抓革命,促生产",所以他从大局出发,还是给予支持。

草稿经过修改,在1月3日印出初稿。

1月4日,初稿经参加起草的11个群众组织修改后,签了字,送交陈丕显。陈丕显当即签了"同意"两字,派人送交文汇报社作为传单,印了20万份,在上海市广为散发。

元旦凌晨的会议,王洪文中途造反,扬长而去,没有参加这张传单的起草。

在传单写出初稿时，王洪文正在北京与张、姚密谈。

考虑到"工总司"已是上海首屈一指的工人造反派组织，而《急告全市人民书》主要是针对工厂工人的，因此起草者把"工总司"名列第一。签字时，王洪文还未飞回上海，由耿金章代表"工总司"签了字。王洪文飞回上海，听说耿金章在陈丕显也签名同意的传单上签字，把耿金章剋了一通。

《文汇报》"星火燎原"总部看中了这张传单，决定转载。他们在1月4日晚上打电话给"市委机关造反联络站"的宣传组组长，征求张、姚的意见。

姚文元接了电话，对那位宣传组组长说道："我和春桥同志刚回来，事情很多，许多情况不了解，看了以后也没法表态。登不登，由《文汇报》他们自己决定吧。"

既然姚文元说由"他们自己决定"，《文汇报》便把那张传单推上了1月5日头版版面。

万万料想不到，这张曾遭王洪文反对，受到张、姚冷落，由陈丕显签发的传单，经《文汇报》一刊载，在北京激起强烈的反响。

史无前例的三个通令

暂且先按下北京的反响不表。

自从1月5日上午，王洪文、潘国平来到兴国路招待所会见张春桥、姚文元之后，王洪文全力以赴，忙着在翌日召开的大会。他并不着重发什么《急告全市人民书》，他所着急的是夺权。

1月6日，上海飘起了雪花，市中心的人民广场变成银白世界。原计划开十万人大会，只到了两万多人。

主席台上方，悬挂着红色横幅："高举毛泽东思想伟大红旗，彻底打倒以陈丕显、曹荻秋为首的上海市委大会"。会议由那个"红色工人革命造反总司令部"的"司令"戴立清主持。

接连熬夜的王洪文双眼充满血丝，坐在主席台上，他不住地打着呵欠。不过，一想到他精心炮制的三个"通令"将在大会上露面，将会对上海、对全国产生强烈的冲击波，他顿时精神焕发了。

"曹老头儿"早已成为打倒对象，被拉上主席台挨斗，那是意料中之事。

陈丕显也给拉来了，高高地站在一个木箱上，"低头示众"。《工人造反报》在翌日刊登了"镇压工人运动的罪魁祸首陈丕显低头认罪"的照片。陈丕显身边，站着两个腰束皮带、目露凶光的造反队员。

王洪文代表"工总司"，作了《上海市委把炮口对准无产阶级司令部的滔天罪行》的长篇发言。这篇发言，曾印发过，现仍能查到。

王洪文以"安亭事件"的"造反英雄"的口气，大声地在话筒前叫喊道："我以万分愤怒的心情，向大家揭发陈丕显、曹荻秋一伙在'安亭事件'中，反对毛主席、对抗中央文革小组、围攻张春桥同志的反革命罪行。"

王洪文斥骂着"曹老爷"，什么"丧心病狂"，什么"狗胆包天"，如同泼妇骂街一般。

在那年月，造反派们的发言，总是左一个"伟大领袖毛主席教导我们"，右一个"最高指示"，王洪文却与众不同，挂在嘴上的口头禅是"春桥同志指出"。他一次又一次引述张春桥的话，为"工总司"辩护。

王洪文在"批判"有人讲"多数派的老工人对党感情很深"时，来了个"春桥同志指出"："不能说造反派工人对党就没有感情。"

在"批判"有人说"造反派队伍不纯"时，又来了个"春桥同志指出"："不能因为一个组织中有几个坏人，就说它不是革命组织。中国共产党中间也会有坏人，中央常委中不是还有牛鬼蛇神？"

最妙的是，王洪文在"批判"有人说"'工总司'搞乱了上海"之时，引用了张春桥的精心的辩解词："今天上海之所谓乱，不是因为有了这个司令部才乱的，不能因果颠倒，因为乱才有司令部，不是因为有了司令部才乱。承认这个组织（指'工总司'——引者注），不仅是宪法上已有规定的问题，还有个对群众组织采取什么态度的问题。在这种情况下，你去解散它，岂不成了陈独秀？"

王洪文在即将结束发言时，对上海市委下了如下断言："十分明显，'安亭事件'集中暴露了以陈丕显、曹荻秋为首的上海市委早已变质为资产阶级司令部。在这样一个大是大非的问题上，从市委书记处到常委，没有一个人站在毛主席的革命路线上，没有一个人支持中央文革小组，没有一个人支持张春桥同志。对于这样一个受刘少奇、邓小平的反动路线指挥的司令部，我们革命造反派就是要打倒它，就是要砸烂它！"

王洪文振臂领呼口号："打倒以陈丕显、曹荻秋为首的上海市委！""谁反对毛主席，就砸烂谁的狗头！"

在王洪文作完主旨性的发言之后，一个又一个发言者像走马灯似的，来到话筒前。

每一个发言者，都按照当时的"标准程序"进行发言：先念几条"最高指示"，再以慷慨激昂的声调念稿子，最后高呼口号。

大会的高潮，在于宣读那三个"通令"。幸亏《工人造反报》在第二天全文刊登了王洪文的这些"杰作"，所以在四十多年后仍可存录"奇文"——今日的青年读者可能一边读着，脑海中一边会交替出现"？"和"！"。

这三个"通令"，虽是王洪文一手炮制的，但是以"高举毛泽东思想伟大红旗，打倒以陈丕显、曹荻秋为首的上海市委大会"名义发出的。这三个"通令"，还于当天以急电形式发给毛泽东。

照录原文于下：

第一号通令

中共上海市委书记处书记、上海市市长曹荻秋，从无产阶级文化大革命开展以来，一贯站在资产阶级反动立场上，疯狂反对毛主席，反对毛主席为首的党中央，对抗以毛主席为代表的无产阶级革命路线，顽固地推行刘少奇、邓小平的资产阶级反动路线，对革命群众实行法西斯专政。在曹荻秋镇压革命群众的罪行被揭露后，他不仅不思悔改,反而变本加厉,公然煽动不明真相的群众炮打中央文革小组,丧心病狂地把进攻矛头直接指向我们最最敬爱的伟大领袖毛主席。最后,在山穷水尽之际,竟挑动自己一手炮制的保皇工具——赤卫队总部,又一次制造了骇人听闻的"一二·三〇"康平路流血事件。曹荻秋反对毛主席,对抗党中央,破坏无产阶级文化大革命,罪恶滔天。革命群众早已忍无可忍,为了搬掉绊脚石,彻底闹革命,大会通令如下:

(一)从1967年1月6日起,上海革命造反派和革命群众,不再承认反革命修正主义分子曹荻秋为上海市委书记处书记和上海市市长。

(二)责成大会服务团(当时对于大会主席团的一种流行的"谦逊"的称呼——引者注)在会后立即报请毛主席和党中央,罢免曹荻秋党内外一切职务,并批准在上海报刊上公开点名批判。

(三)曹荻秋从即日起,交给上海革命造反派监督劳动,并责令其彻底坦白交代反党反社会主义反毛泽东思想、破坏无产阶级文化大革命的罪行。

(四)在曹荻秋监督劳动交代期间,一切真正革命造反派组织如有批判斗争,需要曹荻秋出席者,可统一安排进行,随叫随到。

1967年1月6日

第二号通令

中共上海市委第一书记陈丕显,自文化大革命以来,一直在幕后指挥曹荻秋和上海市委顽固地推行刘、邓的资产阶级反动路线,对毛主席亲自发动的无产阶级文化大革命进行猖狂反扑,证据确凿。中央工作会议后,陈丕显不仅不肯改恶从善,反而阳奉阴违,两面三刀,继续挑动群众斗群众,口蜜腹剑。现已查明,在安亭事件、《解放日报》事件、一二·三〇康平路流血事件中,在上海出现的炮打中央文革小组反革命逆流中,在包庇上海市委内部一小撮党内走资本主义道路当权派的阴谋活动中,陈丕显都扮演了一个可耻角色。为此,大会通令如下:

(一)陈丕显必须在七天内,就如何操纵指挥曹荻秋和上海市委进行反对毛主席,对抗党中央,破坏无产阶级文化大革命的罪恶活动,就柯庆施同志逝世后上海市委如何忠实贯彻刘少奇、邓小平反动路线,以及陈丕显、曹荻秋等与刘、邓修正主义司令部的黑关系等问题,向革命造反派进行彻底坦白交代。

(二)在毛主席和党中央未作出决定改组上海市委前,陈丕显不准以任何借口逃避责任,滑脚溜走。今后上海市委如有破坏文化大革命的罪行,唯陈丕显是问。

(三)以上两项,如有违背,革命造反派有权采取一切必要的革命行动,由此产生的严重后果,均由陈丕显负完全的责任。

1967年1月6日

第三号通令

以陈丕显、曹荻秋为首的上海市委书记处,自文化大革命开展以来,一直顽固地推行刘、邓资产阶级反动路线,对抗以毛主席为代表的革命路线。他们反对毛主席,对抗以毛主席为首的党中央,破坏无产阶级文化大革命,罪恶滔天,完全丧失了党和人民的信任。大会认为,以陈丕显、曹荻秋为首的上海市委,必须彻底打倒。为此,大会通令如下:

(一)责成大会服务团把上海市委的滔天罪行报告中央,请求中央对上海市委进行彻底改组。

(二)市委书记处书记马天水、王一平、梁国斌,候补书记王少庸,以及上海市委各常委,必须向上海人民老实交代,彻底坦白各自所犯的罪行,不得抗拒。革命造反派各组织如要他们交代问题,必须随叫随到,如有继续顽抗,定予严惩不贷。

(三)伙同上海市委推行资产阶级反动路线的华东局书记处书记魏文伯、韩哲一也必须向造反派和革命群众老实交代,彻底坦白所犯的罪行。如有违抗,定予严惩。

(四)市委各书记、常委和各部委负责人,在上海市委改组以前,一律在原工作岗位负责生产和日常工作,接受革命造反派的监督,不得消极怠工。在此期间,对党对人民有益者,可以按情折罪,如继续害党害民,则罪上加罪。

(五)如有人胆敢破坏本通令者,革命造反派各组织有权采取革命行动,其一切后果完全由破坏本通令者负责。

1967年1月6日

这一天,王洪文创造了中共党史上的一大"奇迹":一个由群众组织召集的大会,居然可以对中共上海市委及其负责人发出"通令",可以宣称"不承认",可以限时限刻"坦白交代",可以要求进行"彻底改组"。这三个通令,堪称"史无前例"。

在一个多月前的"工总司"成立大会上,王洪文还是躲躲闪闪,坐在主席台上生怕被人揪下来。转眼之间,他披着军大衣,坐在人民广场主席台上,面对雪花扬扬洒洒的广场,已是一派不可一世的神态了。

王洪文挺直腰杆,威风凛凛,是因为他的背后有着张春桥、姚文元的支持——尽管他俩觉得刚回上海,出现在主席台上与陈、曹当众对阵,不大方便,但他们坐在兴国路招待所里,目不转睛地看着上海电视台转播的大会实况。

在大会召开的前一天,姚文元在向中央报告的《上海工作简报》上,已经预告:"明天造反派开大会,批判市委,口号升了级,变成打倒陈丕显、曹荻秋!"

当天,姚文元在《上海工作简报》上,作如此描述:"上海开了十万人大会(据《工人造反报》载为两万多人。姚文元显然夸大了数字——引者注),从上午10时到下午3时,有机关、工人、学生代表参加。中心口号:打倒陈丕显,打倒曹荻秋;陈、曹、魏、韩均到会。会后有通电、通令。不承认曹的市委书记,要求彻底改组市委,立刻军管,陈一周内交代自己罪行。会议是成功的,秩序很好,市委可以说是肯定垮台了。革命形势大好。"

至于那个张,他的"导演痕迹"更明显:在王洪文的发言稿上,多处出现张春桥的笔迹。

为了显示自己的后台的存在,翌日出版的《工人造反报》上,在刊登"工总司"代表（亦即王洪文）的发言稿时，干脆把张春桥修改、补充之处，标明"春桥同志指出"。

台前与幕后，演员与导演，紧密地配合着，向着陈、曹猛烈开火。

《紧急通告》的诞生

热了这一头，冷了那一头。

王洪文的形象，第一次长时间地出现在全市的电视屏幕上，变得炙手可热，冷落了"二兵团"头头耿金章。

"王司令"与"耿司令"之间，原本就有过一些摩擦。这时，裂缝明显地在扩大。

1967年1月8日下午，上海各造反派组织代表云集锦江饭店9楼。虽说已经宣称上海市委被"打倒"了，陈丕显还是作为上海市委的代表出席会议。会议的主持者是耿金章。

会议的中心议题是：紧急刹住"经济主义"风。

这"经济主义"风，最初始于"签字风"。张春桥在"工总司"的"五项要求"上签字之后，"签字风"渐渐在上海蔓延。

在档案中，可以查到这样的条子：

刻一个上海工人革命造反总司令部的图章，并且供应红布，做红袖章，上面印上黄字。红布共十匹，立即供应。
此致　上海市委

要求者代表
蒋××

请上海市委照发。张春桥

得寸进尺。各种各样的条子，向上海市委飞来，要汽车的，要军大衣的，要纸张的，要活动经费的。找谁签？找曹老头儿签，找陈丕显签，找"走资派"签。不签，就斗，就批。

最起劲的，莫过于戴立清的那个"红色工人革命造反总司令部"。他带领着"红色工人"——临时工、合同工们，为着"工人阶级利益"而造反。

"戴司令"原本是从兰州倒流回到上海的，摆过摊头，跑过单帮，做过投机倒把生意。后来，到上海标准件材料一厂当临时工。

当"革命样板戏"《智取威虎山》上演后，第六场《打进匪窟》开头有这么两句台词——

匪参谋长：三爷有令，带"溜子"！
众小匪：带"溜子"！

戴立清平时流里流气，大有"溜子"的味道。偏巧，"带"与"戴"同音，于是，他便博得了"戴溜子"的雅号。

自从扯起"造反"的旗号,"戴溜子"一抹脸,变成了"戴司令"。

这么个"戴司令",带着一班"红色工人"代表前往北京,居然在1966年12月26日,受到陈伯达、江青、康生、张春桥、姚文元、戚本禹等的"接见"。

听罢"红色工人"的"控诉",江青流下了"同情"的眼泪。江青马上把劳动部和全国总工会的负责人叫来,当面斥问道:"我们听到同志们反映合同工制度,是你们发明的?还是你们刘主席(指刘少奇——引者注)发明的?这是反动的资产阶级旧制度!你们不为工人阶级服务,还是回家好!你们这些大部长是怎样对待工人的?照这样下去,工人得到什么前途?什么合同工,简直像包身工!"

这时,康生帮腔道:"制定合同工制度就是赫鲁晓夫,哪里是什么共产党员?你们想把中国变成资本主义。这是夺权的大问题。那些不给工人办事的,全部解散!"

江青接着说:"我建议马上以中央文革小组的名义发个通知。一、必须允许合同工、临时工等等参加文化大革命,不得有所歧视;二、不得解雇,必须照发工资。从1966年6月1日以后解雇的工人,必须允许马上返回单位参加生产,工资补发。"

"戴溜子"有了江青的支持,无所顾忌了。回到上海以后,带着"红色工人"去造反,要求转正,要求补发工资,要求增加工资。

"签字风"日盛。特别是在康平路事件之后,上海市委大势已去,造反派们可以随意把"走资派"们揪来揪去,逼着他们签字画押。每签一张条子,就在经济上打开一个缺口。

中国人民银行上海分行告急:从1967年元旦到1月4日,短短四天里,货币流失量达几千万元!这些钱化为各种名目的"补助",分发到造反队员手中。

上海冒出了七八十个"司令部"。一个名叫"上海人力运输装卸工人革命造反司令部"的,忽然把陈丕显揪去,逼着他在"八项要求"上签字。不签的话,那就采取"革命行动"。

"签字风"、"经济风"越刮越厉害,令已经濒于生产瘫痪、交通阻断的上海雪上加霜。就连造反派领导层中一些稍有头脑的人,也意识到这么下去会使上海同他们自己一起毁灭。自然,谴责"签字风"、"经济风",又是"走资派"们倒霉——被说成是用经济利益"腐蚀"造反派,尽管事实上是那些造反派逼着"走资派"签字。也正因为这样,虽然事先料到会受到种种"批判",陈丕显还是去锦江饭店9楼开会——煞住经济主义歪风,毕竟是挽救上海的当务之急。

到会的共有35个造反派组织的代表。耿金章①见"上海市委机关造反联络站"的朱永嘉来了,便指着他说道:"秀才,你来起草!"

朱永嘉这位"秀才"奉徐景贤之命,前往锦江饭店出席会议。

朱永嘉根据代表们的意见,一条一条记下来,凑成了10条,写出了《紧急通告》,号召造反派们"积极参加文化大革命,同时又要坚守生产岗位,成为'抓革命,促生产'的模范"。当草稿改定,已是夜色浓重了。

---

① 1986年10月30日,叶永烈在上海采访耿金章。

各造反派组织代表开始签字。耿金章与众不同，一人代表两个组织签字：作为"工总司"常委，他代表"工总司"签字；作为"上海工人北上返沪第二兵团"的"司令"，他代表"二兵团"签字。

在起草《急告全市人民书》时，耿金章只作为"工总司"的代表签字。当《急告全市人民书》在《文汇报》上发表之后，耿金章挺后悔，为什么不把"二兵团"也写上去呢？在名义上，"二兵团"属于"工总司"，但"耿司令"并不听命于"王司令"，"二兵团"常常自行其是，扯起"独立"的旗号。于是，这一回，来了个"工总司"、"二兵团"并列。

在《紧急通告》上签字的还有"红革会"、"上海工人北上返沪第三兵团"、"上海市学徒造反革命委员会"、"上海革命造反委员会红卫军指挥部"等等。有三个造反派组织的名声不太好，在签字时遭到大家的反对。于是，参加会议的35个造反派组织，只有32个得以在《紧急通告》上签字。

陈丕显作为上海市委的代表，也签了字，表示支持。

《紧急通告》飞快地送到王洪文手里。王洪文看罢，怒气冲冲，说道："我不同意签字！这样做，把矛头指向群众，给一些群众组织（指'红色工人革命造反总司令部'之类热衷于经济主义的组织——引者注）造成困难！"他的目光扫过那32个造反派组织名单，大发雷霆："'二兵团'、'三兵团'怎么可以与'工总司'并列？他们是'工总司'的下属组织，怎么可以与'工总司'平起平坐？"

《紧急通告》飞快地送到张春桥、姚文元手里。张春桥质问徐景贤道："刚发表了一个《急告全市人民书》，为什么又来一个《紧急通告》？"他还问："是谁让朱永嘉去开会的？去起草这种通告？"

1月10日，张春桥还让秘书何秀文打电话盘问陈丕显。陈丕显的电话是何秀文亲笔记下的，现存于档案之中，如下：

报上登的《告上海全市人民书》和《紧急通告》，市委表示支持。那个《紧急通告》是前天晚上（即1月8日——引者注）我和各个左派组织开会，还找了有关部局的负责人参加，造反派提出意见，我表示同意和支持，一起共同搞出来的。

上海"工总司"成了全国"光辉的榜样"

现在，该掉过笔头写一写北京了。

在中南海，毛泽东的目光关注着上海，阅读每一期《上海工作简报》，阅读每一期新出的《文汇报》。

1967年1月8日，毛泽东在中共中央政治局会议上，发表了关于上海问题的极为重要的讲话。

毛泽东的讲话，迅即被红卫兵们印成传单，广为散发。如今，从当年的《中央首长讲话集》里，还可以查到这份《毛主席对中央文革小组的讲话》（实际上是在政治局会议上的讲话）。虽然当年的传单中常常掺假，但这份《毛主席对中央文革小组的讲话》中的许多段落，后来被用黑体字印在《红旗》杂志和《人民日报》上，表明并非"冒牌货"。可能个别词句有出入。现据红卫兵们的传单，照录于下：

《文汇报》现在左派夺了权，4日造了反，《解放日报》6日也造了反，这个方向是好的。《文汇报》夺权后，三期报都看了，选登了红卫兵的文章，有些好文章可以选登。《文汇报》5日的《急告全市人民书》，《人民日报》可以转载，电台可以广播。内部造反很好，过几天可以综合报道。这是一个阶级推翻另一个阶级，这是一场大革命。许多报依我说封掉好。但报总是要出的，问题是由什么人出。《文汇报》、《解放日报》改版好，这两张报一出来一定会影响华东，影响全国各省市。

搞一场革命，总要先造舆论。"六·一"《人民日报》夺了权（指1966年6月1日——引者注），中央派了工作组，发了《横扫一切牛鬼蛇神》社论。我不同意《人民日报》另起炉灶，但要夺权。

唐平铸换了吴冷西（意即唐平铸接替了吴冷西。吴冷西原为《人民日报》总编——引者注），开始群众不相信，因为《人民日报》过去骗人，又未发表声明。两个报纸（指《文汇报》、《解放日报》——引者注）夺权是全国性的问题，要支持他们造反。我们报要转载红卫兵文章，他们写得很好。我们的文章死得很。中宣部可以不要，以前那些人，在那里吃饭，很多事宣传部、文化部管不了，你我都管不了（此处的"你"指陈伯达——引者注），红卫兵，来就管得了。

上海革命力量起来，全国就有希望。它不能不影响整个华东，影响全国各省市。《急告全市人民书》是少有的好文章，讲的是上海市，问题是全国性的。

现在搞革命，有些人要这要那。我们搞革命，自1920年起先搞青年团后搞共产党，哪有经费、印刷厂、自行车？我们搞报纸，同工人很熟，一边聊天一边改稿子。我们要各种人，左中右都要发生联系，一个单位统统搞得那么干净我历来就不赞成。（有人反映吴冷西他们现在很舒服，胖了。）太让吴冷西舒服了。我不主张让他们都罢官。我们开始搞革命时，接触的是机会主义，不是马列主义，年轻时《共产党宣言》也未看过。

要讲抓革命促生产，不能脱离生产搞革命，保守派不抓生产，这是一场阶级斗争。

你们不要相信，死了张屠夫，就吃混毛猪，以为没有他们不行。不要相信那一套。

根据毛泽东的指示，第二天——1月9日，《人民日报》便在头版头条位置，转载了《急告全市人民书》，只是在转载时为了适合全国读者，把标题改为《告上海全市人民书》。

真是始料不及，一张传单，经《文汇报》刊载，经毛泽东赞扬，居然上了《人民日报》！这张传单的第一个署名单位，便是"上海工人革命造反总司令部"。"工总司"的名字上了中共中央机关报——《人民日报》，顿时使"工总司"声誉鹊起。

最为重要的是，《人民日报》在刊登《告上海全市人民书》时，加了编者按。据王力告诉笔者，按语是他起草的，经毛泽东亲自审定。末段"这是一个大革命"起的一段话，是毛泽东的话。如此富有权威性的编者按,被人们视为中共中央的声音。当天,中央各报和全国各省市报纸步调一致,舆论一律,全都刊登了《人民日报》编者按和《告上海全市人民书》。

全国震动了!

《人民日报》的编者按,全文如下:

> 上海《文汇报》1月5日发表的《告上海全市人民书》,是一个极其重要的文件。这个文件高举以毛主席为代表的无产阶级革命路线的伟大红旗,吹响了继续向资产阶级反动路线猛烈反击的号角。这个文件坚决响应毛主席的抓革命、促生产的伟大号召,提出了当前无产阶级文化大革命中的关键问题。这不仅是上海市的问题,而且是全国性的问题。
>
> 随着上海市革命力量的发展,崭新面貌的、革命的《文汇报》和《解放日报》出现了。这是无产阶级革命路线反对资产阶级反动路线的胜利产物。这是我国无产阶级文化大革命发展史上的一件大事。这是一个大革命。这件大事必将对于整个华东,对于全国各省市的无产阶级文化大革命运动的发展,起着巨大的推动作用。

《文汇报》和《解放日报》刊登了《人民日报》编者按以及《告上海全市人民书》(对于《文汇报》来说,是再度刊登《告上海全市人民书》了),又同时刊出了在昨夜刚刚定稿的《紧急通告》。

又是始料不及,《紧急通告》见报之后,再一次受到毛泽东的赞扬,产生的"反馈"比《告上海全市人民书》更加强烈。

毛泽东指示《人民日报》再度转载《紧急通告》,并委托陈伯达代表中央起草给上海的贺电。陈伯达起草了贺电,连同《人民日报》为此配发的社论一起,送呈毛泽东审阅。

毛泽东大笔一挥,"很好"。

毛泽东委托林彪召集有政治局委员、中央文革小组成员和有关方面负责人出席的会议,讨论通过贺电。

这是一份"史无前例"的贺电,头一回以"中共中央、国务院、中央军委、中央文革小组"共同署名。从此之后,中央重要的电报、文件,便以这样的共同署名的形式下达。于是,中央文革小组的声望骤增,成为"无产阶级司令部"的一个组成部分。

炮打中央文革小组,便与"炮打无产阶级司令部"画上了等号。

1967年1月12日,对于上海"工总司"来说,是"历史性的一天"。这天,全国各报都在头版头条位置,刊载了中共中央、国务院、中央军委、中央文革小组于11日发出的贺电,贺电的抬头是"上海工人革命造反总司令部等三十二个革命群众组织"。中央向上海"工总司"等致贺,使"工总司"的招牌立时变成金光灿灿!两个多月前,为了要求承认"工总司"是一个"革命的合法的组织",他们与曹荻秋磨蹭了多少回,最后终于争得了张春桥的签字。今非昔比,眼下的"工总司",像铁蛋掉在铜碗里,已是当当响的"左派"了!

由陈伯达起草、毛泽东阅定的贺电,全文如下:

上海工人革命造反总司令部等三十二个革命群众组织:

你们在1967年1月9日发出的《紧急通告》,好得很。你们提出的方针和采取的行动,是完全正确的。

你们高举了毛泽东思想伟大红旗。你们是活学活用毛主席著作的模范。

你们坚定地站在以毛主席为代表的无产阶级革命路线方面。你们及时地识破了和揭穿了资产阶级反动路线新反扑的阴谋,举行了有力的还击。

你们坚持了无产阶级专政,坚持了社会主义的大方向,提出了反对反革命修正主义的经济主义的战斗任务。

你们根据毛主席提出的"抓革命、促生产"的方针,制定了正确的政策。

你们实行了无产阶级革命派组织的大联合,成为团结一切革命力量的核心,把无产阶级专政的命运,把无产阶级文化大革命的命运,把社会主义经济的命运,紧紧掌握在自己的手里。

你们以一系列的革命行动,为全国工人阶级和劳动人民,为一切革命群众,树立了光辉的榜样。

我们号召全国的党、政、军、民各界,号召全国的工人、农民、革命学生、革命知识分子、革命干部,学习上海市革命造反派的经验,一致行动起来,打退资产阶级反动路线的新反扑,使无产阶级文化大革命,沿着以毛主席为代表的无产阶级革命路线胜利前进。

中共中央
国务院
中央军委
中央文革小组
1967年1月11日

如今,以历史的目光审视这份贺电,可以看出,毛泽东当时以"中共中央、国务院、中央军委、中央文革小组"如此庄重的名义,给上海"工总司"等发去贺电,其目的在于挽救濒临危机的中国经济,号召全国各地赶紧"抓革命、促生产"。

然而,贺电把上海"工总司"等树为"模范"、"光辉的榜样",却使"造反英雄"们从此有恃无恐。

轻取巧夺"发明专利权"

变化,实在太大、太快了:

1月8日,毛泽东称赞了《告上海全市人民书》是"少有的好文章";

1月9日，《人民日报》转载《告上海全市人民书》并加编者按；

1月11日，中央就上海的《紧急通告》发来庄重的贺电；

1月12日，《人民日报》转载《紧急通告》。

前前后后，不过五天罢了。

上海打响了《告上海全市人民书》和《紧急通告》这两炮。张春桥、姚文元和王洪文先是一怔，大有"无心插柳柳成荫"之感——因为他们并没有参与这两个文件的起草，甚至还曾反对过，而在这两个文件上签字的却是陈丕显！也正因为这样，直到1月10日，在张春桥得知中央要肯定上海的《紧急通告》时，他"紧急"地让秘书何秀文找陈丕显，了解陈丕显有没有在《紧急通告》上签过字。

在震惊之后，便是沮丧。张、姚、王精心合作的产物，是1月6日在人民广场冒雪召开的那个大会，是向上海市委发出了三个通令。这三个通令曾以急电发往北京。毛泽东看过这三个通令。姚文元在《上海工作简报》中，也详细报道过1月6日的大会。他们原以为，毛泽东会为三个通令拍手叫好。只要毛泽东说一声好，三个通令就生效，就意味着曹荻秋罢官、陈丕显靠边、上海市委垮台。那三个通令，每一个都有"报请毛主席和党中央"之类的话。明摆着要毛泽东表态，毛泽东却保持沉默！这真是"有心栽花花不开"。毛泽东对那三个通令，居然置之不理！这怎不使张、姚、王沮丧？

在震惊、沮丧之后，首先"醒悟"过来的是"军师"张春桥。他明白，《告上海全市人民书》和《紧急通告》一旦成了陈丕显的"政治资本"，那将意味着什么。

阴谋家的"高明度"与其脸皮的"厚度"成正比。翻手为云，覆手为雨，吹牛不打草稿，撒谎不脸红，这些都是阴谋家的"基本功"。张春桥在中国政治舞台上混迹多年，谙熟阴谋之术。

他紧急"接见"《文汇报》的造反派，透露了重要"信息"："《告上海全市人民书》中有些想法，我们在北京时曾讲过。我曾说，赤卫队这样搞，我们只有高举'抓革命、促生产'的旗帜，才能把他们打下去。"照他这么一说，《告上海全市人民书》是贯彻了"张春桥思想"，其"发明专利权"乃属张春桥。他当过解放日报社社长兼总编多年，深知报纸乃传声之筒。他对报社造反派说的话，会很快化为铅字印在报上广为传播的。

他还"表彰"了朱永嘉，说这么个"历史学家"，能够投身于"火线"，是很"了不起的"；说朱永嘉参加起草《紧急通告》，乃是他派去的。如此这般，堵了朱永嘉的嘴，把《紧急通告》的"发明专利权"也盖上了张氏大印。

1月12日上午，上海人民广场红旗如林，人声鼎沸。几十万人聚集在那里，举行"上海革命造反派欢呼中央贺电、彻底粉碎资产阶级反动路线新反扑大会"。

张春桥、姚文元、王洪文坐在主席台正中，脸上挂着"胜利的微笑"。这是张春桥和姚文元自1月4日回沪之后，第一次在大庭广众之中露面。

当时"工总司"的机关报《工人造反报》是这样形容会场气氛的："人民广场红旗招展，锣鼓喧天，群情沸腾。全市的工人革命造反派和红卫兵小将手擎《毛主席语录》，抬着大红喜报，高举毛主席像，一千遍一万遍地高呼：'毛主席万岁，万岁，万万岁！'怎么能不激动啊！上海，就是无产阶级革命派的天下，就是毛主席的革命路线的天下。全市的无产阶级革命派无不扬眉吐气，斗志昂扬。毛主席为我们撑腰，我们要为他老人家争气。……"

在万众欢呼声中，张春桥站了起来。平素不苟言笑的他，此刻在众目睽睽之下，变得笑容可掬。他是以"中央首长"的身份走向话筒的，他的手中拿着中央贺电。当年的讲话记录稿尚在，我们可以看到这份以许许多多的"们"和许许多多"革命的"开始的讲话：

　　上海的革命工人、农民、革命的学生、革命知识分子和革命干部同志们，红卫兵小将们，同志们，战友们：我代表中央文化革命小组问大家好，向你们致最热烈的无产阶级文化大革命的敬礼！
　　同志们，我现在来宣读中共中央、国务院、中央军委和中央文化革命小组对上海各个革命造反团体的贺电。

念罢贺电，张春桥变得非常谦逊，自称"小学生"：

　　同志们，中央文化革命小组派姚文元同志和我到上海来，是来做调查研究工作的，是来学习上海革命造反派的经验的，是来当小学生的。我非常高兴地参加今天的会，并且我们非常高兴地告诉大家，我们伟大的领袖毛主席的身体非常健康，毛主席的亲密战友林彪同志的身体也非常健康，这是我们全国人民最大的幸福。毛主席对于上海的无产阶级文化大革命一向是非常关心的。大家都还记得：这一场文化大革命的序幕，就是从《海瑞罢官》这个反动戏的批判开始的，而这个正是毛主席亲自发动，亲自在上海揭开的。上海市委内的一小撮走资本主义道路的当权派，一小撮坚持资产阶级反动路线的家伙，他们贪天之功，好像他们在这一方面还有什么功劳，可以拿来当作抵抗革命的挡箭牌，这是非常可耻的。

张春桥在讲话中，一次又一次地提到毛泽东。言外之意，弦外之音，谁都听得出来——他是"通天"的，他是代表着毛泽东来上海的，他是得到毛泽东"最坚决最热烈的支持"的。张春桥在短短的几分钟的讲话里，32次提到毛泽东！读一读他当年的发言稿，那"毛主席"的出现的频率，是那么的高——几乎每一句话里都要提到。

　　毛主席同上海的革命人民是心连心的，毛主席不只是非常熟悉上海的情况，甚至于上海革命群众提出的中心口号毛主席都能够一字不差地背出来！
　　上海文化革命中间，每当出现了一个新的事物，都是首先得到毛主席的最坚决最热烈的支持。以安亭事件为标志的上海革命工人运动的兴起，是什么人首先来支持的呢？是我们伟大的领袖毛主席。《文汇报》《解放日报》的革命同志造了反，夺了权，又是什么人首先出来热烈赞扬的呢？又是我们的毛主席。上海各个革命组织发表1月4日的《告上海全市人民书》。这一个文件一传到毛主席那里，他就立刻给予最高的评价。1月9日发表的《紧急通告》又一次受到毛主席的赞扬，这都一再地说明毛主席和上海的人民是心连心的。

毛主席最近，当我们出发以前不多久，给我们说过，他说："上海很有希望，学生起来了，工人起来了，机关干部起来了，各方面都起来了。上海搞好了，就会影响华东、影响全国。"这是毛主席最近讲的，对上海的很高希望。刚才我宣读的昨天已经向全国广播了的中共中央、国务院、中央军委、中央文革小组给上海市各革命造反团体的贺电，更加集中地体现了毛主席对上海革命人民的关怀。这是我们伟大导师、伟大领袖、伟大统帅、伟大舵手毛主席对上海革命人民最大的希望，最大的鼓舞，最大的支持。这个贺电也是对于一切反对上海革命人民的家伙们的最沉重的打击。……

这时，张春桥对两个文件作了极高的评价——与几天之前判若两人。

《告上海全市人民书》和《紧急通告》就是上海的无产阶级高举毛泽东思想伟大红旗的革命宣言，它是我们已经取得的胜利的总结，又是向以陈丕显、曹荻秋为首的上海市委资产阶级反动路线发动新的进攻，粉碎资产阶级新的反扑，开展全面阶级斗争的前进的号角，是我们夺取新的胜利的进军的号角。

"乱哄哄你方唱罢我登场"。一个"小学生"唱毕，另一个"小学生"上场。姚文元一身军装，用了一个很不自然的动作，把右手举到帽檐，行了个秀才式的军礼——不是行伍出身的他，不习惯于行军礼。

姚文元也是一样，一开口，一连串的"革命的"："同志们，我们来到上海，或者说回到上海，是来做小学生的，是来做革命的工人、革命的贫下中农、革命的学生、革命的干部、革命的知识分子的小学生，老老实实做小学生。"

才一句话，就说了三回"小学生"和五个"革命的"。只是那时候相声大师侯宝林被打倒了，要不，定然可以据此编出很精彩的"革命的"绕口令！

接着登场的是王洪文。他是作为"无产阶级革命派"的代表，宣读了"工总司"等造反组织共同发出的重要倡议——《关于建立上海市革命造反派组织联络总站的倡议书》。这是昨夜11点，在由张春桥、姚文元召开的上海各造反派头头紧急会议上刚刚议定的。王洪文念毕《倡议书》，广场上响起一片热烈的掌声，这一"新生事物"——"上海市革命造反派组织联络总站"就算诞生了。

大会结束了，盛大的游行开始了。

谁都料想不到，王洪文突然采取了"闪电行动"：抓走了陈丕显，关进了"老窝"——上海国棉十七厂"永忠队"队部。

没有拘捕证，没有说明原因，中共上海市委第一书记就这样莫名其妙地被关押在上海国棉十七厂里，过了一夜。

第二天，陈丕显被押上了上海国棉十七厂的大卡车。卡车上挂着"打倒经济主义的罪魁祸首陈丕显"的大字标语。卡车在上海市区主要街道缓缓驶过，车上的高音喇叭不断呼喊着"打倒经济主义"、"打倒陈丕显"的口号。王洪文开创了上海汽车"游街"的先例。借这次"游街"，王洪文把自己变成了反经济主义的"英雄"，却把陈丕显推上了被告席。

王洪文富有"创造性"。他觉得用厂里的大卡车游街，还不够醒目。1月14日下午，他干脆调来一辆鲜红色的卡车——修理无轨电车电线的专用车，"勒令"曹荻秋跪在车上，在全市游街！堂堂的上海市市长，竟这样遭受王洪文的无端凌辱！

"二兵团"耿金章宣布上海"夺权"

自从爆发康平路事件之后，康平路的"知名度"迅速提高，在上海几乎家喻户晓了。

1月15日凌晨3时半，上海的市民们酣梦正香的时刻，从康平路发出惊人的消息："二兵团"的"耿司令"和"上海市红卫兵革命造反司令部"等11个造反派组织，约二三百人，忽然冲进了冷清、寂静的上海市委机关大楼，轻而易举地夺取了"木头疙瘩"——大印。

"耿司令"坐进了上海市委书记处办公室，宣告"成功地"进行了"夺权斗争"[①]。

"耿司令"发布了三项通令，那口气是不小的：

第一，声讨上海市委、市人委的资产阶级反动路线罪行，宣布接管上海市委、市人委；

第二，任命张春桥为上海新市委第一书记兼市长，姚文元为新市委第二书记兼副市长；

第三，勒令原上海市委、市人委的所有机关干部，回原岗位办公。

用上海话来形容，耿金章此举，纯属"自说自话"。他是一个喜欢自作主张、保持"独立性"的人。他已清楚地意识到王洪文对他的排斥。看来，未来的上海，要么"张——姚——王"，要么"张——姚——耿"。先下手为强。文化粗浅的耿金章以为木头疙瘩就是政权。他把"最高指示"——"革命的首要问题就是夺取政权"，理解为"革命的首要问题就是夺取'木头疙瘩'"。

"二兵团"的离心作用，从耿金章树起这面大旗，就已显露出来。虽说这个"二兵团"名义上隶属于"工总司"，实际上"工总司"已类同于"英联邦"——"一兵团"、"二兵团"、"三兵团"都各自安营扎寨，与王洪文那"总部"分庭抗礼。耿金章具有颇强的组织能力，他的"二兵团"拥有的强大的实力，已足以与王洪文的"总部"并驾齐驱。在1967年1月5日，《文汇报》"夺权"的第二天，从该报上已可看出"苗头"：为了庆贺《文汇报》的新生，"工总司"发表了一篇题为《誓做你们的坚强后盾》的文章。与之相邻的，是署名"上海工人北上返沪第二兵团"的祝贺文章《让我们一齐去厮杀搏斗》。这两篇文章清楚表明，"二兵团"与"工总司"并列。至于《紧急通告》上，第一个发起单位为"工总司"，名列第二的便是"二兵团"，这样的并列印在《人民日报》上，印在全国各报上，更使"二

[①] 1986年10月30日，叶永烈在上海采访耿金章。

兵团"名声大振。"耿司令"不再听命于"王司令"了。

"二兵团"这场近乎宫廷政变式的夺权，使张春桥、姚文元吃了一惊。"耿司令"事先并没有与张、姚通气。他，居然宣布了对张、姚的"任命"，仿佛成了张、姚的上级！尽管耿金章所"任命"的职务，正是张、姚梦寐以求的，从耿金章的嘴里说出来，在某种程度上体现了"民心所向"，这使张、姚窃窃心喜。不过，一想及耿金章如此"自说自话"，事先不请示，等于不把张、姚这样的"中央首长"放在眼里，自然使张、姚心中老大的不舒服。

至于王洪文，一得知耿金章夺权，便怒火中烧，牙齿咬得咯咯作响。

王洪文的眼，比耿金章更红；王洪文的心，比耿金章更急。早在"安亭事件""胜利"时刻，他就向小兄弟们说过"胜者为王"，要弄个市长当当。他一直期待着成"王"。

在起草《急告全市人民书》（即《告上海全市人民书》）的时候，他忙着筹备1月6日的大会，忙着起草那三个通令，为的是夺权。只是那三个通令没有打响，而《急告全市人民书》却受到毛泽东的肯定。

1月8日晚，在起草《紧急通告》的时候，"王司令"到哪里去了呢？他到上海外滩——广东路20号海关大楼去了。他在那里召开紧急会议，成立了"上海市'抓革命、促生产'火线指挥部"。这个指挥部，夺了上海的工交财贸大权。张春桥称赞这一"壮举"道："火线指挥部可以称为'经济苏维埃'，代替市人委。"

张春桥十分明确地说："火线指挥部实际上就是夺权。现在，火线指挥部发个通告，什么事准，什么事不准，大家都照办。责令公安局，什么人要抓，公安局就抓了。你们看，一个普通的革命群众组织在向公安局下命令了。外国人一看就知道，毛泽东的国家把一切权力都交给人民了。市委还有什么权？市人委还有什么权？没有了嘛！我们到上海来了以后，还没有看到他们发过什么通知。火线指挥部是一个伟大的创造。但我们自己可能还不知道这是一个创造。自己干了一件很大的事，并不一定都懂得……"

遗憾的是，这个"经济苏维埃"在1月9日经张春桥向毛泽东报告之后，毛泽东仅仅表示"知道了"，并没有太大兴趣，却对那份张、姚没有加以"推荐"的《紧急通告》给予高度评价。就连张春桥自己，也在一次接见"工总司"代表时说走了嘴，透露了内中的真情："像《告上海全市人民书》、《紧急通告》，如果不是毛主席发现了，我们还不知道这是一个很重要的文件呢！"这句印在当年《张春桥讲话》传单上的话，泄漏了天机！张春桥所说的"我们"，自然是指他和姚文元——那天他俩一起接见"工总司"的代表。

张、姚"不知道这是一个很重要的文件"的《告上海全市人民书》、《紧急通告》，被毛泽东发现了，加以肯定，震动全国。而张春桥以为是"伟大的创造"的"经济苏维埃"，毛泽东保持沉默。张春桥只能用这样的话，为自己助威："火线指挥部这是一个很大的创造。关于火线指挥部，已向毛主席他老人家作了汇报。毛主席也知道了上海市抓革命促生产火线指挥部，这对战斗在火线上的工人革命造反派和革命小将们是多么温暖的关怀，多么巨大的鼓舞啊！"

张春桥、姚文元、王洪文又谋划着夺权的新途径。1月12日在上海庆祝中央贺电大会上，王洪文宣读《关于建立上海市革命造反派组织联络总站的倡议书》，是张春桥的新点子。用张春桥、姚文元写给中央的工作简报中的话来说，这个"联络总站"实际上要"行使着政权的作用"！

按照张、姚的部署，"关于接管市委，可以由联络总站搞"。

如此这般，"联络总站"成了上海的"苏维埃"！无奈，革命造反派们不争气，权欲使他们的头脑发狂，谁都要到这个"总站"里参加"联络"，谋得一席之地。工人造反派中的"两巨头"——王洪文与耿金章相抗衡，"工总司"与"二兵团"要争夺"联络总站"的领导权。"联络总站"还处于筹备之中，便乱成了一锅粥！

就在这个节骨眼上，"耿司令"来了个出奇制胜，突然进军康平路。

"他妈的，赫鲁晓夫式的个人野心家！"王洪文嘴里，蹦出了这句充满着对耿金章的仇恨的话。

张春桥软硬兼施

"金章同志吗？"康平路的电话耳机里，响起了张春桥的声音。对于耿金章[①]，张春桥不像王洪文那样喊他"老耿"，因为"老耿"与"老鲠"、"老梗"同音，那"骨鲠在喉"的"鲠"以及"梗着脖子"的"梗"，多多少少正巧反映了耿金章的性格和形象；张春桥称他"金章同志"，一听，就叫人像夏天吃了冰淇淋似的，怪舒服。

"是春桥同志吧。"耿金章说。

"我想找你谈谈。"张春桥说道。

"好，我马上就来！"

耿金章有着自己的"警卫班"。他一坐上轿车，前有开道的，后有押尾的，够气派的。一溜烟，才几分钟，一串轿车便驶入兴国路。

当耿金章的轿车驶进兴国路招待所的大门，透过车窗玻璃，耿金章的视线突然落在5号楼前一个穿军装的人身上。正刮着寒透骨髓的西北风，这个军人没披军大衣，在风中恭候。一见到那张熟悉的尖腮脸和一副近视眼镜，耿金章失声惊叫："春桥同志！"

是的，那不是警卫员，而是张春桥。如此隆重地"出廊迎迓"，使"耿司令"受宠若惊！

张春桥笑眯眯地把耿金章引进5号楼。耿金章刚在客厅沙发上坐定，张春桥就递过一支香烟来。

张春桥慢条斯理地抽着烟，却不说话。耿金章顿时明白，挥了挥手，他的警卫们就赶紧退出了客厅。

客厅里开放着暖气。在上海这座城市里，除了高级宾馆，冬日是没有暖气的。耿金章脱去了军大衣。

"金章同志，"张春桥依然用如此亲切的口气称呼他，"你我都是共产党员。你一定

[①] 1986年10月30日，叶永烈在上海采访耿金章。

还记得,去年'安亭事件'发生后,我把你和洪文同志找到我家里,我曾推心置腹地跟你们谈过我的希望……"

笑容从张春桥的脸上消失,他的脸皮绷紧了。

原以为张春桥大抵是接受了对他的"任命",参加"二兵团"夺权,实行"三结合",耿金章兴高采烈而来。这时,他意识到张春桥找他谈话,另有用意。

张春桥提到了那次谈话,耿金章还记忆犹新:

那是在他揭起"二兵团"的大旗不久,张春桥很快就得到情报,"二兵团"与"工总司"闹矛盾。

张春桥的秘书给耿金章打来电话,说是张春桥在家里等他。

这是耿金章头一回知道张春桥的家在哪里。他记得,他来到康平路,从一扇小门进去,马上有警卫前来询问。经他说明身份之后,来到后面的小院。

来开门的是文静,她已经知道他是耿金章。她把他引入一间十来平方米的小客厅,张春桥已在那里等他,王洪文也在那里!

小客厅里放着三张单人沙发,中间是一张双人沙发。张春桥坐在当中的双人沙发上,他和王洪文隔着茶几相对而坐。

张春桥的第一句话便是:"我们都是共产党员。"

一听到这句话,隔着茶几、情绪对立的耿金章和王洪文,互相瞧了一眼,不由自主地微微低下了头。

"我把你俩找来,是因为'工总司'的常委中,只有你俩是共产党员。"张春桥说着,把目光转向耿金章,"你要和洪文同志搞好团结,要以党的事业为重。你们两个党员不能闹分裂。你们两个的分裂,将会使'工总司'分裂,会使上海工人造反派分裂。"

耿金章默不作声。王洪文也沉默不语。

"我劝你别搞'二兵团'了!"张春桥终于对耿金章说出了这句至关重要的话,"'一兵团'、'二兵团'、'三兵团',这样的组织不好。你想想,你那'二兵团'怎么来的?那是'走资派'把一部分人截在安亭,一部分人弄到南京、苏州,你们那几个'兵团'是这样形成的呀。我希望上海工人造反派团结在'工总司'的旗帜下,不要搞什么'兵团'。这些'兵团',跨行跨业,组织结构不合理。金章同志,我希望你主动把'二兵团'解散。你协助洪文同志把'工总司'的工作搞好。你俩团结一致,共同对付上海市委。"

耿金章竭力克制着自己,依然保持沉默。他心中明白,张春桥所支持的不是他,而是王洪文!

从张春桥的家里出来之后,耿金章没有听命于张春桥。他依然搞他的"二兵团"。"二兵团"的队伍越来越大,他与王洪文的裂痕也越来越深。

因为他不听话,张春桥开始疏远他。上海的机密要事,张春桥只找王洪文商量,把他撇在一边。也正因为这样,耿金章甩开了张春桥和王洪文,"自说自话"联合11个造反派组织,对康平路进行突然袭击。

如今,张春桥重新提起那次在他家里的谈话,顿时使兴冲冲的耿金章,如同被浇了一盆冰水。

耿金章像上一回那样,保持沉默。他知道,当面顶撞张春桥,那是不行的。

"金章同志,我仍坚持上次跟你谈过的意见——你要和洪文同志搞好团结。你们两个党员,在'工总司'的常委中,要做团结的模范。"张春桥继续劝说着耿金章,"上海是要夺权的。我和文元同志到上海来,就是要夺权。但是,必须联合各造反派组织,共同夺权,不能搞单方面的夺权。你们'二兵团',把'工总司'甩在一边,把'市委机关造反联络站'甩在一边,这样的夺权后果会怎样?那就势必造成造反派内部的大分裂!"

耿金章的脸色变得灰白。张春桥的话,使他意识到问题的严重性——因为没有张春桥的支持,他的夺权是不可能成功的。

"金章同志,我劝你急流勇退,宣布'二兵团'退出这次夺权。一旦'主角'退出去了,剩下的十个单位,也就成不了气候。"张春桥善于察言观色,从耿金章脸色的变化,知道自己的话已经奏效,便变得和颜悦色。"金章同志,我一直把你作为工人领袖看待。如果你能够按照党的原则去做,我想,党会把你作为新干部的代表人物,参加上海革命新政权。"

张春桥的话,硬中有软,软中有硬。耿金章经不起张春桥的软硬兼施,终于表态了:"二兵团"退出这次夺权!

张春桥大喜,留他一起吃饭。吃完饭,又亲自送他上车。耿金章的轿车开动了,回头一看,张春桥还在那里向他频频挥手。

人多势众的"二兵团"撤出康平路之后,那"上三司"等十个组织势单力薄,不成气候,夺权也就告吹了。

消息飞快传进王洪文的耳朵,他松了一口气。他暗自庆幸:早在安亭跟定了张春桥,跟对了!上海的夺权,没有张春桥的点头,只能是竹篮子打水———一场空!

"上三司"和"红革会"的失败

"上三司"岂肯善罢甘休?

1月22日中午,又从康平路爆出新闻:"上三司"重整旗鼓,再度杀进康平路,宣告夺取上海市委一切权力!

"耿司令"急令"二兵团"按兵不动。

"上三司"的红卫兵们,哪里是张春桥的对手?

张春桥在衡山宾馆召集紧急会议,王洪文、徐景贤、潘国平、陈阿大、王承龙、朱永嘉闻讯赶来。

"对'上三司'要采取革命行动!"张春桥愤愤地说出了这句话。

"这任务交给我们'工总司'!"王洪文当即应声。

王洪文带领一班小兄弟,出现在康平路。"工总司"的造反队员身强力壮,"上三司"的娃娃们逃之夭夭。才半天工夫,王洪文便"胜利"地粉碎了一次"政变"。

那"上三司"的头头被"工总司"逮了起来,送交公安局。至于罪名,信手拈来便是,王洪文给他安了个"政治扒手"的紧箍圈。可怜那"上三司"的头头,竟然从此在上海监狱里蹲了七年!

一波刚平,一波又起。

1月25日黎明,手里拿着大饼、油条的上海市民,忽见墙头贴着《特大号外》,又笑"城头变幻大王旗"。

兹按档案所收传单原件,照录于下:

特大号外

在伟大领袖毛主席的"无产阶级革命派联合起来,夺走资本主义道路当权派的权"的号召下,在革命造反派一片造反夺权声浪中,上海工人革命造反总司令部、上海市农民革命造反总司令部筹备委员会、红卫兵上海市大专院校革命委员会等革命造反组织,在本月24日二十三点二十分采取了果断的革命行动,以迅雷不及掩耳之势夺了旧上海市委的大印!

这一革命行动大长了无产阶级革命派的志气,大灭了资产阶级保皇派的威风!

这次"夺印"成功,是伟大的毛泽东思想的又一新胜利!

现在此印正由上述有关革命造反派组织保管,待全市工农商学兵无产阶级革命造反派联合组织机构成立后,即行移交,共同掌权。

上海工人革命造反总司令部
上海市农民革命造反总司令部筹委会
红卫兵上海市大专院校革命委员会
1967年1月25日

屈指算来,该是第三次夺权了。这一回,"工农兵"联合夺权(自然,此处的"兵"指红卫兵),比上两回都齐全。何况,头一块牌子是名震全国的"工总司",是全国人民的"楷模"、"光辉的榜样",没有什么可说的!

消息传出,急得双脚直跳的不是别人,却是"工总司"的"司令"王洪文。他,身为"司令",居然不知道这次夺权!

急急调查,原来,有人未征得"王司令"的首肯,擅自代表"工总司"参与夺权。

这次夺权的主角,乃"红革会"。

那是24日子夜,"红革会"的红卫兵们出动了一长串的摩托车、汽车,以迅雷不及掩耳之势,一下子夺得了中共中央华东局、中共上海市委、上海市人委以及各区委、区人委的红色大印,共计23颗,可谓战果辉煌!

"红革会"的红卫兵们为了避免"单方面夺权"的嫌疑,扯上了"工总司"大旗,又拉上那个名不符实、尚未正式成立的"上海市农民革命造反总司令部"。

这一回,张春桥派出了徐景贤。

徐景贤凭着他的三寸不烂之舌,对"红革会"发动宣传攻势:"你们夺权,没有春桥同志、文元同志点头,夺得了吗?"

徐景贤的舌头,其威力不亚于王洪文那"工总司"的拳头。

徐景贤向"红革会"陈述利害。他的一席话,逼得"红革会"不得不撕碎那《特大号外》,承认了错误。

于是,上海的第三次夺权,宣告失败。

"红革会"恨透了徐景贤,也恨透了徐景贤的后台老板张春桥。怒火在"红革会"红卫兵的心中燃烧。这怒火汇聚在一起,终于爆发了一场"炮打张春桥"的燎原大火。

迎接上海"最盛大的节日"

"不能搞'小联合',不能搞'假联合',必须实行真正的'大联合',才能夺权!"张春桥一板一眼地论述着"联合"。

对于上海党政财文大权觊觎已久的张春桥,早就在盘算着怎样"联合"夺权了。

1月12日,在庆祝中央贺电的大会上,那公之于众,见之于《文汇报》、《解放日报》的《关于建立上海市革命造反派组织联络总站的倡议书》,便是张春桥的点子。

本来,张春桥想通过这个"联络总站"的建立,取代上海市委。

无奈,造反派们一番你争我夺,使"联络总站"一直"联络"不起来。

1月15日"二兵团"进军康平路,使张春桥焦急万分。他对王洪文说:"有一句成语'功亏一篑',值得我们记取。上海的形势很复杂。抢'挑子'的人很多。'联络总站'的工作要抓紧。千万要警惕政治扒手,把胜利果实扒去!"

王洪文心领神会。

1月19日,"联络总站"的第一次筹备会议,总算秘密召开了。

张春桥的目光,在出席者的名单上,来来回回不知扫了多少趟:"二兵团"当然是不能列入的,"上三司"显然也不行。还有那个"红革会",据说在准备"炮打张春桥",当然应当刷掉。凡是他看不中,以为不可靠的,一一圈掉了。

剩下来的38个造反派组织,是张春桥信得过的:"工总司"、"市委机关造反联络站"、"交通大学反到底兵团"、"同济大学东方红兵团"……

在筹备会上,有人建议加上"政治"两字,变成"上海市革命造反派组织政治联络总站"。不过,经秀才们咬文嚼字一番,觉得"政治联络"不妥。"政治"怎么可以"联络"呢?不仅文法不通,而且弄得不好,会把"无产阶级政治庸俗化"!须知,那时候,连"政协"都被造反派"反"掉了,因为"政治"岂可"协商"?

勉勉强强,仍维持原名,只是觉得"联络总站"这名字不够气派,不够响亮。

不过,不管怎么样,这个"联络总站"总算筹备起来了。

第二天,由姚文元执笔、张春桥阅定的给中央的《上海工作简报》上,用欣慰的笔调写道:"在斗争走资本主义道路当权派和顽固执行资产阶级反动路线的一小撮人的破坏活动中，各单位都普遍展开了夺权斗争，革命左派用各种形式的大联合，把领导权夺到自己手里。这个革命行动，是推动生产前进的根本因素。革命的工人和革命群众的许多新创造，实际上已形成了无产阶级专政的新形式，把过去的部长、局长、处长、科长……庞大的官僚机构，一扫而光。这就使革命大大推进一步。"

姚文元还报告道："联络总站成立，目前已实际行使着政权的作用。"

就在这期简报发出的两天之后——1月22日，《人民日报》发表了社论《无产阶级革命派大联合，夺走资本主义道路当权派的权》。这篇社论，在全国打响了夺权的信号弹。

张春桥急于在全国创立夺权的"样板"。就在这天中午，"上三司"再度进驻康平路，宣告"夺权"，更使张春桥如坐针毡，加快了夺权的步伐。

张春桥的脑子，如同一个"歪点子"仓库。他灵机一动，与姚文元一商量，想出了一个崭新的"歪点子"：甩掉那"联络总站"的名字，别出心裁，取一个令人耳目一新的名称——"上海人民公社"！

"上海人民公社"这名称，在张春桥、姚文元看来，有两条"最高指示"作为依据：

第一，毛泽东在1958年说过"人民公社好"。虽然那时他是指农村人民公社而言。但"毛泽东思想是放之四海而皆准的真理"，这"人民公社好"当然可以移来作为"上海人民公社"的依据。

第二，毛泽东曾称赞聂元梓等"第一张马列主义大字报"为"二十世纪六十年代的北京公社宣言"。显然，毛泽东很喜欢"人民公社"这个名字。北京既然可以称为"北京公社"，上海当然可以叫"上海人民公社"。

张春桥打电话给陈"老夫子"。这位"理论权威"也觉得"上海人民公社"这名字有新意。

于是，如同"工总司"的《大事记》所载："1月24日下午，各革命群众组织的代表和上海警备区人民解放军的代表在党校继续开会讨论夺权问题，并以'只争朝夕'的革命造反精神，连夜修改夺权宣言和通令，准备第二天见报，并于当晚向张春桥、姚文元同志作汇报，全市革命造反派迫切迎接最盛大的节日到来，大街小巷贴满欢呼临时权力机构即将诞生的大标语……"

哦，大街小巷已经贴满"欢呼临时权力机构即将诞生的大标语"，上海已是一片"迎接最盛大的节日到来"的气氛，就连"夺权宣言和通令"都"准备第二天见报"。这"第二天"便是1月25日。

可是，1月25日并没有成为"最盛大的节日"——张、姚、王在上海的"登基"之日。

那是因为1月24日午夜，"红革会"得知消息之后，先下手了——夺走了那大大小小23颗大印！

"红革会"的夺权（认真点讲，只是"夺印"），打乱了张春桥的夺权计划。

好不容易，张春桥派徐景贤逼着"红革会"交出大印，却招来"红革会"的更为强烈的反抗，使那"盛大的节日"不得不一天又一天地后推。

"一·二八"炮打张春桥

"狄克"正在做着美梦。上海这个"桃子",已经唾手可得了。

就在这个时候,一场突如其来的"炮打",把张春桥打得七荤八素,北斗朝南,差一点跌入黄浦江……

嘭、嘭、嘭、嘭、嘭、嘭……

1967年1月24日深夜,上海街头忽地冒出一支支骑着摩托车的奇兵。车上的人物,几乎都穿军装,但是没有领章、帽徽,臂上佩戴红色袖章,上面印着毛泽东手迹"红卫兵"三个大字,还印着一行小字:"上海市大专院校革命委员会"。戴这个样式的袖章的红卫兵,在《解放日报》事件中已为上海人所熟悉,一望而知是"红革会"。

在上海的红卫兵之中,全市性的组织有四个:"红上司"、"红三司"、"炮司"和"红革会"。其中,"红革会"的名声最大,力量最强。它的核心,是复旦大学的红卫兵。

那天夜里,兴国招待所的电话不断,令人吃惊的消息,不断传入张春桥耳中:

"红革会袭击中共中央华东局!"

"红革会袭击中共上海市委!"

"红革会袭击上海市人民政府!"

像一阵狂飙,"红革会"的年轻人在一夜之间,夺走了上海党政机关的23颗大印!

大抵是受八一电影制片厂拍摄的故事片《夺印》的影响,这些"嘴上没毛"的年轻人以为"夺权就是夺印,夺印就是夺权"。眼看着上海的大权就要落到张、姚手中,便来了个先下手为强,发动突然袭击,夺走23颗木头疙瘩。"红革会"的年轻人们已经发觉,那两位"小学生"不是来"学习",而是来上海夺权,况且年轻人们灵敏的耳朵,已经风闻张春桥的历史有问题、老婆文静是叛徒、姚文元的父亲姚蓬子是叛徒……"红革会"毅然决定,先下手为强!

23颗大印在手。这些从未见识过大印的年轻人们,以为上海"夺权"宣告成功。于是1月25日,上海大街小巷,贴满"红革会"的《夺权通告》。

"哼!"当《夺权通告》迅速被人送到兴国招待所,从张春桥的鼻孔里发出了响亮的一声。

他依然躲在幕后,只给徐景贤挂了电话。

按张春桥的指示,徐景贤紧急约见"红革会"头头。

从徐景贤嘴里,讲出了张春桥的话。那声音,是傲慢的!那口气,是教训人的:

"夺权,没有春桥同志、文元同志点头,行吗?春桥同志已经关照《文汇报》、《解放日报》,不登你们的《夺权通告》。他还关照全市各造反派组织,不要支持'红革会'的夺权。你们还是早一点把那些大印交出来。要不,我们会对你们采取革命行动!"

在那"革命"的年代,最厉害的要算是"革命行动"。"红革会"的头头们清楚地知道,徐景贤所说的"革命行动"意味着什么!

徐景贤的话，深深地激怒了"红革会"的年轻人。

1月26日，"红革会"举行常委扩大会，一致通过决议：先干掉"徐老三"，再干掉"张老大"、"姚老二"！

嘭、嘭、嘭、嘭、嘭、嘭……

1月27日夜，上海街头又响起"红革会"的摩托车声。

红卫兵们驶过上海淮海中路，鱼贯而入中共上海市委党校。徐景贤约好"红革会"的头头，去那里再一次举行谈判。

梳着光亮的小分头，徐景贤笑迎"红卫兵小将"，以为这一回他们会拱手交出23颗大印。万万想不到，几个身强力壮的"小将"，不由分说，连拖带拉，把徐景贤塞进了一辆吉普车。

于是，浩浩荡荡的车队，出现在子夜时分的上海街头：吉普车前有摩托车开路，后有摩托车压阵，左右有摩托车护送。

"什么？徐景贤被抓到复旦大学去了？"从电话耳机中传出张春桥惊慌失措的声音。

"红革会"这一拳头，打到了张春桥的痛处：徐景贤知道张、姚的底细，万一在红卫兵的皮鞭、棍棒之下说了出来，那就不好收拾了。

"徐海涛吗？你马上出动部队，到复旦大学，把徐景贤给我抢回来！"张春桥一边打电话，一边狠狠地拍了一下台子，徐海涛在电话耳机里都听到了。

徐海涛，上海警备区的一个师政委，只因效忠于张春桥，成了心腹。后来，此人竟依仗张春桥之势，成为总政保卫部副部长。

冷僻的上海东北郊，在1月28日凌晨又响起一阵嘭嘭声。绿色的车流涌入复旦大学的校门。

这一回的车队井然有序，18辆带船形坐舱的草绿色的摩托车上，都坐着三名荷枪实弹的解放军战士。摩托车队之后，是一辆越野指挥车。指挥车后面，跟着两辆军用大卡车，站满解放军战士。好家伙，张春桥的一个电话，调来了四个摩托排，一个步兵连！

像铁桶一样，绿色的车流迅速包围了"红革会"总部大楼。

手无寸铁的红卫兵，无法抵御全副武装的军队，只得听凭他们闯入大楼。

"奉上级命令，执行任务。"徐海涛板着脸孔，用冰冷的语言对"红革会"的头头们说道。

"你的上级是谁？"红卫兵们并无惧色。

"中央文化革命小组！"徐海涛扛出了当时中国最硬的牌子。

"哦，张春桥派来的！"红卫兵们马上明白了，又问，"执行什么任务？"

"你们必须马上释放徐景贤！"徐海涛斩钉截铁般说道。

"徐景贤？徐景贤在哪里？我们不知道！"红卫兵们摇着头。

"你们必须马上释放徐景贤！"徐海涛重复这句话。

"你有什么证据？""你凭什么闯进我们'红革会'总部？""我们要向毛主席报告——上海的解放军，镇压红卫兵！"

人们常说："秀才遇着兵,有理说不清。"这一回倒过来,兵遇着秀才,竟然说不清了。特别是红卫兵们说要向毛主席报告,不能不使徐海涛心虚了。

赶紧拨通兴国招待所的电话,汇报了情况。得到的答复是一个字:"撤!"

当绿色的车流远去之后,拥有六万之众的"红革会"深深地愤怒了,怒火朝张春桥喷去。"红革会"在上海街头,刷出排炮般的大字标语:

"镇压学生运动的人,决没有好下场!"

"警惕反革命两面派!"

"张三反对毛主席就打倒张三!"

这里的"张三"指谁,上海人没有一个不明白的。不点名的标语,很快被指名道姓的"炮打"标语所代替:

"张春桥算老几?"

"张春桥≠中央文革!"

"谁说张春桥的屁股摸不得?我们偏要摸张春桥的老虎屁股!"

"坚决反对张春桥当上海第一书记、姚文元当第二书记!"

"打倒张春桥!火烧姚文元!"

一条条大标语,如同一发发炮弹,落入那幽静的兴国招待所。张春桥如坐针毡。他,从"狄克",到解放日报社社长兼总编,到柯庆施的政治秘书,到为"女客人"抓"样板戏",到批判《海瑞罢官》,到中央文革小组副组长,每一步高攀,都费尽心机。如今,眼看着上海党政大权就要到手,难道功亏一篑,失于"炮打"?

"红革会"决心跟张春桥大干一场,准备召开全市性的"炮打张春桥大会",组织十万人的"炮打张春桥"大游行。

"叮铃铃,叮铃铃",响起了一阵急促的电话铃声。

耿金章抓起电话耳机,从里面传出的熟悉的声音,使他吃了一惊:"金章同志吗?"

不言而喻,那是张春桥打来的电话。

时间:1月28日凌晨。

"春桥同志,有什么事?"耿金章马上意识到一定是发生了紧急事件,不然,张春桥绝不会在这个时候亲自打电话来的。

"徐景贤被抓了,你知道吗?"果真,张春桥说出了重要的事。

"我不知道。谁抓的呀?"耿金章确实对此一无所知。不过,他也觉得奇怪,即便是徐景贤被抓,打电话给他干吗?

"是'红革会'在几个小时以前抓的,把他抓到复旦大学去了!"张春桥说道。

"这事儿我不知道,真的一点也不知道。"耿金章连忙解释,生怕张春桥怀疑他跟"红革会"有什么瓜葛。

"金章同志,请你放心,我不是说你跟这件事有什么关系。"张春桥马上猜到耿金章的心理状态,说道,"我是想请你帮忙,把徐景贤救出来!"

原来是这么回事！

"春桥同志，您找洪文同志去解决'红革会'问题吧。"耿金章道。

"这件事，恐怕洪文同志解决不了。他也说，非找你不可！"照张春桥这么说，这个"皮球"是王洪文踢过来的。

"这件事，我很为难。因为我跟'红革会'的关系很好，由我出面，很难开口。"耿金章终于说出了自己的心里话。

突然，电话耳机里传出张春桥一阵大笑声。笑罢，张春桥说道："金章同志，正因为知道你跟'红革会'的关系很好，才叫你去！你的话，他们会听的，会把徐景贤放掉。"

"我的面子那么大呀！"没办法，耿金章只得应承下来，试试看。

挂上电话，耿金章这才意识到王洪文"踢"过来的这只"皮球"的厉害：既借助于他救徐景贤，又借此挑拨他与"红革会"的关系。

由于"二兵团"夺权失败，"红革会"夺权也失败，他们都转到了张春桥的对立面，"二兵团"与"红革会"理所当然变得亲密起来。

耿金章派出了手下大将孙玉喜（原上钢五厂工人），带着一批人马，驱车直奔复旦大学。

过了一个多小时，孙玉喜从复旦大学打电话，向耿金章报告：徐景贤被关在复旦大学1010号文科阅览室内。张春桥派上海警备区的师政委徐海涛带兵进入复旦大学，强迫"红革会"交出徐景贤，使"红革会"与部队发生冲突。徐海涛已奉命退出复旦大学。"红革会"的红卫兵们恨透张春桥，要在上海掀起"炮打张春桥"高潮。

原来，张春桥硬的一手不行，这才把耿金章推出去，用这位"红革会"的"亲密战友"去对付"红革会"！

耿金章陷入深深的震怒之中……

就在这一天，上海爆发了规模空前的"炮打张春桥"运动。

急急如律令。28日下午，"红革会"的头头们云集上海市中心的俄式建筑物——那座与北京西直门外的中苏友好大厦用同一张图纸建成的上海中苏友好大厦。这儿，与姚文元父亲姚蓬子家，近在咫尺。

上海中苏友好大厦北大厅，"红革会"的会议从下午一直开到晚上，还在那里讨论着掀起全市炮打张春桥高潮的计划。

7时，一辆轿车驶入中苏友好大厦大门，径直朝北大厅驶去。从车上下来四个穿军大衣的人。

惊人的消息，飞快地传入会场。"红革会"的头头们差一点不相信自己的耳朵：张春桥、姚文元各带一名秘书来了！

"狄克"，到底是"狄克"！坐在兴国招待所，他已接到确切情报："红革会"头头们，正在秘密策划十万人"炮打张春桥"大游行。他思索着对策。再动用军队吧，弄得不好，事态会进一步扩大。任其秘密策划吧，一旦大游行爆发，那么他就将葬身于上海群众愤怒的海洋。仿佛脚下的大地随时都会裂开，仿佛兴国招待所建造在一座即将爆发的火山之上。张春桥心中打着小九九，来了个铤而走险，干脆，"走到群众中去"，用三寸不烂之舌，说服"红革会"！

当张春桥拉着姚文元一起去的时候，姚文元直摇头。姚文元以为这样的"高姿态"太危险，等于走进炸药桶！

张春桥呢，笑了，说姚文元太缺乏"群众斗争经验"。

姚文元无奈，只能跟着富有"群众斗争经验"的张春桥，坐上了轿车。

张春桥走在前，姚文元跟在后，步入北大厅。张春桥的脸，此时此刻一直保持三分笑。他尽量使每一步都稳稳地迈向前。他径直走向会场的中心，坐在一把最显眼的椅子上。姚文元随着他，坐在他的旁边。

红卫兵们一下子被镇住了，会场变得鸦雀无声。张春桥为自己的"高姿态"能够赢得这样的效果，脸上从三分笑增加到五分笑。他侧过脸白了姚文元一眼，仿佛在说：瞧你，多么缺乏"群众斗争经验"！

当张春桥刚刚说了一句"红卫兵小将们，你们好"，"红革会"的头头们已从刚才突如其来的惊讶状态中复原，有人高声地打断了张春桥的话，争得了会议的主动权："打开《毛主席语录》，十三页，第二段，最高指示——"

顿时，大厅里响起一片背诵声，因为这段"最高指示"，红卫兵们差不多都已背得滚瓜烂熟："什么人站在革命人民方面，他就是革命派，什么人站在帝国主义封建主义官僚资本主义方面，他就是反革命派……"

一听念这段"最高指示"，张春桥马上意识到这下子要麻烦了。那时候，无论是谁，在发言之前，总要念几段毛主席语录，诚如乐曲的前奏。一听念什么样的"最高指示"，就可以大致猜出下面的发言是什么样的倾向。

果真，语录念毕，就有人直呼"张春桥"，而不是用那种又亲昵又尊敬的"春桥同志"，大声质问："张春桥，今天凌晨，派解放军到复旦大学镇压学生运动的，是谁？"

张春桥的脸，由红转黄，由黄转灰，由灰转白。红卫兵们像排炮似的，向他发出一个又一个炮弹：

"你说，旧上海市委是修正主义的。你也是旧上海市委的领导干部，你难道不是修正主义的？"

"你说，《海瑞罢官》是大毒草。上海上演《海瑞上疏》，你没有责任？"

"你为什么镇压'红革会'？"

张春桥冷冷地从嘴巴里挤出一句话："红卫兵小将们，你们要提高警惕，不要被陈丕显、曹荻秋所利用……"

这下子，像火上加油，锣里加钹，红卫兵们更加气愤了。于是，有人不客气地揭他们的老底了："张春桥，你的臭老婆是什么货色？""姚文元，姚蓬子是什么货色？"

没想到，张春桥的"高姿态"，却为红卫兵们斗他提供了绝好机会——他竟与姚文元一起，坐着轿车，送上门来供红卫兵批斗。用一句中国的俗语来说，是他们自己"撞到枪口上去了"！

从晚上7点，一直斗到凌晨1点，整整六个小时！红卫兵们抽走了他们的椅子，叫张春桥和姚文元站在那里，叫他们低头认罪。这两个大"左派"，第一次尝到了挨批斗的滋味。虽然正值天寒地冻之际，张春桥一身冷汗，衣衫湿透。他们的秘书被红卫兵看管起来，无法出去打电话，所以张、姚只得听凭红卫兵批斗，无人救驾。

直到凌晨1点，红卫兵们要把张、姚押往复旦大学。张春桥、姚文元上了轿车，一溜烟，逃了！

这一天——1967年1月28日，永远留在上海人民的记忆之中。"一·二八"炮打张春桥，成为上海尽人皆知的笑谈。

1月29日晚，复旦大学大礼堂人声鼎沸，"炮打张春桥誓师大会"在那里隆重举行。大会结束之后，以"红革会"为主的几千名红卫兵涌向上海街头，连夜张贴海报。

海报上印着这样的醒目句子："1月30日上午，举行全市炮打张春桥大游行。下午，在上海人民广场举行上海市炮打张春桥誓师大会。"

张春桥到了最危险的时刻，他使出了浑身解数。

29日凌晨，他冷汗淋漓地逃回兴国招待所，疾步奔向电话机，挂通了长途电话，向江青呼救。

一个电话接着一个电话：张春桥通知徐海涛，部队处于戒备状态，随时准备上街镇压游行队伍。张春桥通知王洪文，"工总司"必须紧急动员起来，粉碎"红革会"的"阴谋"。

就在29日晚，"红革会"忙着在复旦大学召开"炮打张春桥誓师大会"的时候，在衡山宾馆，张春桥与王洪文秘密会见，策划着第二天的行动。

秘书把一份刚刚收到的特急电报交到了张春桥手中。张春桥的目光飞速掠过电文，长长地舒了一口气，脸色由白转灰转黄转红。

他拿起HB铅笔，刷刷地在电报的天头上写下一行批示："印八开，二十万份，立即出动宣传车，广为宣传散发。"

当秘书拿着电文坐上轿车前往印刷厂的时候，张春桥在向王洪文口授"指示"："立即转告全市人民：这一场斗争，不是一个小问题，也不是个人问题，而是关系到中央文革小组的正确领导能否贯彻的问题，关系到上海运动的大方向问题……"

上海，落入张春桥手中

1967年1月30日清晨，上海气温骤降。来自北方的寒流扫过这座海滨巨城，那些已经贴好"打倒张春桥"的游行横幅在寒风中索索瑟瑟作响。

只差两小时！只差两小时！

原定，上海10万人"炮打张春桥"大游行在上午8时开始。可是，清晨6时，几十辆"工总司"宣传车驶上街头，几万"工总司"工人把守交通要道，"炮打张春桥"海报纷纷被"中央文革小组特急电报"所覆盖。

宣传车的高音喇叭，一遍又一遍播送着《中央文革小组特急电报》。

上海市委机关革命造反联络站同志

并转上海"红革会"的同学们：

（一）"红革会"的某些负责人，最近把斗争的矛头指向张春桥和姚文元同志，指向中央文革小组，而不是指向以陈丕显、曹荻秋为代表的资产阶级反动路线和党内走资本主义道路的当权派，这是完全错误的。

（二）"红革会"的某些负责人，无理绑架上海市委机关革命造反联络站的同志，必须立即释放，并向他们道歉。

（三）中国人民解放军采取保护革命群众组织的行动，是完全正确的。"红革会"的某些负责人，扣押了人民解放军的师政委，是十分错误的，是绝对不能容许的。

（四）各群众组织内部之间的争执，应当采取协商和谈判的方式解决，而不应当采取绑架、拘留等非法手段。

（五）希望上海"红革会"的同学们，帮助"红革会"的某些负责人立即改正错误。如他们坚持错误，你们要同他们划清界限。

中央文化革命小组
1967年1月29日

张春桥双管齐下：广为散发《中央文革小组特急电报》，同时指令"工总司"冲上街头，使"红革会"原定两小时后举行的"炮打张春桥"大游行流产了！

在强大的压力下，"红革会"被迫于当天上午释放徐景贤。

张春桥发出了一阵狞笑，他终于危卵存卵，胜利了！

2月1日，张春桥和姚文元双双笑嘻嘻地露面，接见上海的一些红卫兵代表。如今尚存的传单《张春桥、姚文元同志谈红革会》，倒是张、姚那次"双簧"的如实记录。

张春桥胜利后的得意，姚文元被斗后的怒气，都跃然纸上——

张春桥：矛盾会转化的，很多群众组织还没有意识到这一点。原来是革命的组织，现在也不一定是革命的。

姚文元：红革会在中苏友好大厦质问我们：为什么不相信红革会？把我和春桥同志斗了六小时，还叫我念"搬起石头砸自己的脚"那段毛主席语录。他们这么干，他们炮打春桥同志，矛盾确实会转化的。

张春桥：他们已经到了无聊的地步……他们幕后有人。他们的"炮打"，适应了陈丕显、曹荻秋的要求。我今天收到曹荻秋的一封信，说要跟我个别谈话。曹荻秋的信，早不写，晚不写，就在今天写来，看来跟红革会是相呼应的。曹荻秋曾对我说，"你来上海尝尝味道"！

姚文元：一点也不错，曹荻秋讲过这话。他对我也说，"你们在北京、中央发号施令，这一回你们到上海尝尝味道！"他所说的"尝尝味道"，就是指尝"炮打"的味道。可以清楚地看出来，红革会是有后台的。

张春桥：同志们，你们注意到中央文革小组特急电报中的措词了吗？电报中总是提"红革会的某些负责人"，这就把红革会的某些头头与广大红革会战士加以区别。红革会某些头头是什么性质？我看，以后会下结论的。

姚文元：同志们注意了吗？最近，马路上批判陈丕显、曹荻秋的大字报没有了，有的只是炮打春桥同志的大字报。曹荻秋根本不承认自己被打倒，陈丕显的问题根本没有揭透。红革会的"炮打"，适合了谁的需要，不是很清楚的吗？红革会转移了斗争的矛盾，红革会的大方向错了！当前，上海广大革命造反派有两项首要任务：

第一，斗争陈丕显、曹荻秋等一小撮党内走资本主义道路的当权派。

第二，大联合，大夺权。

这两项首要任务，都给红革会破坏了！

张春桥：文元同志的话，是值得大家重视的。现在，街上没有打倒陈丕显、曹荻秋的标语是不正常的。我们要高举大联合的旗帜，高举夺权的旗帜，继续打倒上海市委，打倒陈丕显、曹荻秋。

姚文元：上海的形势很复杂，左派要联合，右派也在集中。走资派在造反派里寻找代理人。我看，红革会就是走资派的代理人！

张春桥：确实，阶级斗争最复杂的地方，就是上海。上海两个阶级的力量都很强。这一次，牛鬼蛇神、帝国主义、美蒋特务都出来了，是大好事。不能把红革会看成孤立的现象。红革会代表了一种势力，是阶级斗争的反映……

张春桥和姚文元，你一言，我一语，不断地给红革会"上纲上线"。

终于，张春桥梦寐以求的一天到来了：1967年2月5日下午，上海市中心的人民广场上，举行"上海人民公社"成立大会。张春桥、姚文元、徐景贤、王洪文登上主席台。从此，上海落进了这伙阴谋家手中，蒙尘近十个春秋。"狄克"，成了上海的主宰。

张春桥刚刚上台，当即发布"上海人民公社"的"第一号通令"：凡是反对"林副主席和中央文革小组"、"破坏上海人民公社"的，都是"现行反革命分子"，要"立即逮捕法办"。

一旦权在手，便把令来行。张春桥收起了笑脸，举起了屠刀。第一个遭殃的，就是红革会！第一笔要算的账，就是"一·二八"炮打！因为炮打张春桥，亦即炮打中央文革，而炮打中央文革小组，亦即"现行反革命"。

据不完全统计：上海因参加"一·二八"炮打张春桥而受到打击迫害的达2500多人（不包括一般的请罪、写检查），其中被隔离审查的200多人，被办"学习班"进行审查的440多人。在审查中，有5人被逼死，6人被逼疯，好多人被打成残疾。

张春桥，一手拿着"棍"笔，一手拿着屠刀，这才成为上海第一号"铁腕人物"。

不，不，"棍"笔，屠刀，都是明摆着的。"华蒂社中坚"张春桥，步希特勒的盖世太保、蒋介石的中统、军统的后尘，在上海秘密建立了"张氏特务纵队"。

"红革会"败北，被"工总司"荡平。从此，"红革会"一蹶不振，众多的头头被捕入狱。

当然，在王洪文的眼里，"红革会"还不是他的"头号敌人"。他，悄然把拳头伸向了他真正的"头号敌人"——耿金章。

斜桥成了上海的热点

上海市南部，原本横亘着一条臭水河，叫"肇嘉浜"。河上有一条斜架的桥，人称"斜桥"。后来，肇嘉浜被填平了，变成了一条东西向的大道，叫"肇嘉浜路"。那座斜架的桥早已不复存在，可是，人们还习惯地把那一带叫作"斜桥"。

1月30日，就在"红革会"遭到张春桥镇压的这一天，王洪文与耿金章在斜桥激战，爆发了"斜桥事件"，使这个并不热闹的地方一下子成为上海的热点。

上海的工人原是分为"工总司"和"赤卫队"两大派。康平路事件之后，"赤卫队"被"工总司"干掉了。"二兵团"从"工总司"中分裂出来，又形成"工总司"与"二兵团"的对立。"工总司"在全市各区设有联络站，"二兵团"也有它的联络站。"工总司"南市区联络站，便设在斜桥。

"工总司"有几十万人马，"二兵团"也有几十万人马。"工总司"占领了外滩的上海总工会大楼，把"司令部"设在那里，神气得很。"二兵团"呢，占领了上海永福路50号漂亮的洋房，作为"司令部"。"耿司令"身边，有着一个连保卫着他。王洪文早就想干掉"耿司令"，无奈，"耿司令"军人出身，有着作战经验，绝不是那么容易抓到手的。

"斜桥事件"的导火线，是"二兵团"常委范建华。那天，他被耿金章①派到南市区执行"公务"，被"工总司"南市区联络站抓去了。

耿金章得到消息，马上打电话到"工总司"。据说，"王司令"不在"司令部"，他的部下告诉耿金章："谁说老范给'工总司'抓了？他带他老婆在国际饭店嘛！"

耿金章打电话到国际饭店，据说，老范又去上海大厦了！

怪事！耿金章意识到"工总司"在那里跟他打哈哈。

耿金章派了十几个人，坐着卡车，前往斜桥。一去没音讯。

又派一批。又是一去无回音。

再派一批。还是泥牛入海，杳无音讯。

三批人马，五六十个人，全都被"工总司"南市区联络站抓了起来！

这分明是王洪文向"二兵团"寻衅。耿金章大怒，调集十万之众，前往斜桥。这十万人，主力当然是"二兵团"，也有"一兵团"、"三兵团"、"工三司"（即"上海市工人革命造反第三司令部"）前来支援的工人，由"一兵团"的戴祖祥担任"总指挥"。

王洪文和耿金章，各打各的算盘：

王洪文深知老耿火性子，惹一惹就会蹦一蹦。王洪文巴望着耿金章兴师动众，以便抓住把柄，把"二兵团"跟"红革会"一起扫平，除去心腹大患。

---

① 1986年10月30日，叶永烈在上海采访耿金章。

耿金章呢，一不做，二不休，不仅想借此煞一煞王洪文的威风，而且还准备调三万人马砸掉张春桥的家，把王洪文连同他的后台一锅端掉。

在十万人马面前，"工总司"南市区联络站当然不堪一击。但是"工总司"的大批人马潮水般涌向斜桥，要对"二兵团"来个反包围。

就在这个时候，电话耳机里响起呼唤"金章同志"的声音。

张春桥有请，"耿司令"无奈，只得带着一批警卫，驱车兴国路。

这一回，张春桥没有在5号楼前恭候。不过，当"耿司令"步入小客厅的时候，张春桥还是客客气气地连声说："你来啦，你来啦，正等你呢！"

这时，耿金章发觉，张春桥几天不见，仿佛一下子苍老了许多。胡子拉碴，眼皮虚浮，眼珠下凹，吃力地在近视镜片后转动着。

在张春桥之侧，站着王洪文，笑盈盈的，居然要和老耿握手。

耿金章朝王洪文一瞪眼，气嘟嘟地走到沙发跟前，把军大衣一脱，坐了下来。

"金章同志，洪文同志。"依旧是张春桥坐在两人当中，他还是那番话，"你们两个都是共产党员，为什么总是合不起来？总是闹分裂？你们有没有想一想，你们两个的分裂，会造成上海工人造反派的分裂！"

张春桥对他们两个，各打五十大板。

"究竟谁在搞分裂？"耿金章"耿"了起来，指着王洪文说道，"他为什么抓我的常委？斜桥的纠纷，是他挑起来的！"

"谁抓你的常委？"王洪文故作惊讶，说道，"我一点也不知道呀！"

"你不知道？"耿金章反驳道，"明明是你指使的！"

"唉，唉，你们不要吵。"张春桥连连摇头，说道："你们都应当站在党的立场上，以党的原则要求自己。你们应当团结，一致对外。你们听听外边的声音！"

张春桥说着，打开紧闭的窗户。随着寒风一起进来的，是兴国路上"红革会"宣传车那高音喇叭发出的阵阵口号声：

"炮轰张春桥！"

"打倒张春桥！"

"张春桥是反革命两面派！"

"张春桥不能代表中央！"

小客厅里立时寂静无声。从高音喇叭里喊出的每一句口号，都清晰地送进每一个人的耳朵。

张春桥关紧了玻璃窗，转身，坐到沙发上，燃起了一根纸烟，久久地无言。

"这辆宣传车，今天一早就在那里叫了！"张春桥终于说出了这么一句话。

"我马上调人来，砸了这辆宣传车！"王洪文说着，站了起来，走向电话机。

"不，洪文同志，用不着兴师动众。听听这样的声音，有时候反而使人头脑清醒。"张春桥说罢，把脸转向耿金章，"金章同志，我倒希望你来打电话，把你的十万人马从斜桥撤回去！"

耿金章没有马上表态，他的目光紧盯着王洪文——因为只有王洪文下令"工总司"撤兵，他的"二兵团"才能撤兵。

就在这时，张春桥冷冷地说了一句："金章同志，还有你另外调集的三万人，也应当由你下命令，马上撤走！"

耿金章的脸，顿时一阵红，一阵白。张春桥的消息好灵通，连他另外调集三万人马的动向——砸张春桥的家，也被张春桥知道了。

"好，好，我马上打电话。"这下子，耿金章再也没有什么可说的了，只得走向电话机，当着张春桥和王洪文的面，给"二兵团"下撤退令。

张春桥默默地大口大口吞云吐雾，竖着耳朵，听着耿金章对着电话话筒说的每一句话。

王洪文坐在沙发上，跷起了二郎腿，脚尖不断地左右抖动着。

冒出了"新上海人民公社"

1967年的1月，只剩下最后一天——31日。

张春桥好不容易从"炮打"的旋风中挣脱出来，松了一口气。在这天，传来两条消息，使他一喜一忧。

喜的是《红旗》杂志第3期社论《论无产阶级革命派的夺权斗争》，在这天提前发表。显然，这是身兼《红旗》杂志主编的陈伯达，在给身陷困境的张春桥打气："无产阶级革命派联合起来向党内一小撮走资本主义道路当权派手里夺权，这是无产阶级文化大革命的新阶段的战略任务。……这个大革命的大风暴是从上海开始的。上海的群众把它叫作伟大的'一月革命'。'一月革命'的风暴正在席卷全国。"

这是"一月革命"一词，第一次见诸中央报刊。虽然社论里说"上海的群众把它叫作伟大的'一月革命'"，而这一新名词的"发明权"其实应属于张春桥。他曾大言不惭地说过："苏联的'十月革命'，是一场伟大的人民革命。我们上海的'一月革命'，也是一场伟大的人民革命。苏联的'十月革命'发生在1917年。整整半个世纪之后——1967年，在我们上海爆发了'一月革命'。这两次革命，都是一个阶级推翻一个阶级的深刻的大搏斗。……"《红旗》社论中热情赞颂了上海的"一月革命"，无疑是对张春桥的"功绩"的又一次表彰。

有喜有忧。使张春桥双眉紧蹙的消息，来自黑龙江省。那里的造反派一举夺取省委的大权，宣告成立"黑龙江省红色造反者革命委员会"，开创了全国省、直辖市的夺权先例。"一月革命"的"发源地"的上海，反而落后一步——唉，如果没有"红革会"的"炮打张春桥"，上海的夺权肯定跑在黑龙江的前头！

刚刚度过政治危机的张春桥，赶忙拧紧了夺权的弦。

2月1日，上海街头鲜红的大幅标语，覆盖了那些"打倒张春桥"的大字标语。新标语都是一句话："一月革命胜利万岁！"

2月2日，夺权的计划，又进逼了一步。张春桥、姚文元、王洪文的手，离"桃子"已经很近了。诚如"工总司"的《大事记》所载："'工总司'、火线指挥部为首又一次召开了全市性革命群众组织代表会议，人民解放军也派代表参加。会议气氛热烈。大家信心百倍，劲头十足，一致认为，不能再拖了，形势逼人，建立全市性的最高权力机构的条件已完全成熟。于是，大家意气风发，斗志昂扬，雷厉风行，再次讨论了夺权宣言和通令之后，就立即抬着一张张的大红喜报连夜向张春桥、姚文元同志报喜去了。欢呼最高权力机构诞生的大标语马上贴满了街头。"

这里所写的一句话，倒是真话——"不能再拖了"！

上海淮海中路622弄，人来人往，热闹非凡。中共上海党校设在这条狭长的弄堂的尽头。走进大门，里面一片宽敞。在"文革"中，这所党校随着上海市委的倒台而被解散，被"上海市委机关造反联络站"占领。它地处闹市，交通方便，"全市性革命群众组织代表会议"就在这里召开，"再次讨论了夺权宣言和通令"。

"秀才们"反复领会着张春桥、姚文元关于"上海人民公社"的"伟大意义"的论述，努力把"精神"贯彻到《上海人民公社宣言》中去。那些论述，大有高屋建瓴之势，口气是很大的，处处把"上海人民公社"与巴黎公社相提并论，甚至"更伟大"：

"上海人民公社是砸烂了被资产阶级夺了权的旧国家机器产生的、新的地方权力机关。"

"巴黎公社是在炮火连天中成立的，上海人民公社也是这样。"

"上海人民公社比巴黎公社的意义更伟大。"

"宣言"、"通令"——就绪，红色大幅标语"热烈欢呼上海人民公社即将诞生"已经出现在南京路、淮海路上，敲锣打鼓的"报喜"队伍已经上街。

就在这个时候，暗探获得极端重要的情报，急告张春桥、姚文元和王洪文：有人在跟"上海人民公社"唱对台戏！

唱对台戏的地方，居然也在市委党校里。28个造反派组织（其中有好多个是外地红卫兵驻沪联络站）被张春桥看中，列为"上海人民公社"的发起单位。还有许多个造反派组织被排斥在外。有人把这些遭到排斥的组织——32个，召集起来，在市委党校西边二楼的小客厅里开会，宣布成立"上海市革命造反派大联合委员会"（简称"大联委"），跟张春桥、姚文元、王洪文对着干！

"大联委"也在开秘密会议，也在商量夺权计划，也在起草夺权宣言和通令。他们要成立"新上海人民公社"，声称"上海一切权力归新上海人民公社"！

这个"新上海人民公社"的首领是谁？

暗探探明了他的大名——耿金章！

这个耿金章，眼下不只是"二兵团"的"司令"，而且已成为上海32个造反派组织的"首领"。他比"红革会"更有实力，更厉害。

"又是这个耿金章！"王洪文骂道，"耿金章简直是'工总司'里的王明！"

王洪文骂过他是"赫鲁晓夫"，这会儿则骂他是"王明"。在王洪文看来，"赫鲁晓夫"意味着篡权，而"王明"则意味着宗派主义、分裂主义。

"二兵团司令"耿金章其人

走笔行文至此,该表一表耿金章其人了。笔者与耿金章作过长谈①。

说实在的,这个王洪文的死对头,在昆山突然被推选为头头之前,是一个很普通的工人。在他成为"二兵团"的"司令"之后,惯于摸人家"底牌"的张春桥暗中派人查看过他的人事档案。王洪文也派人摸过这位"死对头"的底细,想抓住他的小辫子。

耿金章确实贫苦出身,并没有多大的把柄可抓。

1925年,耿金章出生在山东曹州。父亲是个贫苦农民。他五岁时死了父亲,八岁时死了母亲。无依无靠的他,跟随着姐姐逃荒到山东宁阳,投靠姨母朱氏。姨母家也很穷,就把八岁的他,送给地主任继正。从此,他在地主家割草放猪,还在村里要过饭。

19岁的时候,耿金章总算第一次有了正式的职业——成为本县的护窑队队员,又称矿警。无非是站个岗,放个哨。不过,从此他跳出了地主家的火坑,心中有着说不尽的高兴。

抗日战争胜利后,国民党扩军备战,到处拉夫征兵。耿金章成为国民党八四师四八三团二连的上等兵。

1948年9月,中国人民解放军华东野战军和山东军区部队对山东省会济南发动总攻,歼敌11万余人,活捉国民党第二绥靖区中将司令官兼山东保安司令王耀武。

在长长的丢枪弃甲、高举双手的战俘行列中,有一位上等兵耿金章。

毕竟是苦出身,刚刚反水,耿金章马上穿上了中国人民解放军的军装,投入了战斗,向国民党军队开火。他,成了三十五军三一三团四连战士。

在战斗中,耿金章被提升为副班长、班长。1949年,耿金章在镰刀铁锤红旗面前宣誓,加入了中国共产党。

耿金章很快成为政训队分队长、通讯班班长、副排长。

只念过小学一年级的他,连天天背在身上的那支枪的"枪"字也不识!当上副排长,没有文化,深感不便。他在部队干部学校学习,从"波、泼、摸、佛"学起,总算摘掉文盲的帽子,能够看懂报纸了。

1957年9月,耿金章复员,被分配到上海中泥造纸厂,当一名打浆工。

不久,他成为这家工厂的民兵连连长。

1964年2月,他被提升为副工长。

多年的部队生活,使耿金章具备了组织能力。他本是一个很普通的工厂基层干部,在昆山极为偶然被推举为头头,便开始发挥他的组织能力。他当上"二兵团"的"司令",把这么个偶然在安亭相聚的一批工人组织起来,以至发展成为拥有几十万人的组织。

不过,两年多国民党军队生活,也给他留下烙印:粗鲁,野蛮。

1959年,厂里有人在黑板报上批评耿金章。耿金章发火了,扇了那人一记耳光。

---

① 1986年10月30日,叶永烈在上海采访耿金章。

1964年,他与邻居———一位同厂职工发生口角,一气之下,他抡起了板凳……

他在厂里,受到了党组织的批评。

"文革"一开始,他写了对厂领导十条意见的大字报,贴在厂里的大礼堂。他的大字报,引起全厂的注意。公司党委副书记赶来看了大字报,认为他的大字报是针对厂里党组织的,有"反党"情绪。

于是,耿金章成了厂里的造反派。

于是,耿金章参加了"工总司"的成立大会。

于是,耿金章参加了"安亭事件"。

于是,他成为"苏州大队"第二把手。

于是,他成为"二兵团"的"司令"。

从安亭返回上海,"工总司"内部的倾轧,一度使王洪文处于危机之中,王洪文曾逃到耿金章那里。耿金章收留了王洪文,让他在"二兵团"住了几天,直到危机过去,派人派车把王洪文送回"工总司"。

王洪文在"工总司"中坐稳了"司令"交椅,与耿金章反目了。耿金章爱闹独立性,这使王洪文深感头痛。"二兵团"的势力日益鼎盛,"王司令"也就与"耿司令"闹翻了。

王洪文有他的一套"功夫",耿金章也有自己的一套"妙计",他俩在上海滩斗法,演出了一幕幕闹剧。令人哭笑不得的,便是一场"陈曹争夺战"。

自从上海市委被轰倒之后,自从发布"通令"要陈丕显、曹荻秋"随叫随到"、"接受批判"之后,陈丕显、曹荻秋成了上海最忙碌的"演员"。大大小小、各种名目的造反派组织,召开"批判会",都要去"揪"陈丕显、曹荻秋,"批斗"一番。

1967年1月里的一天,一伙造反派"揪"走了陈丕显、曹荻秋、马天水之后,没有"还回原处"。

从此,这几位最忙碌的"演员",一下子从上海滩上消失了。

王洪文跺脚了,因为"工总司"要召开批判陈、曹大会,没有这几位"演员",会使大会大大逊色。

陈丕显、曹荻秋、马天水给谁抢走了呢?

王洪文派人暗查。一查,原来是耿金章抢的!

耿金章抢走陈丕显、曹荻秋、马天水,密藏在自己的"司令部"——永福路50号,派了几十个人守卫。

"司令部"毕竟目标大,人多嘴杂,尽管耿金章采取了"保密"措施,消息还是传进了王洪文耳朵里。

"砸'二兵团'!"王洪文正巴不得有个出师之名,借此干掉耿金章——因为你"二兵团"把陈丕显、曹荻秋"保"起来,那就是"老保"!

耿金章也有自己的暗探。知道目标暴露,迅速转移。

他的手下有商业局的造反派。神不知、鬼不晓,一辆蒙得严严实实的大卡车,装着陈丕显、曹荻秋、马天水,在上海的街道左拐右弯,直至确信车后没有"尾巴",这才径直驶往离外滩不远的四川中路,停在147号门前。那里是商业二局所属上海市禽类蛋品公司,本来是存放家禽以及鸡蛋、鸭蛋之类的地方,此刻却成为关押陈丕显、曹荻秋、马天水的秘密场所。

"耿司令"下了命令:专人负责,确保安全,绝对保密。没有他的亲自批准,不准任何组织来"揪"。

才关了几天,似乎消息又走漏了。

急急转移,把陈丕显、曹荻秋、马天水关进矗立于外滩的上海大厦。"二兵团"把7楼严密封锁。包下几个房间,让陈丕显、曹荻秋、马天水和看管人员住了下来。

或许因为神经过敏,疑神疑鬼,或许因为确有其事,事出有因:从七楼俯瞰,外白渡桥附近,有一群"工总司"队员在走来走去。

"老耿,上海大厦太显眼,附近发现敌情!"看守人员马上打电话向"耿司令"请示。

"今晚立即转移!"耿金章下达命令。

深夜12点,上海大厦电梯里,出现几个奇特的造反派:身穿军大衣,头戴咖啡色海虎绒军帽,套着"工总司"红袖章,戴着大口罩。这几个造反派看上去,一点也没有神气活现的派头,而是愁眉苦脸。

他们是经过"二兵团"造反队员精心"化装"的陈丕显、曹荻秋和马天水。

门口停着两辆大卡车——为的是大卡车不像小轿车那样惹人注意。至于两辆,则是因为马天水一再向"二兵团"申明,他不愿跟陈、曹在一起。

两辆卡车分道扬镳,消失在黑黢黢的夜幕中。

一辆卡车驶往徐家汇,把马天水关押在一家工厂的技工学校里。

另一辆卡车载着陈丕显、曹荻秋,出现在上海西北郊区公路上。路边的灯光变得稀疏起来,两侧是一大片、一大片的墨黑的农田。开了一个多小时,车前不见车,车后也不见车,这辆孤零零的卡车驶入嘉定县黄渡镇附近的一家工厂——上海商业二局所属的上海禽蛋五厂。

这是一个鲜为人知的地方,陈丕显、曹荻秋便被"二兵团"秘密关押于此。

"老耿,快把陈、曹交出来。"王洪文一次次给耿金章挂电话。

"什么?我也在找陈丕显、曹荻秋呀!"耿金章说道,"听说,他们是被'工总司'抓去。老王,你要赶快交出陈、曹——我们'二兵团'要召开批判陈、曹大会!"

像捉迷藏似的,"二兵团"不断转移着陈、曹,时而在新城饭店,时而在国际饭店,时而在衡山饭店。

毕竟没有不透风的墙,"二兵团"密藏陈、曹的消息不胫而走,"保皇派"的帽子眼看着要落在耿金章头上。

耿金章只好打开天窗说亮话:"陈、曹确实在我手里。谁要批斗陈、曹,谁向我'借'。我派人派车送去,限时限刻送回!"

于是,"二兵团"犹如成了"陈、曹出租公司"一般,谁要开批斗陈、曹的会,事先要向"耿司令"办理"租借"手续。仗着人多势众,别的造反派组织也不敢从"二兵团"手中抢陈、曹。

耿金章把陈、曹捏在手中，还有他的"小九九"：随着他与张春桥、姚文元、王洪文的矛盾日益尖锐，他在筹划着自搞另一套——干脆，把张、姚、王撇在一边，另树一帜，联合一批造反派组织夺权，也实行"三结合"。其中的"结合干部"，就用陈丕显！

虽说陈丕显也挨了批判，毕竟他是"红小鬼"出身，没有任何历史问题，批来批去无非是"执行资产阶级反动路线"而已。当然，耿金章打算把陈丕显作为"结合干部"，这是极端秘密的计划，从不外露。王洪文骂他"老保"，倒是猜着了几分。

"耿金章是最危险的人物！"王洪文对小兄弟们说出了这句话。

果真，1967年2月2日，以耿金章为首成立了拥有32个造反派组织的"上海市革命造反派大联合委员会"，公开扯起了反叛的旗帜，与张、姚、王的"上海人民公社"对着干了。

张春桥降服耿金章

中共上海市委党校二楼的小客厅，"新上海人民公社"的宣言、通令正在紧张地起草。耿金章正在与"上海市革命造反派大联合委员会"的委员们计议大事。

"耿师傅，您出来一下。"耳边响起清脆的女声。

耿金章回头一看，原来是一位姓朱的联络员来找他。

"什么事？"耿金章知道她一定是来转告张春桥的什么意见，便端坐不动。

"春桥同志请您去一趟。"张春桥不打电话，却派联络员传话，显然事关重要。

"要我去干什么？我正忙！"耿金章爱理不理地说道。如今，他要与张春桥分庭抗礼，对那位"春桥同志"已充满敌意。

"耿师傅，请您去一下吧，路又不远。"联络员又说道，那话音近乎哀求。

"既然路不远，为什么张春桥不能来，非要我去？"耿金章傲然答道。

"这儿人太多，说话不方便。还是委屈您去一趟吧。"联络员缠着耿金章，再三恳求。

"好吧，那就去一趟吧。"耿金章拿够了架子，终于站了起来。

小轿车的轮子才转了几圈，就已行驶在兴国路上了。

轿车一进兴国招待所的大门，耿金章远远望去，张春桥已伫立在5号楼前静候。这清楚地表明，他急于与耿金章会谈，因为耿金章要成立"新上海人民公社"的消息，使他像热锅上的蚂蚁一般焦躁不安。

"老耿，"不知什么原因，这一回张春桥不喊他"金章同志"，而称之为"老耿"，也许为的是显示彼此间已是无拘无束的老熟人了。不过，在客厅坐定之后，张春桥一开口，说的还是那句老话："你我都是共产党员。今天，你我都站在党的立场上，进行这次谈话。"

耿金章沉默着。张春桥找他谈什么，那是不言而喻的。

张春桥呢，也不兜圈子，开门见山，直截了当："老耿，听说你在搞'新上海人民公社'，要和'上海人民公社'唱对台戏！"

耿金章依然沉默着。

"老耿，你不能那样做。"张春桥的声调，也变得很严峻，"你违背了毛主席的教导！"

这下子，耿金章再也忍不住了，质问道："为什么只允许你们搞'上海人民公社'，我们就不能搞'新上海人民公社'？我们一搞，就是违背毛主席的教导？"

张春桥的嘴里，终于说出一句充满自豪的话："因为'上海人民公社'，是毛主席支持的！"

张春桥说毕，站了起来，对秘书说了几句。没一会儿，秘书拿来一纸公文。

"这是来自党中央的电话的记录稿，老耿，你看一下。"张春桥燃起一根香烟，悠然地抽了起来。

耿金章接过电话记录稿，上面写着这样一段话："毛主席指示：要搞革命的三结合，要张春桥、姚文元同志参加上海市临时最高权力机构领导工作。"

耿金章一连看了三遍，顿时像泄了气的皮球，瘫在沙发上。因为这段"最高指示"尽管并没有直接对"上海人民公社"表态，但"要张春桥、姚文元同志参加上海市临时最高权力机构领导工作"一句，意味着没有张、姚参加的夺权将是无效的。既然张、姚参加了"上海人民公社"，也就意味着"上海人民公社"是"正统"、"正宗"。

张春桥看到这份电话记录稿已发生了效力，就加重了话的分量："我和文元同志已经参加上海人民公社，中央文革小组也支持上海人民公社，你再搞'大联合委员会'，再搞'新上海人民公社'，就会造成上海的大分裂，你就会犯大错误——破坏'一月革命'！"

耿金章沉默了半晌，说出了经过思索的话："春桥同志，你说我搞分裂，可是，你们搞'上海人民公社'，把我们32个造反派组织撇在一边，实际上就造成了大分裂的局面！"

张春桥一听，耿金章把分裂的根源推在他头上。到底不愧为"狗头军师"，张春桥来了个故作惊讶："谁把你撇在一边？我跟文元同志不止一次地说过，耿金章同志与王洪文同志一样，都是上海工人造反派的领袖人物，是经过安亭风暴的考验的。在酝酿'上海人民公社'常委名单时，我就提到过你的名字。"

耿金章一怔。看得出，他的呼吸节奏明显加快，掩饰不住内心的震惊。

张春桥知道自己的话已经打动了耿金章的心，就用非常肯定的语气说道，"老耿，我看你还是把'新上海人民公社'解散了吧，我可以用中央文革小组副组长的名义向你担保，在上海人民公社成立大会上，你一定上主席台，你一定当选为上海人民公社常委！"

城府很浅的耿金章，哪里是奸猾的张春桥的对手！张春桥玩耿金章于股掌之间，诱之以名利，胁之以"错误"，一席话便把这位反叛的首领降服了。

耿金章一加入"上海人民公社"，就像拔走了大梁似的，"大联合委员会"、"新上海人民公社"立即垮台了。

王洪文曾想出动"工总司"，砸掉那"新上海人民公社"。不料，张春桥的三寸不烂之舌，胜过王洪文手下那成千上万的"拳头"。王洪文不得不折服于张春桥手腕的高超。

张、姚成为"上海人民公社"的"勤务员"

继"黑龙江省红色造反者革命委员会"成立的消息出现在《人民日报》上之后，2月3日，"山东省革命委员会"的成立，也见诸《人民日报》了。

"一月革命"的发源地,一次次地落后,眼看着已成了"老三"了。

实在迫不及待。本来,今日的新闻,总是见于明日的报纸。2月5日的《文汇报》,破例在头版醒目推出长篇新闻《上海人民公社今天宣告诞生》——哪怕是早一天也好,张春桥、姚文元、王洪文已急不可待了。

那篇新闻一开头,口气就好大好大:"二十世纪六十年代的新巴黎公社——上海人民公社,在我们最最敬爱的伟大领袖毛主席的亲切关怀、热烈支持下,今天宣告诞生了。从此,上海进入了一个崭新的历史时期,上海的党权、政权、财权、文权,真正回到了无产阶级革命派手中,上海人民获得了第二次解放,真正成了自己土地的主人。"

2月5日下午,上海人民广场水泄不通,百万人聚集在那里,举行"上海人民公社成立大会"。

虽然张春桥是一位"破除资产阶级法权"的"典范",不过,在一长串"常委"、"委员"们步上主席台之际,却很讲究次序。为首的,自然是张春桥,第二个是姚文元。紧跟于姚文元之后的,便是王洪文。王洪文后面,则是徐景贤。……耿金章也出现在主席台上——因为那是张春桥以中央文革小组副组长名义担保过的。

翌日的《文汇报》,这样描述大会的"盛况":

这是上海无产阶级革命派最盛大的节日!

大会以响彻云霄、巨人般的声音,向全中国、全世界庄严宣告:旧上海市委、旧市人委被无产阶级革命派砸烂了!

大会庄严宣告:一切权力归上海人民公社!

上海人民公社,是二十世纪六十年代,在毛泽东思想指导下,在无产阶级专政条件下,通过自下而上地向党内走资本主义道路的当权派夺权建立起来的地方国家机构,是无产阶级专政的新的组织形式。

上海人民公社是由上海工人革命造反总司令部、上海农民革命造反总司令部筹备委员会、中国人民解放军驻沪部队和其他革命工人、革命学生、革命干部的造反团体发起成立的。

在这里,只提到"工总司",而耿金章的"二兵团"没有提及——也许是列入了"其他"之中。不过,"工总司"占据了发起单位之首,却是确定无疑的。

大会由"工总司"副司令潘国平担任执行主席。在暴风雨般的掌声中,张春桥发表讲话。他是大会的主角。

张春桥发表了"登基"演说。不过,他说得很"谦逊":"战友们,同志们,根据中央文化革命小组的建议,并且得到发起成立上海人民公社的各革命造反派组织的同意,姚文元同志和我两个人即日起参加上海人民公社临时委员会的工作。我们下决心,在上海人民公社临时委员会的领导下,努力学习,努力工作,同上海革命造反派战斗在一起,胜利在一起,做上海人民的勤务员。"

多么动听的名词——"勤务员"！这个"勤务员",实则是"上海人民公社"的太上皇,他领导一切,指挥一切。他的演说中论及"一月革命"时,那狂妄自大、目空一切的词句,倒是透露了他的勃勃野心:

我们的一月革命,确实是伟大的人民革命。
……这场胜利,如同1949年5月27日中国人民解放军解放上海一样,将永远记在上海人民的心里,将永远记在我国人民的心里,我们将千百次地欢呼:伟大的一月革命胜利万岁!

姚文元的讲话,对"上海人民公社"的性质,进行了一番论述。他称之为"司令部"、"指挥部"和"监督站":"目前的临时委员会,是领导我们继续进行夺权斗争的司令部,也是管理城市生产、生活的指挥部和监督站。"

这位"理论家"还指出:"上海人民公社有什么特点?我们可以这样回答:上海人民公社是无产阶级专政的新形式。它是在毛泽东思想指导下,在无产阶级专政的条件下,在以毛主席为首的党中央的领导和支持下,经过革命群众自下而上向党内走资本主义道路当权派展开夺权斗争,在革命风暴中产生的新型无产阶级专政的地方国家机构。"

在"一月革命"的日子里,姚文元忙着"接见"群众代表,起草"上海人民公社宣言",审定"临时委员会"委员名单,眼睛布满红丝,眼皮也浮肿起来。

2月9日上午,姚文元居然忙里偷闲,在上海林村演出了精彩的一幕。

这天,正值农历正月初一,一辆乌亮的小轿车停在林村弄堂口。

从车上下来的"首长",一身崭新的军装。他带着妻子和两个女儿,在邻居们众目睽睽之下,大摇大摆走向老家。

哦,儿子姚文元来向老子姚蓬子拜年来了!

"到底是做了大官,坐了小汽车来拜年。"邻居们议论纷纷。

向来邋遢的姚蓬子,一身笔挺呢中山装,胸前自然不忘戴那闪闪发亮的金像章,在家门口恭候儿子一家的光临。

姚蓬子哈哈大笑着。虽然儿子进屋之后,随即关上了大门,那笑声还是透过门缝,在外面回荡着。

过去了,过去了,"反胡风"时那口口声声"与父亲划清界限"的日子;

过去了,过去了,姚蓬子被戴上"右派分子"帽子的日子;

过去了,过去了,姚蓬子被抄家、周修文被勒令每天在里弄里扫马路的日子;

过去了,过去了,在姚蓬子的笑声中这一切不快都过去了。

作为"勤务员"之一的王洪文,成为主席台上的第三号人物,成为上海"万人之上,两人之下"的大员。

王洪文正踌躇满志,他以高亢的声调,念着"上海人民公社"发布的"通令":

"宣判旧上海市委、市人委死刑,剥夺它的一切职权。

"一切权力归上海人民公社临时委员会。"

喧喧闹闹的大会结束之后,盛大的游行开始了。

游行队伍聚集在上海外滩。下午5时半,坐落在外滩的上海市府大厦前面,人头密密匝匝,在举行特殊的"典礼":长达几米的"上海市人民委员会"木牌被摘了下来,浇上汽油,在一片火光中化为黑炭;披着红绸,崭新的"上海人民公社"牌子,在欢呼声中挂了上去。

王洪文面对这一"历史性时刻",对记者说出了一番"豪言壮语":"我们建立了上海人民公社,自己坐天下,掌大权,腰杆子挺起来了!"

确实,从那以后,王洪文的"腰杆子挺起来了"——他已是上海的"首长"了。

《人民日报》对"上海人民公社"保持沉默

从20世纪50年代末开始,《人民日报》在上海发行航空版。每天,当北京的早班飞机飞抵上海,便把当天的《人民日报》纸型运来。然后由专车急送《解放日报》印刷厂。

下午3时左右,上海的街头就卖当天的《人民日报》了。

在"上海人民公社"成立的翌日——2月6日下午,《人民日报》成为上海成千上万的读者关注的热点。因为"黑龙江省红色造反者革命委员会"成立之后,《人民日报》迅即报道,而且还配发社论,表示庆贺。《人民日报》是中共中央机关报,它的报道、社论,意味着中央对这些地方新政权的承认。可是,2月6日的《人民日报》,竟对"上海人民公社"的成立保持沉默,一个字也没提及!

2月7日、8日、9日……一天天过去,《人民日报》依然对"上海人民公社"不置一词。

张、姚、王紧张,那一批被排斥在"上海人民公社"之外的造反派组织高兴。

上海街头出现新的引人注目的大字报:

《一问上海人民公社》;

《二问上海人民公社》;

《三问上海人民公社》;

……

"问号"随着《人民日报》一天天的沉默变得越来越多,以至迅速增加到《八问》《九问》《十问》!

因为"炮打张春桥"受到镇压的"红革会",放出空气:"上海人民公社没有请'红革会'参加,所以《人民日报》不登!"

那些"大联委"的成员们,则胸有成竹地说:"上海人民公社把我们排斥在外,没有实现真正的大联合,所以毛主席不批准,《人民日报》不登!"

也有人直言不讳:"张春桥讲'一切权力归上海人民公社',这是错误的!因为'上海人民公社'是少数人搞起来的,所以中央不承认!"

耿金章再度活跃起来,又成为反对派们的领袖。虽然他上了主席台,当上了"常委",可是他很快就发觉,实权在王洪文手里,"上海人民公社"的"常委会"一次也没请他这个"常委"参加。他成了一个"空头常委"。

耿金章与"大联委"的成员们在暗中计议成立"第二上海人民公社"，再度与"上海人民公社"相抗争。

尽管上海的《文汇报》、《解放日报》天天在为上海人民公社"欢呼"，而《人民日报》的沉默，愈加形成鲜明的对照。耿金章又一次扯起反叛的旗帜，使张、姚、王坐立不安。

急匆匆，2月12日，张春桥和姚文元双双飞往北京。据张春桥临行时再三声言，"是毛主席要我们去北京"。可是，明眼人一看，便知是毛泽东对"上海人民公社"不予承认，张、姚怎能在上海坐得住？

张、姚一走，上海的反对派们更为活跃了，集中力量猛攻王洪文。

"打倒王洪文！揪出黑后台！"白底黑字的大标语，覆盖了那些"欢呼上海人民公社成立"的红色标语。

以"二兵团"为主力，联合"一兵团"、"三兵团"以及那个"工三司"，捏紧了拳头，发誓要打倒王洪文。

耿金章嫌徒步游行的声势不够浩大，来了个"卡车大游行"。反正各工厂有的是大卡车，装上人，一边开，一边高喊"打倒王洪文"。大卡车的两侧，差不多都贴上了"打倒王洪文"、"揪出黑后台"大字标语。几百辆大卡车出现在南京路、淮海路，上海轰动了。

虽说当上了"上海人民公社"的"勤务员"，王洪文毕竟立足未稳，何况"上海人民公社"风雨飘摇，而他的后台张、姚又不在上海。王洪文仿佛从沸点摔到了冰点，不断拨电话到北京，向张春桥和姚文元探问消息。

张、姚到京之后，《人民日报》依然对"上海人民公社"不理不睬。那些天，《人民日报》成了在上海最受人注意的报纸。

反对派们越来越起劲，觉得光在上海大吵大闹还不够意思，于是，采取了当年王洪文对付陈丕显、曹荻秋的办法——进京告状。"二兵团"和"一兵团"、"三兵团"、"工三司"，组成了"进京代表团"，到国务院接待站去告张春桥，告王洪文，告潘国平，告"工总司"。连北京天安门广场、王府井大街，都出现了大字标语："打倒王洪文！揪出黑后台！上海人民公社是非法的、单方面的夺权，上海人民不承认，党中央不承认！"

王洪文处于政治危机之中。"打倒王洪文"的呼声，一日高过一日。

虽然王洪文几度要对耿金章反击，无奈，他的后台张、姚不在上海，他未敢轻举妄动。咬着牙，熬过了一天又一天。好不容易，一个星期过去，张春桥和姚文元飞回了上海。张春桥说明了原委，王洪文长长地舒了一口气。

毛泽东严厉批评了张、姚

春节刚刚过去，毛泽东电召张春桥、姚文元速去北京。

农历正月初四——2月12日，张春桥和姚文元飞抵北京，立即奔赴中南海。

张春桥的衣袋里，放着关于"一月革命"和"上海人民公社"的汇报提纲。他和姚文元的脸上,都荡漾着春风——他们在上海打了一个漂亮的胜仗,毛泽东一定会跷起大拇指。但事实并非如此。

当他们向毛泽东问候新春好的时候,毛泽东眉间的竖纹没有展开,这意味着不是个好兆头。

张春桥和姚文元刚刚坐定,张春桥还没来得及掏出汇报提纲,毛泽东就发话了:"上海的情况,我都知道了。你们成立上海人民公社,为什么不跟我打一声招呼?"

并不是因为屋里的暖气开得太大,并不是因为张春桥和姚文元的军装里面还穿着厚厚的毛线衣——他们出的不是热汗,而是冷汗。

以下是当时秘书记录下来的毛泽东的原话,句句都是"最高指示":

你们成立"上海人民公社",一系列的问题你们考虑过没有?

现在出了个问题,各省、市都想叫人民公社,与上海一样。有的地方已经这么叫了。如果各省、市都叫人民公社,国务院叫什么?中华人民共和国叫什么?

这样下去,就发生了改变政体、国家体制问题,国号问题。是否要改为中华人民公社呢?中华人民共和国的主席是否改变成中华人民公社的主任或叫社长?这就发生外国承认不承认的问题。因为改变国号,外国的大使都作废了,要重新换大使,重新承认……

经毛泽东连珠炮似的提出一系列问题,张春桥和姚文元意识到问题的严重性。

张春桥在解决"安亭事件"的时候,来了个先斩后奏,擅自做主在工人造反提出的五项条件上签字。后来,他得到了毛泽东的认可。这一回又来了个"先斩后奏。"

不料,毛泽东给张春桥、姚文元两颗发热的脑袋泼了一盆冷水。

毛泽东神情严肃,继续说道:

如果都叫公社,那么党怎么办?党放在哪里呢?因为公社里有党员、非党员。公社的委员里有党员和非党员,那么党委放在哪里?总得有个党嘛!有个核心嘛!不管叫什么,叫共产党也好,叫社会民主党也好,叫社会民主工党也好,叫国民党也好,叫一贯道也好,总得有个党,一贯道也是个党。公社总要有个党,公社总不能代替党吧?还有,什么人叫社员?农村里地主、富农不能当社员,那么上海人民公社什么人能当社员,什么人不能当社员?这个问题怎么解决?

毛泽东的一连串问话,问得张春桥和姚文元哑口无言。思想深邃的毛泽东,纵论古今中外,从理论上谈透了这个问题:

这些名字改来改去,都是形式上的改变,不解决内容问题。

巴黎公社是1871年成立的,到现在诞生九十六年了。如果巴黎公社不是失败而是胜利了,据我看,现在也已经变成资产阶级的公社了,因为法国的资产阶级不允许法国的工人阶级掌握政权这么久。

再一个是苏联的政权的形式。苏维埃政权一出来,列宁当时很高兴,认为是工农兵的伟大创造,是无产阶级专政的新形式。但当时他没有想到,这种形式工农兵可以用,资产阶级也能用,赫鲁晓夫也可以用。

英国是君主制,不是有国王吗?美国是总统制,本质上却跟英国是一样的,都是资产阶级专政。

还有很多例子。南越伪政权是总统制,它旁边的柬埔寨的西哈努克是国王,哪一个比较好一点呢?恐怕还是西哈努克好一点。

印度是总统制,它旁边的尼泊尔是王国。这两个,哪一个好一些?看起来还是尼泊尔王国比印度好一点。

中国古代是三皇五帝,周朝叫王,秦朝叫皇帝,太平天国叫天王,唐高宗(也就是武则天的丈夫)叫天皇。你看名称变来变去,能说明什么呢?

我看,不能看名称,问题不在名称,而在实际。不在形式,而在内容。

总统制、国王制、君主制,所谓资产阶级民主制,这些都是形式。总统这名称在英文里和校长是一个词。我们看来好像校长低得多,总统高得多,在英文里是一样的。

所以,名称不易改得太多。在中国历史上,最喜欢改名字的人要算是王莽了,他一当皇帝就把所有的官职统统改了,就像现在有人不喜欢"长"字一样。王莽还把全国的县名统统改了,就像红卫兵把北京街道名称全改了差不多。王莽改了那么多地名,连自己都记不得了,闹糊涂了。王莽皇帝下诏书就困难了,不得不把老地名写在诏书里。这么一来,使公文来往变得非常麻烦……

毛泽东边说边笑起来。张春桥却没有笑,他的脑袋里乱糟糟的,盘旋着一个巨大的问号:"主席是不是把我看成那个篡政的王莽?"这么一想,张春桥的内衣被冷汗湿透了,冰凉地紧贴在嶙峋的脊梁骨上。

毛泽东并没有觉察到张春桥的脸色变白,却还在那里阐述自己的思想:

再如,话剧这形式,中国可以用,外国也可以用,无产阶级可以用,资产阶级也可以用。其实,不光是巴黎公社、苏维埃,就连我们的中华人民共和国,两个阶级都可以用,无产阶级可以用,资产阶级也可以用。

我看,我们还是稳当一点好,不要都改名了。原来宪法规定的全国人民代表大会,省、市人民代表大会,这些都不动了。国务院还叫国务院,中华人民共和国还叫中华人民共和国,不必改名字。

现在建立的临时权力机构,不要叫公社了吧。是不是叫革命委员会?革命委员会好!

大学里的,还是叫文化革命委员会,因为这是"十六条"所规定的。

革命委员会要实行革命的"三结合",有革命干部的代表,有军队的代表,有革命群众的代表……

听到这里,姚文元赶紧问:"主席,我们上海怎么办?"

毛泽东思索了一下,扳着手指头道:

我看,有三种办法。

第一种是不改名字。不过,这么一来,全国只有你们一家叫"公社",那不是很孤立吗?而且,又不能在《人民日报》上登载你们成立"上海人民公社"的消息。一登,全国都要叫"公社",否则人家有意见,为什么只准上海叫,不准我们叫?

第二种是全国都改,那么就要发生刚才提到的问题,要改变政体,改变国号、旗号,发生外国承认不承认的问题。

第三个办法是上海改一下,和全国一致。

这时,张春桥才明白了《人民日报》为什么不登"上海人民公社"成立的消息。他连声对毛泽东说:"改,改,我们一定照主席的意见改!"

从毛泽东那里出来,张春桥和姚文元面面相觑。

回到中央文革小组,张春桥的一身冷汗刚干,徐景贤从上海打来的长途电话,又使他出了一身冷汗:由于《人民日报》迟迟不登"上海人民公社"成立的消息,被上海的群众看成中央不承认"上海人民公社"。上海民心浮动,"炮轰张春桥大会"已经准备就绪,将有上万人参加这一大会。

火烧眉毛。张春桥和姚文元不敢在北京久留,在2月18日匆匆飞回上海。

《中共中央关于夺权斗争宣传报道问题的通知》下达了,不许各省、市再叫"人民公社"。毛泽东说:"革命委员会好!"毛泽东的"最高指示",为全国各地夺权后的新政权,取了统一的名字——"革命委员会"。

张春桥和姚文元当然只好按照"最高指示"办,把"上海人民公社临时委员会"改名为"上海市革命委员会"。

于是,出现了历史上罕见的现象:2月24日,上海又一次百万人集会,又一次欢呼,庆贺上海市革命委员会成立!

所谓"文革",所谓"群众运动",实际上不过是"运动群众"罢了!

《人民日报》终于发表了上海市革命委员会诞生的消息。张春桥和姚文元这才松了一口气。不过,他俩原先想抢旗帜,使上海成为全国第一个"夺权样板"。这时,却落了个第四名:继贵州和黑龙江之后,山东省革命委员会也已在《人民日报》上亮相了!

虽说如此,由于张春桥和姚文元回上海后吹嘘"在一个星期中主席接见了三次",由于《人民日报》总算承认了上海市革命委员会,那个"炮轰张春桥大会"被张春桥借用"最高指示"镇住了,张春桥和姚文元化险为夷,总算没有在这场政治风浪中翻船。

张春桥神气起来了。在全市大会上,张春桥以洋洋得意的口吻,讥诮那些反对派们:

有人造谣说：因为上海没有实行"三结合"，所以毛主席才不批准。还有人说：因为"红革会"没参加，所以《人民日报》没有登。还有什么往街上贴了七问、八问、十问等等。现在就请这些人把你们这些问题统统收回去算了，我们不过是改了一个名称。上海的党权、政权、财权、文权统统从旧市委、旧市人委手里夺到了上海无产阶级革命派手里，这一事实是任何人改变不了的。

如果还有谁想在上海人民公社改名字的问题上做一点什么文章的话，我劝他们不要再在这方面打什么主意，这方面没什么文章好做，在这上面做文章，是不会有什么好结果的。

《人民日报》报道上海市革命委员会成立，用了这样的话语："上海市革命委员会领导成员张春桥、姚文元以及其他领导同志出席了大会。"

不再是"勤务员"，而是"领导成员"。那"其他领导同志"，显而易见包括王洪文在内。

上海市革命委员会总算站稳了脚跟，王洪文也从政治危机中解脱出来。王洪文刚刚喘了一口气，就把拳头向劲敌耿金章打来了……

王洪文吞并"二兵团"

解散"二兵团"以及"一兵团"、"三兵团"，是张春桥、姚文元、王洪文早就想干的事。这三个"兵团"，人多势众，不仅时时威胁着"工总司"的存在，而且已成为一支反对上海市革命委员会的强大力量。

欲除这些"兵团"，张春桥用的是极其"冠冕堂皇"的借口。在上海市革命委员会的成立大会上，张春桥是这样说的："我们建议，按照斗争形势的发展，现在有些组织需要考虑，按照单位，按照产业，按照系统，按照地区，加以调整。……从整个斗争，特别从斗、批、改这个要求来看，如果按系统来搞是比较适宜的。比如说纺织系统的工人组织，如果他们实现大联合，或者冶金系统的组织实行大联合，他们在斗、批、改纺织系统的问题或冶金系统的问题时，那就比较方便。这个问题是个建议，请同志们加以考虑。"

张春桥说得很客气，仅仅是"建议"而已，只是"请同志们加以考虑"。

大会刚刚结束，张春桥就留住了耿金章，很明确地向他"建议"："金章同志，你能不能跟洪文同志好好谈一谈，把'二兵团'并入'工总司'，按系统实现大联合。"

耿金章马上意识到这"大联合"，就是吞并，就是"工总司"吞掉"二兵团"。

耿金章一扭头，转过身子便走。

"金章同志，你等一下。"张春桥喊住了他，立即把王洪文叫来。

"金章同志，洪文同志，你们应当在一起研究一下'工总司'和'二兵团'的合并问题。"张春桥说道。

"过些日子再说吧。"耿金章来了个缓兵之计。

"你们应当用'只争朝夕'的精神，实行大联合，为全市造反派做出榜样来！"张春桥催促道。

"春桥同志的指示很重要。"王洪文当着张春桥的面,对耿金章说,"老耿,我们明天就谈吧。"

"好吧,明天就明天!"耿金章赌气道。又问,"在哪里谈?"

"既不在你的司令部,也不在我的司令部。"王洪文想了一下,说道,"到国棉三十一厂谈,你看好不好?"

"好吧,就在那里谈——明天上午8点。"耿金章答应了。

翌日清早,一串轿车、越野车朝杨树浦进发,"耿司令"出动了。

车队拐入长阳路,驶近1382号——上海第三十一棉纺织厂。耿金章一眼就看见,王洪文的小兄弟黄金海已站在门口等候。耿金章心想,看来王洪文对于今天的谈判,还是当一回事的。

黄金海笑脸相迎,把手一招,车队便徐徐驶入厂内。

当最后一辆车子进厂之后,黄金海把手一挥,厂门便紧紧关上。耿金章以为,这也许是为了"保密",使谈判能够顺利进行。

耿金章下了车,黄金海走了过来。这时,耿金章正想问王洪文在哪里,黄金海那本来堆笑的脸忽然沉了下来,冒出了一句出乎意料的话:"耿金章,你这一次走不了了!"

耿金章这才猛然醒悟黄金海为什么要关上大门,但为时已晚,他成了瓮中之鳖。

黄金海一扬手,预伏在厂里的一大群身强力壮的"工总司"打手,立即把耿金章及其警卫们团团围住。

寡不敌众,"耿司令"成了俘虏。

"我是来与王洪文谈判大联合的!"耿金章大声地申辩道。

"嘿,嘿,'大联合'?谁跟你'大联合'?"黄金海对耿金章嗤之以鼻,大声呵斥道,"你是反革命!"

"你是流氓,'阿飞司令'!"耿金章也不示弱,骂起黄金海来。

"你是反革命——谁反对上海市革命委员会,谁就是反革命。来人哪,把耿金章押到公安局去!"黄金海高喊道,耿金章马上被"工总司"的打手们七手八脚推上了一辆大卡车。

这时,耿金章后悔莫及——他上了王洪文的圈套!

大卡车驶出上海国棉三十一厂,直奔杨浦区公安分局。

那时候的公安局,也是造反派的天下。戴着造反派袖章的公安人员一听说抓了个"大反革命",很起劲,奔了过来。可是,一看,抓来的是"耿司令",他们不敢收押。因为他们深知"耿司令"手下有几十万造反队员,如果朝他们这里冲来,他们可吃不消。

"胆小鬼!"黄金海骂道。

耿金章重新被押上卡车。

"到警备区去!"黄金海吩咐司机道。

卡车急驶,黄金海不时朝车后望去。还好,"二兵团"还没有发觉他们的"司令"被抓,车后没有出现"追兵"。

卡车驶入上海警备区司令部。

黄金海找到了上海警备区司令廖政国，说道："廖司令，我们抓住了'大反革命'耿金章，请警备区把他关起来。"

廖政国摇头，说道："'工总司'和'二兵团'都是群众组织。你们之间的矛盾，你们自己解决。我无权关押一个群众组织的负责人。"

尽管黄金海又想骂一句"胆小鬼"，可是站在他面前的毕竟是正儿八经的司令，他不敢当面出声，只得又把耿金章押上卡车。

挂电话向"幕后指挥"王洪文请示，黄金海得到了明确的答复："还是送回杨浦区公安分局！由市革会出面跟他们打招呼，他们不敢不收的。"

果真，当大卡车再度来到杨浦区公安分局，那里已加强了守卫。耿金章被押入拘留所，堂堂"司令"成了阶下囚！

屈指算来，从2月5日"上海人民公社"成立，当上"常委"，到这天——2月25日被捕入狱，耿金章整整当了20天的空头"常委"！他没有参加过一次"常委会"，只不过在举行两次"成立大会"时上了主席台。

直到戴上手铐，锒铛入狱，耿金章才明白张春桥之阴险，王洪文之凶狠，但已为时晚矣！

失去了"司令"，"二兵团"土崩瓦解。"工总司"吞并了"二兵团"，一下子"壮大"为拥有100多万造反队员的全国头号造反派组织。

就在耿金章被捕的当天，"二兵团"所羁押的陈丕显、曹荻秋，当即被"工总司"夺走。从此，"第二上海人民公社"想结合陈丕显的计划，也就告吹。

不久，王洪文下令逮捕了戴祖祥。于是，"一兵团"也垮台了。"三兵团"、"工三司"随之倒台。"大联委"不复存在。

耿金章过了两个多月的铁窗生活。1967年5月2日，忽然王洪文带着两员大将——黄金海、陈阿大"光临"杨浦区公安分局。

王洪文面带三分笑，向耿金章宣布："由于'中央首长'考虑到你过去在造反中有过一定的贡献，关怀你，决定释放你。你要感谢'中央首长'的关心，不辜负他的希望，出来后很好地参加'工总司'的工作。"

耿金章心中明白，王洪文所说的"中央首长"，无非是张春桥。据笔者1986年10月30日采访耿金章，他说当时他对张春桥的"关怀"，颇为感激。

第二天，耿金章获释。这时，他的"二兵团"早已全军覆灭，他再也不是什么"司令"。

根据张春桥的"指示"，耿金章在"工总司"中做了一个挂名"常委"，在市革会也做了个挂名的"委员"。

用张春桥的话来说，耿金章算是新的"统战对象"！